Vorsatzblatt vorn

Die Brände auf diesem Vorsatzblatt sind Gestüts- und Rassenkennzeichen, die in der zweiten Hälfte des vergangenen Jahrhunderts im Gebrauch waren. Die meisten existieren heute nicht mehr.

1. Reihe
1. bis 15. Zeichen: Ostindische Brände
16. bis 22. Zeichen: Gestütsbrände Klein-Rußlands: Graf Rossumowsky, Apostolo, Gräfin Orlow, Kaiser Alexander, Graf Rossumowsky in Boro, Graf Rossumowsky in Szorbau, Graf Basinow

2. Reihe
1. bis 7. Zeichen: Brände deutscher Staaten: Redvienen, Lopshorn, Nachkommen von preußischen Hauptbeschälern und Landstuten, Lippe-Detmold, Nachkommen von brandenburgischen Beschälern und Landstuten, Nachkommen von sächsischen Beschälern und Landstuten, altes und anschließend neues Zeichen
8. bis 17. Zeichen: Deutsche Privatgestüte: Ivenack, Walda, Carolath, Oertzen, Stapelburg, Sachsen, Landgestüte Hannover, Königreich Hannover, Altstaedt, Anhalt Dessau
18. bis 19. Zeichen: Böhmische Privatgestüte: Kamenitz, Oposschna
20. bis 22. Zeichen: Spanische Brände: Hengstdepot Sevilla, Benjumea, Ciguri

3. Reihe
1. bis 20. Zeichen: Russische Gestüte
21. bis 22. Zeichen: Thessalien-Mazedonien

4. Reihe
1. bis 22. Zeichen: Siebenbürgische und ungarische Privatgestüte: Groß-Bum, Borkenyes, Frata, Marton, Katsko, Zaja, Berkes, Daniel, Buza, Möves, zwei Brände Stökefalva, Kyraly, Sibo, Bagos, Skerei, Datos, Kerestes, Magyar Benye, Kemeny, Banfy, Valaszut

5. Reihe
1. bis 22. Zeichen: Siebenbürgische und ungarische Privatgestüte: Zwei Brände Gorgeny, Abafaja, Mopial, Szurdok, Töleky, Sulelmed, Kessibuz-Urmeny, Ozora, Kerliskyi, Peter, Horvathy, Töleky, Maros-Ejessoe, Edö-Szt-Gyorgy, Teleky, Weißkirchen, Radnoth, Weißkirchen, Köresd, Klein-Bum, Daniel

6. Reihe
1. bis 3. Zeichen: Österreichische Hofgestüte: Kladrub, Lipizza, Koptschan
4. bis 9. Zeichen: Österreichische Militärgestüte: Babolna, Mezöhegyes, Nemoschitz, Biber, Ossiach, Radautz
10. bis 22. Zeichen: Preußische Haupt- und Landgestüte: Trakehnen, Graditz, Beberbeck, Lithauen, Marienwerder, Zirke Landgestüt, Leubus, Lindenau, Neustadt, Warendorf, Wickrath, Vessra, Zirke Zuchtgestüt

7. Reihe
1. bis 22. Zeichen: Preußische Privatgestüte: Wilkischken, Fowegen, Wigerlinnen, Schönbruch, Juditten, Knauten, Preuken, Lamgarben, Budopöhnen, Geritten, Dwarischken, Sedargen, Lendiken, Haßort Kattenau, Miodunsken, Czichen, Strelken, Leuken, Heidekrug, Klein Genie, Haßort

8. Reihe
1. bis 22. Zeichen: Preußische Privatgestüte: Kordmedin, Juckeln, Meier, Drygallen, Szirguspöhnen, Polmingkehmen, Netinnen, Weeszenhof, Drosdowen, Granden, Waldeck, Löbegallen, Königsfelde, Staneitschen, Kirschnehmen, Dreßler, Gerschullen, Plicken, Georgenburg, Julienfelde, Goritten, Dombrowsken

9. Reihe
1. bis 22. Zeichen: Preußische Privatgestüte: Grabentin, Kinschen, Eszerischken, Lugowen, Kisselkehmen, Trautlade, Krerrin, Grünwaitschen, Bärwalde, Seßlacken, Grünhof, Berken, Puspern, Galben, Grumbkowkaiten, Pogrimmen, Degesen, Lambgarden, Buglinen, Tarpuschken, Botkeim, Taplacken

10. Reihe
1. bis 22. Zeichen: Preußische Privatgestüte: Wandlack, Wehlau, Prekuls, Mertensdorf, Wedern, Pyragynen, Cordehnen, Gelgodischken, Schlodin, Rantenburg, Steinort, Toussainen, Dennewitz, Sanditten, Wicken, Friedrichstein, Springlacken, Baubeln, Friedrichsgabe, Perwalkischken, Schrengen, Scantlack

11. Reihe
1. bis 22. Zeichen: Circassische und turkomanische Brände

12. Reihe
1. bis 22. Zeichen: Circassische und turkomanische Brände

13. Reihe
1. bis 22. Zeichen: Circassische und turkomanische Brände

Die meisten der abgebildeten Brandzeichen sind dem Buch «Gestütsbrandzeichen der Staats- und Privatgestüte Europas und des Orients» von C. Bräuer, erschienen 1877 (Sammlung der Bibliothek des Deutschen Pferdemuseums e.V.) entnommen.

HONI SOIT QVI MAL YPENSE
HONY SOIT QVI MAL YPENSE
HONI SOIT QVI MAL YPENSE
GESTÜTE

Monique und Hans D. Dossenbach

GEST

Bechte

Hans Joachim Köhler

ÜTE

nünz

An diesem Buch wirkten mit

Als Textautoren – Hans D. Dossenbach, Hans Joachim Köhler, D. Bechean la Fonta, Louis Reillier, Michel Jussiaux, Michel de Thoré, L. de Villeneuve, Christian Depuille, Emmanuel Bodard, Mme. René Aumont, Henri Pellerin, Johannes Grelle, Dr. Lehmann, Dr. B. Bade, Dr. Wenzel, W. Finckh, Dr. Cranz, Gudrun Schultz, Martin Beckmann, Andreas Löwe, I.C. Christensen, Jörgen Paulsen, O. Kjellander, Alan Smith, Col. und Mrs. Douglas Grey, Michael Ross, P. Doyle, Tony Jakobson, Michael Oswald, Lord und Lady Hemphill, Herzog von Aguilar, Direktion für Pferdezucht und Remontierung, Madrid, Luis de Ybarra é Ybarra, Juan del Cid Galonge, Max E. Ammann, Andreas Zindel, Dr. H. Lehrner, Ivan A. Hatos, Jaromír Dusek, Vladimír Hucko, Dr. Alfred Stiene, Antoni Pacynski, A. Krzysztalowicz, Bronislaw Stepniak, Japan Light Breed Horse Assn., Dr. Victor C. Speirs, Lex Nichols, Christoph Wegmann, Margaret B. Glass, Jane Atkinson, Stephen M. Brown, Barbara W. Noviello, Mary Jane Gallaher, Elsie Streiff.

Übersetzungsarbeiten besorgten: Helen Stäubli, Christine und Erich Öchslin, Sonja und Max Baumann, Frau R. Ammann, Dr. Heinrich Frei, Rudolf Minnig, Hanspeter Meier, Hans D. Dossenbach.

Illustrationen: Monique und Hans D. Dossenbach.
Ergänzende Illustrationen verdanken wir: Pablo Imthurn, Marco Tissi, Werner Menzendorf, O. Kjellander, Militärbibliothek Bern, Hans R. Schläpfer, Japan Light Breed Horse Assn., Maximilian Bruggmann, Tony Jakobson, Jaromír Dusek, J. Revayova, Agence de Presse P. Bertrand & Fils, Irish Horse Board, Irish Tourist Board, Lex Nichols, Mary Brogan, Landwirtschaftsministerium Türkei, Royal Stables Jordanien, Bilke-Archiv, Elisabeth Weiland, Landwirtschaftsministerium Wien, A. Koren, Royal Studs England, Schloß Rosenborg Dänemark, Jörgen Paulsen, Jytte Lemkow, I.C. Christensen, Ruth Rogers, Equine Research Station Newmarket, The British Racehorse, Radio Times Hulton Picture Library, Elsie Streiff, Hans Bendel.

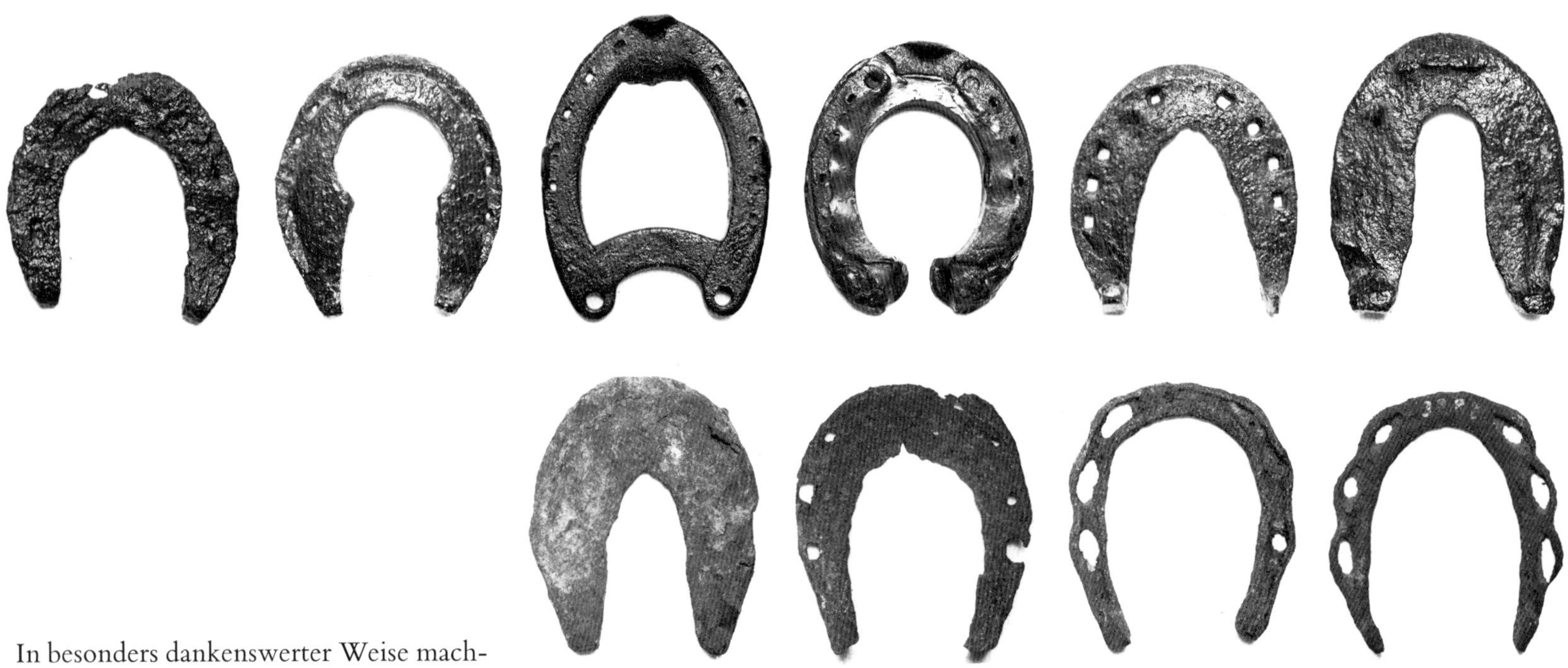

In besonders dankenswerter Weise machten sich verdient: Robert Buchmüller, der zusammen mit Hans D. Dossenbach die Gestaltung und Konzeption des Buches besorgte. Hanspeter Meier, der zahlreiche Texte beitrug und an der redaktionellen Arbeit mitwirkte.
Frau Elsie Streiff durch zahlreiche Texte, Illustrationen und administrative Mitarbeit. Dr. Hans-Ulrich Staub, der auf unzählige Fragen Antwort wußte.
Der berühmte Pferdemaler Ingo Koblischek stellte das Bild von *Galipolis* für die Reproduktion zur Verfügung und malte eigens für dieses Buch die Pferde *Anilin* und *Ribot.*

Dieses Buch entstand in Zusammenarbeit mit dem Deutschen Pferdemuseum/Hippologisches Institut, Verden a.d. Aller.

Genehmigte Lizenzausgabe für Weltbild Verlag GmbH, Augsburg 2001

Umschlaggestaltung:
Mike Kommunikation,
Michael Arntz, Darmstadt

Umschlagmotiv:
Wildlife Photo Report, Dossenbach

Gesamtherstellung:
Egedsa S.A., Sabadell

Printed in Spain

ISBN 3-8289-1586-8

Inhalt

Vorwort

Unter allen Tieren, die der Mensch domestiziert hat, ist ihm das Pferd durch Jahrtausende wertvollster Begleiter gewesen. Im Transportwesen und in der Landwirtschaft, bei Spiel und Sport, in Krieg und Frieden hat das Pferd von jeher eine bedeutende Rolle gespielt. So ist es nicht verwunderlich, daß sein hoher Stellenwert auch in den Anlagen und Einrichtungen zum Ausdruck kommt, die seiner Zucht, seiner Ausbildung und seiner Unterbringung dienen.

Dieses herrliche Buch, das von führenden Fachleuten erarbeitet, geschrieben und illustriert wurde, gewährt einen Einblick in das Leben und die Arbeit auf den großen Gestüten rund um den Erdball. Ein einführendes Kapitel erschließt dem Leser die Entwicklungsgeschichte des Pferdes vom Urpferd bis zum heutigen Kulturpferd. Eine Übersicht über die wichtigsten Pferderassen sowie ein ausführliches Register runden das Werk ab, das für jeden, dem Pferde etwas bedeuten, eine stetige Quelle genußreicher Unterhaltung und zuverlässiger Information sein wird.

Prinz Philip, Herzog von Edinburgh
Präsident der Fédération Equestre International (FEI)

Geschichte der Pferdezucht

Das Gestüt

Es ist bis heute ungewiß, wann, warum und wie das Pferd erstmals domestiziert wurde, wann also eine Partnerschaft zwischen Mensch und Pferd zu gegenseitigem Nutzen entstand. Sicher ist, daß das Pferd noch lange Jagdwild war, als der Mensch den Hund vor etwa 9000 Jahren zu seinem Gefährten machte. Immerhin dürfte der Einhufer schon vor etwa 5000 bis 6000 Jahren dem Menschen gedient haben, und zwar erstmals wahrscheinlich in den Steppen nördlich des Kaukasus, die vom streitbaren Volk der Indogermanen bewohnt wurden.

Von der anfänglichen Haltung halbwilder Pferde bis zu jenen Zuchtstätten, die man als «Gestüte» bezeichnet, war es ein weiter Weg. Die steigenden Ansprüche an die Qualität der Pferde und die immer differenzierteren Verwendungszwecke geboten eine echte Zuchtwahl und die Produktion verschiedener Pferdetypen.

Die Bezeichnung Gestüt ist nur insoweit ein klar definierter Begriff, als darunter immer die Zucht von Pferden verstanden wird, und zwar die gezielte Zucht für bestimmte Verwendungszwecke. Im Wildgestüt wird eine Herde Stuten ganzjährig oder während der Deckzeit mit einem ausgewählten Hengst frei gehalten. Das Landgestüt ist eine staatliche Institution, die die Pferdezucht eines Landes oder Gebietes kontrolliert, im engeren Sinne ein Hengstdepot, in dem die sogenannten Landbeschäler untergebracht sind, die während der Deckzeit auf Deckstationen im Land verteilt werden und den privaten Züchtern für ihre Stuten zur Verfügung stehen. Als Hauptgestüt bezeichnet man eine – ebenfalls meist staatliche – Zuchtstätte, die mit erstklassigen sogenannten Stammstuten und Hengsten, den Hauptbeschälern, die Hengste für die Landespferdezucht, also für die Hengstdepots, produziert. Das Privatgestüt schließlich, auf dem Stuten, aber nicht unbedingt auch Hengste stehen, ist zum Beispiel allgemein für die Vollblut- und Traberzucht üblich. In England und den meisten außereuropäischen Ländern ist es die einzige kultivierte Form der Pferdezucht, da dort staatliche Land- und Hauptgestüte fehlen.

Seite 6: Der Pferdekopf und die «goldene Biene» am Ehrentor des französischen Gestütes *Pin,* dem «Versailles der Pferde».

«Das Gestütt», nach einer Darstellung aus der im Jahre 1700 veröffentlichten Reitlehre «Nouvelle Methode pour dresser les Chevaux» von William Cavendish, Herzog von Newcastle.

Das Gestüt
Les Haras.
P. 63

Der amerikanische Evolutionsforscher Othniel Charles Marsh fand in der zweiten Hälfte des letzten Jahrhunderts in tertiären Erdschichten Nordamerikas die vollkommenste Fossilienkette eines Säugetierstammes. Diese Ausgrabungen, die inzwischen noch durch zahlreiche Funde aus verschiedenen Erdteilen bereichert wurden, vermitteln ein außergewöhnlich klares Bild von der Entwicklungsgeschichte des Pferdes. Die älteste bekannte und hier dargestellte Stufe war das Urpferdchen der Gattung *Hyracotherium*, das vor etwa 60 bis 50 Millionen Jahren lebte.

Das nur etwa hasengroße *Hyracotherium* hatte vorn noch vier, hinten drei Zehen, die es vor dem Einsinken in sumpfigem Boden schützten. Mit dem tiefgetragenen Hals, dem hohen Nierenbogen und den stark gewinkelten Hinterbeinen glich es weit mehr einer Duckerantilope als einem Pferd. Der Bau seines Gehirns erinnert an den bei Beuteltieren oder Insektenfressern, in den Backenzähnen ist aber der Grundplan des Pferdegebisses bereits erkennbar.
Die Gattungen *Orohippus* und *Eppihippus*, die im späten Eozän, vor etwa 50 bis 40 Millionen Jahren lebten, bildeten den Übergang zum hier gezeigten *Mesohippus*.

Mesohippus läßt schon klar eine urtümliche Pferdeform erkennen, auch wenn die Kruppe noch deutlich überbaut und kein Widerrist zu bemerken ist. Er hatte noch drei Zehen, wobei aber die mittlere schon deutlich dominierte. Mit etwa 50 Zentimetern Höhe war er noch immer ein Minipferdchen. Während er im Oligozän, vor 40 bis 25 Millionen Jahren, den trockener werdenden Südwesten Nordamerikas bewohnte, starben in Europa die Urpferde aus.
Im folgenden Erdzeitalter, im Miozän, vor 25 bis 10 Millionen Jahren, lebte neben anderen Gattungen das hier abgebildete *Merychippus*.

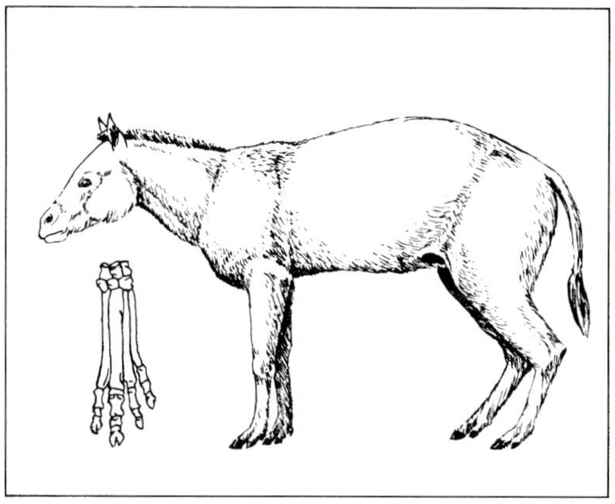

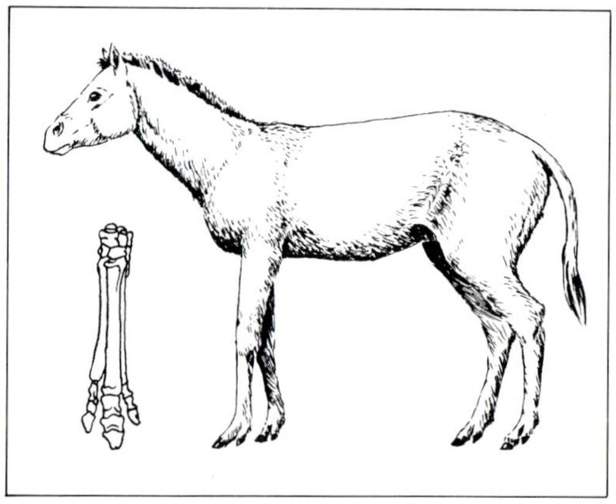

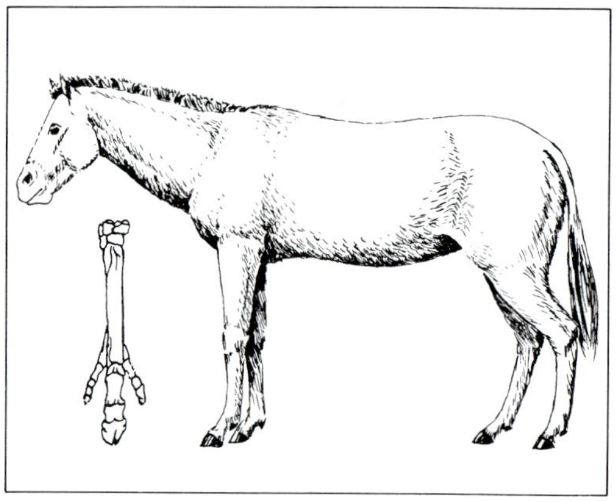

Evolution

Vor gut hundert Jahren, zu einer Zeit also, als Darwins Theorie von der Entwicklung der Lebewesen das gesamte geistige Weltbild erschütterte, war der Westen Amerikas nicht nur Schauplatz der Indianerkriege, des Goldrausches und gewaltiger Viehtrecks: Hier suchten auch in aller Stille zwei Männer namens Othniel Charles Marsh und Edward Drinker Cope in Jahrmillionen alten, durch Erosion und Grabwerkzeuge freigelegten Erdschichten um die Wette nach Knochen. Marsh war der erfolgreichere. Das Ergebnis seiner Tätigkeit war die vollkommenste Fossilienkette eines Säugetierstammes, die bis heute der Evolutionsforschung zur Verfügung steht. Beinahe lückenlos kann man anhand dieser Sammlung die Entwicklungsgeschichte des Pferdes vom nur hasengroßen Buschschlüpfer bis zum zebragroßen Urpferd der weiten Prärien verfolgen.

Dieses schon klassische Beispiel hat bis heute nichts an Bedeutung verloren, wenn auch inzwischen zahlreiche zusätzliche Fossilienfunde beweisen, daß die Entwicklung nicht so schön gradlinig verlief, wie es für Marsh den Anschein hatte.

Die vielen verschiedenen Formen pferdeartiger Tiere hatten schon in frühester Zeit einen ausgeprägten Wandertrieb. Angehörige mehrerer Gattungen verließen den nordamerikanischen Boden, zogen über die damals noch bestehende Landverbindung von Alaska nach Nordsibirien und verbreiteten sich von dort über Asien und Europa. Mindestens zwei Gattungen wanderten nach Südamerika. Sie alle starben aber aus. Und schließlich kamen auch Einhufer der höchstentwickelten Gattung, Equus genannt, über die Beringbrücke. Während sie sich über Asien, Europa und Nordafrika verbreiteten und hier eine ganze Reihe von Arten und Unterarten entwickelten, starben die Pferde in Amerika, ihrer Urheimat, endgültig aus.

Heute leben noch sechs Arten von Einhufern: das Pferd, das Grevy-, Berg- und Steppenzebra, der Asiatische und der Afrikanische Wildesel. Von den Wildformen dieser Arten ist nur noch das Steppenzebra häufig, Berg- und Grevyzebra sind recht selten, die beiden Wildesel sind nahe dem Aussterben,

Während *Merychippus* noch immer zwei deutliche Nebenzehen hatte, entwickelten sich die Pferde des Pliozäns deutlich zu Einhufern. Aus dem Pliozän, vor 10 bis 1 Million Jahren, kennt man zwei Gattungen: das über Nordamerika, Europa, Asien und Nordafrika verbreitete *Hipparion*, das etwa einen Meter hoch war, und den etwa 15 Zentimeter höheren und anscheinend nur in Amerika lebenden *Pliohippus*, der hier abgebildet ist. Wie alle vorangegangenen Formen, die aus der Urheimat Amerika über die Beringstraße nach Asien und Europa gelangt waren, starben auch die pliozänen Pferde in der Alten Welt aus, und nur in Amerika ging die Entwicklung weiter.

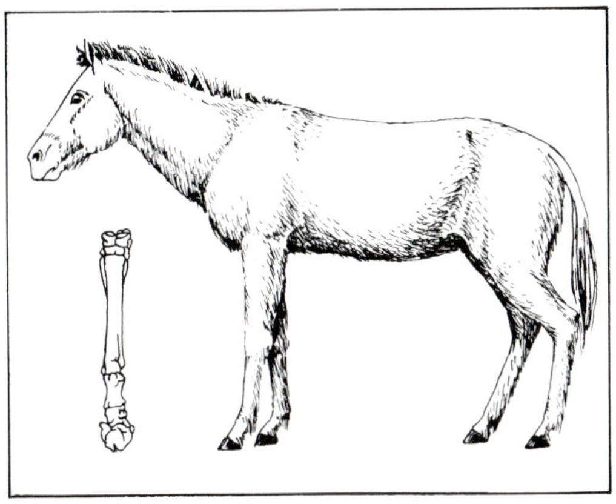

Im Pleistozän, vor etwa 1 Million bis 10 000 Jahren, lebte im Südwesten Nordamerikas der hier dargestellte *Plesihippus*, der anscheinend nur wenig Verbreitung finden konnte und wieder ausstarb. Im selben Zeitraum jedoch entstand die Gattung Equus. Wie schon verschiedene Pferdeformen vorher, kamen diese Tiere über die damals noch bestehende Landverbindung nach Asien und Europa, breiteten sich auch über Nordafrika aus und überdauerten die Jahrtausende bis in unsere Tage, während die Wildpferde Amerikas endgültig ausstarben.

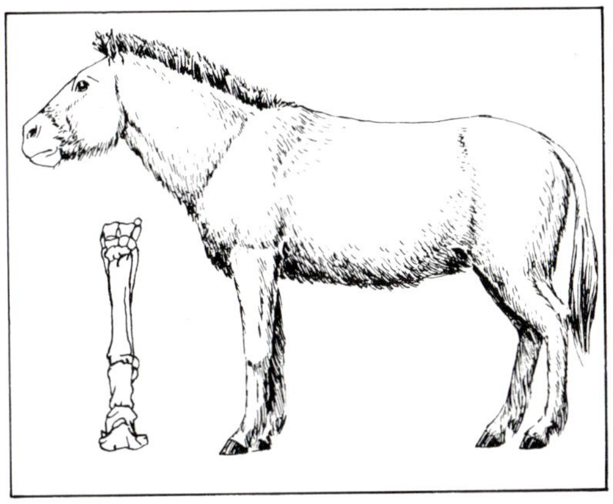

Heute lebt von den Pferdeartigen nur noch eine Gattung, Equus, mit drei Zebraarten, zwei Eselarten und einer Pferdeart.
Von den zahlreichen geographischen Rassen des Pferdes lebt heute nur noch das abgebildete *Östliche Steppenwildpferd* oder Przewalskipferd, und zwar offenbar nur noch in zoologischen Gärten. Es ist jedoch anzunehmen, daß die zahlreichen Hauspferderassen bereits aus verschiedenen Wildrassen entstanden sind. Verschwundene Urformen zeigten nämlich schon deutlich die Anlagen zu Ramskopfpferden und Nordponys, zu Kaltblütern, wie die unten links gezeigten Clidesdales, und zum hochedlen Araberpferd (unten rechts).

und das Wildpferd gibt es nur noch in einer einzigen Unterart und mit größter Wahrscheinlichkeit nur noch in zoologischen Gärten.

Als sich das Urwildpferd, von den Wissenschaftlern Equus przewalskii genannt, über ganz Asien und Europa und über den nördlichen Teil Afrikas ausbreitete, fand es natürlich die verschiedensten Lebensbedingungen vor, mit denen es fertig werden und denen es sich anpassen mußte. Wie bei allen anderen Tierarten mit größerer Verbreitung entwickelten sich verschiedene Unterarten oder geographische Rassen, die sich zum Teil in ihrer Größe, ihren anatomischen Merkmalen und ihrem Verhalten sehr wesentlich unterschieden. Es entstanden mindestens vier deutlich differenzierte Grundrassen mit zahlreichen Zwischenstufen.

Die kleinste dieser Grundrassen war ein Urpony, und von ihm dürften alle Nordponys abstammen. Die anatomischen Merkmale des englischen Exmoorponys stimmen mit dem Bau dieser Urponys praktisch genau überein.

Die zweite nordische Grundrasse war ein Tundrenpferd, das im allgemeinen etwa 135 Zentimeter, in gewissen Formen aber etwa 180 Zentimeter hoch war. Seine Merkmale findet man in den Kaltblutrassen. Von diesem massigen Tier mit seinem tonnenförmigen Rumpf und dem tiefgetragenen Hals unterscheidet sich weitgehend jene Rasse, die sich den Trockensteppen und Wüstengebieten Südasiens angepaßt hatte. Ähnlich wie andere Weidetiere dieses Lebensraumes, die Gazellen zum Beispiel, brauchte es keine massiven Verdauungsorgane und kräftigen Kauwerkzeuge. Bei Gefahr gab es keine Versteckmöglichkeit, die Rettung lag einzig in der Flucht. Dadurch entstand ein windschnelles, stets wachsames, feingliedriges Tier mit auffallendem Hinterhandanschub und hochgetragenem Hals. Es muß angenommen werden, daß diese kleine Urpferderasse der Stammvater des Araberpferdes ist.

Bedeutend größer war die zweite Grundrasse der Südpferde, die sich vor allem durch den langen Ramskopf auszeichnete. Sie breitete sich von Südasien über Südeuropa und Nordafrika aus und erreichte im Westen ihr ausgeprägtestes Erscheinungsbild. Sie bestimmte die Grundzüge des Berbers und Andalusiers und ihrer Nachfolgerassen.

Der weitaus größte Teil der Pferde, die domestiziert wurden, stand im Typ der Tarpane oder Przewalskipferde, obschon zweifellos auch andere Urtypen eine Rolle spielten. Alle kriegerischen Nomaden in Europa hatten noch in den ersten Jahrhunderten nach Christi Geburt kleine, zähe Pferdchen urtümlicher Prägung. Bei vielen dieser Völker war es Sitte, mit den gefallenen Kriegern auch deren Pferde zu bestatten, was der Geschichtsforschung oft wertvolle Erkenntnisse erschließt. Das unten links dargestellte Skelett stammt aus dem 4. Jahrhundert und wurde in einem Gräberfeld in Klein-Fließ bei Tapiau in Ostpreußen gefunden. Es trug eine Nasenschiene (a), eine Ringtrense (b) und Riemenbeschläge aus Bronze.
Großen Adel hingegen zeigt das antike Pferderelief rechts.
Unten: *Equi mauri* wurde von den Römern die Pferde der Mauren genannt, die wesentlich größer waren als die Ponys der europäischen Nomaden, auch wenn diese Darstellung sicher sehr übertreibt.

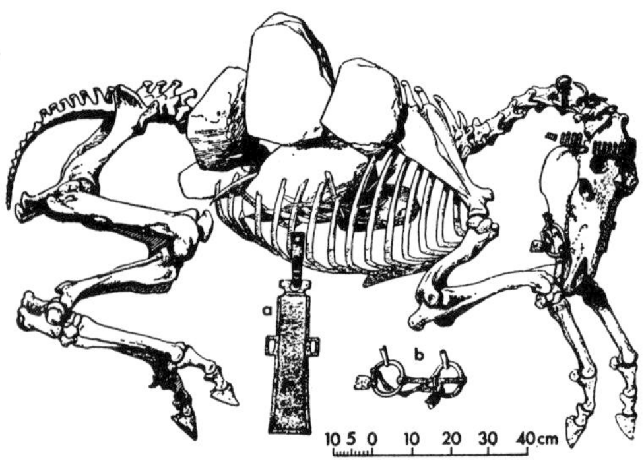

Im Dienste des Menschen

In der Literatur über die Geschichte des Pferdes wird fast durchweg behauptet, daß das Pferd zuerst gefahren und dann geritten worden sei. Als gesichert kann aber lediglich angenommen werden, daß Pferde im Kriegsdienst zuerst Streitwagen zogen, ehe sie Krieger trugen. Auf Schrifttafeln aus der Zeit um 1800 v. Chr. ist oft von pferdegezogenen Kampfwagen der Indogermanen die Rede. Die Völker südlich des Kaukasus waren anfangs völlig machtlos gegen die Krieger aus dem Norden, bis auch sie Streitwagen bauten. Das geschah in Ägypten und Troja um 1580 v. Chr., in Griechenland und Indien um 1500 v. Chr.

Andererseits gibt es eine kleine sumerische Bildtafel aus dem 3. Jahrtausend v. Chr., die einen Reiter auf einem pferdeartigen Tier zeigt, sowie eine etwa gleich alte Skulptur eines Pferdereiters aus Südarabien. Auch sind auf einigen 4000 bis 5000 Jahre alten Fels- und Höhenzeichnungen in den Pyrenäen und in der Sahara Reiter dargestellt.

Zugleich ist aber bekannt, daß schon im 5. Jahrtausend v. Chr. Rinder als Zug- und Tragtiere verwendet wurden. Es ist daher anzunehmen, daß man auch die Pferde bald nach ihrer Domestikation im 4. bis 3. Jahrtausend v. Chr. einzuspannen versuchte. Nichts spricht aber dagegen, daß zur selben Zeit die jungen Rinderhirten sich von den gezähmten Pferden in der Herde tragen ließen. Was zuerst war, Reiten oder Fahren, bleibt jedenfalls ungeklärt.

Im bergigen und sumpfigen Mittel- und Westeuropa konnten Wagen erst benützt werden, nachdem die Römer vor etwa dreitausend Jahren Straßen gebaut hatten. Das Pferd als Haustier gab es aber hier schon einige hundert Jahre zuvor, nur kennen wir keinerlei Hinweis, daß es auch geritten wurde.

Schon im alten Rom schützten die Krieger besonders verwundbare Körperpartien durch Metallplatten. Im Mittelalter wurden daraus immer schwerere Panzer, wofür natürlich auch stärkere Pferde erforderlich waren, und mit der Ritterzeit begann ein gewaltiger Aufschwung in der Kaltblutpferdezucht, die, ebenso wie auch das Turnierwesen, in Frankreich größte Bedeutung hatte.
Die Kriegstaktik der orientalischen Völker bestand in blitzschnellen Überfällen. Ihre an Schnelligkeit und Ausdauer weit überlegenen Pferde (oben) machten sie für lange Zeit unbesiegbar.

Bis vor wenigen Jahrzehnten spielte das Pferd in der Landwirtschaft eine maßgebliche Rolle. Unverdrossen zog es Pflug und Erntewagen. Heute ist ein bäuerliches Gespann für den Mitteleuropäer schon fast ein Stück Geschichte. Die schweren Arbeitspferde, die noch vor dreißig Jahren in vielen Ländern vier Fünftel der Pferdebestände ausmachten, sind heute schon mancherorts verschwunden.

Von den Assyrern besitzen wir den ersten Beweis für die Existenz berittener Truppen; er stammt aus der Zeit um 890 v. Chr. Die Assyrer, Perser und Gallier entwickelten das Reiten bereits zu einer Kunst und waren darin wahrscheinlich ebenso versiert wie die Griechen, nur ist von diesen dank ihrer umfangreichen Literatur mehr darüber bekannt. Xenophon zum Beispiel verfaßte mit seiner Reitlehre *das* klassische Werk über die Reitkunst.

Von der Rolle, die das Pferd mehr als 4000 Jahre hindurch in der Kulturgeschichte der Menschheit spielte, können wir uns heute nur noch schwer eine Vorstellung machen. Seit die Indogermanen die austrocknenden Steppen nördlich des Kaukasus verließen und auf Eroberung auszogen, wurden sämtliche großen politischen Umwälzungen durch das Pferd entscheidend beeinflußt. Die römische Vormachtstellung in Europa wäre ohne das Pferd ebenso undenkbar gewesen wie die stürmische Eroberung Südwesteuropas durch islamische Truppen und Osteuropas durch die Türken, die Beherrschung Süd- und Mittelamerikas durch Spanier und Portugiesen, die Napoleonischen Feldzüge, die Besiedlung des amerikanischen Westens und sogar noch mancher Handstreich im Zweiten Weltkrieg.

Neben seiner eindeutigen Vorrangstellung im Kriegshandwerk nahm das Pferd aber auch in der Rationalisierung der Land- und Forstwirtschaft eine entscheidende Position ein, ebenso im Transport- und Fernmeldewesen. Außer Straßenwagen verschiedenster Art zogen Pferde vor der Erfindung der Dampfmaschine auch Eisenbahnen und Schiffe – nicht umsonst wird die Leistung von Motoren noch heute in Pferdestärken angegeben.

Mit dem Postwesen war bis in unser Jahrhundert die Vorstellung malerischer Gespanne verknüpft, die mit den amerikanischen Stage Coaches geradezu legendär wurden (oben).
Pferde zogen nicht nur Wagen, Eisenbahnen und Schiffe, sondern auch, wie das Bild oben rechts aus dem Chikago von 1871 zeigt, ganze Häuser.
Rechts: Der Platz vor der Pariser Oper um 1880. Gewerbefahrzeuge, Droschken und herrschaftliche Kutschen prägten damals das Bild jeder Großstadt.

Die Gründung bedeutender Gestüte seit dem Jahre 1000

1

2

3

4

1064 Einsiedeln (1)
1230 Cordoba (2)
1264 Georgenburg
1490 Beberbeck
1532 Frederiksborg (3)
1536 Rohrenfeld
1573 Marbach
1579 Kladrub
1580 Lipizza (4)
1658 Flyinge
1665 Harzburg
1666 Ivenack
1713 Lopshorn
1714 Pin (5)
1715 Redefin
1722 Graditz
1724 Beberbeck
1730 Triesdorf
1732 Trakehnen
1733 Moritzburg
1735 Celle (6)
1745 Pompadour (7)
1748 Straßburg
1755 Zweibrücken (8)
1768 Dillenburg
1768 Rosières aux Salines
1769 Ansbach
1777 Marienwerder
1785 Mezöhegyes (9)
1788 Neustadt
1789 Litauisches Landgestüt
1792 Radautz
1797 Babolna
1798 Piber
1802 Bois Roussel
1806 St. Lò (10)
1808 Darmstadt
1810 Broock
1812 Woronowo
1813 Streletzk

5

6

7

8

9

10

11

12

13

14

1817 Weil
1817 Ossiach
1817 Janow Podlaski
1818 Leubus
1824 Gudwallen
1825 Lamballe (11)
1825 Nowo Alexandrowsk
1825 Neustrelitz
1829 Zirka
1836 Karlsruhe
1836 Gumniska
1838 Landshut
1838 Victot (12)
1839 Wickrath (13)
1844 Augsburg
1845 Khrenowoye
1849 Hampton Court
1849 Ansbach
1853 Kisber
1860 Pisa
1861 Ferrara
1866 Traventhal
1867 Nemoschitz
1869 Schlenderhan
1870 Kosel
1876 Labes
1877 Rastenburg
1877 Kreutz
1879 Walnut Hall
1880 Tiarel
1883 Stetchworth Park
1885 Gnesen
1885 Warendorf (14)
1890 Pisek
1891 Braunsberg
1893 Yeguada Militar Spanien
1894 Woodlands Stud (15)
1899 Stargard
1900 Irish National Stud
1910 Darby Dan (16)
1912 Valdehelechoso
1920 Altefeld (17)
1921 Topolcianky
1925 Osnabrück
1926 Hanover Shoe, USA (18)
1927 Someries
1928 Dalham Hall
1937 Spendthrift
1951 Silvasvarad (19)
1962 Moyglare
1966 Engl. National Stud Newmarket

15

16

17

18

19

Pferdetransporte

Pferde waren durch Jahrtausende *das* Transportmittel schlechthin. Sie beförderten Menschen, Kriegsmaterial und Güter. Es gab Pferde, die Ungeheures leisteten. Einzelne von ihnen wurden berühmt, wie etwa Napoleons Araberhengst *Vizir,* der seinen Herrn von Paris nach Moskau und zurück trug, oder die zwei Criollopferde des Schweizers Tschiffely, die, 15 und 16 Jahre alt, ihren Besitzer in einem unvorstellbar strapaziösen Ritt von Buenos Aires nach Washington brachten und dort kerngesund ankamen. Unbekannt blieben die 100 000 Mongolenponys, mit denen Dschingis-Khan das größte Reich aller Zeiten eroberte, das vom Pazifik bis zum Mittelmeer und von Sibirien bis zum Himalaja reichte.

Und natürlich transportierten Pferde auch sich selbst. Es war selbstverständlich, daß die mittelalterlichen Ritterpferde von Turnierplatz zu Turnierplatz auf eigenen Beinen gingen, und ebenso selbstverständlich wurden auch die Sportpferde späterer Jahrhunderte zu den Veranstaltungsorten geritten. Aber auch ganze Gestüte mußten in Kriegszeiten evakuiert und die Herden kostbarer Hengste, Stuten und Fohlen über oft große Distanzen getrieben werden, zum Beispiel von Lipizza ins südostungarische Mezöhegyes oder, in jüngerer Zeit, von Trakehnen nach Schlesien.

Echte Transportprobleme tauchten erst auf, wenn größere Gewässer überwunden werden sollten. Die Wikinger dürften diese Aufgabe als erste gemeistert haben. Auf ihren flachen, offenen Schiffen wagten sie von Skandinavien aus Fahrten über weite Strecken offenen Meeres. Mittschiffs, quergestellt festgebunden, fuhren ihre Rinder, Schafe und Ponys mit.

Bei den Spaniern und Portugiesen und später auch bei den Nordeuropäern war es gang und gäbe, Pferde auf den Schiffen in die Überseekolonien mitzunehmen. Die Pferde wurden in breiten Segeltuchgurten hochgehievt und mußten die meist monatelange Seereise hängend und je nach Seegang pendelnd überstehen.

Inzwischen ist das Pferd vom motorisierten Verkehr so gründlich überrollt worden, daß es in hochzivilisierten Ländern sogar sich selbst nur noch in äußerst beschränktem Maße transportieren kann. Auch um auf einen nur wenige Kilometer entfernten Pferdesportplatz zu gelangen, werden die Reittiere in Transporter verladen, weil sie im Straßenverkehr allzu großen Gefahren ausgesetzt wären.

Ganz oben links: «Transport edler Pferde» hat Ammon d.J. seine Zeichnung genannt, die Gestütspferde auf dem Marsch darstellt.
Oben: Pferdeverladung auf ein Schiff in England im 18. Jahrhundert. Schon im 15. Jahrhundert transportierten die Spanier ihre Pferde, in breiten Gurten aufgehängt, auf ihren Schiffen in die Neue Welt.
Links: Vollklimatisierter, hochkomfortabler Pferdetransporter eines Vollblutgestütes in Kentucky, USA. Daß wertvolle Pferde auch in Flugzeugen transportiert werden, ist heute selbstverständlich.

Freizeit und Sport

Durch Jahrtausende hat das Pferd dem Menschen gedient, in Eroberungszügen und Schlachten, auf Reisen in neue Welten, in der Landwirtschaft und im Gewerbe. Durch Jahrtausende hatte es teil an der Geschichte der Völker. Und innerhalb weniger Jahrzehnte ist es überflüssig geworden – oder doch so gut wie überflüssig.

Das Pferd ist aber nicht ausgestorben oder nur noch im Zoo zu bewundern, wie es Pessimisten vor dreißig Jahren prophezeiten. Sein Tätigkeitsbereich hat sich verlagert. Es ist zum Begleiter in der Freizeit geworden, zum Gefährten im sportlichen Wettkampf oder auch einfach in der freien Natur.

Von Jahr zu Jahr wächst die Schar der Freizeitreiter. Bezeichnenderweise kommen sie in überwiegender Zahl aus den Städten, gewiß, um ein Stück Natur zurückzuerobern. Der Kontakt mit Pferden oder Ponys ist für diese Menschen von unvergleichlicher Bedeutung.

Pferdesport ist zwar schon uralt, wurde er doch in Form von Rennen schon bei dem olympischen Spielen der Antike betrieben, aber er war doch immer nur ein kleiner Nebenzweig des Pferdewesens, wenn man ihn mit der Bedeutung von Kriegs- und Arbeitspferden vergleicht. Heute locken Springkonkurrenzen, Dressur- und Geländeprüfungen, Reiterspiele, Fahrveranstaltungen und Pferderennen millionen begeisterter Zuschauer auf die Turnierplätze und Rennbahnen der Welt und vor den Fernsehschirm.

Nur das Bild hat sich gewandelt. Das Pferd lebt weiter.

Links: Die Dressur-Olympiasiegerin Christine Stückelberger auf *Granat*.
Unten: Unschätzbar ist der Wert all der unbekannten Pferde und Ponys für jene Reiter, die nicht mehr und nicht weniger suchen als den Kontakt mit dem Tier und der Natur.
Darunter: Springsport, hier der Schweizer Markus Fuchs auf dem irischen Hunter *Ballymena*.
Ganz unten: Rennen, die älteste Pferdesportart, die mit dem englischen Vollblut weltweite Verbreitung fand, hier in Santa fé in Neumexiko.

Frankreich

1950 gewann Marcel Boussac, neben anderen glänzenden Siegen in Großbritannien, mit seinem Fohlen *Courtil* die Gimrack Stakes. Einer alten englischen Tradition entsprechend – auch der Gimrack Club selbst ist dafür ein lebendiges Symbol – war er anschließend Ehrengast beim 108. Jahresdiner in York. Gern tat er bei dieser Gelegenheit der Turfwelt jener Zeit die Ursache seiner Erfolge als Züchter und Rennstallbesitzer kund. Manche hatten vielleicht geglaubt, solche Siege müßten auf einem unergründlichen Geheimnis basieren. Womöglich zweifeln sie heute noch – Legenden sterben nur langsam – an der einfachen Erklärung, die Boussac ihnen gab, zumal es ja um ein Gebiet ging, in dem man mehr als anderswo dem Unberechenbaren ausgeliefert ist.

Der geschickte Einsatz althergebrachter Regeln, profunde Kenntnisse und hohes Einfühlungsvermögen, gepaart mit unermüdlicher Energie, hatten Boussac dazu gebracht, alte Linien, die sich alle bereits bewährt hatten, geschickt und mit Erfolg neu zu kreuzen. Mit der Feststellung, daß am besten gelinge, was mit Liebe getan werden, faßte er seine Methode – die nicht nur den Erfolg in der Pferdezucht erklärt – in den Worten zusammen: «Arbeit – der kluge Eingriff in die Natur.»

Dies scheint die Geheimformel aller französischen Züchter zu sein. Sie haben es durch Generationen verstanden, nach den strengen Regeln, wie sie der jahrhundertelangen Tradition des 1665 von Colbert gegründeten Gestütswesens entsprachen, in unermüdlichem Einsatz jene «Grand-cru-Pferde» zu voller Entfaltung zu bringen, die nun weltweit einen großen Ruf genießen. Vom schweren Zugpferd verschiedener Rassen und Schläge über vielseitige Warmblüter bis zum Traber und zum nervigen Vollblut reicht Frankreichs Pferdepalette und ist damit eine der reichsten der Welt.

Die Zucht des Araberpferdes in Frankreich, mit importierten Tieren aus dem Orient begonnen, hat ihren Ausgangspunkt im Südwesten des Landes, im Gebiet von Pau und Tarbes und in Pompadour im Limousin, der Wiege einer ganzen Reihe berühmter Zuchttiere. Neue staatliche Importe, letztmals 1925, sorgten für Blutauffrischung und neue genetische Möglichkeiten. Im Gebiet von Mosul, Bagdad, Jerusalem und Aleppo, wo sich die alte, edle Pferderasse mit allen ihren Qualitäten besonders gut erhalten hat, suchten die französischen Einkaufskommissionen ihre Pferde.

Alle anderen Pferderassen, auch die Kaltblüter, allen voran aber das englische Vollblut, sind tatsächlich das Ergebnis von Kreuzungen einer einfachen, bodenständigen Zucht mit dem Araber oder mit anderen Pferderassen.

Gerade heute wieder sind viele Pferdeliebhaber bestrebt, die Araberzucht weiterzuführen. Die Basis bilden die alten Linien aus dem Südwesten des Landes, die durch private Importe aus England, Spanien, Polen und den USA Blutauffrischungen erfuhren.

Um 1780 kamen in Frankreich Pferderennen in Mode. Sport, Schauspiel und Zerstreuung zugleich, fanden sie sehr schnell großes Interesse. Die in der Vollblutzucht erzielten Fortschritte verliehen den Rennen als Leistungsprüfungen eine Daseinsberechtigung. Nur auf der Rennbahn erfolgreiche Pferde wurden in die Zucht eingesetzt. Die Geschichte des Turfs und die Entwicklung der Vollblutzucht sind deshalb aufs engste miteinander verbunden.

Während sich die berühmten Lehrer der hohen Reitkunst im 16. Jahrhundert, Grisone, Pignatelli usw., oft schauderhafter Methoden bedienten, um Pferde gefügig zu machen, bewies der Franzose Antonius de Pluvinel eine ganz andere, bedeutend humanere Auffassung. Er leitete Anfang des 17. Jahrhunderts in Paris eine «Akademie für junge Edelleute unter besonderer Berücksichtigung der Reitkunst» und verfaßte ein damals in der ganzen europäischen Adelswelt richtungweisendes Handbuch der Reitkunst. Es erschien 1623 unter dem Titel «Manège du Roy» und wurde fünf Jahre später als «L'instruction du Roy en l'exercice de monter à cheval» neu herausgegeben. Der Buchtext ist ein Dialog zwischen de Pluvinel und dem jungen Ludwig XIII., einem offensichtlich sehr aufgeschlossenen Schüler. Das Buch ist mit einer Anzahl herrlicher Stiche illustriert, von denen hier einige Reproduktionen zu sehen sind.

Wie die Dinge in der Praxis aussehen, erkennt man am besten dort, wo die hochedlen Pferde aufgezogen werden: in den berühmten Gestüten der Normandie und der Ile-de-France, wo beinahe jede Boxe ihre eigene Geschichte hat.

Erklimmt man in Orne den Hügel von Nonant-le-Pin oder auch jenen von Cambremer in Calvados, so hat man die ausgedehnten Weiden mit den weißen Umzäunungen der großen Gestüte Frankreichs vor Augen.

In Victot bei Lisieux, einer altehrwürdigen Stätte mit einem herrlichen, kleinen Schloß und einer wunderschönen Stallanlage im Fachwerkstil der Normandie, bekommt man ein Bild von den Anfängen der Vollblutzucht in Frankreich.

Im eindrucksvollen, klassisch-modernen Rahmen von Jardy bei Paris stößt man auf die Geschichte von *Flying Fox,* von dem – über *Ajax* – *Teddy* abstammt. *Teddy* kam in das Gestüt von Bois Roussel bei Sées und bewies hier eine großartige Lebenskraft. Die Geschichte von Bois Roussel ist auch die Geschichte von *Vatout* und allen seinen illustren Nachkommen. Die Geschichte von Jardy ist unlösbar mit *Ksar* verbunden, dessen wertvolle Eigenschaften – Herz, Mut, Ausdauer und Kampffreudigkeit – in *Tourbillon* und seinen Söhnen in aller Welt fortbestehen.

Auch so berühmte Namen wie die der Herren von Meautry bei Deauville und die bekannten Stallfarben des Barons Edouard de Rothschild dürfen hier nicht unerwähnt bleiben.

Und die jüngere Geschichte der Vollblutzucht Frankreichs ist auch jene des Gestüts von Fresnay-le-Buffard zwischen Argentan und Falaise, Schauplatz der Zucht von Marcel Boussac, wo alles, selbst die Natur, dem Meister unterstellt ist. Allerdings hat das Beispiel Fresnay gezeigt, daß sich Protektionismus in der Zucht früher oder später ungünstig auswirkt: Der Natur bekommt ein Leben unter der Glasglocke schlecht, und eine Rasse braucht, wie eine Menschenfamilie, Einflüsse von außen, um vor dem Niedergang bewahrt zu bleiben.

Den zweiten Rang nach der Vollblutzucht nimmt in Frankreich die Traberzucht ein. Das erste Trabrennen hier wurde im Jahre 1836 gelaufen.

Der französische Traber ist aus der Landeszucht der Anglo-Normannen hervorgegangen. Durch sorgfältige Auswahl von Anglo-Normannen mit besonders betonten Trabeigenschaften und durch oftmalige Einkreuzung amerikanischer Standardtraber und englischer Vollblüter entstand eine Rasse, die auf die Traberzuchten Italiens, Deutschlands, Belgiens und Hollands einen bedeutenden Einfluß ausübte. Die wichtigsten Blutlinienbegründer waren *Conquérant* und *Normand,* zwei Söhne des

Vollblüters *Young Rattler,* sowie *Phaeton,* ein Sohn des Vollblüters *The Norfolk Phenomenon.* Weit über die Hälfte aller französischen Traber gehen heute auf *Conquérant* zurück.

Der französische Traber ist im Durchschnitt größer und harmonischer gebaut als der amerikanische Standardtraber. Im allgemeinen hat er ein größeres Stehvermögen als dieser, doch ist er in der Geschwindigkeit etwas unterlegen.

In Frankreich werden Trabrennen nicht nur vor dem Sulky gelaufen, sondern auch unter dem Sattel.

Auch die Traberzucht, wie die Produktion der Vollblutpferde, hat ihr Hauptzentrum in der klimatisch und geologisch hierfür besonders geeigneten Normandie. Als wichtigstes Gestüt in der Geschichte der Traberzucht Frankreichs gilt Rouges-Terres von Madame Olry-Roederer.

Mit der seit zwanzig Jahren dauernd steigenden Nachfrage nach vielseitigen Reitpferden erlebt auch diese Zuchtsparte wieder einen großen Aufschwung. Nach der Auflösung berittener Heeresverbände, die Jahrhunderte hindurch mit Abstand die wichtigsten Abnehmer von Reitpferden gewesen waren, drohte diese Zucht beinahme zu erlöschen.

In Frankreich werden zwei deutlich verschiedene Rassen von Reitpferden gezüchtet, der Anglo-Normanne, heute auch französisches Reitpferd genannt, und der Anglo-Araber.

In der Normandie wurden schon seit dem 12. Jahrhundert vielseitig verwendbare Pferde gezüchtet. Um 1800 wurden erstmals englische Vollblüter eingeführt, und ab 1830 wurden die Normannen systematisch durch Vollblut veredelt. Dreißig Jahre später konnte die Anglo-Normannen-Rasse als gefestigt bezeichnet werden. Sie diente vor allem als Karossier und als gängiges Wirtschaftspferd und hatte daneben gute Reiteigenschaften. In den letzten zwanzig Jahren erfolgte die Umzüchtung auf ein ausgesprochenes Reitpferd mit allen erforderlichen Points, und heute haben die französischen Spring- und Militaryreiter ein Pferd großen Formats zur Verfügung.

Der Anglo-Normanne bildete nicht nur die Basis der französischen Traberzucht. Er hatte auch wesentlichen Anteil an der Verbesserung verschiedener ausländischer Warmblutrassen, zum Beispiel des ungarischen Nonius, des holländischen und schwedischen Warmblutes, der schweizerischen Zucht in Einsiedeln und Avenches und der deutschen Oldenburger und Württemberger.

In Frankreich fand die Anglo-Normannen-Zucht über ihr Ursprungsgebiet hinaus Verbreitung bis zum Ain, Charolais, Centre, Est, Anjou und Vendée.

Im Süden ist es der Anglo-Araber, der über Charentes und Limousin verbreitet ist. Er zeichnet sich durch seine elegante, hochedle Erscheinung, seine Geschwindigkeit und Ausdauer aus, die deutlich an seine orientalische Abstammung erinnern. Auch diese in Frankreich, und zwar im Gestüt Pompadour, entstandene Rasse, vererbte ihre Qualitäten auf ausländische Anglo-Araber-Zuchten, zum Beispiel in Spanien und Polen. Im Hochleistungssport, vor allem auf Springplätzen, haben Anglo-Araber schon vielfach ihre großen Qualitäten bewiesen.

Die bis vor wenigen Jahrzehnten noch alle anderen Sparten weit überragende Kaltblutzucht ist heute nur von geringer Bedeutung. Man spricht fast nur noch von «schweren Pferden», ohne nähere Angaben über die Rasse, wohl um deutlich zu machen, daß auf die meisten von ihnen die Waage wartet und nicht mehr das Zuggeschirr. Dennoch hat man in Frankreich mehr Gelegenheiten als anderswo in Mitteleuropa, die kraftvollen Gestalten der Kaltblutpferde zu bewundern. Auf den Wiesen von Huisne, auf der Grand' Place von Landivisiau, hoch an den Hängen der Picardie, auf den Hügeln von Bassigny und auf den weiten Hochebenen des Doubs weiden sie heute noch, die prächtigen Percherons, die ausdrucksvollen Bretonen, die ausgezeichneten Boulonnais, die schweren Ardenner und die urtümlichen, lebhaften Comtois. Auf die Zucht dieser Pferde dürfen Frankreichs Bauern stolz sein, heute noch wie damals, als diese Rassen auch jenseits der Meere Verbreitung fanden und auf beinahe alle Kaltblutzuchten der Welt Einfluß nahmen.

Unten: Die großen Reitlehrer der Barockzeit bewiesen im Entwickeln von Gebissen für die Dressurschule eine erstaunliche Phantasie. Das Bild zeigt zwei von de Pluvinels Genetten aus dem 17. Jahrhundert.
Rechte Seite: Frankreich hat nicht nur Kaltblutpferde, die in allen Teilen der Erde in die Arbeitspferdezucht eingriffen, und Vollblutpferde und Traber, die zu den Weltbesten gehören. Auch aus der Springpferdezucht, die sich vor allem dem Anglo-Normannen und dem Anglo-Araber widmet, kommen absolute Spitzentiere.
Diese Aufnahme wurde anläßlich eines Cross Country unter einem Sprung gemacht.

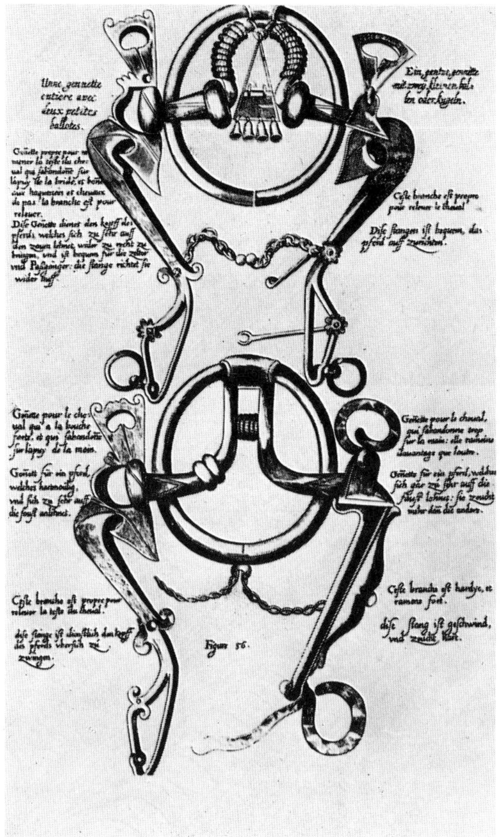

Pompadour

Die Geschichte Pompadours reicht beinahe tausend Jahre zurück. Das erste Schloß von Pompadour ließ Guy de Lastour im Jahr 1026 erbauen. Seither wurde es allerdings mehrmals teilweise zerstört, wieder aufgebaut und umgestaltet. Ludwig XV. erwarb das Schloß und die Markgrafschaft und schenkte am 24. Juli 1745 den ganzen Besitz seiner Geliebten, Madame Lenormand d'Etoiles, die damit auch den bald weltbekannten Titel einer Marquise von Pompadour erhielt.

Die Marquise, die nie auf Pompadour wohnte und ihrem Schloß offenbar nur einmal einen kurzen Besuch abstattete, ließ hier ein erstes Gestüt mit Arabern und Berbern einrichten. Doch war dieser Zuchtstätte offenbar keinerlei Erfolg beschieden.

Mit den Jahren verlor Madame Pompadour die Gunst des Königs und geriet damit auch in finanzielle Nöte. Sie verkaufte ihren Besitz am 24. Mai 1760 an den Herzog von Choisenil-Stainville. Der darüber wenig erfreute Ludwig tauschte ein Landstück in Amboise gegen Pompadour. Wie sein Urgroßvater in Pin, machte er aus der Markgrafschaft ein königliches Gestüt. Unter den verschiedenen Regimen wurde es mehrmals aufgelöst und wieder in Betrieb genommen. Seit 1872 besteht es nun ununterbrochen. In unmittelbarer Nähe des Schlosses liegt Puy-Marmont, die Zuchthengste-Anstalt von Pompadour. Neben den langgestreckten Stallungen befindet sich ein Springparcours. Eine weitere Pferdesportanlage findet man südlich des

Oben: Puy-Marmont, das Hengstdepot von Pompadour. In der Mitte der drei langgestreckten Stallungen steht das Bürogebäude, in dem auch die Sattelkammer (rechts) untergebracht ist. Die Sammlung von kostbarem Geschirrzeug und von Trophäen ist sehenswert.

Ganz oben: Fresken, die vermutlich aus dem 15. Jahrhundert stammen und zur Kapelle gehörten. Die Kapelle und drei Flügel des Schlosses wurden während der Revolution größtenteils zerstört.
Oben: Blick durch den Haupteingang auf die Südfassade des Schlosses, die als einzige seit dem 15. Jahrhundert ganz erhalten geblieben ist. Ebenfalls ohne größere Schäden blieben die Festungsmauern, die Wassergräben und die zehn Schloßtürme. Die anderen Teile wurden im 18. und 19. Jahrhundert wiederaufgebaut oder restauriert.

Rechts: Zwei Araber-Elitehengste: der Fuchs *Ba Toustem*, v. *Djerba Oua* a.d. *Baccharanta*, v. *Damour*, und der herrliche Schimmel *Baj*, v. *Negatiw* a.d. *Bajdara*.

Schlosses: die Rennbahn. Landschaftlich sehr reizvoll gelegen, gilt sie als die schönste Rennbahn Frankreichs.

In den Boxen des ersten Stalles auf der rechten Seite stehen die englischen Vollbluthengste, die Araber und die Anglo-Araber.

Das Kutschenmuseum birgt eine Sammlung eleganter, prachtvoller Wagen, die an die Belle Epoque erinnern.

Als einziges der staatlichen Gestüte Frankreichs hat Pompadour außer dem Hengstdepot einen Zuchtbetrieb mit etwa 40 Mutterstuten. Es sind durchwegs Anglo-Araber. Pompadour gilt als eines der bedeutendsten Gestüte der Welt für diese Pferderasse. Tatsächlich ist der französische Anglo-Araber hier entstanden.

Im Verlaufe der letzten zehn Jahre wurde die leistungsbezogene Selektion sowohl bei den Hengsten als auch bei den Stuten verstärkt. Die meisten Araber- und Anglo-Araber-Pferde aus der Zucht von Pompadour zeigen heute gute Resultate in Rennen, Springkonkurrenzen oder Militarys. *Air de Cour* beispielsweise gewann drei Rennen der Gruppe II und wurde Zweiter im «Jockey Club». *Fol Avril* und *Frou Frou* holten erste Plätze an internationalen Springprüfungen. Die sportlichen Aktivitäten in Pompadour wurden durch die Gründung von zwei Springkonkurrenzen für junge Pferde und eine nationale Military-Meisterschaft bereichert.

Oben: Die Mutterstutenherde von Pompadour besteht ausschließlich aus Anglo-Arabern, und zwar aus etwa 40 Stuten. Sie sind vier Kilometer vom Schloß entfernt in La Rivière untergebracht.
Links: Der Hauptstall von La Rivière entstand vor etwa 100 Jahren. Die 21 Stutenboxen bilden einen dreiseitig geschlossenen Hof.
Nächste Doppelseite: Das Schloß mit dem Eingang, von Südwesten gesehen. Der hier abgebildete Teil ist fast vollständig aus dem 15. Jahrhundert erhalten.

Lamballe

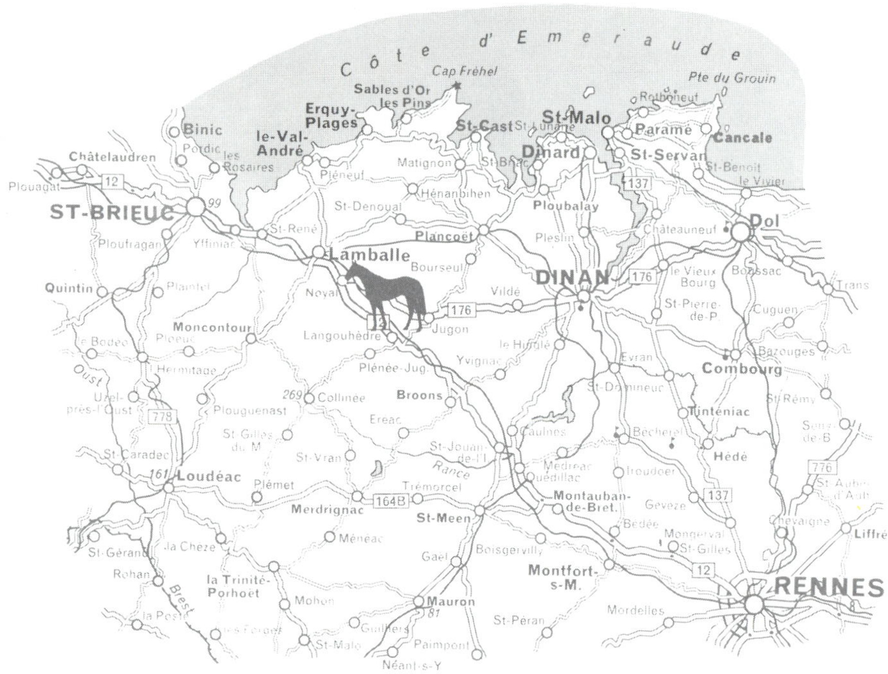

Nahe dem Gestütseingang, im Cavillon-Hof, wo sich die neueren Ställe befinden, steht ein alter, für die Gegend typischer Ziehbrunnen.
Ganz unten links: Der Eingang zum Gestüt. Im Hintergrund ist das quergestellte Bürogebäude zu sehen.
Ganz unten rechts: Das Haus des Direktors ist, wie die meisten Häuser in der Bretagne, aus groben Steinblöcken gebaut.

Die Gemeinde Lamballe in der Bretagne hatte schon in der Kaiserzeit immer wieder um die Schaffung eines Hengstdepots ersucht, wobei unter anderem die Bedeutung der Fohlenmärkte in dieser Ortschaft geltend gemacht wurde. Dank der Fürsprache des Kreisrates von Dinan beim Innenminister wurde am 16. Januar 1825 durch einen königlichen Erlaß die Gründung der Zuchthengsteanstalt bewilligt. Wenig später wurde die alte Saint-Martin-Kaserne gekauft und der Stall Nr. 1 gebaut.

Die ersten Jahre in der Geschichte des Gestüts von Lamballe können nicht gerade als erfolgreich bezeichnet werden. Gewisse Widerstände seitens des Bezirksrates, viermaliger Wechsel der Direktoren im Laufe von acht Jahren, die Tatsache, daß zu jener Zeit die bretonische Pferdezucht noch auf schwachen Füßen stand, und die daraus resultierenden Mißerfolge führten schon 1833 wieder zur Schließung der Anstalt.

Die Züchter der Gegend nahmen diesen Beschluß sehr übel auf. Außerdem stellte sich heraus, daß für die Remonte im Gebiet der Côtes-du-Nord bald nicht mehr genügend Pferde zur Verfügung standen. Daher wurde am 12. November 1842 das Depot wieder eingerichtet. Die nach der Wiedereröffnung sehr bald zunehmende Hengstezahl machte 1848 den Bau des Stalls Nr. 2 erforderlich. Im selben Jahr wurden auch Häuser für die Verwaltung errichtet.

1859 wurde der Wirkungskreis von Lamballe erweitert. Zur Côtes-du-Nord kamen Brest und Morlaix.

1870 wurden die Ställe Nr. 3, 4, 5, 6 und 7 gebaut. Die Größe des Ehrenhofes war damit festgelegt.

Der Krieg im gleichen Jahr verschlang eine Menge Armeepferde. Gleichzeitig erwies sich das bretonische Postier-Pferd als sehr geeignet für Artilleriegespanne. Die Zucht nahm deshalb einen raschen Aufschwung. Die Ställe, die mit den Neubauten 351 Hengste aufnehmen konnten, reichten nicht mehr aus. 1918 verfügte Lamballe über 391 Zuchthengste. Es wurden aber keine neuen Ställe mehr gebaut, sondern man beließ einen Teil der Hengste auf den Deckstationen.

Im Jahr 1918 begann die Zahl der Hengste allmählich abzunehmen. Ab 1945 beschleunigte sich der Rückgang der Zugpferde rapide, doch stieg gleichzeitig die Zahl der Reitpferdehengste, wenn auch bei weitem nicht im gleichen Maße. 1976 verfügte das Gestüt über 142 Deckhengste. Während der Deckzeit werden die Hengste auf 44 Stationen verteilt.

Vom 1. Juli bis zum 20. Februar werden sie in der Zuchtanstalt betreut. Sie werden dabei geritten und angespannt. Hier wird auch die Kunst des Tandemfahrens mit zwei, vier oder mehr Pferden besonders gepflegt. Seit 1900 wird die Ausbildung von Fahrern gefördert.

Jedes Jahr finden im großen Ehrenhof Wettrennen und anschließend Vorführungen der Gespanne statt. Dabei werden zwei Tandemgespanne, sieben Vierergespanne und ein Fünfergespann gezeigt.

Ganz oben: Der Ehrenhof, auf dem die Rennen und Gespannvorführungen stattfinden.
Darunter: Ein Bretonenhengst des schweren Typs, bei dem der Hals, die Schultermuskulatur und die Brust besonders mächtig, die Gliedmaßen kurz und stämmig sind. Neben diesem schweren Typ gibt es den beweglicheren Gebirgstyp und den leichteren Postier.
Links: Der Wasserturm des Gestüts.
Rechts oben: Anglo-Araber-Hengst.
Rechts unten: Vollbluthengst.
1976 standen hier: 3 Vollblüter, 4 Anglo-Araber, 3 Anglo-Normannen, 1 Französischer Traber, 3 Connemaraponys und 128 Bretonen.

Saint-Lô

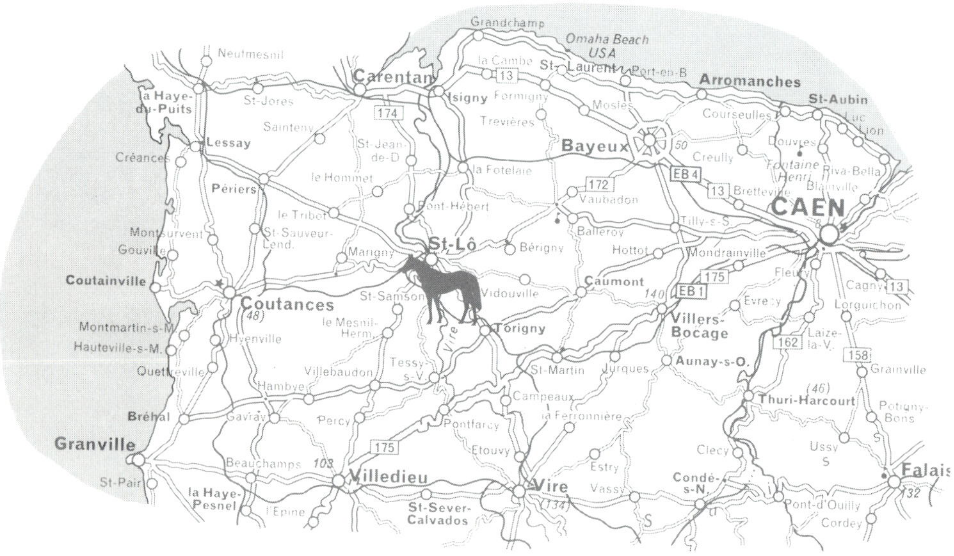

Gegründet wurde das Gestüt von Saint-Lô auf Grund eines kaiserlichen Dekrets vom 4. Juli 1806. Es wurde auf dem Gelände des ehemaligen Klosters Sainte-Croix gebaut und bot lediglich 24 Hengsten Platz.

Erst 1870 begann St-Lô größere Bedeutung zu gewinnen und wurde vergrößert. Im Jahre 1874, nach der Reorganisierung der Staatlichen Gestütsverwaltung, wurde der Bestand der Hengste von St-Lô auf 240 Stück festgelegt, so daß bedeutende Neuerungen erforderlich wurden.

Mit dem Bau des sogenannten «Neuen Gestüts» wurde 1882 begonnen, und 1898 war die Anlage fertig. Das alte und das neue Gestüt zusammen konnten nun 330 Hengste aufnehmen.

Später mußte es nochmals erweitert werden, und im Jahre 1912 erreichte es mit 422 Hengsten seinen höchsten Bestand. Am Abend des 6. Juni 1944 wurde St-Lô bombardiert. Das alte Gestüt wurde dabei völlig zerstört, vom neuen Teil wurden etwa die Hälfte der Ställe, die Sattlerei und das Haus

des Adjutanten in Schutt und Asche gelegt. Das Gelände mit den Ruinen des alten Gestüts wurde der Stadtverwaltung überlassen, die im Tausch ein anderes, günstiger gelegenes Gelände zur Verfügung stellte, auf dem inzwischen verschiedene Erweiterungsbauten errichtet wurden.

Die großzügige Gestütsanlage besteht in der Hauptsache aus acht Stallgebäuden, die den sogenannten Ehrenhof umschließen. Auf einem angrenzenden Landstück befinden sich die neue Krankenstation, Vorführ- und Trainingsplätze und eine Anlage für die Springprüfungen der jungen Pferde. Heute sind auf dem Gestüt etwa 90 Angestellte beschäftigt. Sie sind für die Pflege und die Arbeit mit den Zuchthengsten verantwortlich, werden gelegentlich aber auch zu technischen und administrativen Aufgaben herangezogen, die sich im Zusammenhang mit der Betreuung von Reitvereinen und der Förderung der Pferdezucht ergeben.

Oben: Ein Teil der Ställe des sogenannten Neuen Gestüts, die zwischen 1882 und 1898 erbaut wurden. Das Alte Gestüt, um 1810 errichtet, wurde im Zweiten Weltkrieg durch Bomben zerstört.
Rechts: Die Reithalle.

Englisches Vollblut

Seine Qualitäten als Rennpferd und seine einzigartige Fähigkeit, andere Rassen zu verbessern, sind weltweit bekannt. Für die Zuchthengste, die in St-Lô eingesetzt werden, ist nicht nur die Rennleistung, sondern auch das Exterieur maßgebend.

Französische Traber

Diese Rasse ist normannischen Ursprungs und ist vor allem durch die Auswahl nach Rennleistung entstanden. Die bedeutendsten Traberzuchthengste von St-Lô waren *Javari* und *Harold D III.*

Anglo-Normannen

Diese Rasse ist in der Manche entstanden. Im Gestüt von St-Lô werden jedes Jahr die staatlichen Zuchthengste für ganz Frankreich gekört.

Die Züchter aus dieser Gegend waren stets bestrebt, sich der Nachfrage und den Bedürfnissen anzupassen. Vom früheren Kutschpferd züchteten sie in den letzten Jahrzehnten erfolgreich auf das Springpferd um, das heute in vielen Ländern sehr begehrt ist.

Die Favoriten von St-Lô waren in den letzten Jahren *Plein d'Espoirs, Bel Avenir, Centaure du Bois, Diable Rouge* und *Ibrahim.*

Normannen-Cob

Dieses massigere Pferd wurde in der Gegend stets als Markt- und Landwirtschaftspferd gebraucht.

Oben: Die Gestütsanlage von St-Lô, wie sie sich vom Haupteingang her präsentiert. Hinten in der Mitte das Direktionshaus, rechts und links ein Teil der Stallungen.

Links: Im Stall der Normannen-Cobs. Von dieser Arbeitspferderasse standen 1976 sechzig Hengste im Gestüt.

Rechts: Der englische Vollbluthengst *Laigny*, geb. 1967, v. *La Varande* a.d. *Dogaresse*, v. *Cobalt*.
Unten: *Gredo de Paulstra*, v. *Galoubet A* a.d. *Celia de Paulstra*, Anglo-Normannen-Deckhengst in Saint-Lô.

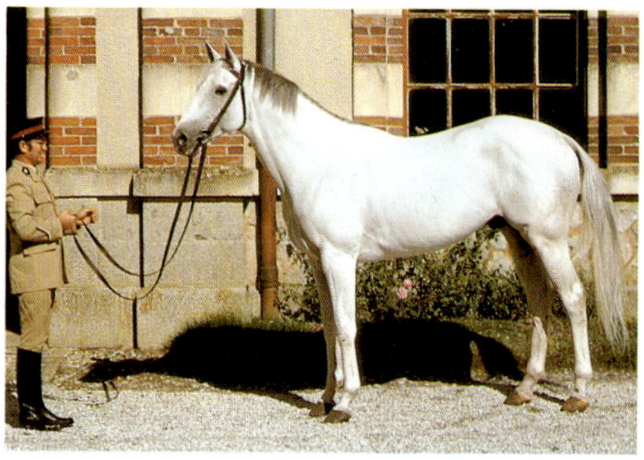

Unten: Der Anglo-Normanne *Fend-l'Air*, geb. 1971, v. *Amour du Bois* a.d. *Magali*, v. *Fra Diavolo*.

Percheron
Dieses schwere, sehr imposante Kaltblutpferd wird leider immer seltener gebraucht, und seine Zucht geht ständig zurück.

Eine der Hauptaufgaben der staatlichen Gestüte besteht darin, den privaten Züchtern gute Hengste zu günstigen Bedingungen zur Verfügung zu stellen. Insbesondere in der Zucht von Sportpferden bewähren sich die Hengste von Saint-Lô regelmäßig. Mit *Ibrahim, Ultimate, Nankin* und *Rantzau* hatte Saint-Lô schon in der Vergangenheit große Namen vorzuweisen. In jüngerer Zeit haben die Hengste *Uriel, Grand Veneur, Pot d'Or, Laeken* und *Muguet du Manoir* den guten Ruf des Gestütes weiter bestätigt.

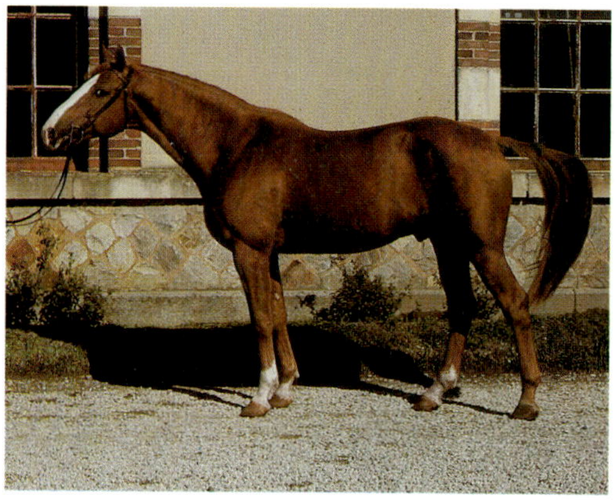

1990 setzte sich der Hengstbestand aus 51 Anglo-Normannen, 12 Vollblütern, 6 Trabern, 25 Normannen-Cobs und 11 Percherons zusammen. Heute stellt das Gestüt den Züchtern die modernsten Techniken in der Pferdezucht zur Verfügung, zum Beispiel künstliche Besamung, Ultraschall-Echographie für die Früherkennung der Trächtigkeit oder die Einsicht in die Daten des Sire-Computers (Identifikationssystem der registrierten Pferde), an welchem Saint-Lô angeschlossen ist.

Laufend werden die züchterischen und sportlichen Aktivitäten ausgebaut. An rund 20 Tagen im Jahr gibt es Springkonkurrenzen für junge Pferde, außerdem Zuchtwettkämpfe und Auktionen sowie die schon traditionelle «Große Woche der Pferdezucht».

Oben: Der Percheronhengst *Dragon*, geb. 1969, v. *Tosca* a.d. *Sonora II*. Im Hintergrund das Direktorenhaus.
Ganz links: Der Normanne-Cob *Cyrus*, geb. 1968, v. *Ketupa* a.d. *Régence v. Koukou*.
Links: *Laeken*, v. *Mexico* a.d. *Herta*. Nach seiner internationalen Sportkarriere steht der Anglo-Normannen-Hengst nun als Beschäler auf dem Gestüt.

Rosières aux Salines

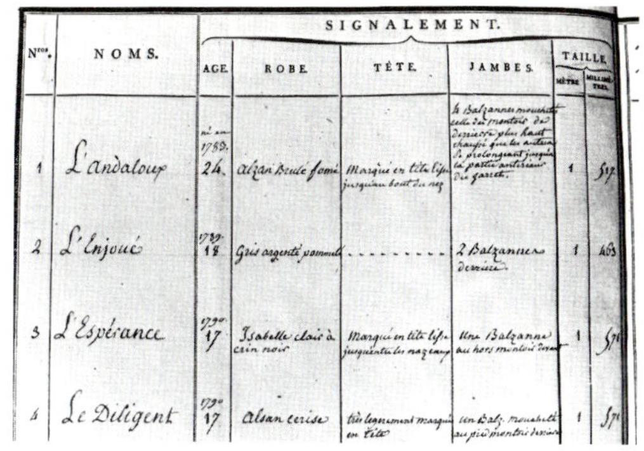

Nros.	NOMS.	SIGNALEMENT. AGE.	ROBE.	TÊTE.	JAMBES.	TAILLE. MÈTRE	MILLIMÈTRES
1	L'andaloux	né en 1783. 24.	alzan brulé foncé	Marqué en tête lisse jusqu'au bout du nez	la Balzanne mouchetée celle du montoir de derrière plus haut chaussé que les autres se prolongeant jusqu'à la partie antérieure du jarret.	1	517
2	L'Enjoué	1789. 18	Gris argenté pommelé	- - - - - - - -	2 Balzannes derrière	1	463
3	L'Espérance	1790. 17	Isabelle clair à crin noir	Marqué en tête lisse jusqu'entre les nazeaux	Une Balzanne au hors montoir devant	1	57[illegible]
4	Le Diligent	1790 17	alzan cerise	très legerement marqué en tête	Un Balz. mouchetée au pied montoir derrière	1	57[illegible]

Die Salzlager von Rosières waren 1760 so weit erschöpft, daß die Salinen geschlossen werden mußten. In den nun leerstehenden Gebäuden wurde ein Pferdequartier eingerichtet. Die Stallungen, wie sie heute noch vorhanden sind, wurden gebaut.

1768 wurde in Rosières ein königliches Gestüt gegründet, doch mit der Revolution 1790 wurden die Gestüte als Einrichtungen des Ancien régime abgeschafft. Am 4. Januar 1791 wurden die Zuchthengste verkauft.

Ein Jahr später übernahmen die siegreichen Revolutionstruppen das Gestüt von Deux-Ponts (Zweibrücken) und brachten die Zuchthengste und Stuten nach Rosières. Die Zweibrückener-Pferde jener Zeit hatten einen sehr guten Ruf.

Am 22. März 1795 ordnete Bonaparte als Erster Konsul die Wiederinbetriebnahme von sieben Gestüten an, darunter auch von Rosières. Zum Bestand aus Deux-Ponts kamen nun auch wieder frühere Hengste, die von den Züchtern der Gegend zurückgekauft wurden. In der ersten Hälfte des 19. Jahrhunderts wurden vor allem leichte Reitpferde gezüchtet. Die Bauern der Gegend begannen sich aber nach massigeren Pferden umzusehen. Die Zucht im Gestüt wurde allmählich umgestellt, und 1850 waren nur noch die Hälfte der Hengste Reitpferde, die andere Hälfte «kräftige Zugpferde». Die Produktion von Halbblutpferden hörte 1929 vollständig auf.

Die Nachfrage nach schwereren Pferden hatte inzwischen weiter zugenommen – sie waren für die Landwirtschaft und als Zugtiere für die neuen Artilleriegeschütze sehr gefragt. Nach verschiedenen Versuchen setzte man immer mehr das Ardennerpferd ein. Nach 1945 standen in Rosières nur noch Ardennerhengste. Ihre Zahl war allerdings bereits im Abnehmen begriffen.

1954 wurde auf Reit- und Sportpferde umgezüchtet, und der erste Vollbluthengst traf in Rosières ein. 1976 umfaßte der Bestand 53 Hengste, von denen 28 englische Vollblüter waren.

Ganz oben rechts: Ausschnitt aus dem Verzeichnis der Zuchthengste vom 15. August 1807.
Oben: Das Direktionshaus, in der Mitte des 19. Jahrhunderts anstelle des baufälligen Hauses des Gouverneurs der Salinen erbaut.
Oben rechts: Die nach 1760 erbauten Stallungen. Hier befanden sich früher Wohnungen für die Angestellten der Salinen.
Rechts: Der Anglo-Araber *Minon*, geb. 1970, v. *Unicol'Or* a.d. *Minette*, v. *Nithard*.
Ganz rechts: Vollbluthengst *Rainy Lake*, geb. 1970, v. *Val de Loir* a.d. *Silver Cloud*, v. *Dan Cupid*.

Pin

Der Eingang zum Gestüt Pin, dem «Versailles der Pferde», mit dem Ehrentor.
Ganz unten: Der hufeisenförmige Mittelhof, Colbert-Hof genannt, nach dem großen Minister Ludwigs XVI., von der Schloßseite her gesehen. Neben dem Eingangstor im Hintergrund befinden sich zwei Pavillons mit kleinen Turmaufbauten, von denen einer als Pförtnerhaus, der andere als Verwaltungsgebäude dient.

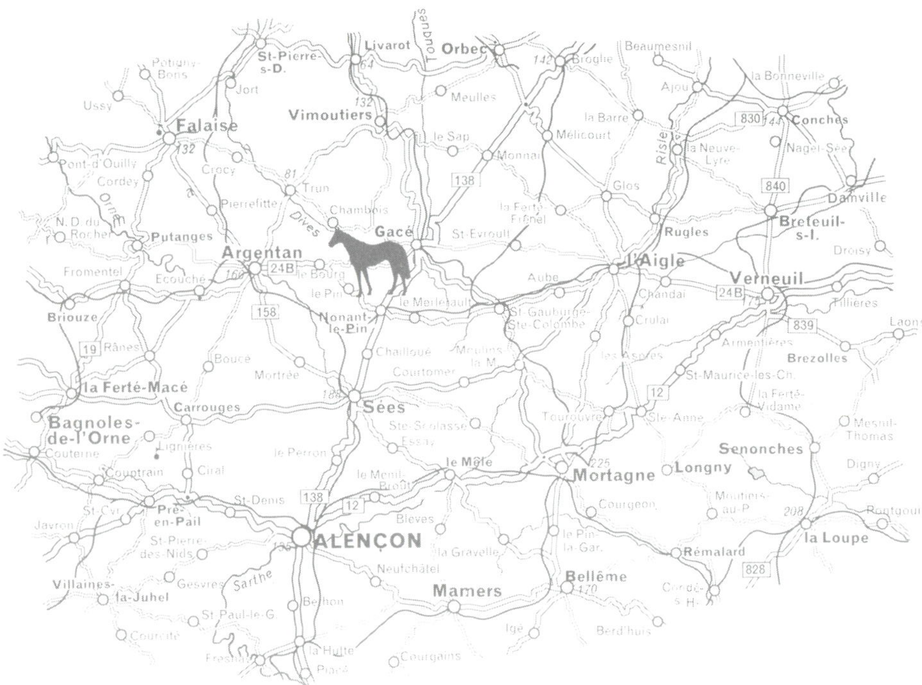

Pin liegt im Merlerault, in einer Gegend, die schon seit alters für ihre üppigen Weiden und ihre wertvollen Pferde bekannt ist. Im Jahre 1665 beschloß Ludwig XIV., das in der Nähe von Montfort l'Amaury gelegene erste königliche Gestüt nach Pin zu verlegen. Er kaufte das Gut vom Staatsrat von Bechameil, Marquis de Nointel, sowie einen Teil des Waldes von Exmes.

Erst 1715 wurden die Arbeiten nach den Plänen von Mansard und Nôtre in Angriff genommen. Dreizehn Jahre später war die großartige Gesamtanlage, so wie man sie heute noch bewundern kann, vollendet: der große, hufeisenförmige Ehrenhof mit dem querstehenden Schloß am hinteren Ende, die Nebenhöfe, die geräumigen Stallungen aus Natur- und Ziegelsteinen.

1730 zogen in Pin die ersten Zuchthengste ein. Seither besteht das Gestüt getreu seiner ursprünglichen Bestimmung, wenn auch mit wechselhaftem Glück. Es hat Revolutionen und Kriege, Regierungswechsel und Besatzungen überdauert.

Am 9. August 1865 beehrte Napoleon III. das Rennen von Pin mit seinem Besuch. Es war ein Anlaß zu grandiosen Festlichkeiten, von denen man hier heute noch spricht.

Pin, für Pferde geschaffen, stand stets im Dienste der Pferde. Zuerst als königliches, dann als kaiserliches und schließlich als staatliches Gestüt – die Kontinuität, eine unabdingbare Notwendigkeit in der Pferdezucht, blieb gewahrt.

Heute sind unter einer Leitung drei Institutionen zusammengefaßt: die Zucht-

Rechts: Einer der Ställe im Ehrenhof. Hier sind 30 Traber- und Anglo-Normannen-Hengste untergebracht.
Unten sind zwei der kraftvollen Percheronhengste zu sehen, einer der bedeutendsten Kaltblutrassen der Welt.

Nächste Doppelseite: Der siegreiche englische Vollblüter *Carmathen*, geb. 1964, v. *Devon* a.d. *Kiwait*, v. *Persian Gulf*. Im Hintergrund das Schloß.

hengsteanstalt, die staatliche Gestüteschule und der Gutsbetrieb.

Die Zuchthengsteanstalt ist eine der 23 Anstalten dieser Art, die dem Gestütedienst des Landwirtschaftsministeriums unterstellt sind. Ihr Bestand betrug 1976 83 Hengste. Während der Deckzeit, vom 20. Februar bis Anfang Juli, sind sie auf 25 Deckstationen verteilt. Das Einzugsgebiet von Pin erstreckt sich über die Departements Orne, Calvados, Eure und Seine Maritime.

Abgesehen von dem direkten Einfluß, den das Gestüt dadurch ausübt, daß es den Züchtern ausgezeichnete Hengste zu mäßigen Preisen zur Verfügung stellt, wirkt es auch durch weitere Maßnahmen positiv auf die Zucht ein: 1) Jährliche Kontrolle jedes einzelnen Zuchthengstes; 2) Kontrolle aller Vollblutfohlen mit Abgabe eines Zertifikates; 3) Veranstaltung von Pferderennen zur Zuchtauswahl und zum kommerziellen Nutzen der Züchter. Außerdem kümmert sich das Gestüt um Vereinigungen für Pferderennen und Reitsport.

Oben links: Der Anglo-Normanne *Fundre de Guerre*, geb. 1971, v. *Nankin* a.d. *Quenotte*, v. *Gagne si Peu*.
Oben: Der englische Vollblüter *Night and Day*, geb. 1975, v. *Soleil Levant* a.d. *Nuit de Noces*, v. *Nosca*. In der Vollblut- und Anglo-Normannen-Zucht eingesetzt, produzierte er u. a. *Danoso*.
Links: Der Anglo-Normanne *Mexiko*, geb. 1956, v. *Furioso XX* a.d. *Dame de Ranville*, v. *Talisman*. Sein berühmtester Bruder väterlicherseits ist der Goldmedaillengewinner von Tokio 1964, *Lutteur*.
Rechts: Der Anglo-Normanne *Emir du Mesnil*, geb. 1970, v. *Night and Day XX* a.d. *Tenebreuse*, v. *Bel Avenir ou L'Oudon*.

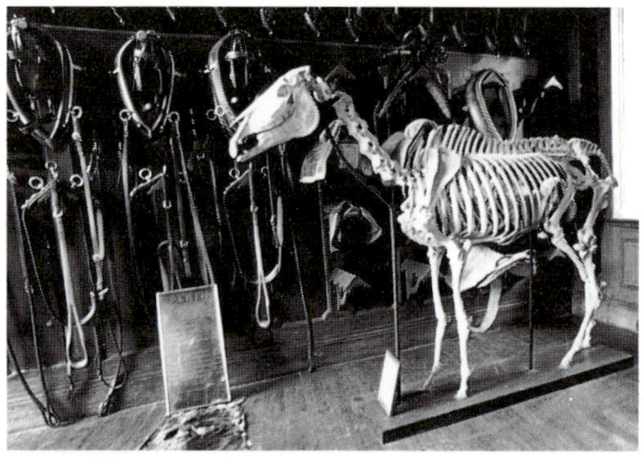

In der Ehrensattelkammer sind unter anderem wertvolle Sättel, Geschirre und zwei Skelette berühmter Pferde zu sehen.
Ganz links ist der samtüberzogene Sattel des Ritters d'Alsac zu sehen, eines der berühmtesten Kunstreiter und Direktor von Pin von 1911 bis 1918.
Das zweite Bild zeigt das Skelett von Intermede, der in Pin von 1913 bis 1933 als Beschäler eingesetzt war und 292 französische Traber zeugte, darunter allein 43 Zuchthengste.

Die Gestüteschule wurde 1823 durch Staatsrat Barthelemy gegründet. Hier erhielten sämtliche Gestütsfachleute nach Abschluß der staatlichen Landwirtschaftsschule ihre weitere Ausbildung. Heute können hier Ingenieure für Land-, Wasser- und Forstwirtschaft ein Praktikum als Gestütefachmann absolvieren. Außerdem können sich hier Schulentlassene in einer dreijährigen Lehre als Pferdepfleger oder Hufschmied ausbilden lassen.

Der Gutsbetrieb von Pin umfaßt 1100 ha. Davon sind 300 ha Wald, 700 ha Weiden, von denen 425 ha dem Institut für Landwirtschaftliche Forschung zur Verfügung stehen, und 112 ha Rennstrecken, Übungsgelände, Straßen und Höfe. Auf dem Sportgelände finden jährlich zahlreiche Veranstaltungen statt. Zu den bemerkenswerten Einrichtungen gehört noch eine Versuchsherde von 25 Stuten für tierphysiologische Forschungen.

Oben: Der Lambesc-Hof, so genannt nach dem Direktor von Pin von 1765 bis 1790. Auch der Stall der englischen Vollblüter trägt diesen Namen.
Rechts, oben und unten: Die 1882 erstellte Deckhalle, darunter die Innenansicht. Zahlreiche Sieger verschiedener Pferdesportarten sind mit der fast hundertjährigen Geschichte dieser Halle verknüpft.

Haras du Château

Bei Villechétive im westlichen Burgund, inmitten eines Gebietes, in welchem Weine mit klingenden Namen gepflegt werden, liegt auf einer Hügelkuppe Haras du Château. 130 Jahre alte Kastanienbäume beschatten die Weiden und die als Kreuz angelegte Allee. Am Ende der Längsallee steht das kleine Manoir, um 1870 von dem Rennpferdezüchter Arnoud de l'Arriège erbaut. An den Enden der Querallee liegen die ebenso alten, in jüngster Zeit mit Liebe renovierten Stallungen. Zum Gut gehören 42 Hektar Wiesen, Waldstücke und Hecken. 45 lateinamerikanische Pasopferde tummeln sich heute auf den Weiden, auf denen einst erfolgreiche Vollblüter heranwuchsen.

1973 kamen die ersten südamerikanischen Pasopferde nach Europa, in die Schweiz. 1975 gründete das Schweizer Ehepaar Verena und Aloys Tschümperlin zusammen mit einigen Freunden die Pasopferdezucht AG und übernahm diese ganze Herde. Die Tiere kamen 1979 auf den Hof Güldenberg in Hessen.

1980 erwarben Verena und Aloys Tschümperlin das Gestüt Haras du Château. In den kommenden drei Jahren wurde das Gestüt sorgfältig renoviert, und 1983 war die ganze Herde von Deutschland nach Frankreich umgezogen.

1986 gründete Aloys Tschümperlin den Paso Club International, dem er viele Jahre als Präsident vorstand. 1990 bemühten sich die Tschümperlins erneut um eine Blutauffrischung ihres Bestandes. Sie konnten dazu in den USA drei überragende Pferde erwerben, die Stute *RDS Canta Linda* und die beiden Hengste *RDS Domingo de Mayo* und *Galante*. *Galante* ist ein direkter Sohn des berühmten Paso Peruanos *Piloto* und beeinflusste die Zucht auf dem Haras du Château wesentlich. *Galantes* Nachkommen bestechen durch ihren leichtfüßigen Tölt und ihre enorme Ausstrahlung.

Seit 1996 gibt es auf dem Gestüt ein Laboratorium, wo das wertvolle Sperma der Hengste tiefgefroren wird.

Ganz oben rechts: Eine Stutenherde vor dem um 1870 erbauten Manoir.
Oben: Carla Tschümperlin mit dem überragenden Paso Peruano Hengst *Galante*.
Oben rechts: Die sorgfältig aufgebaute Stutenherde ist der Stolz der Familie Tschümperlin.
Rechts: Der 1978 geborene Paso Peruano Hengst *Danzarin Suizo* in original peruanischer Ausrüstung.
Ganz rechts: Der besonders ausdrucksstarke, 1978 geborene Paso Peruano Hengst *CSM Bolero*.

Bois Roussel

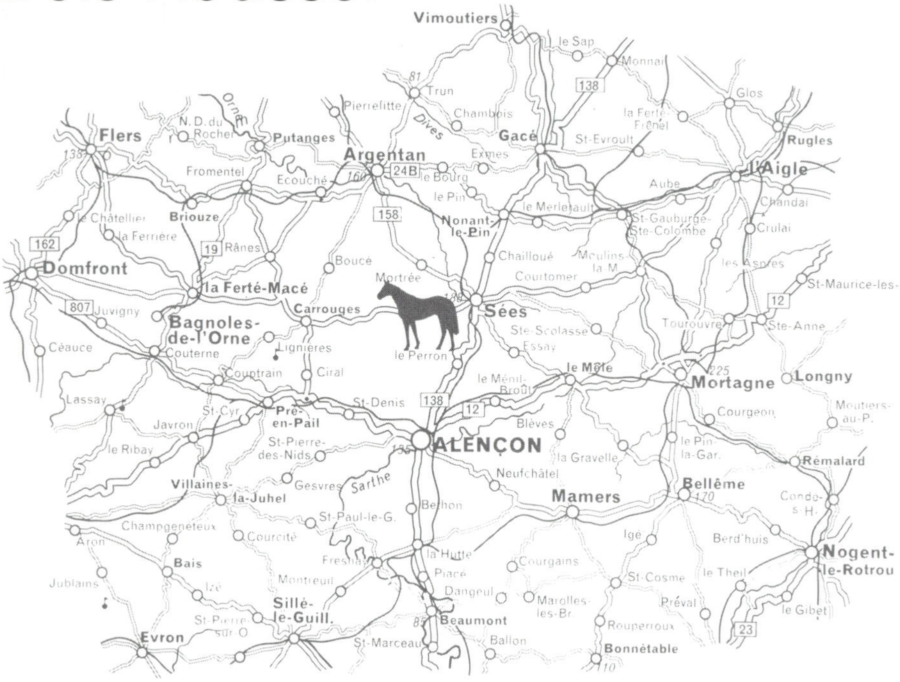

Das Gestüt von Bois Roussel wurde im Jahr 1802 gegründet. Der kaiserliche Minister Graf Rœderer erhielt es damals von Napoleon geschenkt. Das Gestüt blieb über anderthalb Jahrhunderte im Besitz der Familie. 1970 wurde es von der Gräfin von Rochefort an die Gräfin Margit Batthyany verkauft.

Die neue Besitzerin trägt einen der klangvollsten Namen der deutschen Vollblutzucht. Ihre Internationalität ließ sich von jeher an den Stammbäumen ihrer Pferde ablesen, und auch in den Pferden von Bois Roussel pulsiert Blut aus den besten Zuchtländern der Welt.

Bois Roussel liegt in der Gemeinde Bursard, 16 Kilometer von der Kreisstadt Alençon entfernt und in der Nähe von Sées, an den Südhängen des Sarthe-Tales. Der Besitz umfaßt etwa 310 Hektar. Davon werden etwa 80 Hektar vor allem mit Hafer, Luzerne und Gerste angebaut. 185 Hektar sind Weide, der Rest Wald und Gebäude.

Auf drei Seiten ist das Gut von Wald eingefaßt: im Süden vom Wald von Perseigne, im Westen vom Wald von Ecouves und im Osten vom Wald von Bourse. Dies sichert dem Gestüt ein besonders mildes Klima mit häufigen, feinen Regenfällen. Der Kalkboden bietet die beste Gewähr für einen gesunden Knochenbau der Pferde.

Lage und Bodenbeschaffenheit könnten für ein Gestüt kaum günstiger sein. Das erwies sich schon im Jahre 1873, als Graf Rœderer die landwirtschaftliche Ehrenprämie für seine Rinder erhielt und gleichzeitig sein Pferd *Boiard* den Preis des Jockey

Club, die Royal Oaks, den Grand Prix von Paris und den Preis des Versuchsrennens gewann. Im folgenden Jahr holte sich dasselbe Pferd auch noch den Preis von Cadran und den Ascot-Pokal.

Die größten Pferde, die im letzten Jahrhundert auf Bois Roussel geboren und aufgezogen wurden, waren neben *Boiard Vermouth, Bois Roussel* und *Patricien.*

Die Zucht blieb in den Händen der Grafen Rœderer. Jahrelang hatte Monsieur Volterra das Gestüt in Pacht, bevor es seine Eigentümerin, Gräfin von Rochefort, wieder übernahm. Sie überließ es, wie erwähnt, 1970 Gräfin Batthyany.

Mit dem Besitzwechsel kamen neue Pferde nach Bois Roussel. Bald machten die neuen Stallfarben – Orange und Blau – von sich reden. Die wichtigsten siegreichen Pferde dieses Gestüts nach 1970 sind:

Pia, Siegerin der Oaks, Lowther Stakes, Park Hill Stakes.

Samos, Preis der Royal Oaks, 2. im Gold Cup, Gladiatorpreis.

San San. Vermeille, Arc de Triomphe.

Rechts: *Gift Card,* geb. 1969, v. *Dan Cupid* a.d. *Gracions Gift,* v. *Princely Gift.* Sieger in 4 Rennen und 2mal plaziert.

1976 standen fünf Zuchthengste auf dem Gestüt. Hier sind die drei bedeutendsten zu sehen.
Oben links: *Bold Lad,* 1962 in den USA geboren, v. *Bold Ruler* a.d. *Misty Morn,* v. *Princequillo.* Siegte in 14 Rennen und plazierte sich 3mal. Seine bisher wichtigsten Nachkommen sind *Niagara* und *Game Lad* in den USA und *Bold Fascinator, Marble Arch, Royal Family, Gentle Thoughts* und *Come Back* in Europa.
Oben: *Caro,* geb. 1967, v. *Fortino* a.d. *Chambord,* v. *Chamossaire.* Wurde Sieger in 4 Rennen und war vierter im Prix de l'Arc de Triomphe.

Mata Hari, Versuchsrennen der Stutfohlen.
Caro, Versuchsrennen, Preis von Ispahan, Harcourt, Dollar, Ganay.
Filiberto, Preis von Morny.
Arosa, Pokal Königin Elisabeth II.
Gift Card, Preis von Perth, Dollar, Prince of Wales Stakes.
Marduk, Deutsches Derby, Großer Preis von Baden, Deutsches St. Leger.
No No Nanette, Preis von Nonette.

Was die Zahl der in Frankreich gewonnenen Rennen betrifft, stand der Stall Batthyany 1971 an vierter, 1972 an zweiter Stelle.

Die Einrichtungen auf dem Gestüt von Bois Roussel wurden auf den modernsten Stand gebracht. Die achtzig Hektar Kulturland liefern den größten Teil des Pferdefutterbedarfes.

Der Bestand umfaßt rund 210 Pferde, von denen etwa sechzig in zwei zusätzlichen Anlagen untergebracht sind. Eine dieser Anlagen mit 28 Boxen, Mare-Dessous, erlaubt das Absondern von kranken

und aus dem Ausland eintreffenden Pferden. In der anderen Zusatzanlage, Les Fontaines, sind die Jährlinge untergebracht. Hier gibt es 32 Boxen, eine gedeckte Reitbahn, einen 1000 Meter langen Auslauf und große Weiden. Alle Boxen werden wöchentlich desinfiziert und jedes Jahr neu gestrichen. Damit wird das Risiko der Übertragung von Krankheiten auf ein Minimum reduziert.

Ganz oben: Blick auf die ausgedehnten Weiden von Bois Roussel mit den Wasserläufen, die eine abschnittsweise Bewässerung erlauben.
Oben: Emmanuel Bodard mit der Stute *Chambord,* geb. 1955. Zu ihren 16 Fohlen gehört der berühmte Hengst *Caro.* Zu ihren größten Siegen zählen die Fitzwilliam Stakes, die Royal Standard Stakes, die Newmarket Oaks und das Liverpool Saint Leger.
Links: Die ehemalige Orangerie, heute Direktionsgebäude, und dahinter das Sommerhaus der Gräfin Margit Batthyany.

Victot

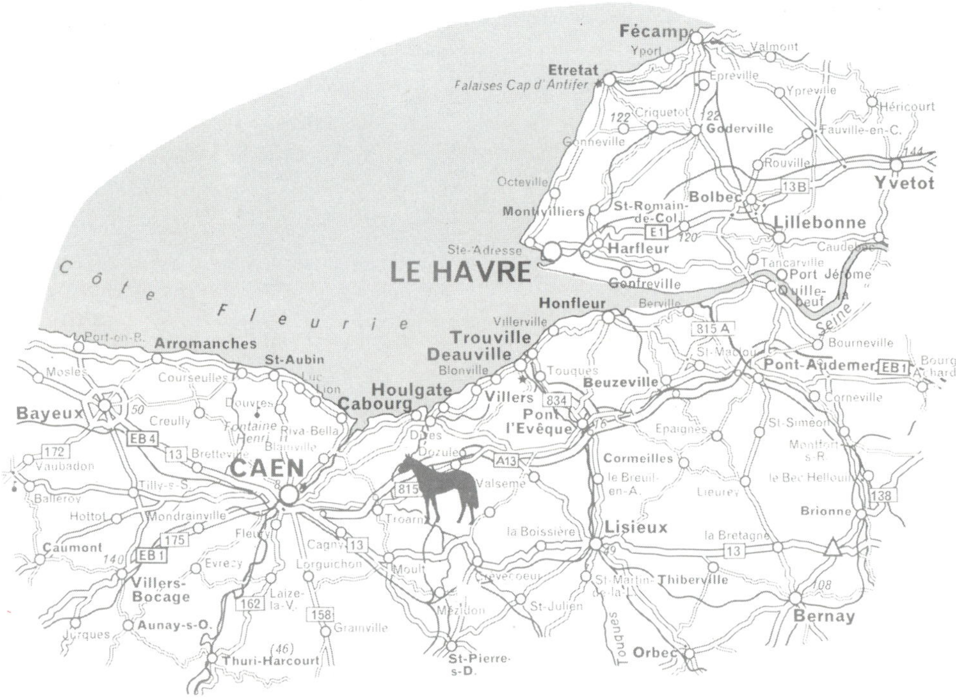

An der Stelle einer Festung aus dem 13. Jahrhundert, die das kleine Tal der Dorette beherrscht hatte, wurde um 1575 das Schloß Victot erbaut.

Zunächst waren es zwei getrennte Schlösser, für Vater und Sohn. Im 18. Jahrhundert wurden sie durch einen schiefergedeckten Teil im normannischen Stil verbunden. Von der Familie Boutin aus Sainte-Marie-le-Normand kaufte die Familie Aumont das Schloß. Sie waren Sieurs de la Fosse, überzeugte Monarchisten – und außerdem Pferdezüchter, die sich weltweit einen Namen machten.

Die Geschichte des Gestüts von Victot schreiben heißt die Geschichte der Rennen in Frankreich von über hundert Jahren aufzeichnen. Tatsächlich taucht der Name Aumont bereits fünf Jahre nach der Gründung der Renngesellschaft, im Jahre 1838 also, zum ersten Mal bei Rennen auf: Es war Eugène Aumont, dessen Farben – rosa Jacke und schwarze Kappe – in Chantilly und Caen getragen wurden.

Schon Eugènes Vater, Alexandre Aumont, hatte sein Leben lang Pferde gezüchtet und war Hauptlieferant der Großen Armee gewesen. Die Aussichten, welche die Schaffung der Renngesellschaft bot, regten seinen Erben Eugène zur Gründung eines Rennstalls an.

Zwei Jahre später, 1840, holte dessen Stutfohlen *Tontine* den Preis des Jockey Club. Dieser Sieg verdroß den maßgebenden Mitbegründer der Renngesellschaft, Lord Seymour, derart, daß er dem Turf den Rücken kehrte. Eugène Aumont indessen erntete weitere Lorbeeren. *Beggarman* und *Plover* aus seinem Stall waren siegreich – wenn auch unter fremden Farben. Eugène hatte sich inzwischen vom Rennsport zurückgezogen und seinem Bruder Alexandre freie Hand gegeben.

Alexandre hatte auf Victot zunächst Reitpferde gezüchtet. Nach verschiedenen Studienreisen nach England widmete er sich ausschließlich der Vollblutzucht. 1844 tauchten seine eigenen Farben auf: weiße Jacke und grüne Kappe. Es sind die ältesten

von Frankreich, und sie werden heute noch getragen. Schon im ersten Jahr belegte Alexandres Stutfohlen *Cavatine* den dritten Platz im Prix de Diane und den zweiten im Preis des Jockey Club.

In den folgenden drei Jahren schlug der Stall Aumont alle bisherigen französischen Rekorde. In rund sechzig Rennen gewann er die damals riesige Summe von 225 000 Francs. Allein das Pferd *Fitz-Emilius* holte dabei rund 100 000 Franc!

Im Preis des Jockey Club von 1846 hatte Aumont zwei Favoriten im Rennen: *Premier Août* und *Liverpool.* Mit *Liverpool* wollte er gewinnen. *Premier Août,* allein an der Spitze, ließ *Liverpool* vorbei. Dieser brach aber im letzten Moment aus und wurde von *Meudon* überholt, einem Außenseiter – der aber ebenfalls aus dem Stall Aumont kam. *Premier Août* gewann danach fünf und *Liverpool* vier andere Rennen.

Der riesige Erfolg in so kurzer Zeit war sicher zum Teil dem Trainer Tom Hurst zu verdanken, der sich allerdings alsbald renitent zeigte, und da Alexandre Aumont keine andere Möglichkeit sah, ihn loszuwerden, verkaufte er seinen Rennstall im Oktober 1847. 1850 war er aber wieder dabei – mit dem neuen Trainer Tom Jamings. Mit *La Clotme* hatte er auch gleich wieder ein Spitzenpferd. Es gewann in zwei Jahren 70 000 Francs.

Schloß Victot ist zweifellos eines der kostbarsten Kleinode der Normandie und beherbergt eines der schönsten Gestüte der Welt. Es wurde um 1575 erbaut und ist ein wundervolles Beispiel für die Architektur des Pays d'Auge. Natur- und Ziegelsteine sind schachbrettartig angeordnet. Caen ist nicht weit, und deshalb ist es auch nicht verwunderlich, daß sich ein entsprechender Stileinfluß an den schönen, mit Steinhauerarbeiten versehenen Dachfenstern bemerkbar macht. Die gerundeten Dachziegel aus dem Prè d'Auge leuchten in vielen Farben. Aus dem gleichen Material sind auch die Abschlußelemente der Dächer, Epis de Prè d'Auge genannt. Der Sitz ist von tiefen Wassergräben umgeben, die von der Dorette gespeist werden. Sie erhöhen den Reiz der ganzen Anlage, die sich in ihnen spiegelt.

Der große Hof wurde um 1700 von Seigneur de Boutin geschaffen. Die langgestreckten Stallungen mit den für die Normandie typischen Fachwerkfassaden begrenzen den Hof auf drei Seiten. Die Gebäude enthalten fünfzig Boxen.

Und dann brachte er *Hervine* auf die Rennbahn, die zu einem der größten weiblichen Rennpferde Frankreichs werden sollte. In ihrem zweiten Rennen, als Zweijährige, holte sie sich den Preis von Chantilly. Als Dreijährige blieb sie in allen acht Rennen ungeschlagen. Als Vierjährige gewann sie sechs von sieben Rennen, und als Fünfjährige holte sie sich noch zwei Siege und wurde beim Goodwood Cup um Kopflänge von der berühmten *Jonvence* geschlagen. Aumonts Erfolge im Jahre 1852 waren beinahe unglaublich: Mit sechs seiner Pferde gewann er nicht weniger als 24 Rennen.

Nach einem weiteren erfolgreichen Rennjahr zeigte sich Fortuna 1854 sehr launenhaft. Der dreijährige *Blason* vergab den Preis des Jockey Club, indem er wenige Meter vor dem Ziel ausbrach. *Fitz Gladiator* wurde nach einem gewonnenen Rennen auf den wichtigen Goodwood Cup vorbereitet, zeigte aber kurz davor Konditionsschwächen. Die große *Hervine* begann vor dem Cambridgeshire zu lahmen, und der sonst ausgezeichnete *Aguila* versagte gleich in zwei wichtigen englischen Rennen.

Im Herbst desselben Jahres schickte Alexandre einen Zweijährigen namens *Monarque* ins Grand Criterium. Er wurde geschlagen. Aber derselbe *Monarque* sollte sich noch als das nicht nur vielleicht schönste, sondern auch größte männliche Pferd der französischen Vollblutzucht erweisen. Nach über zwanzig Siegen als Drei-, Vier- und Fünfjähriger gewann er noch als Sechsjähriger, unter 55 kg, den Goodwood Cup. Im Gestüt produzierte er zahlreiche Spitzenpferde, darunter *Gladiateur,* der seinem Vater den Ruf als größtes Pferd Frankreichs streitig machte.

1856 verkaufte Aumont seinen Stall ein zweites Mal, aber schon 1859 waren seine Farben wieder auf den Rennbahnen. Doch nur zwei Jahre noch konnte er sich der neuerlichen Erfolge freuen – er starb völlig überraschend.

Sein Sohn Paul bewies in der Vollblutzucht eine ebenso glückliche Hand wie sein Vater. Besonderen Erfolg hatte er mit dem *Monarque*-Sohn *Gladiateur* als Zuchthengst. Seine Nachkommen gewannen in zwölf Jahren 400 Rennen und 3 Millionen Francs. Bis zu seinem Tod 1904 war er die markanteste Gestalt im französischen Turf.

Pauls Sohn, der wiederum Alexandre hieß, führte die Aumont-Tradition bis 1933 fort.

René, der letzte Aumont, war vor allem Züchter. Seine Farben waren nur selten auf den Rennplätzen zu sehen. Unter den Victot-Pferden jedoch gab es weiterhin Favoriten, die unter fremden Farben große Siege erkämpften. So gewann zum Beispiel *Cousine* 620000 Francs, und *Samaritain* wurde nach seiner erstaunlichen Rennkarriere für 3500000 Francs an den Staat verkauft. Beim Grand Prix de Paris 1946 waren drei Pferde von Victot unter den ersten vier.

Nach dem Tod von René Aumont wurde das Gestüt an Monsieur Wildenstein verpachtet. Er betreibt die Zucht im großen Stil weiter und brachte bereits wieder bedeutende Sieger in die Rennszene.

Früher war der Hof von ernsten Mauern umschlossen. Obschon hier ein heiterer, farbenfroher Wohnsitz geschaffen worden war, durfte man die militärische Seite nicht ganz vernachlässigen – die Zeit der Religionskriege erforderte den Wassergraben, die Zugbrücke, Schießscharten und Schutzmauern. Dieser Wall wurde aber von den letzten Besitzern teilweise abgetragen, und so ist der herrliche Anblick dieser Anlage nun durch nichts mehr gestört.

Nachdem die Familie Aumont, Generation um Generation, fast anderthalb Jahrhunderte hindurch hier Rennpferde gezüchtet hatte, wurde nach dem Tode von René Aumont die Gestütsanlage an Monsieur Wildenstein verpachtet. Auf dem traditionsreichen Victot züchtet damit wieder eine brillante Persönlichkeit des französischen Turfs.
Madame René Aumont bewohnt weiterhin das Schloß.

Deutschland

Das Gestütwesen in Deutschland wurde durch den Deutschen Ritterorden begründet und durch diesen so weit entwickelt, daß sich von 1732 an die Preußische Gestütverwaltung mehr als zweihundert Jahre hindurch segensreich auswirken konnte. Seit 1945 sind die einzelnen Bundesländer im westlichen Teil und die Länder Mecklenburg (Redefin), Brandenburg (Neustadt a.d. Dosse), Sachsen (Moritzburg, Kreuz) und Thüringen (ohne Gestüt) im östlichen Teil Träger deutscher Gestütverwaltung geworden. So bedeutende Pferdezuchtländer wie Ostpreußen und Westpreußen fielen mit ihren berühmten Gestüten Trakehnen, Georgenburg, Zwion, Rastenburg, Braunsberg und Marienwerder ebenso unter russische oder polnische Verwaltung wie Hinterpommern mit Labes und Schlesien mit Leubus und Cosel bzw. Fürstenstein.

Die Preußische Gestütverwaltung hatte ihren Sitz in Berlin beim Ministerium für Landwirtschaft und Forsten und bewirtschaftete alle Gestüte der preußischen Länder, zu denen im späteren Reichsgebiet lediglich Mecklenburg, Braunschweig und die süddeutschen Länder nicht gehörten. Diese hatten ihre eigenen Gestütverwaltungen.

Im einzelnen verteilten sich die staatlichen Gestüte 1939 wie folgt:

Preußen
Hauptgestüt Trakehnen, Ostpr.
Landgestüt Georgenburg, Ostpr.
Landgestüt Rastenburg, Ostpr.
Landgestüt Braunsberg, Ostpr.
Hengstprüfungsanstalt Zwion, Ostpr.
Landgestüt Marienwerder, Westpr.
Landgestüt Labes, Pommern
Landgestüt Traventhal, Holstein
Landgestüt Celle, Hannover
Landgestüt Osnabrück, Hannover
Hengstprüfungsanstalt Westercelle, Hannover
Landgestüt Lindenau, Brandenburg
Hauptgestüt Neustadt, Brandenburg
Hauptgestüt Graditz, Sachsen
Landgestüt Kreuz, Sachsen
Landgestüt Moritzburg, Sachsen
Landgestüt Cosel (später Fürstenstein), Schlesien
Landgestüt Leubus, Schlesien
Landgestüt Warendorf, Westfalen
Landgestüt Wickrath, Rheinland
Landgestüt Dillenburg, Hessen

Mecklenburg
Landgestüt Redefin

Braunschweig
Landgestüt Harzburg

Süddeutschland
Hauptgestüt und Landgestüt Marbach, Württemberg
Hauptgestüt Schwaiganger, Bayern
Landgestüt Landshut, Bayern
Landgestüt Ansbach, Bayern
Haupt- und Landgestüt Zweibrücken, Pfalz

Diese Darstellung zeigt die Vorbereitung zu einem deutschen Turnier und ist im 15. Jahrhundert entstanden. Ursprünglich, im 10. Jahrhundert, waren die Turniere blutige, im voraus verabredete Auseinandersetzungen zwischen zwei zahlenmäßig gleich starken Reitergruppen. Im 11. Jahrhundert begann sich aus dieser Kampfmethode ein Sport mit festgelegten Regeln zu entwickeln, der allerdings noch lange nicht unblutig war und manchen Ritter ins Gras beißen ließ. Erst etwa zweihundert Jahre später setzten sich stumpfe Waffen in diesen Zweikämpfen durch, bei denen der Gegner aus dem Sattel gehoben, aber nach Möglichkeit nicht getötet werden sollte.

Gustav Rau (1880 bis 1954) machte sich als Hippologe weit über die Grenzen Deutschlands hinaus einen Namen. Er war als Journalist und Schriftsteller tätig, war ein großer Vortragsredner und tat sich als Organisator vor allem auf pferdezüchterischem Gebiet hervor. Eine Zeitlang Oberlandstallmeister, war er vor allem auch mit seiner Propaganda für ländliche Reitvereine erfolgreich. Durch seine umsichtige Tätigkeit hat er das Ansehen des deutschen Pferdes im Ausland in hohem Maße gefördert.

Das Hauptgestüt Beberbeck (Hessen) und das Landgestüt Gudwallen (Ostpreußen) waren um 1929 wirtschaftsbedingten Sparmaßnahmen zum Opfer gefallen, das Vollblutgestüt Altefeld wieder nach Graditz zurückverlegt worden.

In allen deutschen Ländern basierte die Pferdezucht vorwiegend auf dem bäuerlichen Element. Dies ist auch heute nicht anders. Die Staatsgestüte stellen die Beschäler für die im Land verteilten Deckstationen, die Hauptgestüte haben die vordringliche Aufgabe, von Elitehengsten und -stuten einen Teil des Hengstbedarfs sicherzustellen.

So lieferte die Landespferdezucht in Ostpreußen mit der Quelle Trakehnen in erster Linie Reitpferde sowie Remonten für die Kavallerie. Hannover und seine Nachzuchtgebiete Mecklenburg, Brandenburg, Pommern und Westfalen stellten vorwiegend Artillerieremonten, während Oldenburg und Ostfriesland mit den Nachzuchtgebieten Schlesien, Sachsen, Bayern, Württemberg und Hessen den schwerstmöglichen Warmblüter züchteten. Die Anspannung für Landwirtschaft und Gewerbe besorgten alle genannten Zuchten automatisch aus ihrer Produktion, woran allerdings der Kaltblüter einen im Durchschnitt 50prozentigen Anteil hatte.

Heute wird überall nahezu ausschließlich Reit- und Sportpferdezucht betrieben. Die Zahl der staatlichen Gestüte wurde nach 1945 weiterhin eingeschränkt. So bestehen in der Bundesrepublik Deutschland Wickrath und Traventhal nicht mehr. Im Rheinland werden seither Warmblüter gezüchtet, und anstelle von Wickrath hat Warendorf die Hengsthaltung mit übernommen. In Holstein ist anstelle von Traventhal der Züchterverband in Elmshorn mit staatlicher Beihilfe Träger der Hengsthaltung. Das ostfriesische Zuchtgebiet (früher Privathengsthaltung) ist zum hannoverschen Züchterverband und zum Landgestüt Celle gekommen. Die Landgestütbezirke Osnabrück und Harzburg werden ebenfalls durch Celle versorgt. In Oldenburg gibt es traditionsgemäß nach wie vor eine Privathengsthaltung unter staatlicher Aufsicht. In Bayern wurde das Landgestüt Ansbach eingespart.

Die ostpreußische Landespferdezucht Trakehner Abstammung wurde aus kleinen, wertvollen Restbeständen nach 1945 auf die ganze Bundesrepublik Deutschland verteilt. Reinrassig wieder entwickelt, sind sie als Spezialrasse fester Bestandteil der deutschen Pferdezucht, wenngleich in weit kleinerem Umfang als in der Heimat.

Nach dem neuen Tierzuchtgesetz bedarf es weiterhin einer Körung der für die Zucht vorgesehenen Junghengste. Jedes Land hat seine eigene Körkommission, der obligatorisch ein Vertreter des Staates, meist der zuständige Landstallmeister, als Leiter eines staatlichen Gestüts angehören muß. Die gekörten Hengste in privater Hand sind von einer Deckerlaubnis des jeweiligen Zuchtverbandes abhängig. Eine Kastration braucht nicht mehr zu erfolgen. Alle als Beschäler verwandten oder zu verwendenden Hengste haben eine Eigenleistungsprüfung im Alter von 3½ Jahren zu absolvieren. Erst wenn diese Anforderungen – nach entsprechender Vorbereitung – erfüllt sind, ist die Erlaubnis zur Zuchtbenutzung endgültig gesichert.

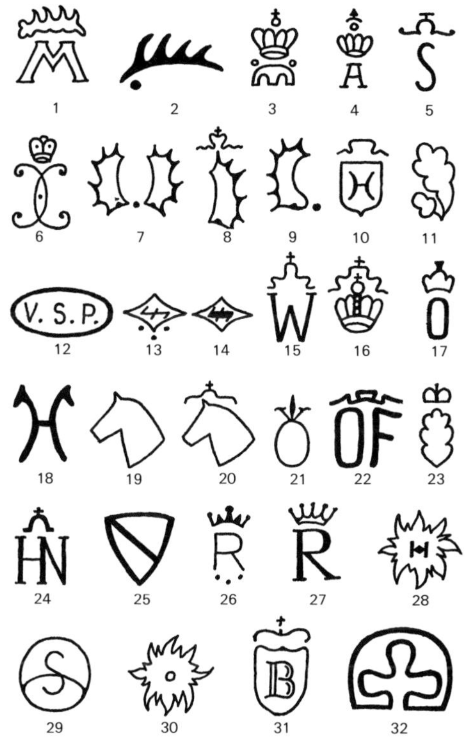

Die Brandzeichen in Deutschland

1. Württemberg (Marbach)
2. Württemberger Warmblut
3. Zweibrücken
4. Achselschwang
5. Schwaiganger
6. Dülmener
7. Ostpreußen
8. Ostpreußen, Fohlen mit einseitig ostpreußischer Abstammung
9. Trakehner (bis 1944)
10. Holsteiner
11. Nord- und westdeutsche Ponys und Kleinpferde
12. Schleswiger Kaltblut
13. Niedersächsisches Kaltblut, Stammbuchbrand
14. Niedersächsisches Kaltblut, Hauptstammbuchbrand
15. Westfale, Warmblut
16. Westfale, Warmblut, Hauptstammbuch-Eintragungsbrand
17. Oldenburger Warmblut
18. Hannoveraner Warmblut, Hauptstammbuchbrand
19. Hannoveraner, Vorbuchbrand
20. Hannoveraner, Stammbuchbrand
21. Ostfriese, Warmblut, Stuten- und Hengstkörbrand
22. Ostfriese, Fohlenbrand
23. Kurhessen, Warmblut
24. Hessen-Nassauer, Warmblut
25. Baden, Kaltblut
26. Rheinland, Kaltblut, Hauptstammbuchbrand
27. Rheinland, Kaltblut, Stammbuchbrand
28. Haflinger
29. Saarland, Stammbuchbrand
30. Bayern, süddeutsches Kaltblut
31. Bayerisches Warmblut
32. Kleinpferde Süddeutschland

Trakehnen

Sechshundert Soldaten aus Memel hatten sechs Jahre an der Rodung und Entwässerung des Pissa-Geländes zwischen Gumbinnen und Stallupönen gearbeitet, als Friedrich Wilhelm I., König von Preußen, 1732 an dieser Stelle das «Königliche Stutamt Trakehnen» begründete und mit 1100 Pferden, darunter 500 Mutterstuten, als Hofgestüt belegte.

Schon um die Mitte des 18. Jahrhunderts stellten Trakehner Pferde neue Reiserekorde auf und unterboten die Standardzeiten auf der Strecke Berlin–Königsberg um 24 Stunden. So wuchsen also hier im äußersten Osten des Königreichs harte, schnelle Pferde.

Doch fehlte diesen Pferden einiges an Größe, Fundament und Rahmen. Unter schwerem Kavalleriegepäck und in der intensiver betriebenen Landwirtschaft vermißte man eine ausgeprägte Substanz. Dies wurde besonders deutlich, als 1786 nach dem Tod Friedrichs II. das Hauptgestüt mangels privater testamentarischer Verfügung in das Eigentum des Staates überging.

Seither wurde an der züchterischen Modellierung des Trakehner Pferdes gearbeitet, das seine später so bewunderte Typechtheit erst nach mehr als hundert Jahren erreichte, um sie dann niemals mehr einzubüßen. Zwei langwierige, verlustreiche Evakuierungen hatten den züchterischen Aufbau erschwert und zurückgeworfen, 1806/07 die Flucht vor Napoleon nach Rußland und 1812/13 die Flucht nach Schlesien. Der Provinz Ostpreußen gingen damals 179 000 Pferde verloren.

Unten: Vom Bahnhof Trakehnen kommend, der die Ostbahn zur russischen Grenzstation Eydkuhnen entließ, bog man bald nach Passieren des Vorwerks der gemischtfarbenen Herde, Bajorgallen, durch ein hohes, schmiedeeisernes Tor zum Hauptvorwerk des größten preußischen Hauptgestüts ein.

Die eigentliche Aufgabe Trakehnens bestand mehr als 200 Jahre hindurch in der Lieferung von Hengsten für die Landespferdezucht. Das Zuchtziel änderte sich nach dem Ersten Weltkrieg erstmals grundlegend. Heer und Landwirtschaft forderten nachdrücklich ein Pferd über mehr Boden, im ganzen substanzierter und stärker im Fundament. Die mehr quadratische Form sollte dem längeren Rechteck weichen. Typ, Adel und Wesensmerkmale sollten erhalten bleiben. Und in dieser der Zeit angepaßten Moder-

Aus der Trakehner Zeit des Landstallmeisters v. Burgsdorff (1814 bis 1840) sind wertvolle Porzellanteller und Vasen erhalten geblieben, die uns ein Bild vom Hauptgestüt um die Mitte des 19. Jahrhunderts vermitteln. Diese Stücke befinden sich in Familienbesitz und stellen seltene Kostbarkeiten dar. Sie wurden von Litfas bemalt. Es gibt kein annähernd gleichwertiges Panorama Trakehnens aus dieser Zeit und keine vergleichbaren Darstellungen bestimmter Hauptbeschäler und Mutterstuten aus dieser Epoche.

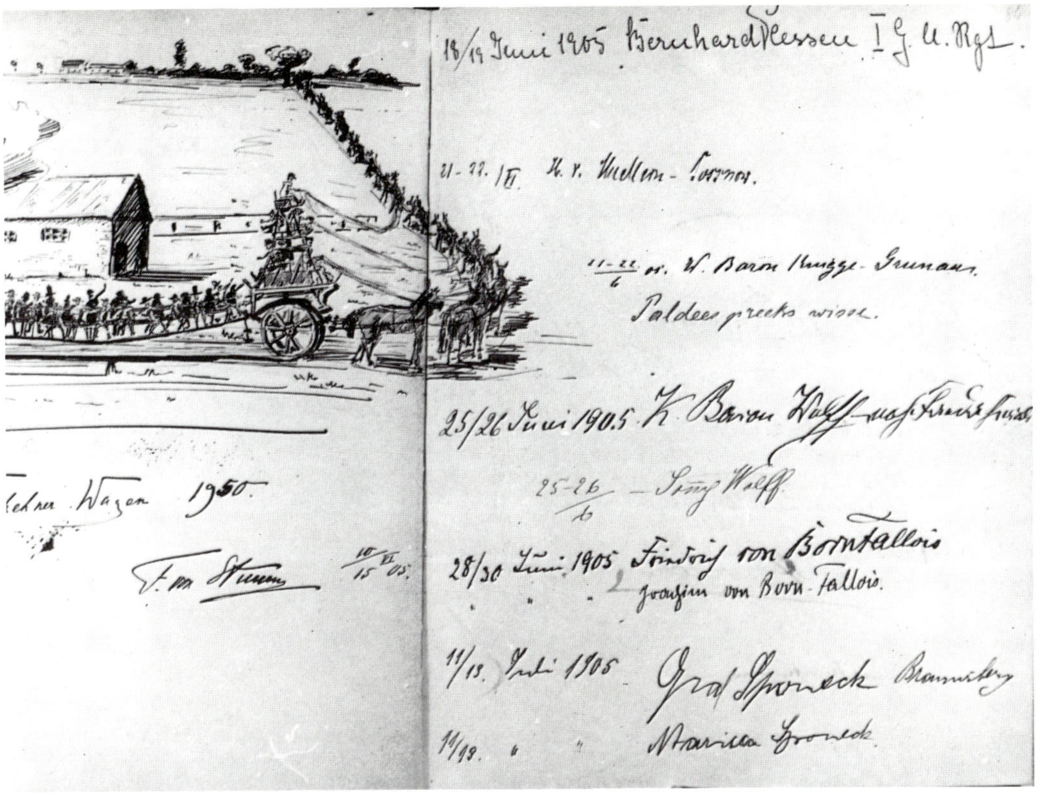

Links: Das Gästebuch der Trakehner Landstallmeister v. Oettingen (1895 bis 1912) und Graf von Sponeck (1912 bis 1922) hält dank der zeichnerischen Feder der Gräfin Melissa von Sponeck geb. von Oettingen eine Fülle von Eindrücken aus der damaligen Zeit fest. In diesem Faksimile hat die Gräfin 1905 visionär die Entwicklung des Besucherstroms (1950) dargestellt.

nisierung brachte man in Trakehnen das Kunststück fertig, den Rassetyp und das gewisse Etwas des Trakehner Pferdes dennoch zu erhalten. Hierum haben sich nacheinander die Landstallmeister Graf Siegfried v. Lehndorff und Dr. Ehlert verdient gemacht.

24000 Morgen Land trugen das Hauptvorwerk und die 15 Vorwerke Trakehnens. Bis zu 15 Kilometer reichten Straßen und Wege von einem Ende zum anderen. Zwei Kreisstädte teilten sich in die kommunale Verwaltung des Areals. Äcker und Weiden in eigener Bewirtschaftung ernährten die Menschen, die Pferde und das Vieh des Hauptgestüts. Oberstutmeister leiteten die Zucht-Vorwerke. Zwei Veterinäre betreuten tierärztlich den großen Bestand. Pferde und Wagen verbanden verkehrstechnisch alles miteinander. Nicht weniger als 400 Ackerpferde schleppten bei Eis und Schnee, wenn die Landwirtschaft ruhte, Bau- und Brennholz aus dem kaiserlichen Jagdrevier Rominten heran.

Junge Hengste, die nicht Beschäler wurden, und junge Stuten, die nicht eingereiht wurden in die Mutterherden der Rappen, Füchse, Braunen und Gemischtfarbenen, wurden dem Jagdstall überwiesen, um nach meist einjährigem Training auf einer Trakehner Frühjahrs- oder Herbstauktion öffentlich versteigert zu werden.

Durch seine Zucht nach Leistung ist Trakehnen mehr wohl als die meisten anderen Zuchtgestüte in der Welt bekannt geworden. Seine Auktionen waren Vorbild für

die heute international führenden Verdener Auktionen: möglichst lange Test- und Vergleichszeit, offene Demonstrierung, ehrliches Angebot, gewissenhafte Beratung.

Die Zahl der Mutterstuten hat in Trakehnen in bestimmten Grenzen geschwankt, durchschnittlich aber um 300 betragen. Die Ergänzung der Herden belief sich auf jährlich 10 Prozent ihres Bestandes, während 20 bis 40 Hengste aus jedem Jahrgang den Hauptbeschäler- und Landbeschälerbestand remontierten. Somit gelangten etwa

Oben: Das Trakehner Schloß war die Dienstwohnung des Landstallmeisters.
Links: Das Hotel «Elch» diente der Aufnahme von Gästen und war neben Krankenhaus, Schule, Post und anderen öffentlichen Einrichtungen ein Bestandteil des mit allen lebenswichtigen Dingen ausgestatteten riesigen Hauptgestüts.

Der unvergeßliche *Tempelhüter*.
Unten: Vor dem Trakehner Schloß wurde 1932 die lebensgroße Bronze zur Erinnerung an diesen außergewöhnlichen Vererber aufgestellt. 1944, während die Trakehner Hengste, Mutterstuten und Fohlen in wilder Flucht dem Kriegsgeschehen zu entkommen suchten, holten die Russen den bronzenen *Tempelhüter* nach Moskau.
Rechts: Dreißig Jahre später, im Mai 1974, kam ein Originalabguß der *Tempelhüter*-Skulptur auf einem russischen Tieflader in die Reiterstadt Verden a.d. Aller und wurde dort vor dem Deutschen Pferdemuseum aufgestellt.

Unten: *Tempelhüter*, auf dem Bild etwa 20 Jahre alt, geb. 20. Dez. 1904 in Trakehnen, v. *Perfectionist XX* a.d. *Teichrose*, v. *Jenissei*. Er war von 1909 bis 1915 Landbeschäler in Braunsberg, ab 1916 Hauptbeschäler in Trakehnen. Hier deckte er bis 1931 495 Stuten, die 333 Fohlen brachten. Davon wurden 65 Beschäler und 59 Trakehner-Mutterstuten.

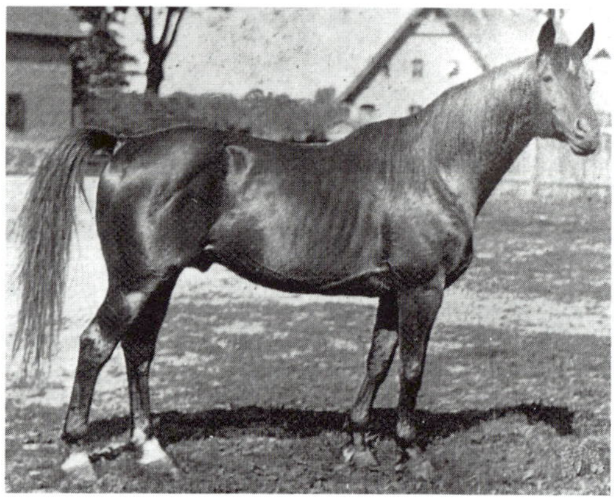

50 Prozent der einzelnen Jahrgänge in die Zuchtbestände. Die übrigen Pferde der Jahresproduktion gingen ihren Weg über die Trakehner Auktionen, vielfach erfolgreich im Turniersport, oder in die Ackergespanne des Hauptgestüts.

Auch wurden jährlich einige Stuten gezielt der Privatzucht in Ostpreußen überlassen. Die Landgestüte Georgenburg (einschließlich des früheren Landgestüts Gudwallen), Braunsberg, Rastenburg und Marienwerder erhielten den Hauptteil der jungen Trakehner Hengste, während gleichzeitig im Posenschen auch Pr. Stargard, Zirke und Gnesen bedacht wurden und auch die preußischen Landgestüte westlich der Oder vereinzelt Trakehner Beschäler zugewiesen bekamen.

Seit 1926 wurden alle dreijährigen Hengste zusammen mit ihren Jahrgangsgefährten aus der ostpreußischen Landespferdezucht einem Jahrestraining unterzogen, das mit einer Hengst-Leistungsprüfung abschloß, deren Bestehen die Voraussetzung war für den züchterischen Einsatz. Diese Anstalt befand sich in Zwion bei Insterburg, vorübergehend auch in Trakehnen, mit einer Kapazität für rund 100 Hengste.

Am 17. Oktober 1944 erhielt das Hauptgestüt Trakehnen vom Landratsamt Stallupönen angesichts der «vor den Toren» stehenden russischen Streitkräfte morgens um 5 Uhr den Befehl zur vollständigen Räumung des Hauptvorwerks und weiterer elf Vorwerke, während gleichzeitig vom Landratsamt Gumbinnen ein striktes Räumungsverbot für die vier Trakehner Vorwerke dieses Kreises ausgesprochen wurde.

Landstallmeister Dr. Ehlert betrieb dennoch die Räumung aller Vorwerke, konnte aber nicht verhindern, daß die Gumbinner Trosse gewaltsam festgehalten und dadurch überwiegend von russischen Panzern eingeholt wurden. Der Großteil aller Original-Trakehner fiel bald oder schließlich in russische oder polnische Hand. Nur 27 noch in Trakehnen geborene Stuten, keiner der eigentlichen Hauptbeschäler, bildeten 1945 in Westdeutschland zusammen mit weni-

Oben, unter der Statue: *Dampfroß*, ein Vererber von zeitloser Qualität, Hauptbeschäler in Trakehnen von 1923 bis 1934. Er beherrschte zusammen mit *Tempelhüter* die Zeit Graf Lehndorffs und Dr. Ehlerts. Er produzierte mit 2261 Remonten viel mehr Armeepferde als jeder andere ostpreußische Hengst. Geboren wurde er 1916, sein Vater war *Dingo*.

Oben: *Pythagoras*, geb. 1927, v. *Dampfroß* a.d. *Pechmarie*, v. *Tempelhüter*. Er wurde seinen berühmten Ahnen voll gerecht. 1934 bis 1944 stand er als Hauptbeschäler in Trakehnen und gilt als der beste Hauptbeschäler dieses Gestüts aller Zeiten. Er verscholl in den Kriegswirren 1
Rechts: Der Vollblutaraber *Fetysz*, geb. 1924 in Janow Podlaski in Polen, v. *Bakzys* a.d. *Siglavy Bagdady*, v. *S. Bagdady*. Er stand von 1937 bis 1944 als Hauptbeschäler in Trakehnen und hatte einen außergewöhnlichen Einfluß auf die ostpreußische Pferdezucht. Auch er ist einer der sechzehn großen Vererber, die vor Kriegsende versprengt wurden und nie wieder auftauchten.

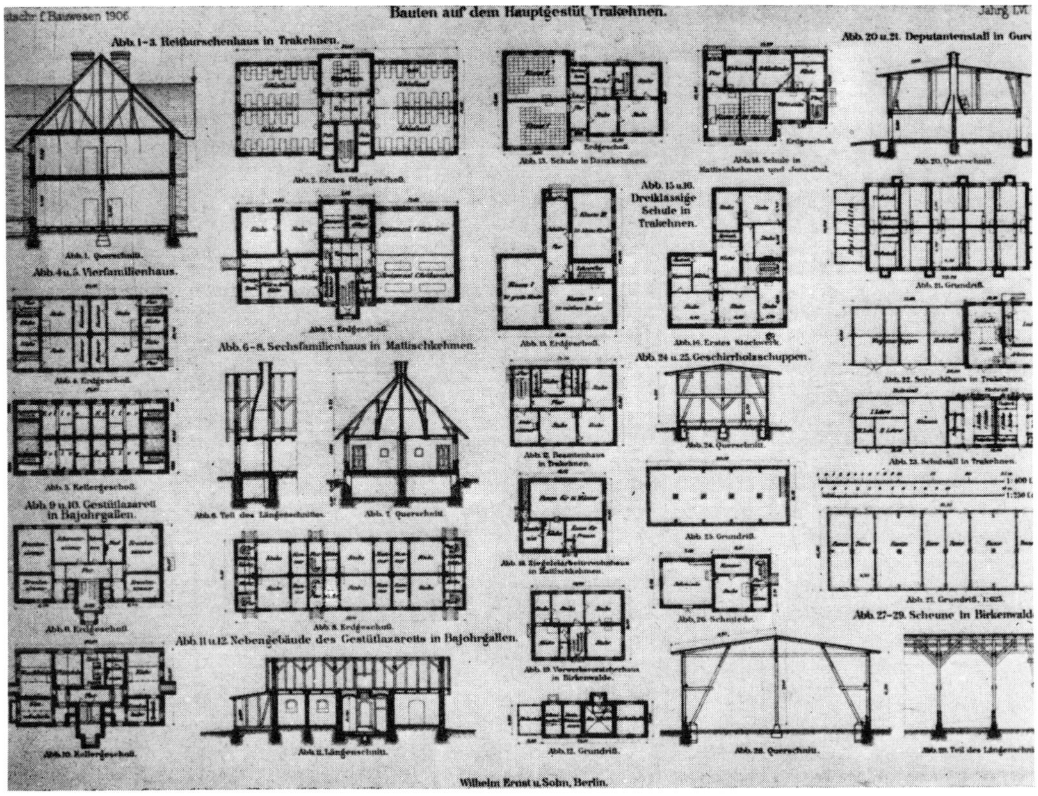

Links: Hunderte von Gebäuden gehörten zur Verwaltung Trakehnens. Einige dieser Baulichkeiten sind noch in Fachzeichnungen aus der Zeitschrift für Bauwesen von 1906 nachzuweisen. Im Ersten Weltkrieg wurde ein großer Teil davon wieder zerstört.
Unten: Zu den schon im Ersten Weltkrieg zertrümmerten Gebäuden gehörte auch der große Boxenstall, in dem die Jagdpferde untergebracht waren.

gen ostpreußischen Stuten Trakehner Abstammung den Grundstock für die Erhaltung der heute wieder blühenden Trakehner Rasse.

Im alten Ostpreußen und im Posener Land werden von der polnischen Gestütsverwaltung Trakehner Gestüte unterhalten, vor allem in Liski bei Bartenstein.

Besonderer Nutznießer des Trakehner Blutes wurde das Zuchtgebiet Hannover vor allem durch die Beschäler *Abglanz*, *Semper idem*, *Lateran* und *Cyklon*, die überwiegend als Jährlinge aus Trakehnen nach Hunnesrück noch rechtzeitig evakuiert werden konnten.

Der letzte noch lebende Original-Trakehner (in Trakehnen geboren) war der Beschäler *Keith* (geb. 20.12.1941), v. *Pythagoras* a.d. *Kätzerin*, v. *Ararat*. Er starb im November 1976 bei Hans Steinbrück in Gilten (Niedersachsen), kurz vor seinem 35. Geburtstag.

Oben: Der neue Hof ist nur ein kleiner Ausschnitt aus der Gesamthofanlage des Hauptvorwerks Trakehnen. Die Aufnahme entstand etwa 1905 vom Dach des Landstallmeisters aus. Dieses Areal war unter Landstallmeister von Oettingen neu gestaltet worden und für sich allein schon eine große und imponierende, wenn auch im Rahmen der Hofgestaltung verhältnismäßig kleine Anlage, die nach dem Ersten Weltkrieg von Graf Sponeck wieder erneuert wurde.

Links: Alle Funktionen waren aus langer Erfahrung nahezu ideal aufeinander abgestimmt. So befanden sich auf dem neuen Hof und im alten Hof der Fuchsstutenherde Laufgärten zum freien Bewegen in den Monaten der Aufstallung. Ähnliche Anlagen gab es auf allen Vorwerken. Das Bild zeigt die Anlage auf dem neuen Hof.

Neustadt

Eine Autostunde nordwestlich von Berlin liegen südlich des Städtchens Neuruppin in den fruchtbaren Wiesen der Dosse bei Neustadt das Friedrich-Wilhelm-(Haupt-)Gestüt und das Landgestüt Lindenau, 1788 und 1789 in Betrieb genommen unter Friedrich Wilhelm II., König von Preußen. Mit der Oberleitung war Oberstallmeister Graf Lindenau betraut.

Das Hauptgestüt diente – wie Beberbeck, Graditz und Trakehnen – der Erzeugung von Beschälern für die preußischen Landgestüte, während das Hengstdepot in Lindenau für die Besetzung der Deckstationen in der Provinz Brandenburg zu sorgen hatte. Als Hauptbeschäler fanden zunächst orientalische Hengste, dann Beschäler Trakehner Abstammung und später zusätzlich Hannoveraner Verwendung. Als Prototyp des Brandenburger Hengstes galt um 1940 der mächtige Fuchshengst *Mailand* mit zahlreicher Nachzucht im Lande.

Beide Gestüte sind heute weiterhin voll in Betrieb. Sie dienen den Landespferdezuchten in der DDR. Der Zuchtbetrieb wird vornehmlich durch Selektion weitergeführt, nachdem man den Import von Zuchtmaterial aus Hannover seit geraumer Zeit eingestellt hat. Trakehner Blut wird vereinzelt aus Polen hereingeholt, um Engpässe in der Blutführung zu umgehen.

Ganz oben links: Eine Luftaufnahme des Hauptgestüts Neustadt, im Hintergrund die Gebäude des Landgestüts Lindenau.
Ganz oben rechts: Das Landstallmeisterhaus, das im linken Flügel den Stall der Hauptbeschäler beherbergt.
Oben: *Turcmainatti*, geb. 1784, ein Geschenk des Fürsten Kaunitz, kam 1791 aus dem Orient nach Neustadt und hat hier züchterisch Beachtliches geleistet, bis er 1806 während des Krieges geraubt wurde.
Rechts: Hengste des Blutes von *Turcmainatti*.

Georgenburg

Die Georgenburg, drei Kilometer nördlich von Insterburg, wurde um 1400 als bischöflich samländisches Gestüt belegt. Rund 450 Jahre später verließen 310 Beschäler der Trakehner-Rasse und 130 Kaltbluthengste des seit 1839 preußischen Landgestüts Georgenburg die drei großen Stallhöfe bei der alten Ordensburg auf der Flucht vor den sowjetischen Truppen, nach ihnen, am 17. Oktober 1944, noch weitere 674 Pferde des Hauptgestüts Trakehnen, die Georgenburg durch das brennende Gumbinnen in einem Nachtmarsch über sechzig Kilometer als erste Ausweichstation erreicht hatten.

Das Landgestüt Georgenburg, von 1828 bis 1899 als Privatgestüt im Besitz der Familie von Simpson (Roman «Die Barrings»), versorgte die Kreise Insterburg, Niedrung, Tilsit-Ragnit, Schloßberg (Pillkallen), Ebenrode (Stallupönen), Gumbinnen, Angerapp (Darkehmen) und Goldap mit Landbeschälern. Als dem größten der ostpreußischen Landgestüte unterstand ihm die Hengstleistungsprüfungsanstalt in Zwion, sechs Kilometer westlich von Georgenburg, mit einer Trainings- und Prüfungskapazität für rund hundert Hengste pro Jahr. Eine Hälfte der Prüfungskandidaten stellte das Hauptgestüt Trakehnen, die andere die ostpreußische Privatzucht.

Im Bezirk des Landgestüts Georgenburg wurden anteilmäßig die meisten Remonten des Deutschen Reiches gezogen. Hierbei taten sich als Beschäler, die sich als Spitzen-Remontelieferanten einen Namen machten, hervor:
Helm F, v. *Held,* 259 Remonten
Pirol F, v. *J. Pilot,* 258 Remonten
Salut R, v. *Jagdheld,* 251 Remonten
Erzengel F, v. *Pommerysee,* 238 Remonten
Bulgarenzar F, v. *Habakuk,* 225 Remonten
Draufgänger F, v. *Diebitsch,* 224 Remonten
Größtes Privatgestüt war mit hundert Mutterstuten das Gut Weedern im Kreis Angerapp (Darkehmen), das die Familie von Zitzewitz unterhielt. Hier waren in der Deckzeit sechs bis acht ausgesuchte Georgenburger Hengste stationiert.

Ganz oben: Der Trakehner *Hanno,* Landbeschäler in Georgenburg und Vater von 180 Remonten.
Ganz oben links: Der Haupthof der riesigen Gestütsanlagen von Georgenburg war auch Schauplatz der Hengstparaden.
Links und oben: Der Kapitelsaal der Ordensburg und ein größerer Ausschnitt der äußeren Burganlagen an der Straße nach Gillischken zeigen die nach außen hin sichtbare Fassade, hinter der sich etwa 400 Meter tief und 250 Meter breit die Gestütsanlagen erstrecken.

Redefin

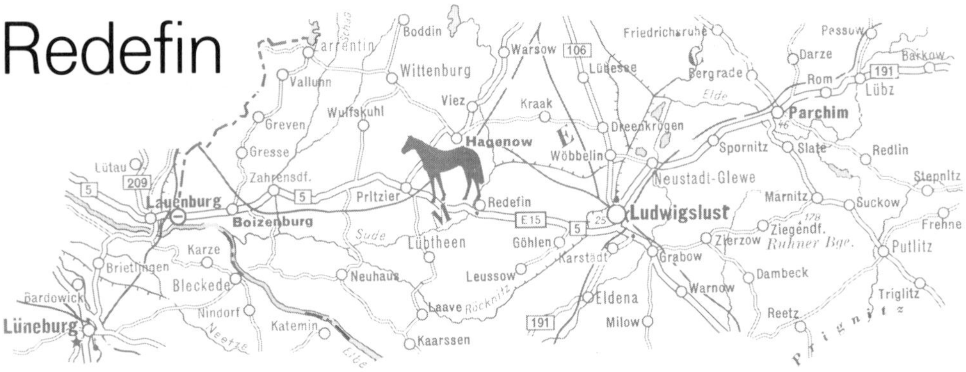

Unten und ganz unten: Am Kopfende des großen Hofes, der Einfahrt gegenüber, liegt das Reithaus. Zu seinen beiden Seiten die Hengststallungen, links davon das Rendantenhaus, vorn das Landstallmeisterhaus, rechts in der Mitte das Haus des Gestütsveterinärs, davor der frühere Stutenstall, der jetzt als Hengstprüfungsanstalt dient.
Mitte links: Ein Viererzug um 1938 mit Gestütswart Emil Köhn.

Eine Urkunde von 1710/11 läßt wissen, daß einer der mecklenburgischen Herzöge Redefin gekauft habe, um hier ein Gestüt einzurichten. Ab 1721 gibt es regelmäßige Verzeichnisse über die Pferdebestände.

Ab 1832 firmierte Redefin unter dem Namen «Vereinigtes Haupt- und Landgestüt zu Redefin und Paetow». Schon 1848 aber wurde das Hauptgestüt aufgelöst.

Das Landgestüt besteht heute noch für die Deckstationen des Landes Mecklenburg. 1934 waren auch die Beschäler des

Landgestüts Neustrelitz nach Redefin gekommen und 1950 die Beschäler der ehemals vorpommerschen Kreise aus dem Landgestüt Ferdinandshof, das aufgegeben wurde.

Redefin liegt 20 Kilometer westlich von Ludwigslust an der Landstraße Hamburg–Berlin, Bahnstation Hagenow-Land, 10 Kilometer Landweg durch die «Wildbahn», in sandigem Gelände, das dem Training der Hengste (Hengstprüfungsanstalt) sehr entgegenkommt. Der Gestüthof gehört zu den großzügigsten und schönsten Gestütanlagen überhaupt. Alle Grünanlagen tragen parkartigen Charakter. Der Boden ist durchlässig, immer trocken, elastisch und ohne Steine. Nahezu alle Hengste des etwa 180 Beschäler umfassenden Bestandes laufen «barfuß».

Im ersten Viertel des Jahrhunderts wurden die Hengste überwiegend in Hannover gekauft, zumeist als Saugfohlen zur Aufzucht. Ab 1935 wurden in Güstrow die jährlichen Hengstkörungen und -märkte durchgeführt, 1944 mit 400 Hengsten des

Jahrgangs 1942. Heute erfolgt die Hengstremontierung aus eigener Zucht. Hannoversche Importe sind seit längerer Zeit nicht mehr über die Elbe gegangen.

Graditz

Der Name Graditz ist mit der staatlichen deutschen Vollblutzucht aufs engste verbunden, wenngleich Altefeld in den zwanziger Jahren für eine gewisse Zeit die Graditzer Vollblüter beherbergte. Das preußische Hauptgestüt Graditz bei Torgau/Elbe geht in seiner Planung und in seinen Baulichkeiten auf fünf Höfen (Vorwerken) auf Ideen August des Starken zurück. 1815 wurde Graditz vom preußischen Staat übernommen.

Hauptaufgabe des großen Elb-Zuchtgestüts war die Erzeugung vollblütiger Beschäler für die staatlichen Gestüte Preußens. Hierzu unterhielt Graditz einen eigenen Rennstall, um auf Grund der Rennleistungen seine Zucht ständig überprüfen zu können. Die Hauptbeschäler standen außerdem privaten Stutenbesitzern zur Verfügung, so daß gleichzeitig das Niveau der deutschen Vollblutzucht gehoben werden konnte.

In jüngerer Zeit, das heißt bis 1945, haben vor allem *Herold, Ferro, Abendfrieden* und *Alchimist* die schwarz-weißen Farben von Graditz in Führung gehalten und die Gestüte mit einer beachtlichen Zahl hochwertiger Beschäler versorgt. Die Graditzer Vollblüter verbanden stets Leistung und korrektes Exterieur mit ausgeprägter Schönheit.

Seit 1945 ist Graditz in unveränderter Funktion staatliches Vollblutgestüt der DDR. Aus der alten Graditzer Gestütstute *Bramouse* wurde 1947 in Dröschkau (Sachsen) der berühmte *Birkhahn xx*, v. *Alchimist*, gezogen, der, dreijährig, in Hamburg Derbysieger wurde und später in Schlenderhan zu einem der Spitzenvererber in der deutschen Vollblutzucht avancierte. Sein Skelett steht im Deutschen Pferdemuseum in Verden.

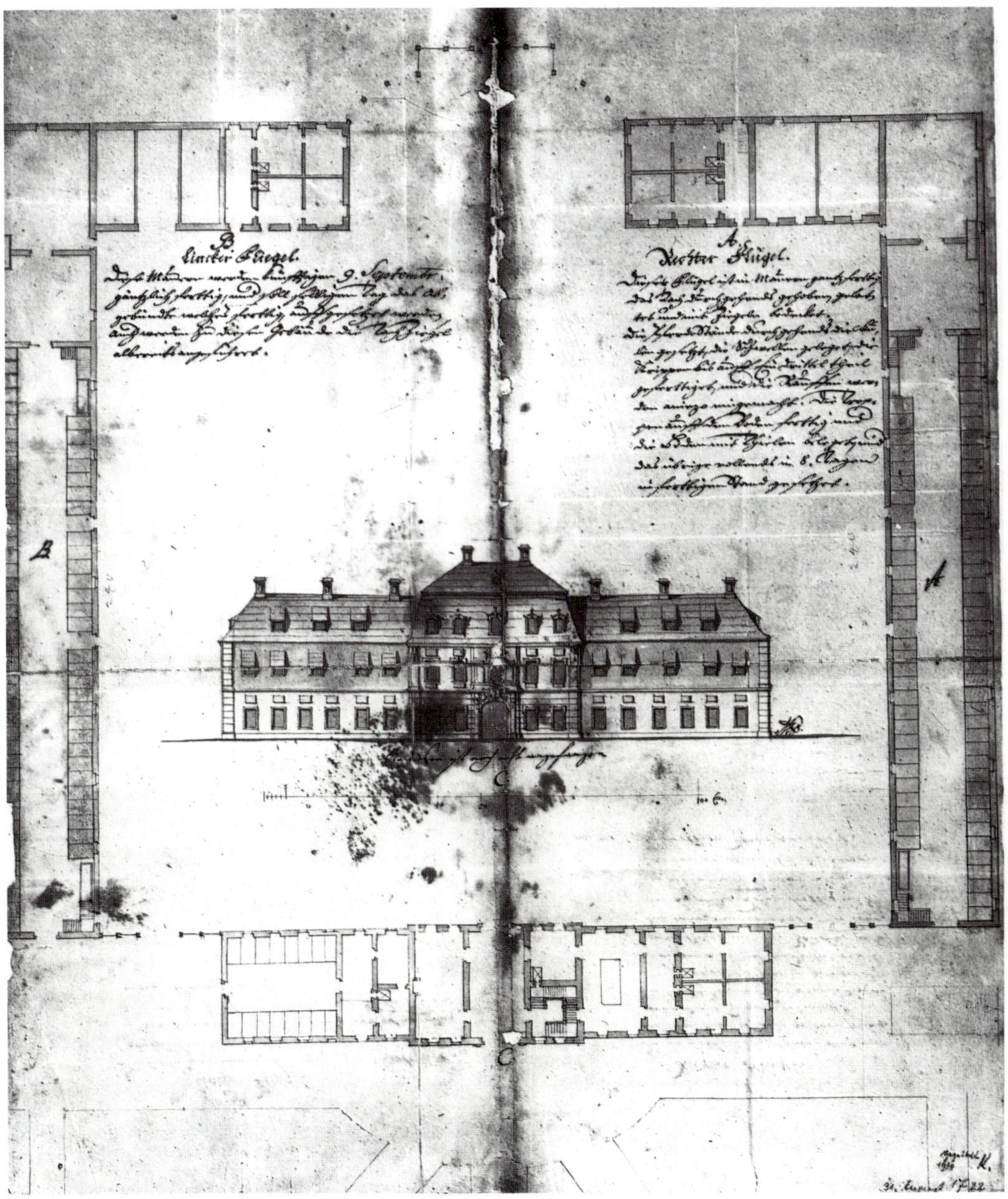

Ganz oben: Fünfzehn Jahre alt war der Vollbluthengst *Alchimist*, Hauptbeschäler in Graditz, als er pferdeunkundigen Besatzungssoldaten zum Opfer fiel.
Oben: Neben so großen Hengsten wie *Alchimist* und *Dark Ronald* hatte der Franzose *Chamant* Außerordentliches in Graditz und darüber hinaus geleistet.
Links: Nach dieser Zeichnung und Handschrift von Pöppelmann wurde 1723 das Schloß Graditz, späterer Wohnsitz des Landstallmeisters, gebaut.

Landshut

Unten: Der Deckhengst *Garant*, geb. 1946. Mit der Umstellung auf die Zucht edler Reitpferde verschwand der Rottaler des alten, mehr im Wirtschaftstyp stehenden Schlages.
Unten links: Der Hengst *Vulkanismus* erlebte noch die Blütezeit der Kaltblutpferde. Noch vor 15 Jahren behaupteten sie mit über 80 Prozent das Feld, heute sind nur noch 20 Prozent der Beschäler Kaltblüter.
Ganz unten: Die Gebäude des Landgestüts von Landshut entstanden zwischen 1860 und 1900.

Die Anfänge des Landgestüts gehen auf das Jahr 1750 zurück, als dreißig Fohlen zur Aufzucht von Schleißheim nach Landshut geschickt wurden. Sie fanden zunächst in der herzoglichen Residenz Unterkunft. Ab 1768 standen 38 kurfürstliche «Etalonen» (von französisch *étalon* = Deckhengst, Beschäler) in Niederbayern. Auf die Unterbringung im herzoglichen Hofstall dürfte der noch in jüngerer Zeit gebrauchte Ausdruck «Hofstaller» für Staatshengste zurückzuführen sein.

1838 wurde in Landshut ein Beschälerstall mit fünf Hengsten eröffnet. Mit der Erweiterung der staatlichen Hengsthaltung hatten sich die Unterbringungsmöglichkeiten in der Residenz als unzureichend erwiesen.

1859 wurde der Bau eines vollständigen Landgestüts ministeriell angeordnet. Die Bauarbeiten begannen 1860 auf einem Gelände von fünf Hektar, wurden aber erst Ende des Jahrhunderts im wesentlichen abgeschlossen. So konnte das Fassungsvermögen zunächst auf 100, später auf 144 Hengste erweitert werden. Der Krankenstall kam erst 1904 hinzu. 1937 wurde der Betrieb so eingerichtet, daß auch eine Reit- und Fahrschule mit regelmäßigen Kursen außerhalb der Deckzeit betrieben werden konnte.

Eine langwährende Blütezeit erlebte die Rottaler Warmblutzucht auf oldenburgischer Grundlage. Diese mehr im Wirtschaftstyp stehende Zuchtrichtung mußte einer Veredelung durch Vollblüter, Hannoveraner und Trakehner unterzogen werden, um mit den modernen Reitzuchten Schritt halten zu können.

So stehen heute in Landshut keine Rottaler alten Typs mehr, auch kaum noch Kaltblüter, die noch vor fünfzehn Jahren mit 80,7 Prozent das Feld behaupteten. Rund vierzig Beschäler edler Warmblutrassen, darunter einige Haflinger, bilden den Bestand.

Der Hengstnachwuchs kommt aus dem bayerischen Stammgestüt Schwaiganger.

Lopshorn

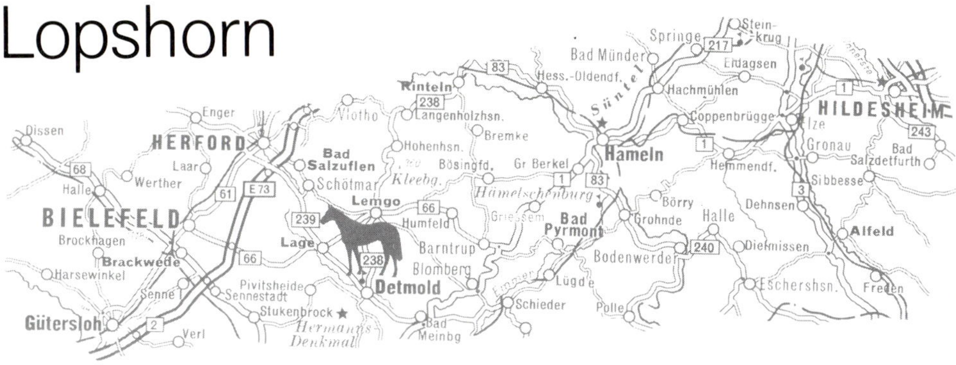

Einst erstreckte sich das Reich der Senner über die weiten Heideflächen, die den Südhang des Teutoburger Waldes bedeckten und deren Reste zwischen Paderborn und Bielefeld heute noch den Namen Senne tragen. In dieser Wildnis weideten schon die Pferdeherden der Cherusker. 1160 meldet eine Urkunde, daß der Bischof von Paderborn den dritten Teil seiner wilden Stuten auf der Senne dem Kloster Hardehausen bei Warburg geschenkt habe.

In den folgenden Jahrhunderten kamen die Herren zur Lippe auf beiden Seiten des Teutoburger Waldes zu ausgedehntem Besitz. Ende des 17. Jahrhunderts entstand ihr Jagdschloß Lopshorn mit den Gestütanlagen und dem Gestütbetrieb, der den fürstlichen Marstall mit Reit- und Wagenpferden remontierte und die Landespferdezucht mit Beschälern versah.

Als Weide diente den Mutterstuten und den Aufzuchtjahrgängen ein sechzig Geviertkilometer großer eingezäunter Wald. Er bot im Sommer überreiche Nahrung für Pferd und Wild. Englische Vollbluthengste wirkten als Hauptbeschäler, und so waren die Senner im Lauf der Generationen durch lange Körperlinien und braune Farbe gekennzeichnet, deutlich den Vollbluteinfluß zur Geltung bringend. Neben seinen Aufgaben für den Marstall und die Landbeschälung oblag es Lopshorn auch, jährlich eine Anzahl von Remonten für die Paderborner Husaren zu stellen.

Oben: Der Vollblut-Zuchthengst *George IV*, geb. 1844, v. *Cadet*.
Rechts: Der Beschäler *Diamant*, geb. 1851, v. *Malcolm*. Nach Lithographien von Gustav Quentell.

Ganz oben: Vor zweihundert Jahren – Fürstin Elisabeth zur Lippe auf *Kastor*, geb. in Lopshorn 1857, v. *Florival*.
Mitte: Der Gestütshof Lopshorn bei Detmold, der Ende des 17. Jahrhunderts entstand.
Unten: Eine Senner-Mutterstute, nach einem Gemälde von Gustav Quentell aus dem Jahre 1852.

Wickrath

Wickrath gehört zu den schönsten Gestütsanlagen Deutschlands. Allein schon aus diesem Grund ist seine Auflösung zu bedauern. Von 1746 bis 1772 ließ der spätere Reichsgraf von Wickrath, Otto Friedrich von Quadt, die spiegelsymmetrische Vorburg anlegen, die von 1839 an den Kern der Gestütsanlagen bildete.
Die Beschäler des Landgestüts wurden jährlich auf Paraden vorgeführt und traten auch bei auswärtigen Schauen auf, wie auf dem Bild Mitte links, das anläßlich der 19. Provinzialpferdeausstellung 1936 in Köln entstand.

Allerhöchste Kabinettsorder verfügte 1839 die Gründung des Landgestüts Wickrath zum Wohle der Pferdezucht in der Rheinprovinz. Erst 37 Jahre nach dessen Inbetriebnahme erhielt der Hengstbestand das Gesicht, wie es dann achtzig Jahre hindurch in der hippologischen Vorstellungswelt bekannt und berühmt wurde: mit dem rheinisch-belgischen Kaltblutbeschäler von ungemeiner Wucht und Ausdrucksstärke.

Bis dahin hatten in buntem Gemisch französische Halbblüter, Hannoveraner, Braunschweiger, Graditzer, Sachsen, Westfalen, Holsteiner, Mecklenburger, Ostfriesen, Oldenburger, Pinzgauer, Belgier, Suffolks und Clidesdales, überwiegend Warmbluthengste, den Bestand von rund 48 staatlichen Beschälern gebildet.

1912 weist das Hengstregister 211 Kaltbluthengste auf, davon 123 Belgier, 84 rheinisch-deutsche Kaltblüter, 1 Trakehner, 1 Vollbluthengst und 2 Oldenburger.

Für das Jahr 1925 wurden 567 Kaltblüter in Privatbesitz gekört, denen 110 Landbeschäler in Wickrath gegenüberstanden. Neben der Rheinprovinz wurde auch das Saargebiet beschickt.

Privathengsthalter und Genossenschaften versuchten von 1925 an immer wieder, «dem lästigen Konkurrenten [Wickrath] die Gurgel durchzuschneiden», so berichtet Landstallmeister Frhr. v. Stenglin, der Vater des jetzigen Celler Landstallmeisters, aus dieser Zeit. 1956 war es soweit. Das Landgestüt Wickrath wurde aufgelöst. Sein Gebiet wurde vom Landgestüt Warendorf übernommen.

Dillenburg

In der Zeit von 1768 bis 1772 entstanden auf Anordnung Wilhelms V. in der Wilhelmstraße der Stadt Dillenburg die Hofgestütsgebäude, wiederhergerichtet und neu erbaut nach der französischen Okkupation um 1807 und 1871 zum Königlich-Preußischen Hessen-Nassauischen Landgestüt Dillenburg erklärt. Hier wurden die Bestände der gleichzeitig aufgelösten Landgestüte Weilburg (1811), Kassel (1737) und Korbach (1811 in Arolsen gegründet und 1852 nach Korbach verlegt) zusammengefaßt. Das Prinzenhaus wurde Sitz des Landstallmeisters. Auch das Landgestüt in Darmstadt kam 1957 nach Dillenburg.

So versorgt Dillenburg seither die hessischen Länder (heute das Bundesland Hessen) mit staatlichen Beschälern.

Nach Jahrzehnten starken Einflusses der Oldenburger-Zucht ging auch Hessen um 1960 von der Wirtschaftspferdezucht auf die Produktion von Reitpferden über und stellte gezielt Hannoveraner und Trakehner im Landgestüt auf. Alle vierjährigen Hengste werden nach ihrer ersten Deckzeit zu einem Vierteljahrestraining in die niedersächsische Hengstprüfungsanstalt Adelheidsdorf geschickt, um sich dort durch eine Eigenleistungsprüfung (Tierzuchtgesetz) für ihre weitere Beschälerlaufbahn zu qualifizieren.

Heute werden in Dillenburg 70 Hengste gehalten, davon 60 Prozent hannoverscher-westfälischer Abstammung, 20 Prozent hessischer Abstammung und 20 Prozent Spezialhengste.

Zu den wichtigsten Vererbern gehören heute (1990) *Mandant, Ampère, Fürstengold* und *Frisbee.*

Ganz oben rechts: Innenansicht der 1769 gebauten spätbarocken Reithalle.
Darunter: Die Orangerie, im ehemaligen Hofgarten gelegen, wurde vermutlich unter Fürst Christian (1724 bis 1739) erbaut. Links dahinter ist das Prinzenhaus zu erkennen, rechts im Hintergrund der Burgturm, das Wahrzeichen von Dillenburg.
Oben links: Der Hannoveranerhengst *Fürstengold,* geb. 1980, v. *Furioso II – Gotthard.*
Oben: Der Trakehnerhengst *Mandant,* geb. 1964, v. *Thor – Reinald XX.*
Links: Der Hannoveranerhengst *Frisbee,* geb. 1982, von *Freiherr – Cardinal XX.*

Zweibrücken

Nachdem bereits im 16. Jahrhundert die Klöster Hornbach und Wörschweiler im Zweibrücker Raum gestütsähnliche Einrichtungen betrieben hatten, ordnete Herzog Christian IV. im Jahr 1755 die Gründung des Landgestüts von Zweibrücken an. Zuchtzentrale war der herzogliche Marstall in Zweibrücken.

Hengste arabischer und türkischer Herkunft wurden seinerzeit mit englischen Stuten gepaart. So entstand die Zweibrükker Rasse, die bald zu einem Begriff wurde und weitum begehrt war. 1783 kamen allein etwa 150 Hengste in das preußische Hauptgestüt Trakehnen.

In den Französischen Revolutionskriegen wurden 1793 die Pferde des Hof- und Landgestüts Zweibrücken nach Frankreich entführt. In Rosières aux Salines sollte mit ihnen ein französisches Gestüt aufgebaut werden. 1806 verfügte aber Napoleon die Wiederherstellung des Zweibrücker Gestütes, denn er war persönlich an dieser Rasse interessiert. Sein berühmter Schimmelhengst *Fayoum* wurde 1811 in Zweibrücken als Beschäler aufgestellt. Die Zuchtanstalt wurde zum Staatsgestüt 1. Klasse erhoben und hieß offiziell: «Haras Imperial de Deux-Ponts». Zum Gestüt gehörten unter anderem auch die Vorwerke Birkhausen und Eichelscheiderhof. Damals standen rund 200 Hengste im Gestüt. Außer den aus Rosières zurückgeführten Pferden kamen auch Hengste aus dem Rheinhardswald, aus Ungarn und Spanien.

In den Freiheitskriegen mußte sich das Gestüt 1814 nach Frankreich absetzen. Zahlreiche Pferde fielen dabei österreichischen Husaren in die Hände, darunter der Hengst *Nonius,* der später in Ungarn Stammvater der Noniusrasse werden sollte.

1816 war das Zweibrücker Gestüt wieder in Funktion und blieb nun bis 1890 Anstalt des Kreises Pfalz. Anschließend wurde es «Königlich Bayerisches Stamm- und Landgestüt». Gezüchtet wurde ein edles, leistungsfähiges Halbblutpferd als Reit-, Wagen- und Militärpferd.

Um 1900 standen etwa 60 Landbeschäler in Zweibrücken, von denen die einflußreichsten *Gidran* (Araber), *Miller* (Hannoveraner) und *Fabago* (Normanne) waren. Die rund 60 gestütseigenen Stuten jener Zeit führten viel Araberblut. Sie standen in Birkhausen, während im Eichelscheiderhof Jungpferde aufgezogen wurden.

Nach dem Ersten Weltkrieg wurde das Zuchtziel umgestellt. Intensiver betriebene Landwirtschaft und Industrie erforderten schwerere Pferde. Um die gewünschte Masse zu erhalten, stellte man auch Kaltbluthengste im Gestüt auf.

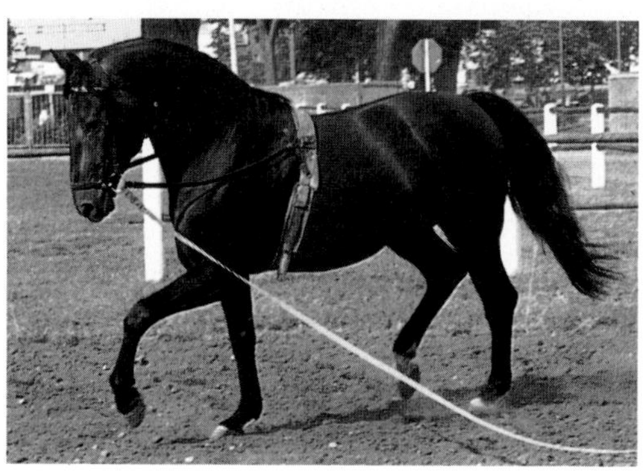

Ganz oben rechts: Das Wappen der Herzöge von Zweibrücken über der Toreinfahrt des ehemaligen Stammgestüts Eichelscheid erinnert an den Bauherrn.
Oben: Der Araberhengst *Djebel 5878,* geb. 1935, v. *O Bajan VII* a.d. *Shagya XXII,* gezogen in Ungarn. Er brachte als Hauptbeschäler Adel, Schönheit und Leistung in die Zweibrücker Rasse. Er deckte bis 1956.

Oben: Das Hauptgebäude des Landgestüts Zweibrücken mit den Ställen für Pensionsstuten und für Pferde des Reitvereins. Im Mittelteil sind Verwaltung und Wohnungen untergebracht.
Links: Der Hannoveranerhengst *Waldjäger 6004,* geb. 1972, v. *Waldfrieden.* Großvater dieses Hengstes war der Vollblüter *Waldspecht. Waldjäger* ist seit 1975 Landbeschäler in Zweibrücken.

Links: Vorführung von Warmbluthengsten anläßlich der Hengstparade 1951 in Zweibrücken. Im Hintergrund sind noch die kriegszerstörten Gebäude zu sehen.
Unten: Das Aufnahmedatum dieses Bildes ist unbekannt. Es stammt etwa aus der Zeit der Jahrhundertwende und zeigt Gestütswärter auf Warmbluthengsten vor einem Stallgebäude in Zweibrükken.
Ganz unten: Wirtschaftsgebäude des früheren Stammgestüts Eichelscheid. Links im Innenhof des Hufeisenbaues sind die Pferdeställe, rechts der Kuhstall.

Zu Beginn des Zweiten Weltkrieges wurde der gesamte Bestand nach Achselschwang und Schwaiganger in Bayern evakuiert. 1940 erfolgte zwar eine Rückverlegung, doch war 1944 eine neuerliche Evakuierung erforderlich.

Im März 1945 wurden die Gestütsanlagen bei einem Bombenangriff weitgehend zerstört. 1946 konnten aber die meisten Gestütspferde wieder in die Pfalz zurückkehren. Auf dem bisherigen Gelände wurden mehrere Gebäude errichtet.

Bis 1950 erlebte Zweibrücken einen neuen Aufschwung. 60 Landbeschäler, darunter 15 Kaltblüter, deckten bis zu 4000 Stuten.

Ab 1950 sank der Bedarf an Landwirtschaftspferden rapide. 1960 war mit nur noch 235 Bedeckungen der Tiefpunkt erreicht: Der Nebenbetrieb Birkhausen wurde an den Trakehnerverband verpachtet und der Eichelscheiderhof verkauft. Zuchtstuten und Nachwuchspferde wurden ebenfalls verkauft und der Hengstbestand reduziert. Im verbliebenen Landgestüt stehen seit 1960 noch 22 Hengste.

Die Zucht wurde der steigenden Nachfrage nach Reitpferden angepaßt, und die Bedeckungsziffern stiegen damit kontinuierlich wieder an. 1974 wurden 1400 Stuten belegt. 1971 verließ der letzte Kaltbluthengst das Gestüt.

Warendorf

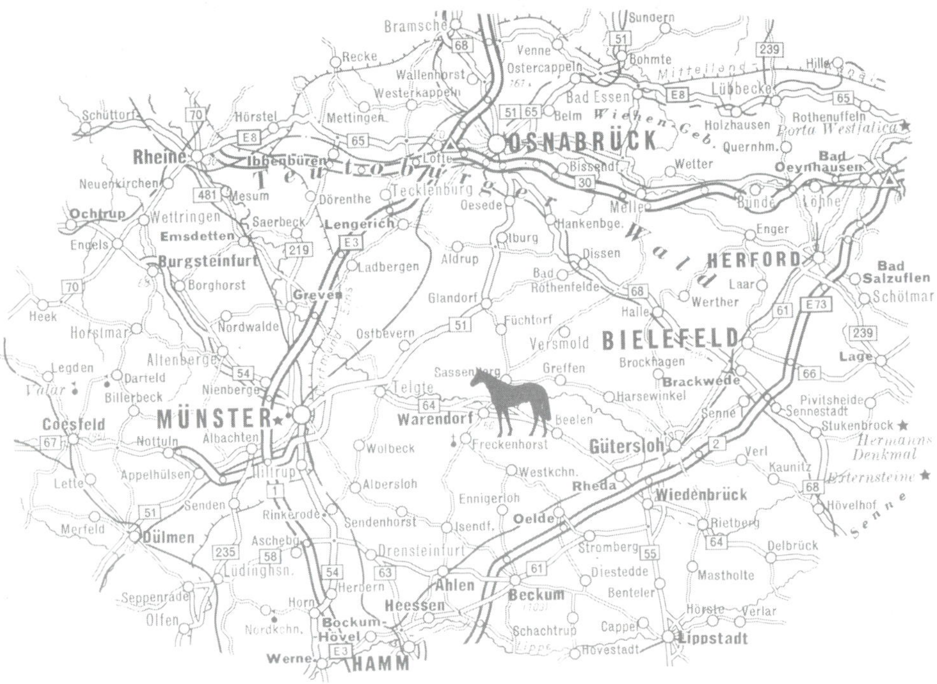

Nachdem sich in der zweiten Hälfte des 18. Jahrhunderts Staatsgestüte in den preußischen Provinzen, in Hannover und in einigen süddeutschen Ländern als außerordentlich wirkungsvoll für die Verbesserung der Landespferdezucht erwiesen hatten, wollten Anfang des 19. Jahrhunderts auch die Züchter Westfalens ihr Landgestüt. 1826 wurde eines in Warendorf gegründet. Unten ist das Haus des Landstallmeisters, ganz unten sind die Stallungen zu sehen. Die Gebäude am heutigen Standort des Gestüts entstanden um 1878.

Das Gestüt Warendorf wurde im Jahre 1826 gegründet. Damit wurde ein Wunsch erfüllt, mit dem schon 1815 die Züchter Westfalens und der Rheinprovinz an den preußischen Oberstallmeister v. Jagow herangetreten waren.

Am 1. Februar 1826 standen 13 Ostpreußische Hengste zur Verfügung, und bereits im Gründungsjahr wurden ihnen 943 Stuten zugeführt. Die starke Benützung der staatlichen Beschäler erforderte eine ständige Bestandsvergrößerung. 1830 waren schon fünfzig, 1839 siebzig Hengste im Einsatz. Für die Rheinprovinz wurde im selben Jahr das Landgestüt Wickrath errichtet. Damit wurde Warendorf «Westfälisches Landgestüt».

Dennoch wuchs der Bestand weiter. 1878 standen hundert Hengste im Depot. Die Anlage am Münstertor wurde zu eng, und das Gestüt wurde auf die rechte Emsseite, seinen jetzigen Standort, verlegt. In den ersten Jahren diente Warendorf ausschließlich der Warmblutzucht. Edle Hengste verbesserten die bodenständigen Landschläge. Der Versuch, Westfalen in die Gruppe der Remontenprovinzen einzureihen, schlug jedoch fehl, weil die Remontenmärkte zu wenig Interesse fanden.

Hingegen verlangten die Bauern mehr und mehr nach schwereren Pferden. Deshalb wurde die Zahl der edlen Hengste stark reduziert, und schwere Warmblüter kamen zum Einsatz. Von einer konsolidierten Zucht konnte dabei allerdings noch keine Rede sein.

Ganz links: Der Hengst *Grünspecht*, geb. 1944, v. *Gründer I* a.d. *Alpenrose*, v. *Abendsport*
Links: Der Vollbluthengst *Sinus*, geb. 1949, v. *Ticino* a.d. *Smyrna*, v. *Magnat*.
Unten: *Radetzky*, geb. 1951, v. *Ramzes* a.d. *Malta*, v. *Oxyd*. Dieser Hengst, dessen Vater, der Anglo-Araber *Ramzes*, aus Polen stammte, gab der westfälischen Warmblutzucht ein neues Gesicht. Das Bild zeigt ihn unter Oberstallmeister Kukuk.
Unten links: Die Jacobowski-Quadrille auf der Warendorfer Hengstparade.

1894 beschloß der Provinzialverband, die «Edelzucht» auf «Oldenburger Art» einzustellen. Es zeigte sich dann aber, daß die Nachzucht der Oldenburger und Ostfriesen auf der vorhandenen Futtergrundlage wenig brauchbar war. Mit hannoverschen Pferden und Anglo-Normannen wurden weitere Versuche gemacht, und schließlich experimentierte man sogar mit Traberhengsten. 1920 standen 88 Hengste der «Edelzucht» im Gestüt.

Neben dieser wenig glücklichen Warmblutzucht blühte indessen die Kaltblutzucht. Sie hatte 1881 mit dem Import zweier Belgischer Hengste begonnen und zeitigte große Erfolge.

1920 bahnte sich eine entscheidende Wende in der Warmblutzucht an. Diese Zuchtrichtung wurde nun auf der Basis von hannoverschen Pferden neu entwikkelt. Nur noch einige wenige Vollblüter, Ostpreußen, Beberbecker und Graditzer, wurden daneben eingesetzt.

Das Zuchtziel zwischen den beiden Weltkriegen war «ein kräftiges, breites, gut gebautes und gängiges Arbeits-, Reit- und Wagenpferd». Zahlenmäßig machten freilich die Kaltblüter noch immer zwei Drittel des Bestandes aus.

In den fünfziger Jahren sank die Nachfrage nach Kaltblütern, und im Jubiläumsjahr 1976 standen noch zehn Kaltbluthengste im Gestüt. Die Warmblutzucht wurde inzwischen mit gutem Ergebnis auf ein «leistungsfähiges, vielseitig verwendbares, charakter- und temperamentsmäßig ordentliches Pferd» umgestellt.

Die vielen verschiedenartigen Vorführungen bei den Warendorfer Hengstparaden locken jedes Jahr Tausende von Besuchern an.
Oben: Zu den Glanznummern der Schau gehört die «Fahrschule vom Sattel».
Links: Der Aktionstraber auf diesem Bild ist der imposante Kaltbluthengst *Anatus*, der vom Warmbluthengst *Feldspatz* im Galopp begleitet wird.

Celle

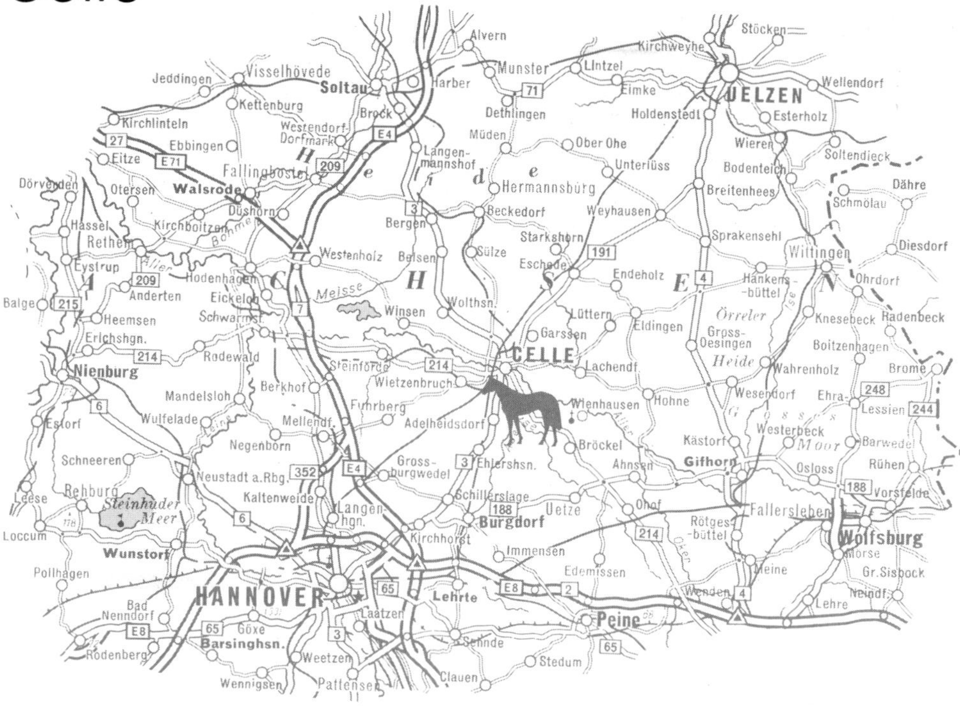

Das niedersächsische Landgestüt Celle wurde am 27. Juli 1735 von Georg II., Kurfürst von Hannover und König von Großbritannien, gegründet. Zweck dieser Einrichtung war, den bäuerlichen Pferdezüchtern im Land gegen geringes Entgelt gute Hengste zum Decken ihrer Stuten zur Verfügung zu stellen.

Im Winter 1735/36 wurden zunächst dreizehn Hengste aus Holstein erworben, die vornehmlich neapolitanisch-andalusisches Blut führten. Der Hengstbestand wuchs in den folgenden Jahren ständig an und setzte sich bis 1770 – mit Ausnahme einiger Dänen, Ostpreußen und Andalusier – ausschließlich aus Holsteinern zusammen. Zur Veredlung und Vereinheitlichung der hannoverschen Landespferdezucht wurden in den folgenden Jahren jedoch immer mehr Hengste englischer Abstammung, vorwiegend reine Vollblüter, benutzt. Aus Berichten der Gestütsleitung an Georg II. geht hervor, daß die Züchter schon zu jener Zeit das Kaliber, das ihre Pferde zur Verrichtung landwirtschaftlicher Arbeiten benötigten, mit Adel, Härte und Temperament verbinden wollten, um Heeresremonten verkaufen zu können. Um das Jahr 1800 hatte das Landgestüt bereits 100 Hengste, die alljährlich auf etwa 50 Deckstationen, vornehmlich in den jetzigen Regierungsbezirken Stade, Lüneburg und Hannover, gesandt wurden. Die von den staatlichen Hengsten stammenden Stuten wurden von Anfang an in Gestütslisten registriert. Um 1790 begann das Landgestüt Abstammungsnachweise für die von seinen Hengsten und den registrierten Stuten stammenden Produkte auszustellen. Damit wurde der Grundstein für eine eigenständige, planmäßige hannoversche Landespferdezucht gelegt, deren alte Stutenstämme sich heute durchschnittlich etwa 150 Jahre zurückverfolgen lassen.

Nach den Freiheitskriegen, die dem Landgestüt starke Rückschläge gebracht hatten – es kamen nur dreißig der nach Mecklenburg evakuierten Hengste zurück –, begann man im Jahre 1816 mit dem

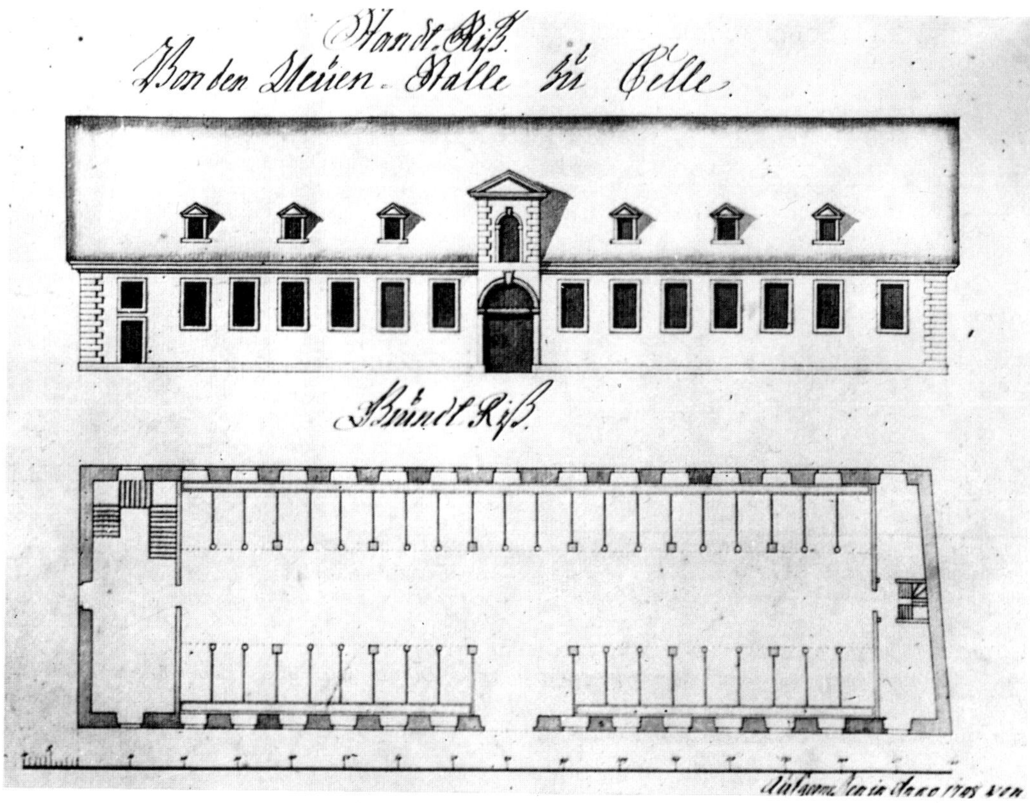

Oben: 1935 feierte das Landgestüt Celle sein 200jähriges Bestehen. Hinter dem Paradeplatz sind der Nordpavillon des Spörckenstalles und die Kantine zu erkennen.
Rechts: Grundrißentwurf zum Bau des Spörckenstalles. Der Bau kam dann aber nicht in dieser Form zur Ausführung. Er wurde 1836 nach anderen Plänen errichtet.

Wiederaufbau der Pferdezucht. Die Rekrutierung der Hengste erfolgte vornehmlich aus Mecklenburg und England, aber auch schon aus dem eigenen Zuchtgebiet. Etwa 35 Prozent des Bestandes jener Zeit waren Vollblüter. Im Gegensatz zu anderen Zuchten edler Pferde wurde jedoch schnell die Gefahr einer zu starken Vollblutbenutzung erkannt und der Anteil an Vollbluthengsten sehr bald reduziert.

Auf der langjährigen exakten Vorarbeit des Landgestüts basierend, wurden die Re-

Ganz oben: Die Pferde verlassen zur täglichen Morgenarbeit den Grabenstall.
Oben: *Gotthard*, geb. 1949, v. *Goldfisch II* a.d. *Ampa*. Erfolgreichster Vererber der bundesdeutschen Reitpferdezucht.
Oben rechts: Der *Gotthard*-Sohn *Galipolis*, Gert Wildfangs großes Erfolgspferd, gemalt von I. Koblischek.
Links: *Duft II*, geb. 1958, v. *Duellant* a.d. *Gotensage*. 1964 Siegerhengst der Rassengruppe edles Warmblut.
Rechts: *Grande*, geb. 1958, v. *Graf* a.d. *Duellfest*. Drei seiner Söhne nahmen an der Olympiade in Montreal 1976 teil.

Rechts: Der Nordflügel des Grabenstalles, erbaut 1906 unter Landstallmeister Grabensee (1892 bis 1912). In diesem Stall können 87 Hengste untergebracht werden.
Unten: *Weltmeyer,* geb. 1984, v. *World Cup,* war Sieger im Bundeschampionat des dreijährigen deutschen Reitpferdes in Vechta 1987 und DLG-Siegerhengst 1989 in Frankfurt/M.

gistrierung und Auswahl der Stuten im Jahre 1893 von der 1888 gegründeten Hannoverschen Stutbuchgesellschaft fortgeführt. Die enge Zusammenarbeit des Landgestüts mit der Stutbuchgesellschaft, die 1922 in den Verband hannoverscher Warmblutzüchter integriert wurde, hat sich bis zum heutigen Tag bewährt. Bis zum Beginn des Ersten Weltkrieges wuchs der Hengstbestand auf 350 und erreichte im Jahre 1924 die Zahl 500. Aus Platzgründen wurde daher 1925 in Osnabrück-Eversburg ein weiteres Landgestüt gegründet, an das zunächst 100 Hengste und 30 Gestütswärter abgetreten wurden. Der Bereich des Landgestüts Celle umfaßte fortan die Bezirke Lüneburg, Stade und das Hamburger Gebiet und der des Landgestütes Osnabrück die Bezirke Hannover, Osnabrück und Hildesheim.

Im Jahr 1921 wurde der Gestütsverwaltung die etwa 600 Hektar große Domäne Hunnesrück im Solling als Hengstaufzuchtgestüt unterstellt, um so etwa 50 Prozent des Bedarfs an Zuchthengsten bereits als Fohlen ankaufen und selbst aufziehen zu können. Im Jahre 1927 wurde in Westercelle eine Hengst-Eigenleistungsprüfungsanstalt eingerichtet. Gegen Ende der zwanziger Jahre sank der Hengstbestand in den Landgestüten allerdings wieder ab, strebte aber nach dem Zweiten Weltkrieg einem erneuten Höhepunkt mit 380 Hengsten in Celle und 180 Hengsten in Osnabrück zu. Nach der Auflösung des preußischen Staates wurden die Landgestüte Celle und Osnabrück im Jahre 1946 dem niedersächsischen Ministerium für Ernährung, Landwirtschaft und Forsten in Hannover unterstellt. Durch die Eingliederung des Landes Braunschweig trat noch das Landgestüt Harzburg-Bündheim hinzu. Infolge des schmerzlichen Untergangs der alten ostpreußischen Zucht im Zweiten Weltkrieg gelangte eine große Anzahl Trakehnerhengste nach Celle, die einen bedeutenden Einfluß auf die hannoversche Warmblutzucht ausüben konnten. Die technische Entwicklung und die Motorisierung in der

Oben: Der Hengstaufzuchthof Hunnesrück im Solling, der mit rund 600 Hektar Weidefläche im Jahr 1921 zum Landgestüt Celle kam. Die Domäne war früher Remontedepot.
Rechts: *Brentano II,* geb. 1982, war Reservesieger der Hengstleistungsprüfung in Adelheidsdorf. Dieser dressurmäßig hochveranlagte Hengst beherrschte bereits 1989 sämtliche Lektionen der Klasse S.

Rechte Seite: Römerwagen bei einer Celler Hengstparade. Die Aufnahme dürfte um 1930 entstanden sein. Hengstparaden werden in Celle seit etwa siebzig Jahren in jedem Herbst durchgeführt. Sie vermitteln einen Einblick in die Zusammensetzung des Hengstbestandes und den Stand der hannoverschen Warmblutpferdezucht.

Rechts: *Grenadier*, geb. 1974, v. *Grunewald*, war 1977 Reservesieger an der Hengstleistungsprüfung in Adelheidsdorf und Reservesiegerhengst der DLG-Ausstellung 1980 in Hannover.
Ganz rechts: *Wanderer*, geb. 1980, v. *Wagner* ist ein sprunggewaltiger Hengst, der in seinem Pedigree so schillernde Namen wie *Ferdinand, Gotthard, Grande* und *Absatz* vorzuweisen hat.

Landwirtschaft brachten in den Folgejahren jedoch einen erheblichen Rückgang der Pferdezucht mit sich, der sich natürlich auch auf die Gestütshengsthaltung auswirkte. Der ständige Rückgang führte dazu, daß in den Jahren 1960/61 die Gestüte Osnabrück und Harzburg aufgelöst und der Hengst- und Personalbestand vom Landgestüt Celle übernommen wurde. Im Jahre 1960 waren von 179 Gestütshengsten 4238 Stuten gedeckt worden, was den absoluten Tiefpunkt darstellt. Diese starke zahlenmäßige Reduzierung hatte in züchterischer Hinsicht den Vorteil, daß die Umstellung der Zucht auf die Produktion von Reitpferden sehr schnell erfolgen konnte, da man sich von dem Zuchtmaterial alten Typs rigoros trennte.

Der heutige (1990) Bestand umfaßt 186 Zuchthengste, die auf 50 Deckstationen verteilt werden. Davon sind 165 Warmbluthengste, 17 Vollbluthengste, ein Trakehner- und ein Anglo-Araber-Hengst sowie zwei Anglo-Normannen-Hengste. 1989 wurden 9322 Stuten gedeckt. Der Verband hannoverscher Warmblutzüchter e. V. stellt mit 15 000 eingetragenen Warmblutstuten heute das größte geschlossene Warmblutpferdezuchtgebiet Europas dar.

Von den zahlreichen Erfolgen im internationalen Turniersport seien hier nur gerade die 20 Hannoveraner erwähnt, die an den olympischen Spielen in Seoul teilnahmen und dabei drei Goldmedaillen und eine Bronzemedaille gewannen.

Marbach

Das Hauptgestüt Marbach ist das älteste der deutschen Staatsgestüte. Es ist mit seiner Herde von rund 50 Warmblutstuten und 20 Vollblut-Araberstuten heute auch das einzige Hauptgestüt. Das genaue Alter freilich scheint nicht bekannt zu sein.

Fest steht, daß der Herzog Christoph von Wirtemberg im August 1552 bei einem Besuch in Linz an der Donau Hengste kaufte, die er in seinem Hofgestüt in Marbach zum Beschälen der Stuten des Landes aufstellte. Und offensichtlich blühte in jenen Jahren die Pferdezucht in Marbach auf, denn 1554 ließ Christoph im Gutshof der ehemaligen Kartause Güterstein einen Fohlenhof einrichten. Daß die herzoglichen Pferde weitum bekannt wurden, beweist folgende Notiz aus dem Jahre 1568: «Herzog Christoph legte nicht nur ein Landgestüt an, sondern hielt auch ein Privatgestüt und einen Marstall mit Rennpferden von so gutem Ruf, daß fremde Fürsten sie für Hoffeste und Karussells entliehen.»

In jener Zeit wurden in Marbach hauptsächlich Holsteiner, Böhmer, Siebenbürger, ungarische und türkische Pferde gezüchtet. Unter den Hengsten aus Linz waren vermutlich auch Noriker, damals beliebte Ritterpferde, heute schwere Arbeitspferde, von denen im Gestütshof St. Johann noch immer einige prächtige Exemplare aufgestellt sind.

Diese erste Blüte des Marbacher Gestütes ging allerdings bald wieder zu Ende. Herzog Christoph starb im Dezember 1568. Sein Sohn Ludwig wurde Nachfolger, derselbe Ludwig, der noch bis vor wenigen Jahren

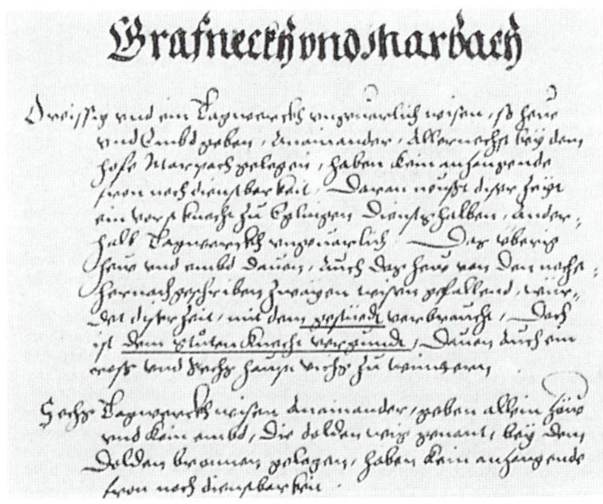

Grafneckh vnd Marbach

Ganz oben rechts: Parallel zur Straße steht der 1840 erbaute «Engländerstall», rechts daneben das im 17. Jahrhundert entstandene Verwaltungsgebäude mit der Wohnung des Landstallmeisters von Marbach.
Oben: Grafeneck wurde von Herzog Christoph zwischen 1560 und 1563 zu einem Jagdschloß ausgebaut. Das Geschlecht von Grafeneck stand in enger Beziehung zu Marbach.
Rechts: Das Wahrzeichen Marbachs ist der 1844 errichtete Stutenbrunnen in der Mitte des Innenhofes. Die Figur wurde in Wasseralfingen gegossen.

Rechts: Die ausgedehnten Albweiden, die Bodenbeschaffenheit und das Klima sind die besten Voraussetzungen für das Gedeihen der jungen Württemberger und Araber.
Ganz rechts: Das besondere Kleinod von Marbach ist die Herde der Vollblut-Araberstuten.
Unten und unten rechts: Der ostpreußische Hengst *Julmond*, der Stammvater der württembergischen Reitpferdezucht. Ein Gedenkstein erinnert an diesen außergewöhnlichen Vererber.

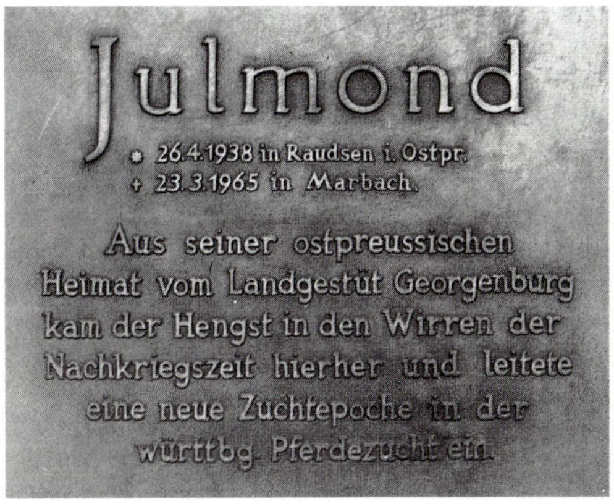

für den Gründer des Gestütes gehalten wurde. Dieser Irrtum hatte zur Folge, daß 1973 die 400-Jahr-Feier des Gestütes begangen wurde. In Wirklichkeit war dieser Ludwig labil und dem Trunke ergeben. Zwar war er an Kunst interessiert, und sein Hauptanliegen war offenbar die Verbreitung der protestantischen Lehre, um das Wohl des Landes aber kümmerte er sich kaum und vielleicht noch weniger um die Pferdezucht. Trotzdem veranlaßte er eine wesentliche Änderung in der Zuchtrichtung. Er paßte sich dem damaligen Modetrend an und stellte 1573 auf Andalusier und Neapolitaner um. Aus den anfänglichen 9 Stuten wurden innerhalb von drei Jahren 32, und so ließ Ludwig 1576 im Frauenkloster Offenhausen einen zweiten Fohlenhof einrichten.

Dem Dreißigjährigen Krieg fiel auch die gesamte Pferdezucht Württembergs zum Opfer. Herzog Eberhard III. flüchtete 1634 nach Straßburg. Dörfer und Höfe waren geplündert und großenteils niedergebrannt

Oben: Die Reithalle von Marbach, die zwischen 1854 und 1860 erbaut wurde.
Mittlere Reihe: Die drei nebenstehend abgebildeten Pferde sind württembergische Warmbluthengste. Gangvermögen, Rahmen, Ausdruck und Reitpferdepoints, Temperament und tadelloser Charakter zeichnen diese Rasse aus.

Oben: Zwei Vollblut-Araberhengste. Der Schimmel *Saher*, v. *Ghazal* a.d. *Sahmet*, verkörpert Adel und Typ des Arabers in idealer Weise. Der original Araber-Rapphengst *Gharib* wurde 1970 aus Ägypten importiert. Er bewährt sich als Hauptbeschäler bei den Araberstuten und bei ausgesuchten Warmblutstuten.

Links: Pferdekopf über dem Stalleingang des Gestütshofs St. Johann.

worden. Pferde und auch Ochsen gab es kaum noch, so daß die wenigen verbliebenen Kühe vor Pflug und Wagen gespannt wurden.

Im letzten Viertel des 17. Jahrhunderts kam die württembergische Pferdezucht zu neuer Blüte. Freiherr von Kniestedt, der Leiter des Gestütes, erkannte, daß Boden und Klima auf der Alb einen trockenen und anspruchslosen Pferdeschlag erforderten und die Pferde aus fruchtbaren Marschgegenden hier versagten. Spanische und Berberhengste kamen nach Marbach, daneben auch einige ostfriesische Hengste und schwere Stuten.

Das 18. Jahrhundert brachte neue Tiefpunkte, bis 1797 Friedrich II. an die Macht kam. Er stellte ein Heer auf, gewann neues Land und intensivierte die Pferdezucht gewaltig. Im Jahre 1811 hatte Württemberg einen Bestand von 81 390 Pferden! 1812 gab es 190 Staatshengste, die 36 Deckstationen zur Verfügung standen. Im selben Jahr zog das württembergische Heer (15 800 Mann) mit dem Verbündeten Napoleon nach Rußland. Von den Soldaten kehrten 500 zurück, und Zehntausende von Pferden blieben auf den Schlachtfeldern. Von diesem Schlag erholte sich die Zucht nur sehr langsam.

Ab 1860 erfolgte eine Konsolidierung vor allem durch die Einfuhr von Anglonormännerhengsten und von ostpreußischen Stuten. Außerdem kamen einheimische Stuten mit viel orientalischem Blut in die Zucht. Daraus entstand bis zur Jahrhundertwende das Württemberger Warmblutpferd. Zuchtziel war bis nach dem Zweiten Weltkrieg ein Arbeitspferd für Landwirtschaft, Gewerbe und Militär. Dann erfolgte, wie überall, die Umstellung auf das Sportpferd. Für die Veredelung wurden ostpreußische Hengste genommen, die zum Teil arabisches und englisches Vollblut führten. Durchschlagenden Erfolg hatte dabei *Julmond*, der 1960 nach Marbach kam. Er gilt als Stammvater der modernen baden-württembergischen Reitpferdezucht. Die Umzüchtung im Gestüt ist heute so gut wie

Oben: Der Noriker-Zuchthengst *Wirt's Diamant* ist ein besonders eindrucksvoller Vertreter dieser uralten Rasse. Er steht neben weiteren Kaltblütern in St. Johann. Noriker, aus dem römischen Noricum stammend, waren im Mittelalter begehrte Turnier- und Schlachtrosse. Später bewährten sie sich ebenso in der Landwirtschaft.

Oben und links: Der Gestütshof St. Johann erhielt seinen Namen von einem ehemaligen Waldbruderhaus mit Kapelle, das später in ein herzogliches Forst- und Jagdhaus umgewandelt und schließlich Marbach als Vorwerk unterstellt wurde.

Rechts und unten: Im Vorwerk Güterstein wird ein Teil der Junghengste aufgezogen. Dieser Gestütshof mit seinen historischen Fachwerkgebäuden wurde 1819 und 1820 erbaut. Ursprünglich war Güterstein ein Zisterzienserkloster und diente zeitweise als Grabstätte des württembergischen Herzogshauses.

abgeschlossen. Bei der Zuchtauswahl wird neben Rahmen, Größe und Gangvermögen auf Temperament und Charakter größter Wert gelegt.

Eine besondere Kostbarkeit ist die Marbacher Araberzucht. 1814 bis 1818 wurden von Wilhelm I. Stuten und Hengste aus dem Orient in das Königliche Gestüt Weil gebracht und reingezüchtet. Aus dieser Zucht stammte zum Beispiel *Amurath 1881.* Er wurde mit 14 Jahren an das preußische Staatsgestüt Radautz verkauft und hatte auf zahlreiche Warmblutzuchten Europas wesentlichen Einfluß. Das Vollblutaraber-Gestüt von Weil fand im Jahre 1932 in Marbach eine neue Heimat.

Nachhaltig auf die Zucht haben sich die Hengste *Jasir* und *Hadban Enzahi* ausgewirkt. *Hadban Enzahi,* 1955 aus Ägypten herübergebracht, starb 1975 in Marbach. Er hat heute in aller Welt Nachkommen.

1970 wurde in Ägypten der Rapphengst *Gharib* erworben. Er setzt die Reihe seiner Vorgänger als Hauptbeschäler würdig fort.

Oben: Wohnhaus im Vorwerk Güterstein.
Links, beide Aufnahmen: Das Bild der Hofanlage von Offenhausen ist heute noch geprägt von den Bauwerken des im 12. Jahrhundert gegründeten Dominikanerinnenklosters. Mittelpunkt des Hofes ist die 1161 erbaute frühgotische Klosterkirche.

Schlenderhan

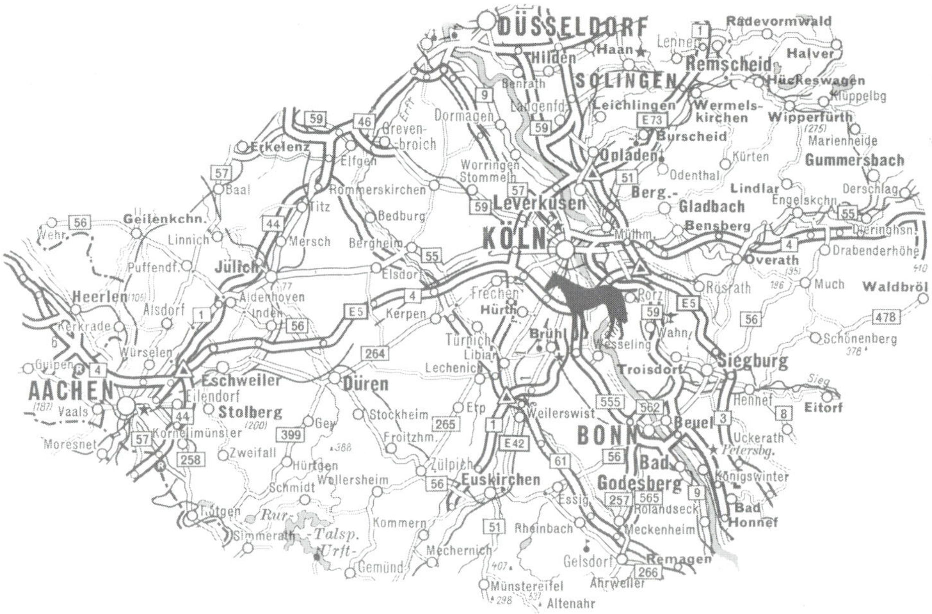

Das mit Abstand älteste deutsche Privat-Vollblutgestüt wurde 1869 gegründet. Es ist damit genauso alt wie das Deutsche Derby, und in die Siegerliste dieser großen Prüfung haben sich bis heute nicht weniger als 16 Schlenderhaner Pferde eingetragen. Mit diesen Erfolgen steht das Gestüt in Deutschland einsam an der Spitze.

Während seiner ganzen Geschichte blieb Schlenderhan in den Händen der Familie Oppenheim. Der Gründer, Freiherr Eduard von Oppenheim, ließ das Gestüt rings um den Sommersitz seines Vaters, das Schloß Schlenderhan, anlegen. Nach Eduards Tod wurde die Zucht von dessen Sohn Simon Alfred (bis 1932) und Schwiegertochter Baronin Florence von Oppenheim (bis 1935) geführt. Ihr Sohn Baron Waldemar von Oppenheim stand vor der schweren Aufgabe, das Gestüt und das familieneigene Kölner Bankhaus durch die Kriegsjahre zu bringen und nachher aus Schutt und Trümmern wieder aufzubauen. Die Anforderungen überstiegen schließlich seine Kräfte: Er starb, viel zu früh, im Dezember 1952. Seine Gattin, Baronin Gabrielle, indessen führte das Gestüt mit großem Geschick weiter. Ihre hervorragenden Erfolge (z. B. 8 von 27 Besitzer-Championaten und 10 von 33 Züchter-Championaten innerhalb von 25 Jahren) beweisen eindrucksvoll ihre Fähigkeiten.

Die Qualität der Schlenderhaner Pferde ist zum Teil bestimmt auf den ausgezeichneten Boden zurückzuführen, ebenso aber auch auf die züchterische Begabung der Familie Oppenheim. Nach dem erfolgten Aufbau der Mutterstutenherde wurde immer größter Wert auf Bodenständigkeit gelegt. Über der sorgfältigen Reinzucht der Linien wurde aber die Blutauffrischung nicht vergessen. Dazu dienten der Ankauf von Stuten aus bewährten in- und ausländischen Familien und das Einsetzen von Spitzenhengsten aus dem Ausland. Von Bedeutung war außerdem zweifellos, daß während des 110jährigen Bestehens nur drei Gestütsleiter auf Schlenderhan wirkten. Der erste Gestütsleiter war der

Links: Schloß Schlenderhan am Jubiläumstag, dem 17. Juli 1969. Hundert Jahre zuvor hatte Freiherr Eduard von Oppenheim das Gestüt rings um das Schloß seines Vaters, des Freiherrn Simon von Oppenheim, anlegen lassen. Schlenderhan ist nicht nur das älteste, sondern auch das mit Abstand erfolgreichste Privat-Vollblutgestüt Deutschlands.

Links: *Alpenkönig*, geb. 1967, v. *Tamerlane* a. d. *Alpenlerche*, Galopper des Jahres 1970. Sein Großvater war der berühmte Derbysieger *Birkhahn*, und dessen Vater wiederum war der 1930 in Graditz geborene Wunderhengst *Alchimist*.
Links unten: *Priamos*, geb. 1964, v. *Birkhahn* a. d. *Palazzo*, v. *Dante*. *Dantes* Vater war der im italienischen Gestüt Dormello geborene Klassehengst *Nearco*.

Engländer George Castle. Er wurde abgelöst durch Kurt Graf Sponeck, der einige Jahrzehnte mit größtem Erfolg mit Trainer George Arnull zusammenarbeitete. Seit 1953 ist Ewald Meyer zu Düte Gestütsleiter. Die erwähnten 8 Besitzer- und 10 Züchter-Championate seit seinem Eintritt sprechen für sich selbst. Auch Trainerwechsel wurden stets nur vorgenommen, wenn sie unumgänglich waren.

Die Zahl der in Schlenderhan gezogenen Spitzenpferde geht in die Hunderte. Rund 80 klassische Sieger kamen aus den eigenen Rennställen in Berlin-Hoppegarten und Köln. Davon gewannen, wie bereits erwähnt, 16 das Derby. Die Sieger dieses größten deutschen Rennens waren in chronologischer Reihenfolge: *Sieger, Ariel, Marmor, Mah Jong, Alba, Sturmvogel, Orgelton, Wehr Dich, Schwarzgold* (die in den Rang einer Wunderstute erhoben wurde), *Magnat, Allgäu, Asterblüte, Allasch, Don Giovanni* (dessen Triumph auf dem Horner Moor mit dem 100jährigen Jubiläum von Schlenderhan und des Derbys zusammenfiel), *Alpenkönig* und *Stuyvesant*.

Schlenderhan hat die gesamte deutsche Vollblutzucht und den Rennsport wesentlich beeinflußt. Aber auch im Ausland genießt es heute noch großes Ansehen, sei es durch Siege unter eigenen Farben, wie etwa in England und Frankreich, sei es durch Nachkommen eigener Hengste, unter denen der große *Oleander* an der Spitze steht. *Oleander* stellte erfolgreiche Söhne unter anderem in England, Frankreich, Italien und Südamerika. Dieser wohl bedeutendste aller Schlenderhaner war nicht weniger als neunmal bestes Vaterpferd in Deutschland und Jahrzehnte hindurch das Idol des deutschen Turfs.

Zur englischen Zucht hatte Schlenderhan seit seiner Gründung besonders enge Beziehungen. Heute wirkt der international erprobte *Lombard* im englischen Banstead Manor Stud in Newmarket auf Rechnung Schlenderhans.

Schlenderhan erwarb nicht nur Stuten im Ausland, es verkaufte auch solche an international bekannte Züchter jenseits der Grenzen, z. B. an François Dupré, den Besitzer des Haras d'Ouilly, und an Daniel Wildenstein, dessen Pferde heute im Haras de Victot bei Deauville stehen. Wildenstein erwarb vor einigen Jahren die zweifache klassische Siegerin *Schönbrunn*, die dann unter seinen Farben den Grand Prix de Deauville gewann.

1977 standen auf dem Gestüt die Deckhengste *Alpenkönig* und *Priamos*. Vier weitere Schlenderhaner Deckhengste sind auswärts aufgestellt oder verpachtet.

Links: Jährlingshengste vor dem Haus des Gestütsleiters, aufgenommen 1968. Der Fuchs im Vordergrund mit der Blesse ist *Lombard*, der sich inzwischen zu einem Spitzendeckhengst entwickelt hat. Er steht heute im englischen Banstead Manor Stud in Newmarket auf Rechnung Schlenderhans.

Links: Gedenksteine für die großen Pferde, die in den vergangenen elf Jahrzehnten der Schlenderhaner Zucht entsprossen.

Röttgen

1975 holte sich *Star Appeal* den Sieg im schwersten und größten Rennen der Welt, im «Prix de l'Arc de Triomphe». Er war der erste Sieger dieses Rennens aus einem deutschen Stall. Im selben Jahr siegte er dreimal in größten europäischen Rennen der Gruppe 1, und zwar in Englang, Frankreich und Italien. Das war ein weiterer Rekord eines deutschen Pferdes.

Star Appeal lief als Zwei- und Dreijähriger unter den Röttgener Farben, als Vier- und Fünfjähriger unter dem Dreß des Stalles Moritzberg. Er wurde von Theo Grieper in den Trainingsanlagen von Röttgen auf seine Rennen vorbereitet. Er beendete seine Karriere mit einer in Deutschland nie erreichten Gewinnsumme von 1 538 836 D-Mark.

Das Gestüt Röttgen liegt südöstlich von Köln am Rand des Königsforstes. Mit 240 Hektar Fläche ist es das größte, außerdem eines der erfolgreichsten und gewiß das schönste der deutschen Vollblutgestüte. Seine Geschichte beginnt im Jahre 1904. Damals erwarb Peter Mühlens, Besitzer der Firma «4711 Kölnisch Wasser», das Schloß Röttgen und das angrenzende Gut Maarhausen. Im Lauf der Jahre entstanden Gestütsgebäude im Renaissancestil. 1927 kam das kleine Gut Durchhäuserhof zum Besitz, dessen Eigenart ein geschlossenes Fachwerkgeviert ist.

Als eigentliches Gründungsjahr des Gestütes gilt 1924. Damals bezogen die ersten Vollblüter die Stallungen. Der Rennstall indessen war in den Jahren vor dem Zweiten Weltkrieg in der ehemaligen Hochburg des deutschen Rennsportes, in Berlin-Hoppegarten. Die Stallfarben sind seit damals: türkisfarbene Bluse, goldene Ärmel und rote Kappe – die Firmenfarben von «4711». Der Hengst *Palastpage* trug diese Farben 1932 zum ersten Derbysieg für den jungen Stall.

Während des Krieges starb Peter Mühlens. Seine Tochter Maria, eine erfolgreiche Dressurreiterin, übernahm die Leitung des Gestütes, die einem Wiederaufbau gleichkam: Die meisten der kostbaren Pferde waren verlorengegangen. Während Schloß

Oben: Außenansicht des Mutterstutenstalles. In unmittelbarer Nähe liegt das Wohnhaus des Gestütsmeisters. Auf der Koppel eine Herde von Absetzfohlen.

Das zum Betrieb Röttgen gehörende Gut Maarhausen beherbergt unter anderem auch die Milchviehherde mit dem Jungvieh. Diese Tiere wurden schon vielfach mit den höchsten Auszeichnungen bedacht. Sie sind zugleich eine gute Ergänzung der Pferdezucht auf dem Weidesektor.

Links: Das Haupttor des Gestütes Röttgen zwischen Rentamt und Pförtnerhaus.
Der kleine Jockey, der am Haupttor die Besucher des Gestütes grüßt, trägt die blau-gold-roten Farben des Stalles: die Firmenfarben von «4711 Kölnisch Wasser».

Nächste Doppelseite: Das Innere des Mutterstutenstalles, zweifellos einer der schönsten Ställe überhaupt. Hier kommen die Röttgener Pferdekinder zur Welt. Der große, mit Sand aufgestreute Innenraum erlaubt auch bei schlechtem Wetter Stuten und Fohlen ausreichende Bewegung.

Röttgen von 1945 bis 1953 Residenz des britischen Militärgouverneurs war – hier wurde zwischen den drei westlichen Besatzungsmächten und Konrad Adenauer über den Deutschlandvertrag verhandelt –, richtete sich Maria Mühlens in den Rennställen häuslich ein und betrieb von dort aus mit großer Energie den Neuaufbau des Gestütes.

Das Trainingszentrum Hoppegarten fiel in den Ostsektor. Der Röttgener Rennstall kam daher zunächst nach Dortmund zu Trainer Schlaefke, bis die hauseigene Trainingsbahn auf dem Gutsgelände von Leidenhausen 1952 in Betrieb genommen werden konnte.

Marias Heirat mit Konsul Rudi Mehl brachte ihr einen Mann an die Seite, der ihre züchterische Passion in jeder Weise unterstützte. Namen wie Manfred Graf Lehndorff-Preye, Adrian von Borcke, Heinz Hasler und Dr. Jens Freiherr von Lepel als Gestütsleiter und Trainer wirkten bedeutend am Erfolg des Stalles mit.

Nach dem Tod von Frau Maria Mehl-Mühlens im Jahre 1985 wurde der gesamte Betrieb in eine gemeinnützige Stiftung, die «Mehl-Mühlens-Stiftung», umgewandelt. Zu den vielen großen Pferden von Röttgen gehören *Uomo*, der Derbysieger von 1959, *Prince Ippi*, der im «Großen Preis von Europa 1972» und im «Gran Premio d'Italia 1973» siegreich war, *Lord Udo*, der im Deutschen Derby 1975 Zweiter wurde, *Aspros*, der bedeutendste Meiler des Jahres 1981, *Wauthi*, mehrfacher klassischer Sieger 1980 und mehrfacher Gruppensieger, *Daun*, Sieger im Union-Rennen 1984 und ebenfalls mehrfacher Gruppensieger, sowie *Solo* und *Diu Star*. Von den Stuten seien hier nur gerade die allerbesten erwähnt: *Königswiese, Stammesart, Wacholdis, Santa Cruz, Widschi, Une Amie, Anna Paola, Well Proved, Nuas, Diasprina* und *Well Known*.

Die jetzige Gestütsleiterin ist Frau Beatrix Mühlens-Klemm.

Oben: *Diu Star*, geb. 1980, v. *Star Appeal* a.d. *Diu*, lief in vier Jahren 37 Rennen und wurde dabei elfmal Erster, fünfmal Zweiter und siebenmal Dritter. Ein bildschöner Hengst, der Härte und Speed durchschlagend weitervererbt.

Links: *Aspros*, geb. 1971, v. *Sparkler* a.d. *Antwerpen*. Bereits mit seinem ersten Fohlenjahrgang auf der Rennbahn, 1986, wurde er «Champion der Deckhengste». Zu seinen bedeutendsten Nachkommen zählen *Nuas, Diasprima, Wondras, Western As, Guljanka, Westasiate, Feenspross* und *Wassila*.

26

28

Vornholz

In den letzten Jahren vor dem Zweiten Weltkrieg begann Freiherr Clemens von Nagel-Doornick mit den Vorbereitungen zur Einrichtung eines Privatgestüts in Vornholz. Der Krieg unterbrach jedoch diese Tätigkeit. Der Baron, der aus einer Landstallmeisterfamilie stammt, gehörte während des Krieges bis 1944 zur Gestütverwaltung der Ostgebiete und war Leiter des Hauptgestüts Razot im Posnischen.

Bei seiner Ankunft in Razot fand der Baron viele Pferde vor, die ihm aus seiner Jugend bestens bekannt waren. Als nämlich im Jahre 1929 das preußische Hauptgestüt Beberbeck aufgelöst wurde, hatte man sehr viele der Mutterstuten nach Razot verkauft.

1938 hatte Freiherr von Nagel den früheren Rastenburger Landbeschäler *Oxyd* nach Vornholz genommen. Der Vater des damals 14jährigen *Oxyd* war der in Trakehnen geborene *Irrlehrer,* dessen Vater wiederum der berühmte Vollbluthengst *Perfectionist* war. Auch der Großvater mütterlicherseits, *Metellus,* war ein Vollblutpferd. *Irrlehrer* war Vater zahlreicher Beberbecker Stuten, die nach Razot kamen.

Oxyd erwies sich als glänzender Beschäler. Er zeugte für den 1948 wiedererwachenden Turniersport so bedeutende Dressurpferde wie *Adular, Afrika* und *Cyrenaica.*

Gleichzeitig sicherte sich der Baron für sein Gestüt den großen Meister Otto Lörke und dessen Schüler Willi Schultheis.

Für die Olympischen Spiele 1952 stellte das Gestüt Vornholz die Pferde der erfolgreichen deutschen Dressurmannschaft. *Adular* wurde von Heinz Pollay geritten, *Afrika* von der Baroneß Ida von Nagel. Der Vollblüter *Chronist,* der ebenfalls im Gestüt Vornholz gezogen worden war, hatte Fritz Thiedemann im Sattel.

Vier Jahre später, in Stockholm, gehörten *Adular* mit Liselott Linsenhoff und *Afrika* zur Silbermedaillen-Mannschaft. Der Ostpreuße *Perkunos* unter Hannelore Weygand vervollständigte das deutsche Dressurteam.

Freiherr Clemens von Nagel sorgte gleich nach dem Krieg auch für wertvolle internationale Begegnungen. So dienten seine Hausturniere einer wirksamen Förderung der deutschen Spitzenreiter und daneben auch sportlichen sowie menschlichen Kontakten mit Reitern und mit hochgestellten Persönlichkeiten der Besatzungsmächte.

Ein großes Verdienst erwarb sich der Vornholzer Gestütsherr durch die Aufstellung des prachtvollen Leistungsvererbers *Ramzes X,* eines aus Polen stammenden Anglo-Araber-Schimmelhengstes, dessen Nachkommen im internationalen Springsport eine große Rolle spielten. Seine Beschälersöhne üben in Westfalen und in Schleswig-Holstein einen durch Enkel und Urenkel gesicherten Vererbungseinfluß aus. Sein bekanntester Sohn, *Radetzky,* a.d. *Malta* v. *Oxyd* (Beberbecker) wurde in Vornholz auf hannoverscher Basis gezogen, wie übrigens auch das Olympiapferd *Adular* v. *Oxyd.*

Unten links: Vor dem Vornholzer Schloß, in dem Baron Clemens von Nagel eine umfassende Uniform- und Waffensammlung der alten Kavallerie etabliert hat, steht hier *Krowalcza,* a.d. berühmten polnischen Springstute *Warschawianka,* den er als Beschäler für die Springpferdezucht benützte.

Oben: Blick in eine der schönen gekachelten Stallungen mit zwei *Ramzes*-Töchtern.

Rechts: Mutterstuten und Fohlen auf einer der Hofweiden.

Ravensberg

Der Name Paul Niemöller tauchte im Jahr 1907 erstmals im Allgemeinen Deutschen Gestütbuch auf. Der aktive Reiter hatte im Jahr zuvor die *Cazabat*-Tochter *Humoreske* als Zuchtstute erworben. Damit war der Grundstein zum Gestüt Ravensberg gelegt, das zwar von seinem Bestand her (durchschnittlich nur 15 Mutterstuten) höchstens mittelgroß genannt werden kann, dank seiner enormen Erfolge in der Zucht und im Rennsport aber zu den großen Vollblutgestüten Deutschlands gehört.

Paul Niemöller starb 1946, doch in seinem Enkel Reinhard Delius hatte er einen passionierten Erben. Nach wenigen Jahren bezog das Gestüt unter dem neuen Besitzer in den Statistiken einen der vorderen Plätze und behauptet ihn bis heute. Wesentlich dabei war, daß 1940 einige Stuten mit besten Zuchtqualitäten eingestellt worden waren, wie *Copia, Treibjagd* und *Waldrun. Treibjagd* wurde Mutter bzw. Stammutter der Klassehengste *Tannenhäher, Tannenberg, Tannenbruch, Tannenhorst* und *Tajo.*

Unübertroffen als Mutterstute und Familiengründerin in Ravensberg ist die aus Privatbesitz erworbene Alchimist-Tochter *Waldrun.* Sie war selbst eine gute Rennstute, als Mutterstute aber eine der allerbesten, die je in der deutschen Zucht wirkten. Abgesehen davon, daß sie einige sehr gute Rennstuten brachte, die ebenfalls hervorragendes in der Zucht leisteten, sind bis auf den heutigen Tag (Dezember 1989) neun Deckhengste aus der Ravensberger-Familie der *Waldrun* hervorgegangen. Besondere Erwähnung verdienen *Waidmannsheil, Waidmann, Wilderer, Waidwerk* und *Windwurf.*

Neckar, Kaiseradler und *Windwurf* sind die bedeutendsten Beschäler, die bisher in Ravensberg wirkten. *Kaiseradler,* der 1969 Einzug in Ravensberg hielt, vermochte zwar die Rennklasse eines «Neckar» nicht zu erreichen, stand aber mehrmals an der Spitze erfolgreicher Vererber in Deutschland. Seine Nachkommen erzielten über 600 Siege allein auf der Flachen. In dieser Beziehung kann *Kaiseradler* aber schon bald von seinem Sohn *Windwurf* eingeholt werden. Der in elf Rennen, davon fünf der Gruppe 1, erfolgreiche Hengst gilt als eines der besten Rennpferde der Nachkriegszeit und stellte als Beschäler bis Ende 1989 auf der Flachen 325 Sieger, die über 500 Rennen gewannen und schon weit über sechs Millionen DM zusammengaloppierten. Mit acht Jahrgängen steht er bereits in der Spitzengruppe der erfolgreichen Deckhengste.

1906 kam die erste Vollblut-Zuchtstute nach Ravensberg, eine größere Bautätigkeit auf dem Gestüt begann aber erst in den zwanziger Jahren. 1921 wurde ein Wohnhaus errichtet, 1923 der Fohlenstall, wenig später ein 60 Meter langer Mutterstutenstall mit 25 Boxen, 1926 ein englischer Hallenstall mit 19 Boxen für die Rennpferde. In den sechziger Jahren wurde eine große Reithalle gebaut, wodurch der Gebäudekomplex Hufeisenform erhalten hat. Zum Gestüt gehört eine hervorragende Trainingsanlage.

Links: *Neckar,* geb. 1948, v. *Ticino* a. d. *Nixe*
Er war zwanzig Jahre Beschäler in Ravensberg, oftmals Champion der deutschen Vaterpferde und mehrfach an der Spitze der Väter erfolgreicher Mutterstuten. Er war Vater mehrerer Sieger des Deutschen Derby und des Siegers im Italienischen Derby *Hogarth* sowie der international berühmt gewordenen Klassestute *Tadolina.*
Neckar ging 1974 ein.

Altefeld

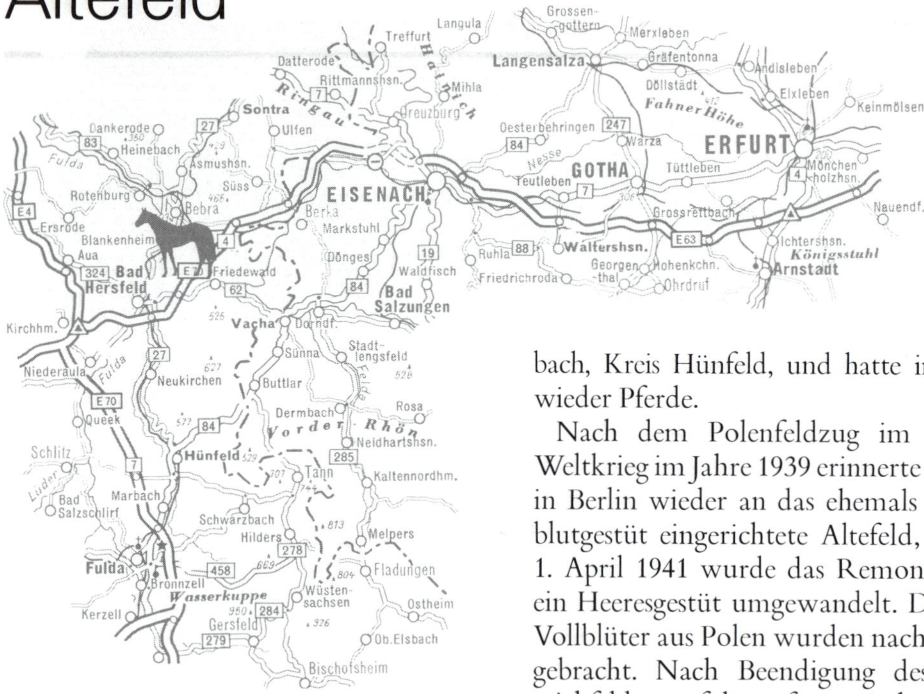

Altefeld wurde als letztes der preußischen Staatsgestüte im Jahre 1913 gegründet. Zwischen 1914 und 1920 baute man alle für die Vollblutzucht notwendigen Ställe und die Wohngebäude für die Bediensteten.

In den Jahren nach dem Ersten Weltkrieg begann die Regierung in Berlin Sparmaßnahmen zu ergreifen, und das Gestüt Altefeld wurde wieder aufgelöst.

Am 1. April 1935 wurde das «Remonteamtsvorwerk Altefeld» eingerichtet. Altefeld diente nun dem Remonteamt Mansbach, Kreis Hünfeld, und hatte immerhin wieder Pferde.

Nach dem Polenfeldzug im Zweiten Weltkrieg im Jahre 1939 erinnerte man sich in Berlin wieder an das ehemals als Vollblutgestüt eingerichtete Altefeld, und am 1. April 1941 wurde das Remonteamt in ein Heeresgestüt umgewandelt. Die ersten Vollblüter aus Polen wurden nach Altefeld gebracht. Nach Beendigung des Frankreichfeldzuges folgten französische Vollblüter nach. Als die ersten Produkte ihr Können auf den deutschen Rennbahnen zeigen sollten, ging der Zweite Weltkrieg zu Ende – und damit wieder einmal die Vollblutzucht. Die Amerikaner besetzten Altefeld, und alle Pferde galten als Kriegsbeute. Viele der hierhergebrachten Pferde gingen an ihre Besitzer in Frankreich zurück, andere traten den Weg in die Vereinigten Staaten an.

Am 1. März 1947 verpachtete das Land Hessen Altefeld an das Kurhessische Pferdestammbuch in Kassel und einen kleinen Teil davon an die Kommission für Vollblutzucht in Hessen.

Ab 1957 wurde der Gesamtbesitz Altefeld wieder von der Bundesrepublik übernommen und als «Landwirtschaftlicher Großbetrieb» von einem Pächter bewirtschaftet, der hier bis zu 140 Milchkühe hielt.

Am 1. August 1962 wurde der Vertrag mit dem Pächter nicht mehr erneuert. Ungefähr 135 Hektar Land mit den dazugehörigen Stallungen und Wärterwohnungen, das Hotel St. Georg und die ehemalige Futtermeisterwohnung wurden an das Gestüt Waldfried verkauft. Eine Menge Geld

Ganz oben: Der ehemalige Jährlingsstutenstall des letzten, 1913 gegründeten preußischen Gestüts Altefeld, das zur Vollblutzucht eingerichtet wurde und wo die Vollblüter von Graditz eingestellt wurden.
Oben: Zwei der Deckhengste des Gestüts Waldfried, das heute in Altefeld eingerichtet ist. Oben *Norfolk*, geb. 1964, v. *Masetto* a.d. *Namedy*. Unten *Marullus*, geb. 1966, v. *Waidmann* a.d. *Meraviglia*.
Links: Der Kirchenstall, in dem Mutterstuten untergebracht sind.

Rechts: Der Waldstall. Hier stehen die Jährlinge.
Unten: Im Vordergrund die Deckhalle für fremde Stuten, dahinter der Hengststall mit vier Boxen. Hinter dem Hengststall steht eine zweite Deckhalle für gestütseigene Stuten, die im Bild nicht sichtbar ist. Diese 1914 errichtete Anlage war in ihrer Konzeption hochmodern. Sie ist heute nicht mehr in Betrieb.
Ganz unten: Der Wirtschaftshof, zu Beginn des Ersten Weltkrieges errichtet, gehört zu den Gestütsteilen, die nicht mehr genutzt werden.

mußte investiert werden, und es bedurfte des vollen persönlichen Einsatzes von Frau Alexandra Scherping, um Altefeld wieder für Vollblüter einzurichten. Dieses Gestüt Waldfried ist heute mit seinen bekannten Pferden, seinen schönen Stallanlagen und großen Weiden wie das ehemals preußische Hauptgestüt das Aushängeschild des Ortsteiles Altefeld der hessischen Gemeinde Herleshausen, aber auch über die Grenzen der Bundesrepublik Deutschland hinaus unter Pferdekennern bekannt.

Ein Altefelder, *Elviro,* konnte bereits als Sieger des Deutschen Derbys die Rennbahn in Hamburg-Horn verlassen und steht jetzt als Beschäler im Hengststall des Gestüts. Etliche weitere Sieger in renommierten Rennen haben erneut die Qualität dieses Bodens bewiesen.

Pferdezucht in Dänemark

Nach dem Zweiten Weltkrieg brach in Dänemark, wie auch im übrigen Westeuropa, die Pferdezucht rapide zusammen. Zählte man 1945 noch einen verhältnismäßig großen Bestand von 650 000 Pferden, so waren es 1960 weniger als 40 000. Man brauchte kein Pessimist zu sein, um der Prognose Glauben zu schenken, in wenigen Jahrzehnten würde es nur noch in zoologischen Gärten Pferde geben. Doch die Mechanisierung, die ebendiese Tiere aus der Landwirtschaft und aus dem Transportwesen verdrängt hatte, verhalf ihnen dank dem steigenden Wohlstand und der Verstädterung zu neuer Popularität. Innerhalb von fünfzehn Jahren stieg ihre Zahl beinahe wieder auf das Doppelte an.

Infolge des neuen Verwendungszwecks veränderten sich natürlich die Verhältniszahlen der verschiedenen Rassen und Typen. Die früher weitverbreiteten Kaltblutpferde sind nur noch in geringer Zahl vorhanden. Warmblutpferde für den Reitsport, norwegische Fjordpferde und Islandponys für die Freizeitreiterei und englische Ponys für Kinder beherrschen heute die Szene.

Zu behaupten, die Pferdezucht in Dänemark habe europäische Bedeutung, wäre übertrieben. Aber ohne Zweifel züchtet das Land gute Pferde und leistungsfähige Ponys. Diese Tatsache ist dem Umstand zu verdanken, daß viele Züchter nicht zu stolz waren, auf den Erfahrungen des Auslands aufzubauen. Vor allem aus Schweden und Norddeutschland wurden nicht nur moderne Pferde importiert, sondern auch Ratschläge eingeholt und Fachleute beigezogen. Andererseits kann Dänemark auf eine glorreiche Vergangenheit in der Pferdezucht zurückblicken.

Schon im europäischen Geschichtswerk «Die Weltchronik», verfaßt von dem deutschen Mönch Arnold von Lübeck um 1200, heißt es über Dänemark, daß die reichsten Einnahmequellen des Landes die Heringsfischerei in Öresund und die zahlreichen guten Pferde seien, die auf den nahrhaften Weiden aufgezogen werden.

Ein Vierteljahrhundert später wird berichtet, daß für den dänischen König Waldemar Sejr ein Lösegeld von 50 Streitrossen und 50 Handpferden bezahlt werden mußte. Und kurz danach ist dem königlichen Archiv zu entnehmen, daß allein aus den Marschgebieten von Ribe in Südjütland 8400 Pferde ausgeführt wurden. Diese Gegend war immer ein großes Pferdezuchtgebiet mit einem bedeutenden Export, und heute noch ist es ein wichtiges Zentrum der dänischen Warmblutzucht. Die meisten Pferde, die im 12. und 13. Jahrhundert ausgeführt wurden, kamen natürlich nach Deutschland. Aber der Ruf der hervorragenden Dänen drang viel weiter, unter anderem auch nach Frankreich. Man weiß zum Beispiel, daß sich Abt Stephan von Paris Mitte des 13. Jahrhunderts durch einen Vertrauten ein «brillantes» dänisches Reitpferd beschaffen ließ, wie man zu jener Zeit in Frankreich «kein zweites hätte finden können». Auch am englischen Königshof wurden dänische Pferde geritten.

Für ein paar hundert Jahre war es nun in der Geschichtsschreibung ziemlich still um Dänemarks Pferde. Mit einer systematischen Pferdezucht wurde eigentlich erst um das Jahr 1500 begonnen. Aber wie es scheint, kamen damals die Elitepferde hauptsächlich aus Norddeutschland und Friesland, das zu jener Zeit noch innerhalb der dänischen Reichsgrenze lag.

Auf dem königlichen Gutshöfen, den Adelssitzen und den der Kirche gehörenden Gütern wurden zwar schon gezielt Pferde gezüchtet, aber richtige Gestütsbetriebe gab es erst ab etwa 1550. Reformation und Religionskriege hatten nicht nur auf das kirchliche Leben Einfluß, sondern auch auf die materielle und soziale Struktur. Die riesigen Ländereien der Kirche gingen samt Stallungen und Pferden in königlichen Besitz über.

Als König Frederik II. 1559 den Thron bestieg, kamen die enormen, starken Streitrosse, die die schweren Panzer und Ritterrüstungen zu tragen hatten, aus der Mode. Mit der Erfindung des Schießpulvers wurden sie überflüssig. Man fand nun mehr Geschmack an edleren Pferden, die der bei Hofe üblichen Prunk- und Prachtentfaltung entgegenkamen. Die spanischen Pferde wurden zu den gefragtesten in ganz Europa und so auch in Dänemark. Unzählige Pferde wurden in Spanien und Italien für den dänischen Hof gekauft. Im ganzen Land entstanden kleinere und größere königliche Gestüte, und der erste Landstallmeister des Königreiches wurde ernannt. In Wahrheit freilich war Frederik II. sein eigener Oberstutmeister, was aus Dokumenten ebenso wie aus Legenden hervorgeht.

Auf die Geschichte des königlichen Gestütes Frederiksborg wird auf den folgenden Seiten näher eingegangen.

Als das Frederiksborger Gestüt 1871 aufgelöst wurde, kamen viele der Pferde auf Bauernhöfe in der Umgebung. Stolz auf die alte und einst so berühmte Pferderasse, kümmerten sich die neuen Besitzer nicht um Modeströmungen, sondern hielten unerschütterlich an den alten Frederiksborger Stammlinien fest. In den letzten Jahrzehnten mußten allerdings auch diese Züchter das Zuchtziel ändern, wenn sie noch Pferde verkaufen wollten. Landwirtschaftspferde, als welche die Frederiksborger gedient hatten, waren

Links: Eine der berühmtesten Reiterstatuen Europas zeigt König Frederik V. zu Pferd. Der französische Meister Joseph Saly arbeitete über zwanzig Jahre an diesem Werk, das schließlich mehr als doppelt soviel kostete wie der Bau der vier Paläste, die heute die königliche Residenz in Kopenhagen, Schloß Amalienborg, bilden. Saly arbeitete nach den Maßen von sechs Pferden und schuf ein exaktes Abbild der Frederiksborger Rasse, wie sie um 1760 aussah.

In der Sammlung des Schlosses Frederiksborg befindet sich das berühmte Werk von Gebauer, das um 1820 entstand und auf insgesamt fünfzehn Farblithographien Pferde des Frederiksborger Gestütes zeigt. In jener Zeit begann sich bereits der Untergang des barocken Prunkpferdes abzuzeichnen, und 1840 stellte sich das Gestüt auf die Zucht von Vollblutpferden um, der aber nie großer Erfolg beschieden war. 1871 wurde das königliche Gestüt aufgelöst.

immer weniger gefragt. Die Umstellung auf ein vielseitiges Reitpferd bereitete zwangsläufig große Schwierigkeiten. Eine steile Schulter und runde barocke Formen sind nicht leicht wegzuzüchten, besonders wenn diese Merkmale schon bald dreihundert Jahre der Rasse anhaften.

Vor etwa zehn Jahren kam der Augenblick, wo man erkennen mußte, daß es nur noch eine Frage von Jahren sein konnte, bis die letzten Frederiksborger alten Schlages verschwinden würden. Inzwischen aber scheint die Rasse eine neue Chance erhalten zu haben. Durch vorsichtiges Einkreuzen von fremdem Blut wollen enthusiastische Züchter heute versuchen, den alten dänischen Pferdetyp zu erhalten.

Die Pferdezucht in Dänemark ist natürlich nicht nur um das ehemalige königliche Gestüt konzentriert, wenn auch 250 Jahre hindurch nur diese Pferdezuchtstätte bis weit über die Grenzen hinaus bekannt war. Unter den dänischen Pferderassen findet man auch noch das ursprüngliche Bauernpferd, das in Jütland entstand und daher Jütländer genannt wird. Es ist ein mittelgroßes, kräftiges, schweres Arbeitspferd, oft fuchsfarben, mit hellem Langhaar und üppigem Fesselbehang. Natürlich wurde gerade der Jütländer durch die Mechanisierung der Landwirtschaft sehr zurückgedrängt, und heute gibt es kaum noch 500 eingetragene Exemplare im Land. Trotzdem sieht man jährlich auf der großen Landwirtschaftsmesse in Jütland etwa fünfzig Zwei- und Dreijährige als Repräsentanten der Rasse. Wenn die Blutauffrischung problematisch wird, können die Züchter sich an das Nachzuchtgebiet in Schleswig-Holstein wenden. Der heutige Schleswiger ist ein Nachkomme des Jütländers aus der Zeit vor 1864, als Schleswig noch zu Dänemark gehörte.

Um die Jahrhundertwende kamen zwei Pferderassen ins Land, die bald große Bedeutung erlangten. Der gewaltige Belgier wurde zur verbreitetsten Pferderasse bis in die Zeit vor dem Zweiten Weltkrieg. Mit dem Rückgang der Kaltblutzucht ist er wieder fast verschwunden, nur wenige Züchter halten noch Belgier.

Das Oldenburgerpferd wurde zu einer ernsthaften Konkurrenz für das leichte dänische Pferd, den Frederiksborger, und konnte ihn, vor allem zwischen den beiden Weltkriegen, aus manchen Gegenden verdrängen.

Um nach den besonders kritischen Nachkriegsjahren wieder den Anschluß an den europäischen Standard zu finden, wurde ein Zuchtverband gegründet. Aus Schweden, Holstein und Hannover sowie aus der westdeutschen und polnischen Trakehnerzucht wurden Pferde für die Zucht eingeführt.

Heute gibt es in Dänemark rund 70 000 Pferde vieler verschiedener Rassen und fast ebensovieler Farben wie zur Blütezeit des Frederiksborger Gestüts.

Frederiksborg

Die Reformation in Dänemark im Jahre 1536 war für die Entstehung des königlichen Gestütes Frederiksborg von ausschlaggebender Bedeutung. Macht und Reichtum des Königs wurden dadurch um ein Vielfaches gemehrt. Der Lebensstil der Renaissance erreichte auch Dänemark. Die Zucht von Pferden, teils für die Vergnügungen der Hofleute, teils für eine schnellere Kommunikation im Inland und mit dem Ausland, wurde zu einer wichtigen Aufgabe.

Außer seiner Residenz in Kopenhagen ließ Frederik II. weitere Schlösser bauen, darunter Frederiksborg im waldreichen Nordseeland. Schon als mit dem Bau des Schlosses im Jahr 1560 begonnen wurde, richtete man im nahen Kloster Esrom eine Pferdezucht ein. 1620 kamen die königlichen Zuchtpferde nach Sparepenge. Dieses Lustschloß unmittelbar nördlich von Frederiksborg, das Christian IV. hatte bauen lassen, enthielt eine große Stallanlage. 1720 mußte Sparepenge einer neuen großen Parkanlage weichen, und das Gestüt wurde zum letzten Mal verlegt, in den alten Landwirtschaftsbetrieb von Schloß Frederiksborg, der den Namen Hillerödsholm trug.

Sowohl Frederik II. wie Christian IV. waren persönlich stark in der Pferdezucht engagiert. Geschenke und Käufe im Ausland führten dem Gestüt neues Blut und neue Möglichkeiten zu. Es handelte sich dabei vor allem um spanische und italienische, aber auch englische und türkische Hengste. Ein aus der Zeit Christians IV. stammendes Verzeichnis der Stuten in den verschiedenen Paddocks beweist des Königs Freude am Experimentieren (die sich durchaus nicht nur auf die Pferdezucht beschränkte). Unter ihm wurde ein Brandzeichensystem eingeführt und eine Zuchtjahrbuchführung begonnen, so daß man verfolgen kann, welche Stuten von welchen Hengsten in den Jahren 1611 bis 1623 gedeckt wurden.

Nach Einführung der absoluten Monarchie im Jahre 1660 wurde auf Prunk und Pracht bei Hofzeremonien noch größeres Gewicht gelegt. Der Marschall erhielt repräsentative Aufgaben zugeteilt wie nie zuvor. Bei den Salbungs- und Krönungsfestlichkeiten, bei Hochzeiten, Fürstenbesuchen und Empfängen, bei Jagden und Reitvorführungen (darunter die sogenannten Karusselle) spielten verschiedenfarbige Einzelpferde und gleichfarbige Gespanne eine immer größere Rolle.

Unter Christian IV. ging man von der eher zufälligen Kreuzungszucht zur Reinzucht nach Farben über. Es galt nun, möglichst viele Pferde von seltener und besonderer Farbe für Gespanne und als Einzeltiere hervorzubringen.

Oberstallmeister Anton Wolf Freiherr von Haxthausen brachte Planung und Ordnung in die Gestütsentwicklung wie nie zuvor. Es ist sein Verdienst, daß das Frederiksborger Pferd, der «Däne», wie es meistens genannt wurde, europäischen Ruf erlangte.

Im 18. Jahrhundert schritt die Entwicklung des Gestüts sowohl im Hinblick auf die Zucht wie auf die Ausweitung und Erneuerung der Gestütsanlagen weiter voran.

Dank seines infolge der Reformation gewaltig gewachsenen Reichtums konnte König Frederik II. von Dänemark zusätzlich zu seinem alten Schloß in Kopenhagen weitere Prachtschlösser bauen. So entstand an der Einfahrt in den Sund Kronborg und 40 Kilometer nördlich von Kopenhagen das hier abgebildete Schloß Frederiksborg, bei dem auch das königliche Gestüt Platz fand. Frederiksborg wurde in der zweiten Hälfte des 16. Jahrhunderts errichtet.

Rechts: Schloß Frederiksborg vom Städtchen Hillerød aus gesehen.
Unten: So sah der Maler L. Baralta 1652 Frederiksborg. Rechts vom Schloß die Stallanlage, in der von 1620 bis 1720 das Gestüt untergebracht war. Der Reiter links im Vordergrund stellt König Frederik III. dar.

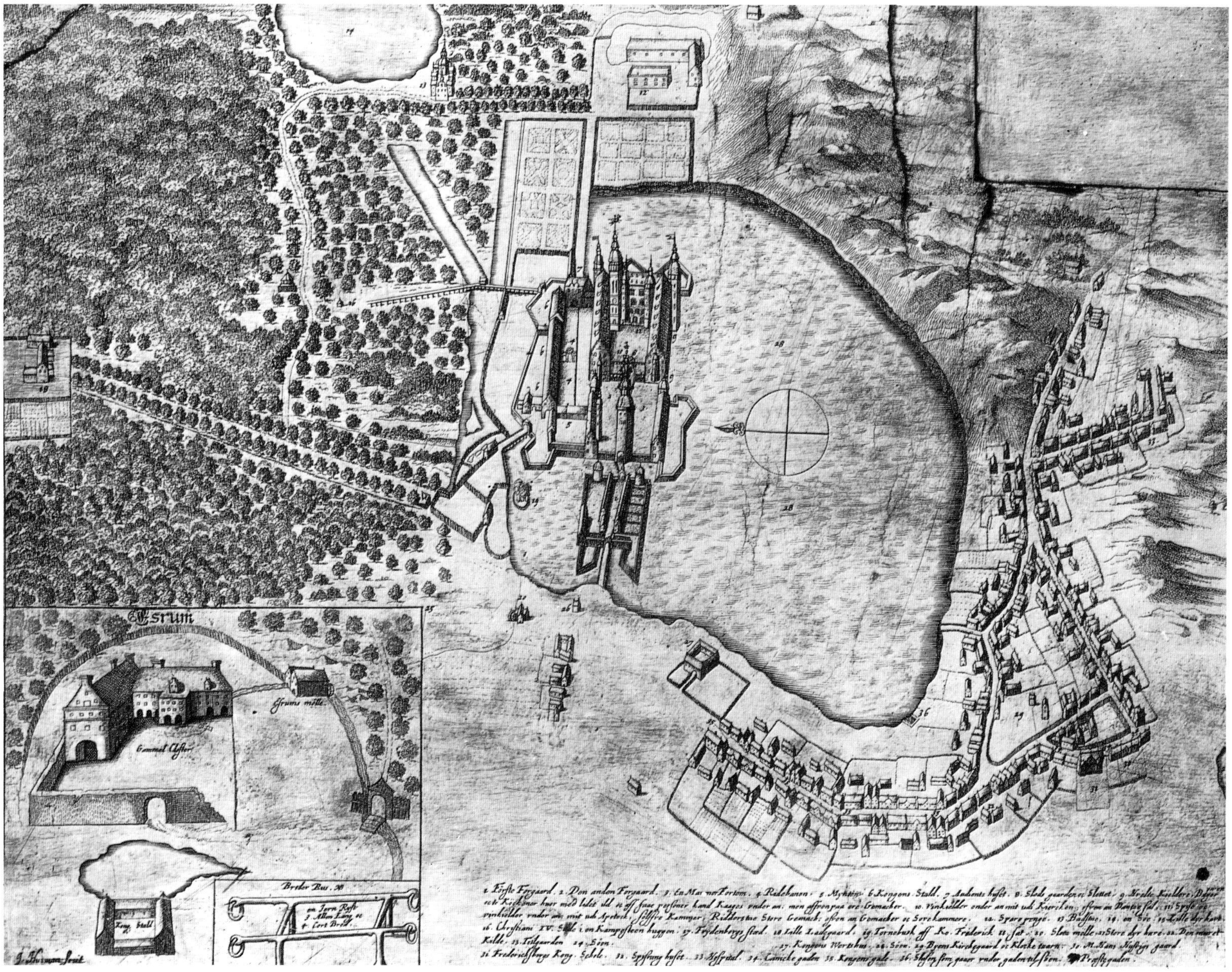
Esrum
1. Förste Forgaard. 2. Den anden Forgaard.
6. Kongens Stald.

Linke Seite, obere Reihe: Im Schloß Rosenborg in Kopenhagen befinden sich einige Gemälde mit Szenen aus der königlich-dänischen Reitschule um 1690. Die Darstellung links zeigt Christian V. als «Caroussell-Reiter». Im Hintergrund des unbekannten Reiters in der Mitte ist Schloß Frederiksborg zu erkennen. Rechts ist Prinz Jörgen vor dem Schloß Vordingborg in Südseeland dargestellt. In Vordingborg gab es auch ein kleines königliches Gestüt.

Linke Seite, unten: Dieser Kupferstich von J. Hussmann entstand um 1670 und zeigt die Anlage von Frederiksborg. In der Bildmitte ganz oben ist das älteste Gestütsgebäude zu sehen. Links am Ende der Allee erkennt man die spätere Gestütsanlage Hillerödsholm. In der Ecke links unten eine Darstellung der mittelalterlichen Stallanlagen des Klosters Esrum.

Das Gestüt hatte damals etwa 700 Pferde und einen jährlichen Nachwuchs von 50 bis 100 Fohlen.

1720 war das wichtigste Jahr in der Geschichte des Frederiksborger Gestüts. Wie bereits erwähnt, kamen damals die Pferde von Sparepenge in den Landwirtschaftsbetrieb Hillerödsholm. Die großen Waldweiden hier wurden durch Steinwälle unterteilt. Von jetzt an wurden regelmäßig Jahresberichte verfaßt, die Aufschluß über die Zucht in allen Einzelheiten geben.

Die Anlagen von Hillerödsholm mußten mit der Zeit vergrößert und verbessert werden. Die ältesten Teile stammten aus der Gründungszeit um 1570. 1742 begann die Errichtung einer großen, neuen Stallanlage mit Platz für mehr als 300 Pferde. Die Planung und Bauführung lag in den Händen eines der tüchtigsten dänischen Architekten seiner Zeit, Hofbaumeister L. Thurah. Er gruppierte den neuen Gebäudekomplex um einen quadratischen Hofplatz von etwa 70 auf 70 Meter. So entstand sowohl in der Größe und Klarheit der Disposition wie auch in der Ausgewogenheit der großen Gebäude und der kleineren Verbindungstrakte eine imponierende Anlage im typischen Barockstil. 1817 wurde der Ostflügel in klassizistischer Manier zu einer großen Reithalle umgebaut und mit einem prächtigen Holzgewölbe, einer erstaunlichen Zimmermannsarbeit, überdacht.

Mit dem Niedergang der Feudalherrschaft schwand die Grundlage für die Erhaltung des kostspieligen Hofgestütes. Die Einschränkungen begannen 1771, als Geheimkabinettsminister Struesee Reformen einführte, die den Staatsbankrott von 1813 und damit eine langwierige Krise in Dänemarks Wirtschaft zur Folge hatten.

Dennoch versuchte man, das Gestüt am Leben zu erhalten. Die sich rasch über Europa ausbreitende Zucht von englischen Vollblutpferden fand auch in Dänemark Eingang. 1840 wurde das Frederiksborger Gestüt in eine Zuchtstätte für Vollblüter umgewandelt. Die erhofften großen Erfolge blieben jedoch aus. 1871 wurde das staatliche Gestüt aufgelöst. Die beiden Höfe bei Frederiksborg wurden in Landwirtschaftsbetriebe umgewandelt und verpachtet. Die Gestütsanlage Hillerödsholm wurde abgerissen, und heute stehen auf diesem traditionsreichen Boden nüchterne Wohnbauten.

Das einzige heute noch bestehende Gebäude des berühmten Frederiksborger Gestüts von Hillerödsholm ist die Reithalle. Auch sie wurde zwar mit der ganzen Gestütsanlage gegen Ende der dreißiger Jahre abgebrochen, steht aber heute, vom Hörsholmer Reitklub gekauft, in Hörsholm in Nordseeland.

Rechts: Frederiksborgerpferde, wie sie heute aussehen. Sie wurden in den letzten Jahrzehnten umgezüchtet und stehen heute im Typ des modernen Sportpferdes.

Schweden

Im Jahr 1920 erreichte der Pferdebestand in Schweden mit 720 000 Stück seine höchste Zahl. 80 Prozent davon waren Zugpferde. Bis 1942 ging der Bestand auf 600 000 zurück, sank bis 1960 rapide weiter auf 200 000 und fiel 1970 mit 82 000 auf seinen tiefsten Stand. Seither ist die Zucht wieder im Aufstieg. 1976 gab es rund 110 000 Pferde im Land.

Allgemein verzeichnet die Pferdezucht in Schweden heute einen guten Standard. Dazu haben folgende gesetzlichen Bestimmungen wesentlich beigetragen:

1. Die staatliche Prämiierung; sie wurde 1884 festgelegt.
2. Das Hengstbesichtigungsgesetz, das vorschreibt, daß nur den von einer Kommission gekörten Hengsten Fremdstuten zugeführt werden dürfen.
3. Zur Körung muß eine Stute mindestens drei, ein Hengst mindestens vier anerkannte Generationen mütterlicherseits aufweisen können. Hengste und Stuten müssen außerdem eine Leistungsprüfung ablegen. (Vollblüter und Traber sind Ausnahmen. Sie müssen sich dafür auf der Rennbahn sehr gut bewähren, ehe sie zur Zucht zugelassen werden.)
4. Zur Körung gehört eine strenge tierärztliche Untersuchung (Augen, Atem- und Geschlechtsorgane, Hufe, Haut, Gesamtkonstitution).
5. Streng beurteilt werden von der Körkommission auch Typ, Exterieur und Gangvermögen.

Die Zuchtrassen in Schweden

Die moderne Araberzucht begann erst nach 1960. Das Zuchtmaterial wurde aus Polen und England importiert. Der weitaus größte Teil kam aus Polen, einem hervorragenden Zuchtland für Araber, wo alle Pferde dieser Rasse ihr Leistungsvermögen auf der Rennbahn beweisen müssen, während in England vorwiegend nach Blutlinien und Schönheit gezüchtet wird. Rund 50 Deckhengsten in Schweden werden etwa 350 Vollblutaraberstuten, aber auch zahlreiche Reitponystuten zugeführt. Die schwedische Araberzucht hat bereits einen guten internationalen Namen. Die größten Gestüte, Blommeröd, Claerstorp, Indingstad und Möllebacken, haben schon zahlreiche Araber, die alle polnischer Abstammung waren, zu hohen Preisen in die USA exportiert. Heute finden auch Rennen für Araber statt.

Die norwegischen Fjordpferde sind seit 1961 in Schweden für die Zucht anerkannt. 1962 wurden aus Norwegen 6 Hengste und 62 Stuten, aus Dänemark 3 Hengste und 125 Stuten importiert, wobei die Norweger qualitätsmäßig besser waren. Das Hauptzuchtgebiet ist Süd- und Mittelschweden. 1976 setzte sich der Bestand aus 63 Hengsten und 1475 Stuten zusammen.
1874 wurden die ersten Ardennerpferde aus Belgien importiert, die sich hier viel besser akklimatisierten als andere Kaltblutrassen und bald den Siegeszug antraten. 1940 wurden 60 000 Schweden-Ardennerstuten gedeckt, 1976 waren es nur noch 1700.

Für englische Vollblüter gibt es drei Rennbahnen: Täby in Stockholm, Aby in Gothenburg und Jägersro in Malmö. Die klassischen Rennen sind nur für in Skandinavien gezüchtete Pferde offen.

Um 1920 waren etwa 90 Stuten in der Zucht, 1970 etwa 450. Heute werden nur noch mit etwa 225 Stuten Vollblutpferde gezüchtet. Die Unkosten der Rennstallbesitzer steigen schneller als die Preisgelder. Viele Vollblutstuten werden daher zurzeit mit Warmbluthengsten gedeckt, da sich Reitpferde besser verkaufen lassen.

Die Warmblutzucht in Schweden, in der etwa 5700 Stuten gedeckt werden, ist die erfolgreichste. 42 dem Staat gehörende Hengste decken rund 3500 Stuten, 73 Hengste aus Privatbesitz rund 2200 Stuten. Das Zuchtziel ist ein leichtrittiges und vielseitig verwendbares Reitpferd mit gutem Temperament und leichten, raumgreifenden Gängen.

Die besten und vererbungssicheren Stutenlinien sind numeriert, insgesamt 45. Zehn davon sind Trakehneroriginal, 12 Hannoveraner und 23 alte schwedische Warmblutpferde. Die Basis dieser Zucht ist das Hauptgestüt Flyinge, wo die Hengstanwärter aufgezogen und gekört werden. Die schwedische Warmblutzucht hat sich vor allem durch den Export zahlreicher Weltspitzenpferde im Dressurreiten einen ausgezeichneten Namen gemacht.

1923 gab der Reichstag die Genehmigung zur Einführung des Totalisators im Rennsport. Der Trabrennsport erlebte seither einen beachtlichen Aufschwung. 1920 gab es vier Hengste und 13 Stuten, 1930 26 Hengste und 300 Stuten, 1975 191 Hengste und 4325 Stuten. Bis 1950 wurde das Zuchtmaterial ausschließlich aus den USA eingeführt. Später erfolgten Importe aus Frankreich und Rußland. Kreuzungen französischer und amerikanischer Traber

Unten: Das Gotlandpony, das schon seit über tausend Jahren in den Wäldern der Insel Gotland leben soll und von dem heute noch in einem Wildgestüt eine Herde von rund 70 Tieren gehalten wird, wurde in den vergangenen Jahrzehnten ein sehr populäres Kinderreitpony, das sich heute bei Reiterspielen, Springen und Trabfahren für Ponys bestens bewährt. Seit 1966 ist der Bestand von 58 Hengsten und 780 Stuten auf 121 Hengste und 1750 Stuten angestiegen. Gotlandponys werden auch immer häufiger exportiert, und in den USA gibt es sogar bereits einen eigenen Zuchtverband.

brachten oft hervorragende Ergebnisse. Das Niveau ist heute hoch, wie zahlreiche Exporte nach Finnland und Deutschland beweisen.

1961 wurde ein Körreglement für Fjordpferde herausgegeben und damit diese Rasse offiziell in die schwedische Zucht aufgenommen. Die Fjordpferde werden hier nicht als Ponys betrachtet und dienten am Anfang hauptsächlich als Zugtiere. Heute wird etwa die Hälfte der insgesamt rund 1500 Tiere geritten.

Die alte einheimische Pferderasse ist der Nordschwede, ein kräftiges Arbeitspferd, das vor allem von den Holzfällern geschätzt wird. Schon in früheren Zeiten vergnügten sich die Waldleute sonntags bei Trabrennen mit ihren Arbeitspferden. Schnelle Stuten wurden oft mit norwegischen Dölehengsten gekreuzt, wodurch der Nachwuchs schneller, aber auch leichter wurde. Heute werden für die Rasse zwei Stutbücher geführt, eines für Gebrauchspferde mit etwa 1300 Stuten und eines für Traber mit etwa 1100 Stuten.

Das Gotlandpony ist die uralte einheimische Rasse, die seit vielen Jahrhunderten auf der Insel Gotland lebt. Der Zuchtverein hält in einem 450 Hektar großen Wald noch heute eine Wildherde von etwa 60 Ponys, die das ganze Jahr sich selbst überlassen sind. Nur in strengen Wintern wird etwas Heu zugefüttert. Diese Ponys weisen zwar die üblichen Exterieurmängel der Naturrassen auf – etwas großer Kopf, kurzer Hals, langer, weicher Rücken und abfallende Kruppe –, zeichnen sich aber durch eine eiserne Gesundheit, zähe Ausdauer und erstaunliche Leistungsfähigkeit aus. Hervorragend sind Sehnen, Gelenke und Hufe der höchstens 130 Zentimeter hohen Ponys. Sie werden heute oft von Kindern bei Ponyturnieren geritten, springen ohne weiteres über 150 Zentimeter, und der schnellste Gotländer trabte den Kilometer in 1:45,5 Minuten. 1976 deckten 121 Hengste 1750 Stuten.

Von den britischen Ponys sind Shetland, Welsh (drei Kategorien), New Forest und Connemara anerkannt. Shetländer gibt es heute rund 1500, Welshponys etwa 1000, New Forests 1500 und Connemaras 450. Die Ponyzucht erlebt, wie überall in Europa, einen sehr großen Aufschwung.

Flyinge

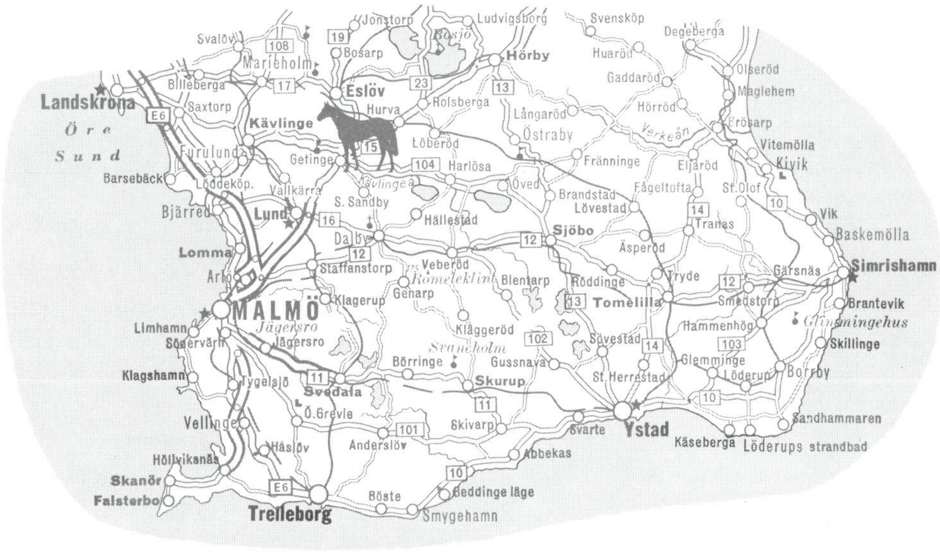

1658, im Frieden von Roskilde zwischen Dänemark und Schweden, ordnete Karl X. von Schweden die Gründung eines Gestüts in Flyinge an. Flyinge liegt in der Provinz Skåne, die vor dem Friedensschluß zu Dänemark gehört hatte. Allerdings hatte es hier schon viel früher eine große Pferdezucht gegeben. Der Erzbischof Absalon (1128 bis 1202) verließ sich anscheinend nicht allein auf die Hilfe der Himmelsmächte: er gebot über eine stattliche Kavallerie.

Die Hauptaufgabe des königlichen Gestüts bestand in der Produktion von Pferden für den Marstall und die Reiterei. Der Bestand rekrutierte sich aus einem bunten Rassengemisch: Es gab Frederiksborger aus Dänemark, Holsteiner, Hannoveraner und Ostpreußen aus Deutschland, Pferde aus Rußland, Ungarn, Spanien und der Türkei, aus Frankreich und England.

Die heutigen Aufgaben des Hauptgestüts wurden 1923 vom Reichstag festgelegt.

Die schwedische Halbblutzucht basiert auf alten schwedischen, hannoverschen

Oben: Die Einfahrt mit dem charakteristischen Turm des über 300 Jahre alten Hauptgestüts von Flyinge.

Links: Der bedeutende Vererber *Drabant*. Sein Sohn *Wald* gewann unter Gustav Fischer in Rom die Dressur-Silbermedaille. Er ist auch Vater von Frau Bechers *Silver Dream* und von über hundert Leistungspferden in Schweden.

Unter den Trakehnern, die in den zwanziger Jahren nach Flyinge kamen, taten sich *Sonnensänger*, *Kyffhäuser* und *Humanist* hervor. *Humanist* begründete die wichtigste, bis heute blühende Hengstlinie, der auch *Drabant* angehört.

Rechts: Vorbereitung für die Hengstparade. Obersattelmeister Yngve Viebke reitet *Piaff*, das Dressur-Goldpferd von München, und führt den Schimmel *Immer* und den Piaff-Vater *Gaspari* im Tandem. Die Dressurpferde von Flyinge sind besonders begehrt. Zu den berühmtesten gehören Frau Linsenhoffs *Piaff*, *Silver Dream* und *Elektron* von Frau Becher, *Mars* und *Magnus II* von Herbert Rehbein, *Glenn* von W. Haug und *Flyinge* von C. Schumacher in Deutschland; *Wöhler*, *Woermann* und *Wolfdietrich* von Henri Chammartin und *Wald* von Gustav Fischer in der Schweiz; *Junker* von Sarah Withmore und *San Fernando* von D. Lawrence in England.

und ostpreußischen Stutenstämmen. Zwischen 1920 und 1930 kamen die Hengste größtenteils aus Hannover, einige auch aus Ostpreußen. Die markantesten Spuren hinterließen die drei Hannoveranerhengste *Schwabliso*, *Tribun* und *Hamlet*. Ihre Namen findet man noch oft in den Ahnentafeln. Zuchtziel war ein vielseitiges Reit- und Wagenpferd.

Von 1932 bis nach dem Zweiten Weltkrieg wurden nur noch wenige Zuchtpferde importiert. Nach dem Krieg kamen die Ostpreußen *Heristal 224*, *Heinfried 206* und *Anno 282* nach Flyinge. Von diesen produzierte der Hyperion-Nachkomme *Heristal* 15 Deckhengste und 44 Stutbuchstuten. Diese Hengste hatten, neben *Polarstern 319*, dem deutschen Reservepferd des Helsinki-Militarys 1952, große Bedeutung für die Blutauffrischung.

Der große Abnehmer war bis nach dem Krieg die Armee. Dann wurde die Zucht auf ein leichtrittiges und vielseitiges Reitpferd umgestellt. Der größte Teil der Zuchtproduktion ist für Durchschnittsreiter gedacht und findet guten Absatz. Unter den verkäuflichen Pferden gibt es aber auch immer Tiere für absolute Spitzenreiter.

Jeden Herbst melden Privatzüchter etwa 150 Hengstfohlen, von denen etwa 15 als Hengstanwärter ausgewählt werden. Dazu kommen etwa fünf in Flyinge geborene Fohlen, und sie gehen gemeinsam durch eine harte Schule. Mit anderthalb Jahren werden sie gemustert – Tiere, die den hohen Anforderungen nicht genügen, werden kastriert und im Herbst bei der Hengstparade verkauft. Mit zwei Jahren werden sie eingefahren und mit zweieinhalb Jahren wieder gemustert. Nun werden sie an den Sattel gewöhnt, und als Dreieinhalbjährige machen sie die Leistungsprüfung.

Alle Hengste werden täglich geritten oder gefahren. Sie dienen außerdem als Reitpferde für die Pferdepflegerschule. Die Stuten werden von den Pferdepflegern am Sulky gefahren.

Oben: Die Junghengste werden unter harten Bedingungen aufgezogen.
Rechts: Die Gotlandponystute *Sonett*, ein besonders schönes Exemplar dieser ausgezeichneten, vor allem auch in den USA immer beliebter werdenden schwedischen Ponyrasse.
Außer dem edlen schwedischen Warmblut und dem Gotlandpony werden in Flyinge auch andere Rassen gezüchtet, z. B. Schweden-Ardenner, nordschwedisches Kaltblut und englisches Vollblut. Der Bestand im Januar 1977: 55 Hengste, 20 Stuten und 49 Jungpferde.

Oben: Der Vollbluthengst *Hampelmann* wirkte in den zwanziger Jahren wesentlich bei der Veredelung der schwedischen Halbblutpferde mit. Heute (Januar 1977) stehen auf dem Gestüt vier Vollbluthengste, fünf Vollblutstuten und drei Jährlinge. Drei dieser Hengste werden hauptsächlich in der Vollblutzucht eingesetzt. Die Jährlinge von Flyinge werden auf Auktionen verkauft. Ein Fuchsstutfohlen, *Alicante*, geb. 1975, v. *Montal* a. d. *Altamira*, v. *Carnastie*, wurde im Oktober 1976 für 81 000 Schwedenkronen ersteigert.

England

Es steht außer Zweifel, daß England auf die heutige Pferdezucht einen größeren Einfluß hatte als jedes andere Land der Welt. Das englische Vollblut beherrscht die Rennbahnen aller Kontinente. Was aber noch wesentlicher ist: dieselbe Pferderasse ist aus der Zucht leistungsfähiger Warmblutpferde nicht wegzudenken.

Neben dieser Krone der Pferdezucht, deren Qualität und Einfluß nur mit dem Vollblut-Araber verglichen werden können, spielten aber auch verschiedene weitere englische Pferderassen in anderen Kontinenten eine wesentliche Rolle. Das Cleveland Bay und das Yorkshire Coach Horse waren in vielen Ländern begehrte elegante Wagenpferde. Der Norfolk Trotter war entscheidend an der Entstehung mancher Rassen, vor allem der Traber, beteiligt. Aus ihm entstand auch, in Verbindung mit Vollblut und bodenständigen Ponys, der einst berühmte Hackney, ein temperamentvolles Kutschpferd mit extrem hoher Knieaktion, das heute noch besonders in Holland, Deutschland und den USA auf Pferdeschauplätzen sehr beliebt ist.

Auch die englischen Kaltblutrassen, der schwere, untersetzte Suffolk Punch und das mächtige Shire Horse, fanden Freunde in verschiedenen Kontinenten und verbesserten zahlreiche Kaltblutschläge.

Und schließlich entstanden in England nicht weniger als fünf Ponyrassen, deren Bedeutung im allgemeinen weit unterschätzt wird: Exmoor-, Dartmoor-, New-Forest-, Dales- und Fellpony.

In Wales hat außerdem das bekannte Welsh-Mountain-Pony seine Heimat, das heute in verschiedenen Typen, auch in einem Cobtyp, gezüchtet wird. Die Ponys, die schon seit Jahrtausenden auf den Britischen Inseln leben, bildeten einst die Grundlage für die Pferdezucht überhaupt und waren damit maßgeblich an der Entstehung aller englischen Pferderassen beteiligt – auch des vornehmen Vollblutes. Heute nun erlebt die Reinzucht der Ponys eine große Blüte, denn wegen ihrer Anspruchslosigkeit, ihrer zähen Gesundheit und ihres liebenswürdigen Wesens sind diese kleinen Pferde ideal für das immer beliebter werdende Freizeitreiten.

Ganz oben rechts: *Godolphin Barb*, der Hengst mit dem Speckhals, der als Wasserkarrengaul in Paris arbeitete, wurde dort von einem Engländer entdeckt und nach Derbyshire gebracht. Doch auch hier wurde er erst nach zweimaligem Besitzerwechsel und eigentlich nur zufällig zur Zucht eingesetzt – und wurde einer der drei Stammväter der Vollblutzucht.
Oben: *Pretty Polly*, eine brillante Stute auf der Rennbahn, fohlte später nur vier Sieger, doch aus ihrer Linie entsprangen im Laufe der Jahre so große Pferde wie *Donatello II, Premonition, Supreme Court, Vienna* und *St. Paddy*.

Römische Wagenrennen und Galloways

England ist reich an Pferderassen, die größeren Gestüte jedoch werden durchweg vom Vollblut beherrscht. Wenn auch die drei großen Stammväter der Vollblutzucht erst vor weniger als dreihundert Jahren nach England kamen, so reicht die Geschichte dieser Pferderasse doch viel weiter zurück. Schon vor vielen Jahrhunderten wurden in Großbritannien Pferderennen ausgetragen. In Epsom, wo die traditionsreichste Rennbahn der Welt liegt, veranstalteten mit größter Wahrscheinlichkeit bereits die Römer ihre Wagenrennen.

Ein beliebter Zeitvertreib waren Galloway-Rennen. Galloways waren Ponys, meist weit unter 140 Zentimeter hoch. Gelegentlich wurde Araberblut eingekreuzt, um die Schnelligkeit und Ausdauer der Ponys zu steigern. Neben den Galloways, die aus der schottischen Grafschaft gleichen Namens stammten, wurden auch andere Ponys in Wettrennen eingesetzt und mit Orientalen veredelt.

Rund dreißig solcher veredelter Ponystuten, die Generationen hindurch auf Schnelligkeit und Ausdauer geprüft worden waren, bildeten dann die weibliche Grundlage der Vollblutzucht. Viele dieser Stuten waren in den königlichen Gestüten gezüchtet worden und führten bereits beträchtliche Mengen orientalisches Blut.

Byerley Turk, Darley Arabian und Godolphin Barb

Hauptmann Byerley ritt seinen türkischen Hengst in den Kriegen Wilhelms III. in Irland. Der Legende zufolge rettete ihn die Schnelligkeit seines Pferdes in der Schlacht von Boyne vor der Gefangennahme. 1691 kam der Hengst als Beschäler nach Yorkshire und erhielt den Namen *Byerley Turk*.

Mr. Darley, ein begeisterter Liebhaber von Pferderennen, hatte einen Bruder, der als Kaufmann den Nahen Osten bereiste. Dieser besorgte ihm einen Araberhengst, der 1704 nach England kam und als *Darley Arabian* berühmt werden sollte. Er zeigte keine besonderen Rennleistungen und wurde daher zunächst nur zum Decken mittelmäßiger Stuten verwendet. 1715 wurde Betty Leeds, die Stute eines Mr. Childers, dem Hengst zugeführt. Das Fohlen wurde Bartlets Childers oder, weil oft Blutgefäße in seinen Nüstern platzten, Bleeding Childers genannt. Dieses Pferd produzierte als Deckhengst Squirt, der seinerseits Marske zeugte. Und Marske wurde Vater des phänomenalen Eclipse. Heute gehen rund 90 Prozent der in England laufenden Rennpferde in der männlichen Linie auf Eclipse zurück.

Godolphin Barb, auch *Godolphin Arabian*

Unten: Drei große Pferde in der Vollblutzucht (von oben nach unten): *Diamond Jubilee*, *Sceptre* und *Eclipse*.
Diamond Jubilee, ein Sohn des ungeschlagenen St. Simon, gewann 1900 die Dreifache Krone.
Sceptre gilt als die vielleicht beste Rennstute aller Zeiten. Obschon völlig unsachgemäß trainiert, gewann sie fünf der schwersten Rennen.
Eclipse, Ururenkel von *Darley Arabian*, lief etwa zwanzig Rennen und ließ dabei stets alle Gegner mit großem Abstand hinter sich. Als Vererber hat er kaum seinesgleichen.

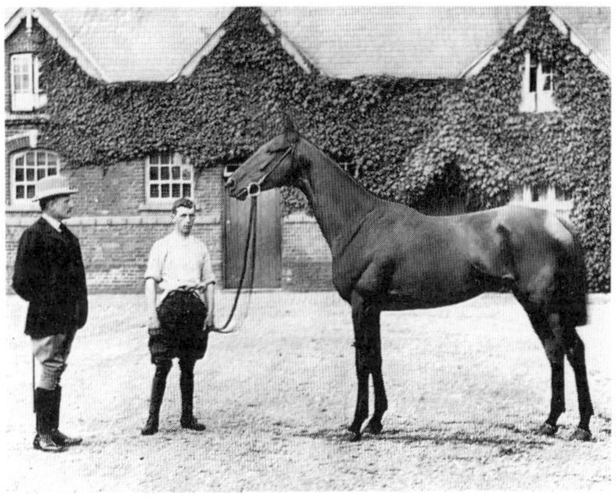

genannt, hatte eine bewegte Vergangenheit. Als Geschenk des Beys von Tunis kam er in die Stallungen Ludwigs XV. nach Frankreich, wo man allerdings wenig Gefallen an ihm fand. Er hatte einen mächtigen Speckhals. Er wurde verkauft oder verschenkt, kam in die Hände eines Wasserhändlers und zog dessen Wagen durch die Straßen von Paris. Ein gewisser Edward Coke aus Derbyshire sah ihn bei dieser Beschäftigung und kaufte ihn – aus unerfindlichen Gründen, sicher aber, ohne die Qualitäten dieses Pferdes zu erkennen. Als Coke vier Jahre später starb, erbte Roger Williams, Kaffeehausbesitzer, den Hengst und verkaufte ihn an Lord Godolphin, der ihn als Probierhengst in sein Gestüt nahm. Erst als eine Stute sich beharrlich dem Deckhengst verweigerte, durfte der häßliche Hengst aus Tunis decken. Das Produkt war so vielversprechend, daß er mit weiteren Stuten gepaart wurde, und seine Nachkommen waren bald in den vordersten Rängen auf den Rennbahnen zu finden. Der Hengst, der als *Godolphin Barb* berühmt wurde, hatte eine eiserne Konstitution und wurde 29 Jahre alt.

Diese drei Hengste wurden zusammen mit den erwähnten rund dreißig Stuten die Begründer der Vollblutzucht, die seit 1793 im «General Stud Book» bis in alle Einzelheiten registriert ist.

In weniger als zweihundert Jahren hat das Vollblut weltweite Verbreitung gefunden. Ende des 18. Jahrhunderts gab es in England etwa 600 dieser Pferde. Heute liegt die Zahl der Vollblüter in der ganzen Welt weit über einer Viertel Million.

Um 1800 zeichnete sich die Tendenz ab, Rennpferde mehr auf Geschwindigkeit als auf Ausdauer zu züchten. Daraus entwickelte sich auch das frühreife Pferd. *Eclipse* erschien erst mit fünf Jahren auf der Rennbahn, was damals das Übliche war, aber schon im zweiten Jahrzehnt des 19. Jahrhunderts wurden Rennen für Zweijährige eingeführt. Heute steht der Vollblüter als Dreijähriger auf dem Höhepunkt und wird oft schon nach der zweiten Rennsaison zur Zucht eingesetzt.

Das Nationalgestüt

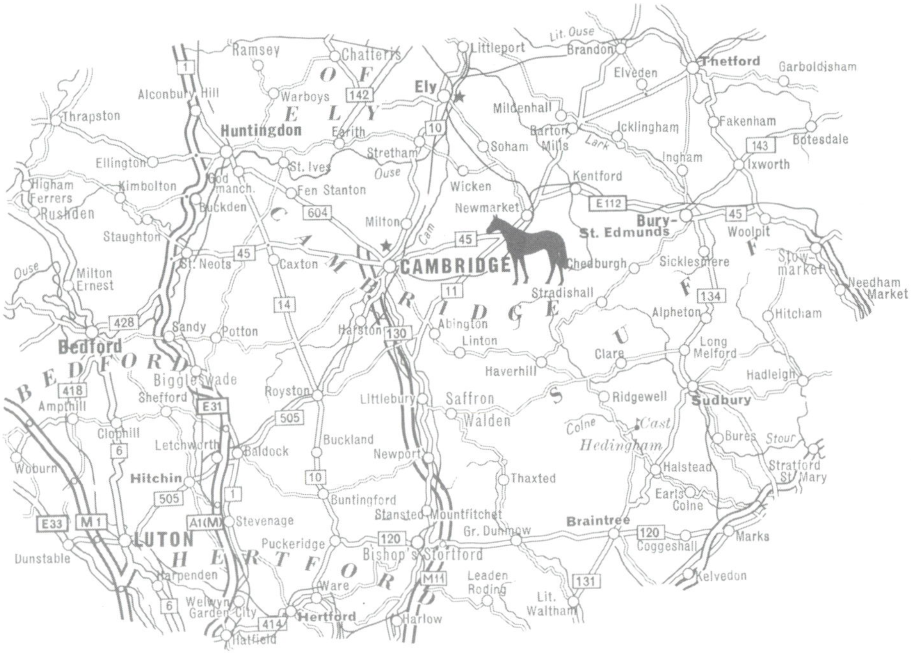

Die hochmoderne, durch ihre Rundbauten geprägte Anlage des englischen Nationalgestütes in Newmarket wurde größtenteils in den Jahren 1965 bis 1969 gebaut. Das Nationalgestüt selbst jedoch existiert schon seit 1915.

Im Herbst jenes Jahres schenkte der für die Welt des Pferderennsportes unvergeßliche Oberst William Hall Walker seine Pferde der englischen Regierung mit der Bedingung, daß damit ein Nationalgestüt gegründet werde. Das Geschenk bestand aus 6 Zuchthengsten, 43 Zuchtstuten, 10 Zweijährigen und 19 Jährlingen, und außerdem gehörten noch über 300 Stück Vieh dazu. Wesentlich dabei war, daß diese Pferde den Bestand eines der berühmtesten Gestüte der Welt darstellten. Das in Irland bei der Curragh-Rennbahn liegende Tully-Gestüt hatte schon eine stattliche Reihe Sieger hervorgebracht. Die Gestütsanlage wurde gleichzeitig der Regierung zum Kauf angeboten. Den Preis dafür konnte sie selbst bestimmen: 47625 Pfund.

Das beachtlichste Pferd, das in den ersten Jahrzehnten der Geschichte des Nationalgestütes in Tully gezüchtet wurde, war *Blandford*. Dieser Hengst zeugte unter anderem die vier Derbysieger *Trigo*, *Blenheim*, *Windsor Lad* und *Bahram*. Weitere hervorragende Pferde aus dieser Zeit waren *Stardust*, *Myrobella* und *Challenger*. Letzterer wurde 1939 der führende Beschäler in den USA. Außerdem kamen folgende klassische Sieger aus Tully: *Royal Lancer* (St. Leger 1922), *Big Game* (2000 Guineas 1942), *Sun Chariot* (1000 Guineas, Oaks und St. Leger 1942) und *Chamoissaire* (St. Leger 1945).

Nach Beginn des Zweiten Weltkrieges verkaufte England die Gestütsanlage an die irische Regierung, die nun dort ihr eigenes Nationalgestüt einrichtete. Das englische Nationalgestüt zog in das weniger als halb so große, käuflich erworbene Sandley-Gestüt in Gillingham, Dorset. Kurz nach dem Krieg wurden 240 Hektar Land und Stallungen in West Grinsteasd dazugepachtet.

Bis 1963 wurde das Nationalgestüt vom Landwirtschaftsministerium betreut, dann

Ganz oben: Die Hengststallung hat sechs Boxen, die links und rechts der Deckhalle angeordnet sind.
Oben: Einer der fünf kreisrunden Ställe für Stuten. Zwei davon sind für Stuten mit Fohlen reserviert und verfügen über eine angebaute, gedeckte Halle. Stuten, die im Nationalgestüt gedeckt werden, können im darauffolgenden Jahr zum Abfohlen und für die ersten Lebenswochen des Fohlens hierhergebracht werden.
Rechts: Das strohgedeckte Wohnhaus der Bunbury-Farm, auf der es schon vor 200 Jahren berühmte Pferde gab, z. B. *Diomed*, 1780 Sieger des ersten Derby.

wurde die Verwaltung dem Horse Race Betting Levy Board übertragen. Das Gestüt erhielt nun keine Regierungszuschüsse mehr, sondern existierte als selbständiges Unternehmen und war damit nur noch dem Namen nach Nationalgestüt. Eine der daraus resultierenden Änderungen bestand darin, daß nun keine Zuchtstuten mehr, sondern nur noch Deckhengste gehalten wurden. Wenig später wurde das Gestüt in das Vollblutzentrum des Landes, nach Newmarket, verlegt.

Vom Jockey Club wurde die Bunbury-Farm für 999 Jahre gepachtet. Peter Burrell, seit 1937 und für insgesamt 33 Jahre Direktor des Nationalgestütes, plante nach modernsten Grundsätzen die neue Anlage. Im Herbst 1966 konnten die beiden ersten Hengste *Never Say Die* und *Tudor Melody* ihre nagelneuen Boxen beziehen.

1990 standen folgende Deckhengste auf dem Gestüt: *Blakeney, Chilibang, Jalmood, Petoski, Rousillon, Relkino* und *Town and Country*.

Oben: *Town and Country,* geb. 1974, v. *Town Crier* a.d. *First Huntress,* Vater von Siegern in 78 Flachrennen und 50 Hürden- und Jagdrennen. Rechts: *Jalmood,* geb. 1979, v. *Bushing Groom* a.d. *Fast Ride.* Das «Rennpferd des Jahres 1982» gewann in drei Jahren 97 000 Pfund. Ganz oben: Der Abfohlstall. Auf dem Türmchen dreht sich als Wetterfahne ein Storch mit einem Fohlen im Schnabel. Im Zentrum der zwanzig Boxen befinden sich ein Labor für den Tierarzt und eine Wachkammer für die Pfleger.

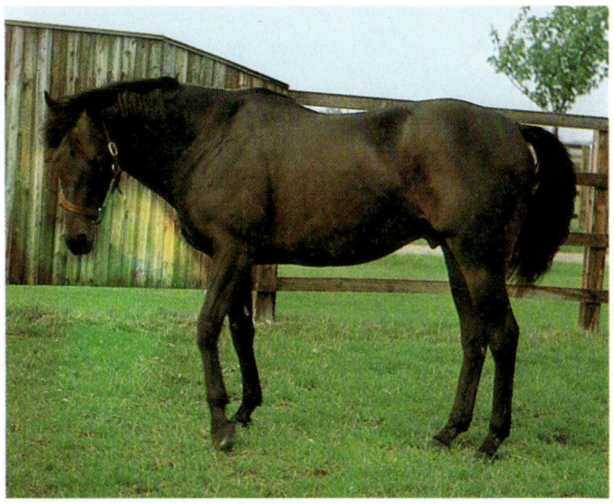

Oben links: *Chilibang,* geb. 1984, v. *Formidable* a.d. *Chili Girl,* Ururenkel Hyperions, war Sieger in neun Rennen und gewann 104 000 Pfund. Rechts daneben: *Rousillon,* geb. 1981, v. *Riverman* a.d. *Belle Dorin.* Das «Rennpferd des Jahres 1985» und siebenfacher Sieger schlug im «Prix de la Forêt» den klassischen Sieger *Siberian Express.* Oben: *Blakeney,* geb. 1966, v. *Hethersett* a.d. *Windmill Girl.* Als Zwei-, Drei- und Vierjähriger siegreich, u.a. im Epsom Derby 1969.

Stanley and Woodlands

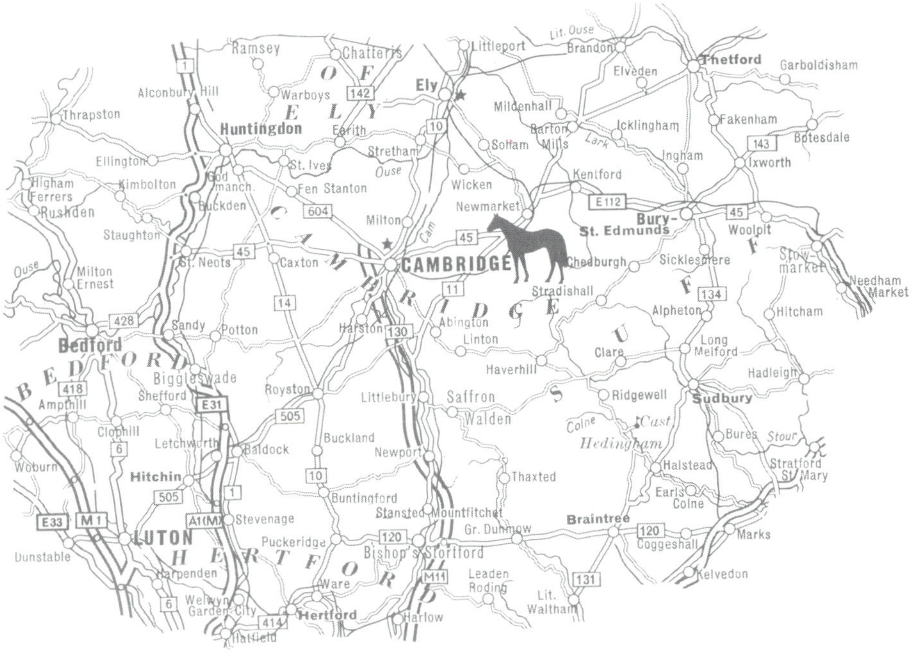

Unten: *High Top*, geb. 1969, v. *Derring-Do* a.d. *Camanae*, v. *Vimy*. 1976 waren *High Top* und *Lyphard* die erfolgreichen Erstlingshengste des Jahres.

Ganz unten: Um die Jahrhundertwende ließ der 16. Graf Derby auf seinem neuerworbenen Landgut in Newmarket die Gestütsanlage und den umfangreichen Rennstall bauen.

Woodland Stud wurde im Jahr 1894 vom 16. Grafen Derby gegründet. Aus dem Nachlaß der Herzogin von Montrose kaufte er einen Landwirtschaftsbetrieb in Newmarket und machte daraus einen Rennstall und ein Gestüt. Er ließ damit wieder die große Renntradition seiner Familie aufleben.

Auf Anraten des Stud Grooms der Herzogin übernahm Graf Derby auch eine Stute, *Canterbury Pilgrim*. Sie gewann 1896 für ihren neuen Besitzer die Oaks und wurde nach Beendigung ihrer Rennlaufbahn ins Gestüt genommen. Sie brachte die späteren Deckhengste *Swynford* und *Chaucer* und wurde damit zur Stammutter von *Stanley* und *Woodlands*. Von *Chaucer* stammt *Selene*, ein Stütchen, das für klassische Rennen als zu klein befunden und deshalb nicht genannt wurde. Das war zweifellos eine Fehlentscheidung, denn sie gewann in zwei Jahren 16 Rennen und 14386 Pfund. Damit galt sie trotz mangelnder klassischer Erfolge als beste Stute ihres Jahrgangs. Im

Rechts: Die Laufställe der Stuten und Fohlen stehen weit verstreut auf den Weiden.
Unten: Das Wohnhaus, das Graf Derby 1894 zusammen mit einem Landwirtschaftsbetrieb aus dem Nachlaß der Herzogin von Montrose erwarb.

Unten: Am Eingang zu Woodland Stud steht die Statue eines der einflußreichsten Hengste der Vollblutzucht: *Hyperion*, größter Sohn dieses Gestüts.

Gestüt war sie mindestens ebenso erfolgreich. Schon ihre ersten drei Söhne wurden erstklassige Rennpferde. Dann wurde sie *Gainsborough* – dem Triple-Crown-Sieger von 1918 – zugeführt. Aber als sie am Karfreitag 1930 ein schwaches und winziges Hengstfohlen brachte, herrschte im Gestüt nicht gerade eitel Freude. Da man sich jedoch auch in seiner kleingeratenen Mutter getäuscht hatte, zog man den Wicht trotz aller Bedenken auf. In Anlehnung an die griechische Mythologie wurde er, aus welchem Grund auch immer, *Hyperion* genannt. Doch niemand hätte damals auch nur geahnt, daß der Träger dieses Namens zu einem der bedeutendsten Vollblüter aller Zeiten würde. Seine Erfolge als Rennpferd und Deckhengst sind so großartig und weitreichend, daß sie hier kaum gewürdigt und nur gerade angedeutet werden können. Er gewann zum Beispiel das Derby spielend, obwohl Lord Derby – übrigens als schlechter «Tipster» bekannt – ihm kaum eine Chance gegeben hatte. Und er siegte im St. Leger auf harter Bahn, wie *Gainsborough*-Nachkommen sie im allgemeinen gar nicht schätzten.

Hyperion ging fünfjährig ins Gestüt. Er wurde sechsmal Spitzenbeschäler. Seine dominierende Rolle wird vielleicht am deutlichsten an folgender Tatsache demonstriert: Im Jahre 1946 wurden von *Hyperion*-Nachkommen in den 2000 Guineas der zweite, dritte, vierte und fünfte, in den 1000 Guineas der erste und dritte, im Derby der zweite und dritte und in den Oaks der zweite Platz belegt.

Durchgang in den alten Hengststallungen. Hier erblickte *Hyperion* das Licht der Welt: ein kleines, faules und schwieriges Pferd von hervorragender Qualität und weltweiter Bedeutung. In Amerika standen seine Söhne *Alibhai* (Großvater von *Kelso*), *Heliopolis* und *Khaled* (Vater von *Hillary* und *Swaps*). Argentinien hatte *Aristophanes* (Vater von *Atlas*, *Forli* und *Tirreno*) und *Gulf Stream* (Vater von *Ever Ready*). Die bedeutendsten Söhne in England wurden *Aureole* (Großvater von *Vaguely Noble*), *Hornbeam* (Vater von *Intermezzo*) und *Owen Tudor* (Vater von *Abernant*, *Right Royal V* und *Tudor Minstrel*). Weitere Söhne standen in Frankreich, Australien, Neuseeland und Südafrika.

Stetchworth Park

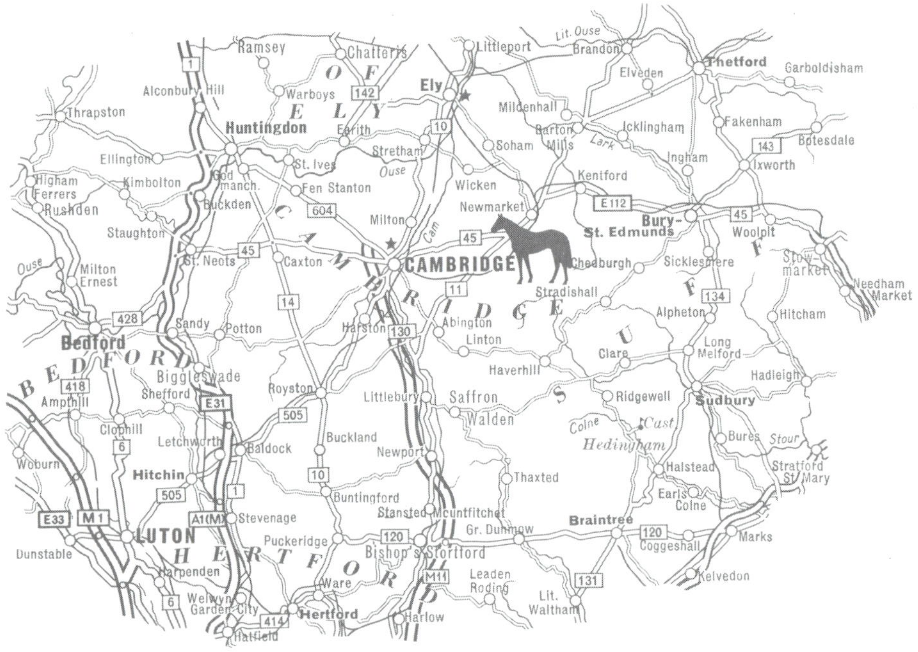

Wer das Stetchworth-Park-Gestüt bei Newmarket besucht, ist sicher zuerst von der wundervollen Parkanlage beeindruckt. In diesem Park liegen zehn Weiden, die alle von Hecken umsäumt, von Buschwerk bestanden und von riesigen Bäumen beschattet sind, von denen viele ein Alter von über 200 Jahren haben.

Im Norden wird das Gut von einer sehr bemerkenswerten Verteidigungsanlage begrenzt: dem Devil's Dike, einem tiefen, von zwei steilen Wällen gesäumten Graben, der vor rund 900 Jahren zur Zeit von Königin Boadicea gegen allerhand Marodeure angelegt worden sein soll.

Das Gestüt in Stetchworth Park wurde im Jahre 1883 vom Grafen von Ellesmere gegründet. Heute gehört der ganze Besitz dem Herzog von Shuterland, dem Großsohn des Gestütsgründers. Die Mutter des Herzogs bewohnt heute das im georgianischen Stil erbaute Herrschaftshaus, das nahe bei den Stallanlagen liegt.

Der Gründungshengst, den der Graf von Ellesmere vor bald 100 Jahren kaufte, wurde zugleich das berühmteste Pferd in der Geschichte des Gestütes. Es war *Hampton.* Er wirkte zehn Jahre in Stetchworth Park und begründete dabei die berühmte Hengstlinie seines Namens. Zu seinen direkten Nachkommen gehört kein Geringerer als *Hyperion.*

Ein weiteres hervorragendes Pferd kam hier 1926 zur Welt: *Tiffin.* Er blieb 1928 und 1929 ungeschlagen.

Heute werden hier keine Hengste mehr aufgestellt. Von 1960 bis 1983 war das Ge-

Links: Der Eingang zum Stallhof, der 1883 gebaut wurde.

Oben: Das georgianische, herrlich überwachsene Herrschaftshaus des Gestütes wird von der Gräfin von Ellesmere bewohnt. Ihr Sohn, der Herzog von Shuterland, ist der derzeitige Besitzer des Gutes. Das Gestüt mit den zehn großen Weiden ist seit 1960 von Colonel und Mrs. Douglas Grey gepachtet.

Links: Der Stallhof mit seinen 30 Boxen, die, wie in England üblich, direkt ins Freie führen.
Unten links: Die Jährlinge, die neben Stuten und Fohlen im Stetchworth Park in Pension sind, werden abends von den Weiden geholt und in die Stallungen gebracht.

stüt an Colonel und Mrs. Douglas Grey verpachtet. In dieser Zeit war es ein Pensionsbetrieb für Stuten, Fohlen und Jährlinge. 1983 wurde der Betrieb von William Gredley übernommen und seither laufend ausgebaut. Durch den Ankauf von südlich an das Gestüt angrenzendem Farmland konnte die Grundstücksfläche um das Achtfache vergrößert werden. Zehn große Weiden entstanden, moderne Stallungen wurden auf dem neuerworbenen Land gebaut und eine rund zwei Kilometer lange

Allwetter-Galopptrainingsbahn angelegt.

Heute stehen rund 60 Zuchtstuten auf dem Gestüt. 20 bis 30 junge Pferde werden hier trainiert. Zu einem hervorragenden Deckhengst, *Hadeer*, v. *General Assembly* a.d. *Glinting*, wird sich voraussichtlich 1991 ein zweiter Spitzenhengst gesellen.

Oben: *Hampton* wurde vor fast 100 Jahren vom Gründer des Gestütes gekauft und wurde dessen berühmtestes Pferd. Er war ein direkter Vorfahre von *Hyperion*. Das Gemälde von A.C. Havell und der präparierte Schweif *Hamptons* hängen als Erinnerung im Gestütsbüro.

Links: *Sweetstone*, die private Stute von Mrs. Douglas Grey, wurde in Stetchworth geboren und aufgezogen. Ihr bedeutendster Nachwuchs war *Sinthesis*, der die 1000 Guineen von Italien gewann.
Nächste Doppelseite: Junge Araberpferde. Schon Jahrhunderte vor der Begründung der englischen Vollblutzucht wurden mit orientalischen Pferden die englischen Landschläge veredelt.

Someries

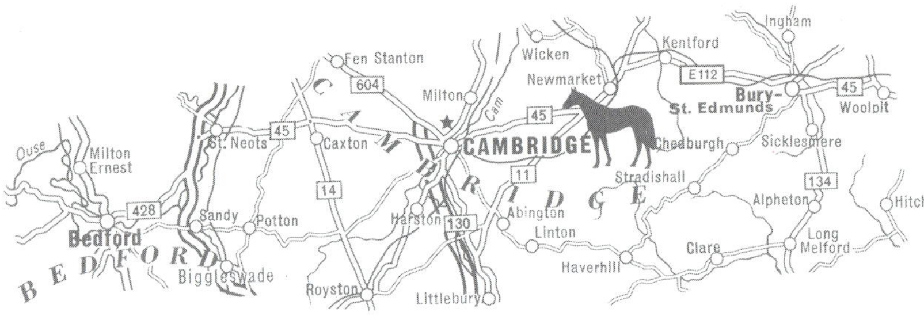

Der Grundstein des Someries Stud wurde im Jahre 1927 mit dem Kauf einer Jährlingsstute gelegt. Im Auftrag von Lady Zia Wernher kaufte Capt. C. Boyd-Rochfort eine Fuchsstute von Bachlor's Double und St. Joan. Diese *Double Life* erwies sich mit vier Siegen als sehr gutes Rennpferd, im Gestüt aber auch als hervorragende Zuchtstute. Von ihren Söhnen wurden *Precipitation, Persian Gulf* und *Casanova* die bedeutendsten. Nach erfolgreicher Rennlaufbahn wurden sie Deckhengste und zeugten Sieger in insgesamt acht klassischen Rennen. Die Gewinnsumme aller ihrer Nachkommen betrug über 900 000 Pfund. *Double Lifes* Töchter aber standen kaum zurück. *Doubleton* und *Fairly* begründeten Familien mit Siegern wie *Meld, Charlottown, Judicate, Astraeus* und *Double Eclipse*.

Das Gestüt selber wurde 1937 von Lady Zia und Sir Harold Wernher gekauft. Es liegt bei Newmarket und besteht aus Stallungen mit 75 Boxen und 27 Weiden mit einer Fläche von etwa 75 Hektar. Als typische Vertreter des Someries Stud sollen *Precipitation* und *Meld* gelten, die auch den erstklassigen Ruf dieses Gestütes begründeten. *Precipitation* war ein Sohn des St.-Leger-Siegers *Hurry On* und der erste Deckhengst in Someries. Er gewann zwar kein klassisches Rennen, zeichnete sich aber in verschiedenen Langstreckenrennen gegen die Besten des Landes als erstklassiger Steher aus. Von seinen zehn Rennen gewann *Precipitation* sieben, darunter auch den Ascot Gold Cup. Seine Leistungen als Deckhengst sind noch eindrucksvoller. Seine Nachkommen siegten in über 500 Rennen und gewannen mehr als 333 000 Pfund. Die bedeutendsten Söhne wurden *Airborne, Premonition* und *Chamossaire*.

Die berühmteste Stute des Someries Stud ist *Meld*. Sie ist eine Tochter von *Alycidon*, und ihre mütterliche Linie geht auf *Double Life* zurück. Sie vereint damit in ihrem Pedigree ganz große Namen. Sie gewann die 1000 Guineas, die Oaks und das St. Leger. Von ihren hervorragenden Nachkommen wurde *Charlottown* der bedeutendste.

Ganz oben: Die Grabstätten der großen Stute *Double Life* und ihres Sohnes *Precipitation*.
Oben: Die Boxen für Stuten und Fohlen und darunter die Hengstboxen.
Links: *Charlottown*, Sohn von Aga Khans *Charlottesville*. Er lief als Zwei-, Drei- und Vierjähriger insgesamt elf Rennen, gewann davon sieben und 116 863 Pfund. 1966 siegte er im Englischen Derby und wurde im Irischen Derby und im englischen Saint Leger Zweiter. Seine Nachkommen gewannen bis 1976 über 100 Rennen und 150 000 Pfund. Im selben Jahr wurde der Hengst nach Australien verkauft.

Dalham Hall

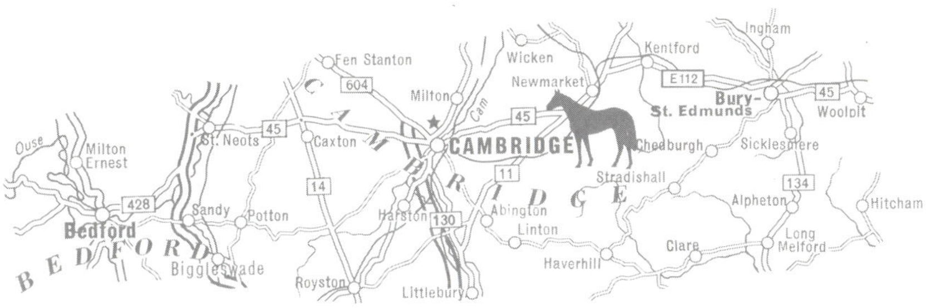

Great Nephew, geb. 1963 war «Hengst des Jahres 1975» und während längerer Zeit einziger Deckhengst auf Dalham Hall. Seit seinem Tod sind fünf Hengste des Darby Stud Management hier eingezogen: *Shareef Dancer, Dancing Brave, Soviet Star, Polish Precedent* und *Reference Point.*

1975 beherbergte Dalham Hall den führenden Deckhengst, kassierte bei den Houghton Sales die höchste Gesamtsumme und erreichte den höchsten Durchschnittspreis, und schließlich wurde es mit der Gewinnsumme von fast 40 000 Pfund zu einem der zwanzig besten Gestüte. Der Durchschnittspreis von 52 714 Guineen, den die sieben Jährlinge erreichten, schlug jeden bisherigen Rekord diesseits des Atlantiks.

Auf Dalham Hall arbeitet man konsequent nach dem alten Motto: Nur das Beste mit dem Besten paaren. Nur zwei der siebzehn Mutterstuten waren nicht siegreich, konnten sich aber plazieren. Der Leiter des Unternehmens, J. P. Philipps, besitzt ein eindrucksvolles Dutzend Aktien von führenden Deckhengsten, darunter von Starpferden wie *Mill Reef, Brigadier Gerard, Habitat* und *Run the Gautlet,* sowie drei Anteile an *Great Nephew,* dem Beschäler des Gestütes. Von den Stuten mußte 1976 keine weiter als nach Irland reisen, um gedeckt zu werden, aber Mr. Philipps hat auch schon Stuten in die USA gesandt, um ihnen den «richtigen» Hengst zu verschaffen, z. B. *Sir Ivor* oder *Nijinsky.*

Dalham Hall wurde 1928 von J. P. Philipps' Vater, Lord Milford, in Gazeley gegründet, und *Flamingo,* Sieger der 2000 Guineas, zog als Deckhengst dort ein. Die gegenwärtige Anlage war ursprünglich ein Teil des riesigen Gestütes von Sir Alec Black zwischen Newmarket und Cheveley. 1970 verkaufte Mr. Philipps das Gut Gazeley und erwarb Derisley, das nun in Dalham Hall umgetauft wurde.

Auf *Flamingo* folgten die Beschäler *Horns, Flyon, Honeyway, Romulus, Indiana* und *Tin King. Honeyway,* der Sieger von 965 Rennen zeugte, war der hervorragendste. Sein bester Sohn, *Great Nephew,* kam nach Abschluß seiner glänzenden Rennkarriere 1968 auf das Gestüt und leitete hier als Beschäler eine neue Ära ein.

Von den siebzehn Mutterstuten stammt etwa die Hälfte aus den alten Linien.

Die bekannteste Dalham-Hall-Linie geht auf *Honeyways* Mutter *Honey Buzzard* zurück, deren Tochter *Run Honey* zehn Fohlen brachte, die alle siegreich waren.

Heute gehört Dalham Hall zum Darley Stud Management, einer Organisation, die in England fünf – Rutland, Warren, Hadrian, White Lodge und Aston Upthorpe Stud – und in Irland drei – Kildangan, Ragusa und Old Conell Stud – Gestüte besitzt. Die Organisation verfügt über rund 275 Zuchtstuten.

Childwick Bury

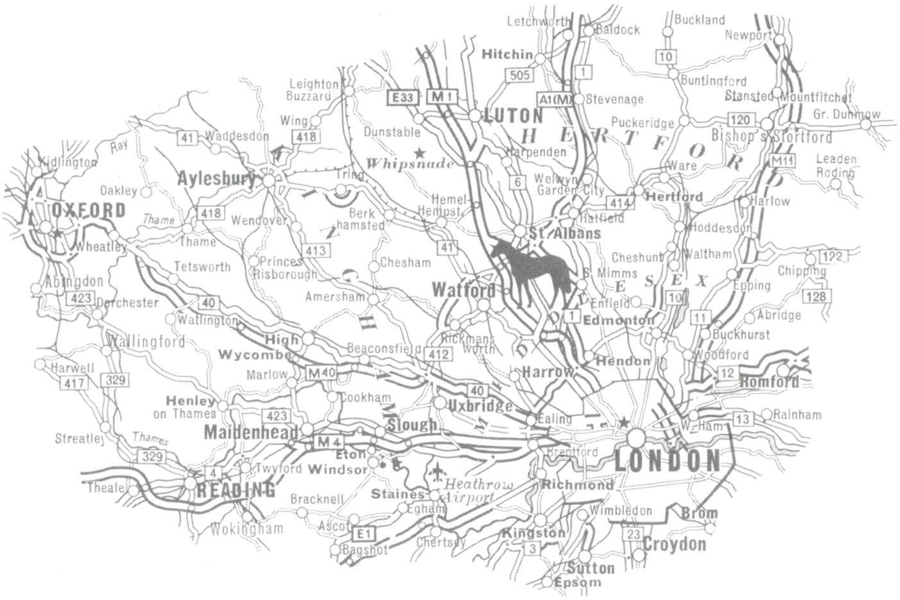

Der erste Besitzer des Childwick-Bury-Gestüts war Sir Blundell Maple. Nach dessen Tod erwarb es Mr. J.J. Joel im Jahre 1907 und heute führt es sein Sohn. Es gehört zu den schönsten und besteingerichteten Gestüten Englands. Seit seiner Übernahme durch Mr. Joel hat es sich mit großer Beständigkeit als eine Keimzelle erstklassiger Siegerpferde erwiesen.

Mr. J. B. Joels erste wichtige Anschaffung für Childwickbury war *Sunridge*, v. *Amphion* a.d. *Sierra*, v. *Springfield*, den er als Vierjährigen bei den Dezember-Verkäufen in Newmarket für 1450 Guineen kaufte.

Sunridges Pedigree verzeichnete klassische Mitteldistanzpferde, er selbst aber war ein reiner Sprinter. Sein geringes Stehvermögen war mit größter Wahrscheinlichkeit auf seine angegriffenen Atemwege zurückzuführen. *Sunridge* war ein ausgesprochen erfolgreicher Deckhengst. Sein Einfluß ist weltweit, und einer seiner sehr bemerkenswerten Nachkommen war der 2000-Guineas- und Derbysieger *Sunstar*.

In den klassischen Rennen konnte Childwick Bury mit großer Regelmäßigkeit Erfolge melden. 1903 gewann *Our Lassie* die Oaks, und 1907 siegte *Glass Doll* im gleichen Rennen. *Sunstar* feierte 1911 den 2000-Guineas- und Derbysieg. 1912 gewann *Jest* die 1000 Guineas und die Oaks, ein Doppelsieg, den *Princess Dorrie* im folgenden Jahr wiederholte. Ebenfalls 1913 entschied *Black Jester* das Saint Leger für sich. *Humorist* gewann das Derby 1921.

In J. B. Joels späteren Lebensjahren geriet das Gestüt in Verfall. Die Zuchthengste *Black Jester, Prince Palatine, Diomedes* und *Thunderer* erwiesen sich als Versager, während die guten weiblichen Linien allmählich ausstarben. Nach dem Tode J. B. Joels im Jahre 1940 machte sich sein Sohn H. J. Joel daran, das Gestüt wieder hochzubringen. Er behielt nur die allerbesten Stuten, erwarb vom 2. Viscount Astor den 2000-Guineas-Sieger *Court Martial*, der sich als erstklassiger Vererber erwies, und züchtete nach gewissenhafter Auswahl. In der Folge gewann Childwick Bury langsam

wieder das Ansehen, das es vor dem Ersten Weltkrieg genossen hatte.

Der erneute Erfolg beruhte hauptsächlich auf dem Wiederaufleben der *Absurdity*-Linie, der *Black Jester* und *Jest* entstammten. *Absurditys* Tochter *Gesture*, v. *Sunstar*, fohlte *Amuse*, v. *Phalaris*, die ihrerseits die 1000-Guineas-Siegerin *Picture Play*, v. *Donatello*, zur Welt brachte.

Zweifellos gehört Childwick Bury zu den schönsten Gestüten Englands. Außer dem eigentlichen Gestüt gibt es hier eine herrliche Parkanlage und einen wundervollen Rosengarten.
Links: Das alte Kutschenhaus mit den ehemaligen Stallungen für die Kutschpferde.
Ganz oben: Die Childwick-Bury-Villa ist von einem prächtigen Gittertor geschützt. Sie wurde zur Zeit Jakobs II. in den Jahren 1685 bis 1688 wiederaufgebaut und unter Henry Toolman 1854 wesentlich vergrößert.

Childwick Bury hat typisch englische offene Boxenställe. Die ganze Anlage enthält 300 Boxen.
Nächste Doppelseite: Ein kleiner Ausschnitt aus der Sammlung der «Siegerschuhe». Für jeden Siegeslauf, den ein Childwick-Bury-Pferd absolvierte, wurde jeweils ein Eisen des Pferdes aufgehängt.
Die Sammlung, im Jahre 1900 begonnen, enthält heute nicht weniger als 1202 Eisen. Allein seit 1940 kamen 662 Eisen auf den Ehrenplatz.

FIRE DANCE
NEWMARKET
ABSURD
BRIGHTON
WHITE MAGIC
GOODWOOD
RADIANT
New Stayers Plate
LINGFIELD
GOLDEN SUN
Great Surrey Handicap
EPSOM
DOLLY VARDEN
BRIGHTON.
1915
GOLDEN SUN
NEWMARKET
1915
GOLDEN SUN
NEWMARKET
1915
TELPHONE GIRL
Linton Plate
NEWMARKET
1915
TELEPHONE GIRL
NEWMARKET.
1915
TELEPHONE GIRL
NEWMARKET.
1915
TELEPHONE GIRL
The New Nursery
NEWMARKET.
FIREFIEND
1921
ROYAL BAY
SPRINGBIRD
1921
STARGRASS
The Epsom Handicap
EPSOM
HAMLET
BRIGHTON
HAMLET
EPSON
GREEN FIRE
NEWBURY
AVENCE
Great Foal Plate
LINGFIELD
TIVOLI GIRL
YORK
SEAFIRE
Great Foal Plate
LINGFIELD
BROADWALK
YORK
GREEN BAY
NEWMARKET
NEWMARKET
SONGTIME
STOCKTON
SUN GEM
NEWMARKET
DARKDOLL
LANCASHIRE
PRIORY PARK
EPSOM
ASCOT
PLAYBOY
LIVERPOOL
PLAYBOY
HAYDOCK PARK
BLACKSPOT
MANCHESTER
WATER ROSE
YORK
BRIGHTON
POLAR BEAR
BRIGHTON
DONCASTER
WARRIERSHIRE
NEWBURY
TAC END
GOODWOOD
BAMBINA
NEWMARKET
1934
1934
DONCASTER

1913
Ch. COLT.
LIVERPOOL.
£100
COLT BY
DARK RONALD DREAMY
WINDSOR.
£100
1914
BLACK JESTER.
ASCOT
BLACK JESTER.
St. George's Stakes
LIVERPOOL
£1716
BLACK JESTER
LIVERPOOL
BLACK JESTER.
GOODWOOD
£777
1916
BLACK JESTER.
The June Stakes
NEWMARKET.
£1205
1916
GRASSLAND
Houghton Stakes
NEWMARKET.
£542
1916
LADY BRILLIANT
Haverhill Stakes
NEWMARKET.
£202
1916
BRIGHT.
NEWMARKET.
£164
1916
RADIANT.
The Tedworth Plate
EPSOM.
£187
1916
SILVER STAR.
NEWMARKET.
1921
STARGAZER
The Fairfield Plate
YORK
£500
1921
BLACK RAY
LIVERPOOL
1921
SPRINGBIRD
LIVERPOOL
STUPIDITY
GOODWOOD
STUPIDITY
LIVERPOOL
CORNSACK
DERBY
1925
WARSPITE
MANCHESTER
£200
1925
ALEXANDRIAN
Prince of Wales's Stakes
COODWOOD
£2000
1925
QUIRK
EPSOM
£200
DEFEND
BRIGHTON
DEFEND
Mersey Stakes
LIVERPOOL
1925
BROWSIDE
NEWMARKET
1927
SILVER SWORD
Stewards Handicap
STOCKTON
£850
1927
QUEEN OF MIRTH
NEWMARKET
1927
HERDSMAN
SANDOWN PARK
1927
THE ROMP
Prince of Wales's Plate
YORK
£900
MUSICAL PRINCE
LINGFIELD PARK
MUSICAL PRINCE
International Stakes
KEMPTON PARK
1929
TAG END
YORK
1929
TAG END
ASCOT
1929
TAG END
Stewards Handicap
NOTTINGHAM
£900
1929
TAG END
Portland Handicap
DONCASTER
£1055
1929
DORA
BRIGHTON
1929
SPRINGBIRD C
LIVERPOOL
£200
ALL-A-FIRE
DONCASTER
ALL-A-FIRE
NEWMARKET
ALL-A-FIRE
NEWMARKET
GREY FILLY
EPSOM
BAY COLT
HAYDOCK PARK
THE DOGE
NEWBURY
1934
GUNBOAT
HURST PARK
1934
GUNBOAT
KEMPTON
1934
GUNBOAT
KEMPTON
GLORIATIONS
YORK
ANTIC
STARSWIFT

Unten: *Royal Palace,* geb. 1964, v. *Ballymoss* a.d. *Christal Palace,* derzeit Spitzenbeschäler auf Childwick Bury. Er siegte in neun Rennen und gewann insgesamt 166 062 Pfund – als Zweijähriger: Acomb Maiden, York und Royal Lodge Stakes, Ascot; als Dreijähriger: 2000 Guineas, Newmarket und Derby, Epsom; als Vierjähriger: Coronation Stakes, Sandown, Coronation Cup, Epsom, Prince of Wales Stakes, Ascot, Eclipse Stakes, Sandown und King George VI and Queen Elisabeth Stakes, Ascot.

Gedenksteine, die zu Ehren großer Pferde errichtet wurden. Sie sprechen für sich selbst.

Picture Play gilt gegenwärtig als die wichtigste Zuchtstute von Childwick Bury. Die ersten sieben ihrer acht Fohlen waren siegreich. Von diesen erwies sich *Promulgation,* v. *Court Martial,* als erstklassiger Zweijähriger, während die Siegerin der Falmouth Stakes, *Red Shoes,* v. *Bois Roussel,* die Stute *West Side Story* fohlte, die in den Oaks nur gerade um Haaresbreite geschlagen wurde, in den 1000 Guineas als Dritte einlief und den Siegertitel der Nell Gwyn Stakes sowie der Yorkshire Oaks für sich eroberte.

Picture Play hat zahlreiche hervorragende Rennpferde beiderlei Geschlechts gebracht. Der bedeutendste Vertreter ihrer Linie ist *Royal Palace,* v. *Ballymoss* a. d. *Christal Palace,* der nicht nur einer der bedeutendsten Derbysieger der Nachkriegsjahre war, sondern auch der Gewinner der 2000 Guineas, der King Georg VI and Queen Elisabeth Stakes und der Eclipse Stakes. Weitere siegreiche Pferde, die auf *Picture Play* zurückgehen, sind *Major General* und *Red Gauntlet,* die beide später in Australien erfolgreiche Beschäler wurden, ferner *Queen of Light, Ancient Lights, Picture Light, Welsh Pageant, Father Christmas, Illuminous, Dazzling Light, Photo Flash, Chandelier* und *Moonlight Night.*

Zeitweise müssen neue weibliche Linien ins Gestüt eingeführt werden. Zu diesem Zweck hat H. J. Joel eine Anzahl Jungstuten gekauft. Die beste ist *Nagaika,* v. *Goya II* a. d. *Naim,* die er kurz vor Abschluß ihrer Rennkarriere erwarb und mit der er vor ihrem Einsatz als Zuchtstute noch zwei Siege feiern konnte. Bis heute hat *Nagaika* sieben Sieger zur Welt gebracht und ist auch die Mutter des hervorragenden Rennpferdes und Beschälers *Connaught.*

Andere Familien, die Childwick Bury zu Erfolg verhalfen, gehen auf *Bravour II, Isola d'Asti, Seascape, Rustling Waters* und *Indian Game* zurück.

Eine besonders vielversprechende Anschaffung war die Jährlingsstute *Rose Dubarry,* v. *Klairon* a. d. *Pristina,* aus der *Mumtaz Mahal*-Linie, die als die beste zweijährige Stute ihres Jahrganges bewertet wurde. In den 1000 Guineas lief sie als Dritte durchs Ziel. Ihr Erstling *Scendet Air* siegte 1976 schon bei seinem ersten Start.

Oben: Der Stall der Hengste.
Rechts: Das Grabmonument für *Doris,* die größte Stute und eines der besten Pferde von Childwick Bury.

Cheveley Park

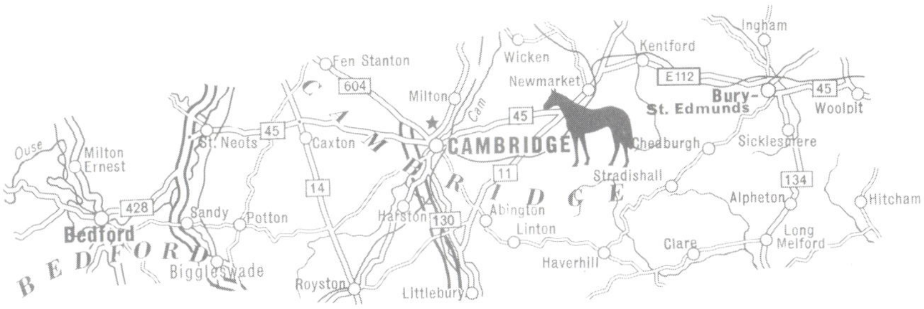

Das Cheveley-Park-Gestüt liegt im Herzen des berühmten Vollblut-Zuchtgebietes von Newmarket. Der 400 Hektar große Landsitz mit seinen Bauten aus verschiedenen Epochen kann wohl als eines der schönsten Gestüte Englands bezeichnet werden. Nach einer Phase der Rezession erlebt Cheveley Park heute wieder einen erfreulichen Aufschwung.

Anfangs der Siebziger Jahre kaufte Ken Mackey, im Fleisch-Import und -Export höchst erfolgreich, das ziemlich heruntergekommene Gestüt. Zusammen mit seinen drei Partnern machte er sich mit Feuereifer und erheblichen Investitionen an die Aufgabe, Cheveley Park zu seinem alten Ruf zu verhelfen.

Cheveley Park ist historischer Boden. Nachforschungen in Geschichtsbüchern und Chroniken lassen den Schluß zu, daß hier schon im 10. Jahrhundert Pferde gezüchtet wurden. Genaueres läßt sich freilich nicht mehr eruieren.

Hingegen ist urkundlich verzeichnet, daß Sir John Cotton im Jahre 1673 das Gut an einen Henry Jermyn verkaufte. Dessen jüngerer Bruder war Kammerherr Karls I. und wurde später Herzog von Alban. Wenn man zeitgenössischen Schriften glauben darf, wurde er nach dem Tode Karls I. der Liebhaber der königlichen Witwe, der hübschen Henrietta Maria.

Aus der Zeit des 5. Herzogs von Rutland, der im 17. Jahrhundert in den Besitz des Gutes kam, ist mit Sicherheit bekannt, daß in Cheveley Park Pferde gezüchtet wurden. Damals kam hier *Cadland* zur Welt, der unter den herzoglichen Stallfarben Derbysieger wurde. Er lief im klassischen Rennen von Epsom ein totes Rennen und mußte anschließend zu einem Stechen antreten, das er souverän für sich entschied.

Gegen Ende des vorigen Jahrhunderts wurde Cheveley Park von Oberst Henry McCalmont gekauft. Dieser ließ im Jahre 1892 den alten Herrensitz abreißen. Das Gut war damals noch bedeutend größer.

Der Oberst ließ ein Haus von gewaltigen Ausmaßen bauen. Es hatte nicht weniger als 80 Schlafzimmer und genauso viele Fenster, wie ein Jahr Tage zählt: 365. Geschmückt war das Gebäude mit einer Kopie der berühmten Terrasse des Schlosses von Saint-Germain.

Immerhin verstand der Oberst zweifellos etwas von Pferdezucht. Zu seiner Zeit erwarb sich Cheveley Park den Ruf eines hervorragenden Gestüts. McCalmont ließ ebenso schöne wie zweckmäßige Stallungen für Hengste und Zuchtstuten bauen.

In diese Ställe zog das größte Pferd in der Geschichte des Gestüts ein: *Isinglass.* Die Rennkarriere dieses Pferdes dauerte zwar vier Jahre, doch wurde es insgesamt nur bei 12 Rennen eingesetzt. 1893 gewann *Isinglass* die «Triple Crown»: das Derby, die 2000 Guineas und das St. Leger. Insgesamt galoppierte er – damals noch sehr wertvolle – 57 453 Pfund zusammen. Das war eine Rekordsumme, wie sie mehr als ein halbes Jahrhundert lang von keinem Pferd mehr erreicht und erst 1952 von *Tulyar* übertroffen wurde.

1984 starb der Besitzer von Cheveley Park, Ken Mackey, und das Gestüt wurde

Ganz oben und links: Der kleine, geschlossene Hof mit den Hengstboxen und dem angebauten Haus des Hengstpflegers entstand Ende des 19. Jahrhunderts unter dem damaligen Besitzer, Oberst Henry McCalmont, der sich außerdem eine Villa mit 80 Schlafzimmern bauen ließ. Oben: Die Cheveley-Park-Fohlen wachsen auf peinlich gepflegten Weiden auf.

Ganz links: Der neue Rennstall von Cheveley Park. Die Anlage ist heute nicht nur ein Zuchtbetrieb, sondern gleichzeitig ein Trainingszentrum mit neu gelegten Renntrainingsstrecken, unter denen eine der ausgeklügeltsten Allwetterstrecken des Landes zu finden ist.
Unten: Von diesem neuen Pavillon in der Trainingsanlage aus lassen sich bequem die Pferde bei der Arbeit beobachten.
Links: Der Haushengst *Forlorn River*, geb. 1962, v. *Fighting Don* a.d. *Starflight*.

von Mr. und Mrs. David Thompson gekauft. Die neuen Besitzer haben keinen geringeren Ehrgeiz, als Cheveley Park zum bedeutendsten Gestüt Englands zu machen– was ihnen auch tatsächlich gelingen könnte.

Der Rennstall des Gestütes war schon 1981 geschlossen worden, und dieser Teil der Anlage dient heute als Abfohlstall. Die Rennpferde des Gestütes werden gegenwärtig von verschiedenen Trainern des Landes gearbeitet.

Zur Zeit (1990) stehen sieben Deckhengste auf dem Gestüt, wovon fünf den Thompsons und zwei einem Syndikat gehören. Von den 60 gestütseigenen Zuchtstuten sind zehn in Kentucky untergebracht. Folgende Hengste stehen heute in Cheveley Park:

Music Boy, geb. 1973, v. *Jukebox* a.d. *Veronique,* Sieger in fünf Rennen und Vater von Siegern in über 500 Rennen.

Never so Bold, geb. 1980, v. *Bold Lad* a.d. *Never Never Land,* Sieger in sieben Rennen, darunter in den Kings Stand Stakes, im «July Cup» und in der «William Hill Sprint Championship».

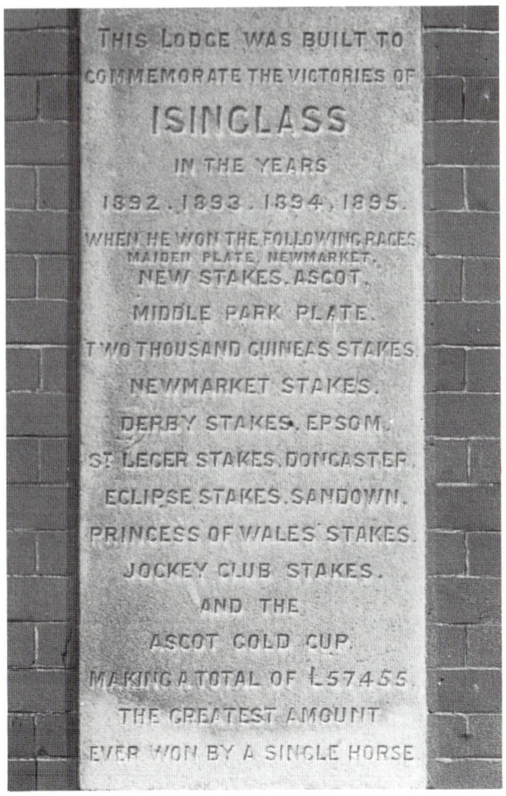

Nordance, geb. 1982, v. *Danzig* a.d. *Sister Shu,* Sieger in vier Rennen in den USA. Seine ersten Zweijährigen starten 1990.

Primo Dominie, geb. 1982, v. *Dominion* a.d. *Jubilee Song,* siegte in vier Rennen, darunter in den «Flying Childers Stakes» und in den «Palace Home Stakes». Seine ersten Zweijährigen gehen 1990 an den Start.

Scottish Reel, geb. 1982, v. *Northfields* a.d. *Dance All Night,* Sieger in fünf Rennen, darunter in den «Diomed Stakes» und in den «Lockinge Stakes». Seine ersten Zweijährigen starten 1990.

Tinas Pet, geb. 1978, v. *Mummys Pet* a.d. *Merry Weather,* Sieger in fünf Rennen, darunter in den «King George Stakes» und in der «Goldenen Peitsche». Vater von Siegern in über 100 Rennen.

Ganz links: Eine Gedenktafel zeigt die Erfolge des Triple-Crown-Siegers von 1893, *Isinglass*. Sie befindet sich an der Mauer vor den Hengstboxen.
Links: Als zweiter Deckhengst wurde der vielversprechende *Music Boy* gekauft. Der 1973 geborene Hengst war Sieger der Gimrack Stakes. Speziell für ihn wurde die alte Boxe von *Isinglass* renoviert.
Nächste Doppelseite: Vollblut-Jährlinge.

Royal Studs

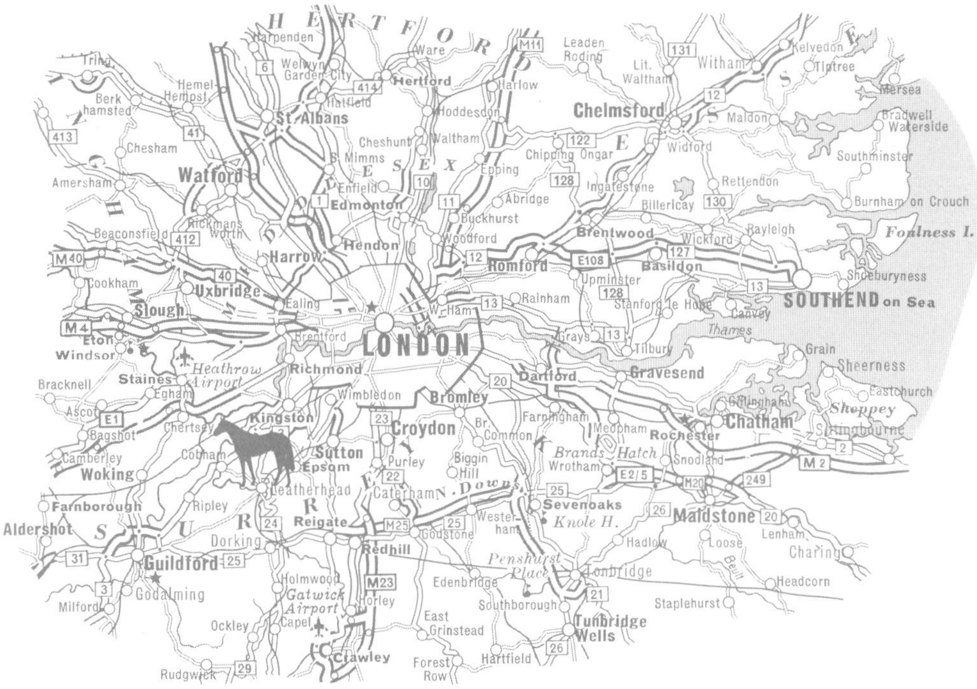

Die königlichen Gestüte bestehen seit dem 16. Jahrhundert. Um 1880 ließ der Prince of Wales in Norfolk die Stallanlagen von Sandringham (unten) und Wolverton (ganz unten) bauen. 1894 kamen die königlichen Pferde von Hampton Court in diese Anlagen. Heute stehen in Wolverton und Sandringham je ein Zuchthengst und die rund 20 Mutterstuten der Königin. Außerdem sind hier sechs Stuten der Königinmutter Elisabeth untergebracht, die der Zucht von Steeple-chasern dienen. Die aktive, sehr erfolgreiche Gruppe der Chaser wird in Lambourn trainiert.

Hampton Court wurde im 16. Jahrhundert von Heinrich VIII. gegründet und ist damit älter als die Vollblutzucht selbst. Diese ersten königlichen Stallungen sind heute noch im Gebrauch, und zusammen mit den Gestüten Sandringham, Wolverton und Polhampton gehören sie zu den führenden Anstalten dieser Art in Großbritannien.

Heinrich VIII., Jakob I. und Karl I. betrieben Pferdesport, aber erst Karl II. spielte als Förderer des Rennsportes eine führende Rolle. Hampton Court wurde 1650 geschlossen, doch Karl II. eröffnete ein neues Gestüt in Tutbury. Erst unter Wilhelm III. und Maria II. wurde Hampton Court wieder eröffnet, und um 1713 wurde die Anlage unter Anna vergrößert. Weder Georg I. noch Georg II. zeigten großes Interesse für den Rennsport, obschon des letzteren Sohn, der Herzog von Cumberland, 1764 eines der berühmtesten Pferde in der Geschichte des Vollbluts züchtete: Eclipse, ein allen seinen Gegnern hoch überlegenes Rennpferd.

1977 gewann die im königlichen Gestüt gezüchtete Stute *Dunfermline* die «Oaks» und das «St. Leger». Vier Jahre später wurde die Bustino-Tochter *Height of Fashion* beste Zweijährige Stute Europas. Das vielversprechende Pferd wurde an Scheich Hamdan al Maktoum verkauft. Ihre ersten vier Fohlen machten *Height of Fashion* zur weltbesten Zuchtstute. Ihr Sohn *Nashwan* beispielsweise gewann 1989 die «2000 Guineas», das «Derby», die «Eclipse Stakes» und die «King George VI and Queen Eliza-

Links: Die Statue von *Persimmon,* einem der großen Söhne von *Perdita II,* der ersten Stute, die das Sandringham-Gestüt berühmt machte. *Persimmon,* geb. 1893, gewann das Derby, das Saint-Leger, die Eclipse Stakes, den Ascot Gold Cup und die Jockey Club Stakes. Sein erster Sohn war der sagenhafte *Sceptre,* der außer dem Derby alle klassischen Rennen gewann. Außerdem war *Persimmon* Vater der Oaks-Sieger *Keystone II* und *Perola* und der Saint-Leger-Sieger *Prince Palatine* und *Your Majesty. Persimmon* kam 1908 durch einen Unfall ums Leben.

Unten: Die ersten königlichen Stallungen in Hampton Court, die Heinrich VIII. Anfang des 16. Jahrhunderts erbauen ließ. Damals wurden hier hauptsächlich Jagdpferde, aber auch Pferde für Rennzwecke gezüchtet. Vollblüter gab es zu jener Zeit allerdings noch nicht. Erst über hundert Jahre später wurde der erste Hengst aus dem Orient importiert, der Araber *Markham,* der aber keine durchschlagenden Vererberqualitäten hatte. Und ein weiteres Jahrhundert verging, bis *Byerley Turk, Darley Arabian* und *Godolphin Barb* die Vollblutzucht begründeten.

beth Stakes».

1979 gesellte sich der Derbysieger *Shirley Heights* zum großen *Bustino.* Inzwischen (bis 1990) hat er Sieger in 39 bedeutenden Rennen hervorgebracht, unter anderem den Derbysieger *Slip Anchor* sowie *Darshaan,* den Gewinner des Französischen Derbys. *Shirley Heights* gilt heute als führender klassischer Deckhengst Großbritanniens.

Die erste Stute, die Sandringham berühmt machte, war *Perdita II.* Gedeckt von *St. Simon,* brachte sie *Florizel II, Persimmon* und *Diamond Jubilee.*

Weitere Klassepferde dieses Gestüts waren der 1912 geborene *Friar Marcus* und, zehn Jahre später, *Scuttle,* beide ebenso erfolgreich als Rennpferde wie als Vererber.

Aus der Zeit Georgs VI. (1936–1952) sind *Hypericum* und *Avila* zu erwähnen, die ihrem Vater *Hyperion* alle Ehre machten.-

Fünf Tage nach der Krönung Königin Elisabeths wurde ihr Hengstfohlen *Aureole,* ebenfalls von *Hyperion,* Zweiter im Derby. 1954 galt *Aureole* als das beste europäische Rennpferd, und anschließend wurde er zweimal bester Zuchthengst des Jahres. Sein Erfolg leitete sechs ausgezeichnete Rennsportjahre ein, in denen sich besonders *Doutelle, Pretendre, Fighting Ship, Pall Mall* und *Almeira* hervortaten. Die sechziger Jahre waren vergleichsweise mager, doch begannen die siebziger Jahre wieder mit großen Erfolgen, vor allem durch *Magna Carta, Albany, Charlton, Example, Highclere, Escorial* und *Joking Apart.*

Oben: *Highclere,* geb. 1971, v. *Queens Hussar* a.d. *Highlight,* v. *Borealis,* siegte in den 1000 Guineas und war anschließend im Prix de Diane in Frankreich einem Klassefeld überlegen. Als erstes in Großbritannien trainiertes Pferd gewann *Highclere* in einer Saison über 100 000 Pfund.
Links: *Bustino,* derzeitiger Deckhengst in Wolverton, war als Dreijähriger Bester seines Jahrgangs. Als Vierjähriger brach er im Coronation Cup den Streckenrekord und lief gegen *Grundy* in den King George VI and Queen Elisabeth Stakes das «Rennen des Jahrhunderts», wobei er um eine halbe Länge geschlagen wurde.

Irland

Bis ungefähr 6000 v.Chr. war Irland noch durch eine Landbrücke mit England und dem Kontinent verbunden. Man nimmt deshalb an, daß Vorfahren der heutigen Pferde auf ihren ausgedehnten Wanderungen auch hierher kamen und blieben. Mit Bestimmtheit ist die Verbreitung des Pferdes in Irland aber erst für das 5. und 4. Jahrhundert v.Chr. nachzuweisen, als keltische Stämme einwanderten. Man weiß, daß sie Pferde mitbrachten, und durch Legenden erfuhr man, daß sie mit ihren Ponys Wagenrennen veranstalteten oder mit ihnen auf die Jagd gingen. Das Pferd spielte in ihrem Leben eine überaus große Rolle und beeinflußte damit auch ihr Denken. So verhieß zum Beispiel ihr Himmel neben andern Vergnügungen auch Pferderennen.

Eingehend und zuverlässig erhalten wir erstmals aus dem 8. Jahrhundert Auskunft über die irische Pferdezucht. In Gesetzeserlassen (Brehon Laws) wurde zum Beispiel verlangt, daß jedermann im Umgang mit Pferden ausgebildet werden solle. Es wurde aber auch festgehalten, daß ungeachtet der Besitzverhältnisse geeignete Landstücke für Rennen benutzt werden konnten, ohne daß irgendwelche Entschädigungen bezahlt werden mußten. Offensichtlich wurde dem Rennsport sehr große Bedeutung beigemessen. Wahrscheinlich wurde damit schon damals die Grundlage für die hervorragende irische Pferdezucht geschaffen. Erstmals erlangte sie im Spätmittelalter mit Pferden Berühmtheit, die als «Hobbies» bezeichnet wurden. Diese Bezeichnung ist wahrscheinlich vom Verb «hobbelen» abgeleitet, das in jener Zeit für hüpfen und tanzen gebraucht wurde. Die Pferde wurden wohl deshalb mit diesem Namen bedacht, weil ihre Bewegung nahezu tänzerisch gewirkt haben soll. Die «Hobbies» werden auch in einem Reisebericht des 16. Jahrhunderts erwähnt. Der Italiener Raphael Maffeus Volaternus schrieb darin, daß Irland nichts Erwähnenswertes besitze außer Getreide und vortrefflichen Pferden.

Im 16. Jahrhundert sind auch erste Exporte von Pferden aus Irland zu verzeichnen. Die meisten Pferde wurden nach Italien und England verkauft.

In dieser Zeit begann man auch damit, und zwar vor allem in England, Pferde gezielt für spezielle Verwendungszwecke wie zum Beispiel den Rennsport, die Jagd und die Landwirtschaft zu züchten. Die Voraussetzungen für diese Entwicklung waren nun in Irland von besonderer Art. Als Insel war Irland ja mehr oder weniger isoliert; Importe blieben weitgehend aus, und die Grundlage für all die verschiedenen Zuchtrichtungen bildeten die Hobbies. In der Folge sollte es sich aber zeigen, daß dieser Umstand keineswegs nachteilige Auswirkungen hatte.

Vollblut

Die irische Vollblutzucht richtete sich von allem Anfang nach englischem Vorbild aus. Adlige und wohlhabende Engländer und Iren importierten orientalische Hengste und prüften den Nachwuchs auf der Bahn. Während sich aber die Vollblutzucht in England ungestört entwickeln konnte, litt die irische Pferdezucht in den folgenden Jahrhunderten stark unter den politischen Repressalien Englands. Nur gegen Ende des 18. und zu Beginn des 19. Jahrhunderts hatte die gesamte irische Pferdezucht bessere Zeiten. Der Kontinent litt unter den Kriegen Napoleons und war deshalb auf Importe angewiesen. Dies förderte auch die Vollblutzucht, die sich bis gegen Ende des 19. Jahrhunderts gut zu entwickeln vermochte. Sie brachte Pferde hervor, die in der Lage waren, klassische Rennen in England zu gewinnen. Bis dahin war Irland ja nur für seine hervorragenden Hindernispferde und Hunter berühmt gewesen. Die Zucht von

«It is sweeter to hear the cry of hounds than to seek Mercy.» (Das Gebell der Jagdhunde zu hören ist süßer, als zu beten.)
Mit diesen Worten soll ein Ire dem Missionar und späteren Nationalheiligen St. Patrick im Jahr 432 entgegengetreten sein. Wenn der Ausspruch nicht wahr ist, so ist er zumindest gut erfunden. Er zeigt jedenfalls klar, daß die Jagd bereits für den Iren des frühen Mittelalters geradezu lebenswichtig war. Sie ist es heute noch. Und von Jagden, wie sie in Irland geritten werden, kann man in anderen Ländern selbst heute nur träumen.
Nächste Doppelseite: Irland: nicht selten scheint dem Besucher hier die Zeit stillgestanden zu sein.

Flachrennpferden wurde in unserem Jahrhundert immer bedeutender, erlitt aber in den dreißiger Jahren durch die wirtschaftlichen Spannungen zwischen England und Irland einen schweren Rückschlag und erholte sich erst nach dem Zweiten Weltkrieg wieder. Als sie dann 1969 durch Regierungserlaß von der Einkommensteuer befreit wurde, wurde sie auch für ausländische Züchter noch viel attraktiver.

Irish Draught und Hunter

Als im 18. Jahrhundert die intensiver betriebene Landwirtschaft kräftige Zugpferde verlangte, waren die ärmeren Bauern nicht in der Lage, solche Pferde zu importieren. Sie konnten nur unter ihren Pferden die geeignetsten selektionieren – Pferde also, die größtenteils von den Hobbies abstammten und gute Reiteigenschaften besaßen. Sie wurden Irish Draught genannt und erlangten insbesondere dadurch Berühmtheit, weil diese Arbeitspferde in Verbindung mit Vollblütern die hervorragenden irischen Hunter hervorbringen. Der schwere Hunter entsteht gewöhnlich aus einer Draughtstute und einem Vollbluthengst, der leichte aus einer Hunterstute und einem Vollbluthengst. Die ursprünglich für die Jagd gezüchteten Pferde sind heute die erfolgreichsten Spring- und Militarypferde der Welt. Den Erfolg dieser Gebrauchskreuzung kann man sich dadurch erklären, daß beide Rassen in den mittelalterlichen Hobbies gemeinsame Stammeltern haben.

Die Zucht von Irish Draught und Hunter liegt nahezu ausschließlich in den Händen privater Züchter, die vom Staat über ein wirkungsvolles Prämiensystem unterstützt werden.

Connemara Ponys

Connemara ist eine steinige und hügelige Gegend im Westen Irlands, die wegen ihrer Unwirtlichkeit bis heute nahezu unberührt geblieben ist. So wie sich hier die Kultur und Sprache (das Gälische) der Kelten fast unverfälscht erhalten konnten, leben hier auch Pferde, die den Keltenponys noch sehr nahestehen. Die von den Kelten hierhergebrachten Ponys wurden bis ins Mittelalter rein gezüchtet, bis einige reiche Kaufleute aus Galway Berber und Andalusier einkreuzten. Abgesehen von wenigen weiteren unbedeutenden Einkreuzungen blieb ihre Zucht dann aber rein. Sie steht seit 1923 unter der Leitung der Connemara Pony Breeder's Society, die sie streng und erfolgreich überwacht.

Das Nationalgestüt

Rechte Seite: Die neue Hengststallung mit zehn Boxen. Über die Architektur läßt sich streiten, die technische Einrichtung jedoch könnte kaum vollkommener sein.

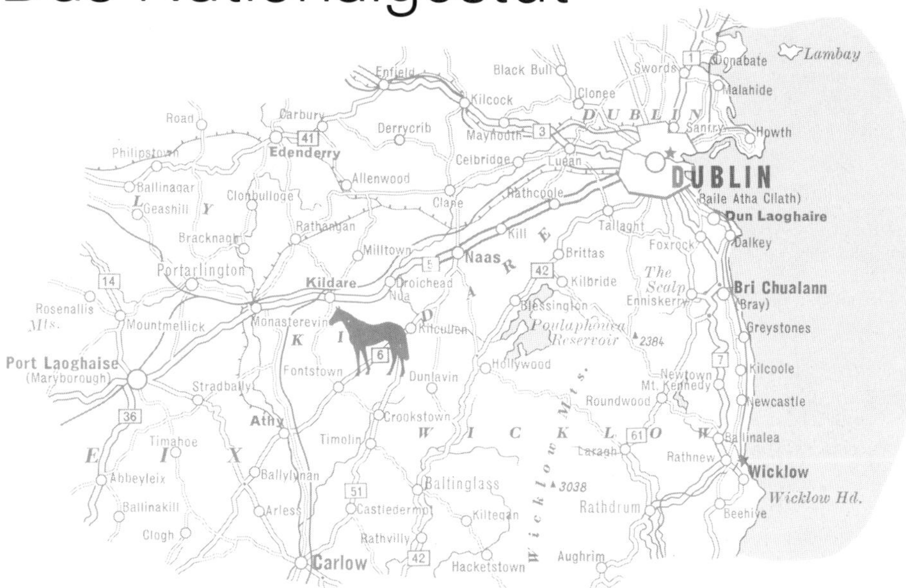

Die überaus interessante Geschichte des irischen Nationalgestüts beginnt genau im Jahr 1900. James Fay verkaufte in diesem Jahr seine Farm in Tully an den schottischen Bierbrauersohn Colonel William Hall-Walker, den späteren Lord Wavertree. Ganz gegen den Wunsch seines Vaters begann dieser in Tully mit einer Vollblutzucht. Doch schon im ersten Jahr war sein Gestüt erfolgreich und dieser Erfolg wuchs von Jahr zu Jahr. In der Zeit von 1904 bis 1914 stellte Tully nicht weniger als sieben klassische Sieger.

Diese Resultate sind deshalb besonders bemerkenswert, weil Colonel Hall-Walker in seiner Zucht angeblich ganz eigene Methoden anwendete. Seine Ansichten wurden oft als grotesk und exzentrisch bezeichnet, und nicht selten wurde behauptet, er habe fest an die Astrologie geglaubt. Es wird erzählt, daß er Stuten und Hengste nach ihren Sternzeichen paarte und daß für jedes Fohlen ein Horoskop erstellt wurde. Fiel dieses ungünstig aus, so sei das Fohlen, ungeachtet etwaiger Qualitäten, verkauft worden. Aus diesem Grunde habe er auch *Prince Palatine* verkauft – das hervorragende Rennpferd, das später das St. Leger und zweimal den Ascot Gold Cup gewann. Dieser Umstand wurde von seinen Kritikern oft und gründlich ausgeschlachtet, doch wurde meist übersehen, daß Colonel Hall-Walker trotzdem in fünfzehn Jahren elfmal zu den vier erfolgreichsten Züchtern der Britischen Inseln gehörte.

Der Colonel machte sich in mancher Hinsicht verdient. Daß er 1915 sein Gestüt der englischen Regierung offerierte, war sicher sein größtes Verdienst. Es bestand zu dieser Zeit neben den Gebäuden und Ländereien aus sechs Hengsten, 43 Mutterstuten, zehn Zweijährigen, 19 Jährlingen und etwa 300 Stück Vieh. Nach längeren Beratungen nahm die britische Regierung das großzügige Geschenk an. Und damit wurde Tully zum ersten englischen Nationalgestüt. Es kam jetzt unter die Leitung von Sir Henry Greer, dem früheren Gestütsmanager des Aga Khan. Tully brachte weiterhin hervorragende Pferde hervor, wie zum Beispiel *Blandford* (Vater von vier Derby-Siegern), *Big Game* (Sieger in den 2000 Guineas) und *Sun Chariot* (Siegerin in den 1000 Guineas, den Oaks und dem St. Leger).

1943 ging Tully in den Besitz der irischen Regierung über, und zwei Jahre später wurde die Irish National Stud Company gegründet. Ihre Aufgaben waren und sind es, die irische Vollblutzucht zu verbessern und deren Interessen zu wahren und zu fördern. Dazu gehört nach wie vor die Be-

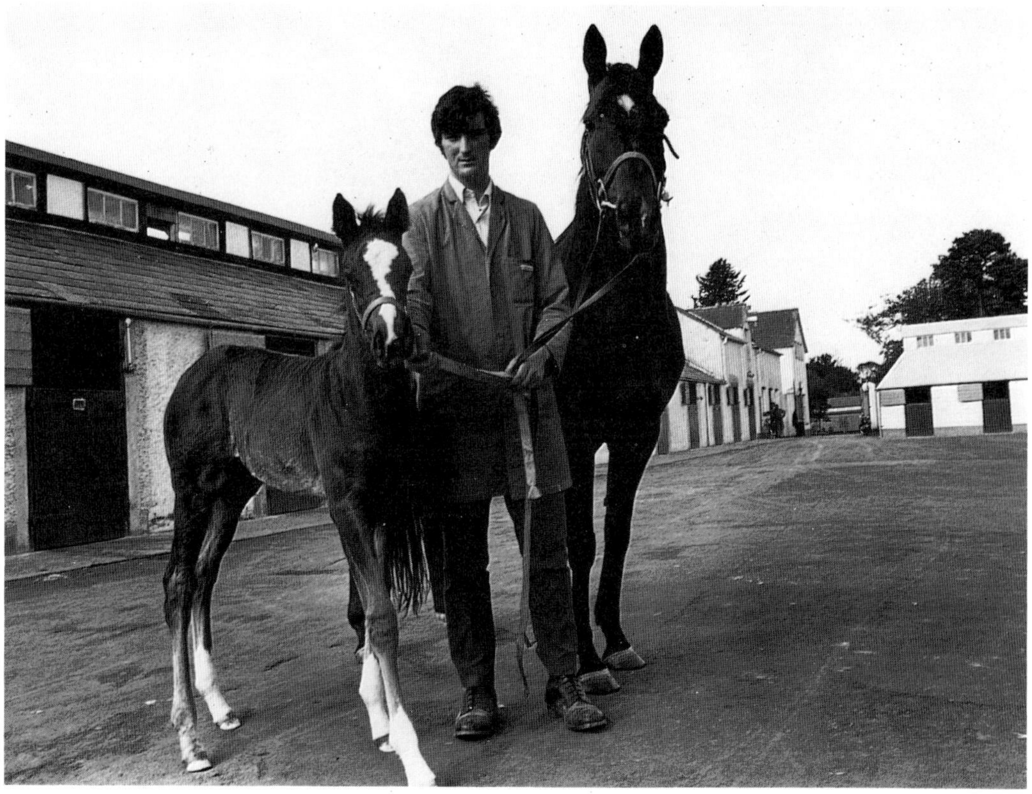

Eriskay mit einem Fohlen von *Tudor Music*. Kleine Züchter können Stuten vor dem Abfohlen auf das Nationalgestüt bringen. Zu finanziell sehr günstigen Bedingungen werden hier die Geburt und die ersten Lebenstage des Fohlens überwacht.

schaffung erstklassiger Hengste, die dem irischen Züchter zu sehr günstigen Bedingungen zur Verfügung stehen. Heute (1990) sind es *Dancing Dissident, Magical Wonder, Digamist, Be my Native, Broken Hearted, Hatim, Colemore Row, Yashgan* und *Tremblant.*

Der Aufgabenbereich des irischen Nationalgestütes wurde bis heute aber noch gewaltig erweitert. Es erfüllt beispielsweise auch veterinärmedizinische und züchterische Forschungsaufgaben, widmet sich dem Studium besserer Haltungs- und Fütterungsbedingungen der Pferde und der besseren Führung und Bewirtschaftung eines Gestüts, stellt den Züchtern eine Bibliothek und einen hervorragenden Informationsdienst zur Verfügung und bildet Gestütspersonal aus. Seine Leistungen sind hervorragend. Tully wurde damit zu einem der bedeutendsten Gestüte der Welt, was in ganz besonderem Maße das Verdienst seines derzeitigen Managers Michael Osborne ist.

Ganz oben: *Yashgan,* geb. 1981, v. *Hot Grove* a.d. *Val Divine,* siegte in sechs von 16 Rennen und gewann insgesamt 428 839 Pfund.
Oben: *Hatim,* geb. 1981, v. *Exclusive Native* a.d. *Sunday Purchase,* gezogen in den USA. Der legendäre *Native Dancer* war sein Urgroßvater. Er gewann in 18 Rennen total 291 742 Pfund.
Oben rechts: *Be my Native,* geb. 1979, v. *Our Native* a.d. *Witchy Woman,* gezogen in den USA, Ururenkel von *Native Dancer,* lief 21 Rennen und gewann 211 108 Pfund.

Oben: *Magical Wonder,* geb. 1983, v. *Storm Bird* a.d. *Flama Ardiente,* gezogen in den USA. Er siegte in vier von neun Rennen und gewann 112 037 Pfund.
Links: *Digamist,* geb. 1985, v. *Blushing Groom* a.d. *Disconiz,* gezogen in den USA. Zu seinen Vorfahren mütterlicher- wie väterlicherseits gehörten die großen Hengste *Nearco* und *Nasrullah.* Er gewann bei sieben Starts in einem Jahr (1987) 167 304 Pfund.

Ardenode Stud

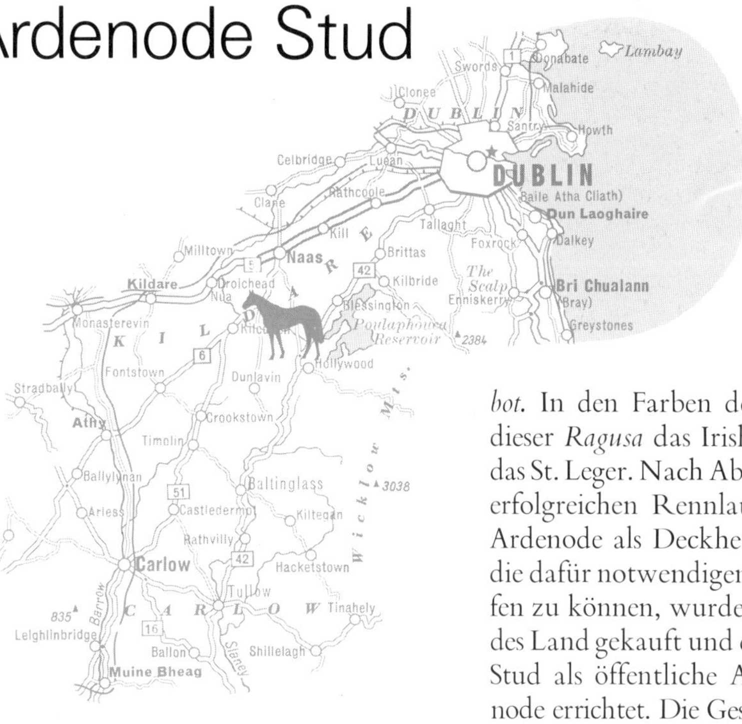

Hardicanute, geb. 1962, v. *Hard Ridden* a.d. *Harvest Maid*, v. *Umidwar*. Er war einer der erfolgreichsten Deckhengste von Ardenode. Er wurde von Paddy Prendergast als Jährling für die Mullions gekauft. In seinen drei Rennen blieb er ungeschlagen und ging 1966 ins Gestüt. Mit seinem Sohn *Hard to Beat* als Sieger im Prix du Jockey Club wurde er 1972 erfolgreichster Deckhengst Europas.
Jetzt ist er in Syndikatsbesitz und steht zurzeit in Frankreich.
Ganz unten: Der neue Teil des Ardenode Stud, das Ragusa Stud, wurde 1965 errichtet.

Nachdem Jim Mullion und seine Frau Meg als erfolgreiche Rennstallbesitzer hervorgetreten waren, kauften sie im Jahre 1956 das Ardenode Stud. Sie betrieben es in den ersten Jahren ausschließlich als privates Gestüt und züchteten nur Pferde für den eigenen Rennstall. Einer ihrer bedeutendsten Trainer war Paddy Prendergast; durch gelegentliche Zukäufe ergänzte er ihren Rennstall. So kaufte er 1961 bei den September-Auktionen in Ballsbridge für 3800 Pfund auch einen Jährlingshengst von *Ribot*. In den Farben der Mullions gewann dieser *Ragusa* das Irish Sweeps Derby und das St. Leger. Nach Abschluß seiner überaus erfolgreichen Rennlaufbahn wurde er in Ardenode als Deckhengst aufgestellt. Um die dafür notwendigen Bedingungen schaffen zu können, wurde weiteres angrenzendes Land gekauft und dort 1965 das Ragusa Stud als öffentliche Abteilung von Ardenode errichtet. Die Gesamtfläche wuchs damit auf über 240 Hektaren, und es gab nun Boxen für 280 Pferde. Leider ging Ragusas Karriere als Deckhengst schon früh zu Ende. Er litt an einem Hirntumor. An seinen Platz traten seine zwei Söhne, *Ballymore* (1972 Sieger in den irischen 2000 Guineas) und *Flair Path*.

Zur Zeit deckt aber auch *Guillaume Tell* in Ardenode, obwohl er im Besitz von Moyglare Stud ist. Dafür steht der zu Ardenode gehörende *Prominer* in Frankreich. Die Nachkommenschaft der etwa vierzigköpfigen Mutterstutenherde wird von den Mullions verschiedenen Trainern in Irland (Paddy Prendergast und Michael Kauntze), Frankreich (Freddy Palmer, Georges Bridgland und André Adèle) und England (Ian Balding, Gavin Pritchard-Gordon und Ryan Price) anvertraut. Die Internationalität wird aber nicht nur im Rennbetrieb, sondern auch in der Verkaufspolitik gewahrt. Alljährlich werden auf Auktionen in Irland, England und Frankreich Pferde aus Linien verkauft, die in Ardenode bereits vertreten sind. Die Nachfrage nach diesen Pferden ist groß – entsprechend der angebotenen Qualität.

Moyglare

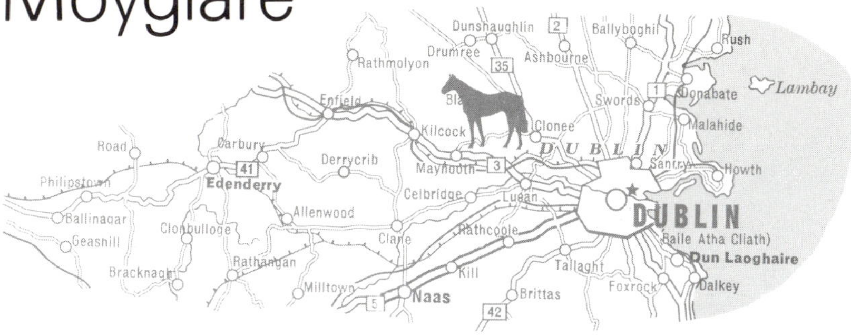

Das Moyglare Stud ist noch sehr jung. 1962 wurde es von dem Schweizer Geschäftsmann Walter Haefner gekauft. Bis zu diesem Zeitpunkt war es in erster Linie ein Landwirtschaftsbetrieb und bot wenig Möglichkeiten für die Vollblutzucht. Für die Planung und den Bau des Gestütes wurde Eric Miville beigezogen, ebenfalls ein Schweizer. Er wurde auch der erste Manager, und seine Arbeit war von einem geradezu legendären Perfektionismus geprägt. Sein Nachfolger wurde Stan Cosgrove, dem daneben die bedeutendste Pferdeklinik Irlands gehört.

Nahezu alle großen Gestüte besitzen Tradition. Moyglare fehlt die Tradition, doch interessanterweise ist das offensichtlich kein Mangel. Man hat vielmehr den Eindruck, hier werde aus diesem Manko geradezu eine Tugend gemacht. Moyglare ist zwar jung, wurde aber dadurch ein modernes Gestüt, das ausschließlich nach neuesten Erkenntnissen geführt wird.

In den letzten Jahren erzielten die Jährlinge aus Moyglare bei Auktionen in Keeneland, Saratoga, Kill und Deauville immer wieder Rekorde. Die Grundlage für diesen Erfolg wurde in wenigen Jahren durch den Aufbau einer erstklassigen Stutenherde geschaffen. Moyglares Stuten repräsentieren einige der besten weiblichen Linien der Welt. Einerseits sind es Stuten aus Linien mit klassischen Siegern, andererseits sind es Mütter von Spitzenpferden, wie zum Beispiel *What a Treat, Aladancer, Miralla, Lagunette, Seximée, Irish Lass* und *River Lady*.

Es versteht sich von selbst, daß solche Stuten nur von Spitzenhengsten gedeckt werden. In Moyglare steht zwar kein Hengst, doch hat Walter Haefner Anteile an Hengsten wie *Kashmir II, Zeddaan, Exbury, Mill Reef, My Swallow, Kalamoun, Nonoalco, Rheingold, Sassafras, Thatch, Nijinsky II, Riva Ridge, Foolish Pleasure, Secretariat, Bold Forbes, Honest Pleasure* usw. Moyglare besitzt Anteile an Hengsten im Wert von etwa 1,2 Millionen Pfund.

Ganz oben rechts: Als der Schweizer Walter Haefner 1962 den Landwirtschaftsbetrieb von Moyglare erwarb, kaufte er gleichzeitig diese Überreste eines Schlosses. Der Grund: Man brauchte Steine, um die neuen Stallungen zu bauen.

Oben: Von links nach rechts: Die Stuten *Miralla, Seximée* und *Irish Lass*.
Miralla, geb. 1972, v. *Allangrange* a.d. *Miralife*, v. *Miralgo*. Sie war Siegerin in den irischen 1000 Guineas und in zwei weiteren Rennen.
Seximée, geb. 1966, v. *Hasty Road* a.d. *Jambo*, v. *Crafty Admiral*. Sie ist die Mutter von *Nonoalco*.
Irish Lass, geb. 1962, v. *Savajirao* a.d. *Scollata*, v. *Niccolo dell'Arca*. Sie ist die Mutter von *Irish Ball*.
Links: *River Lady*, geb. 1963, v. *Prince John* a.d. *Nile Lily*, v. *Roman*. Sie ist die Mutter des hervorragenden *Riverman* in Frankreich.

Gilltown

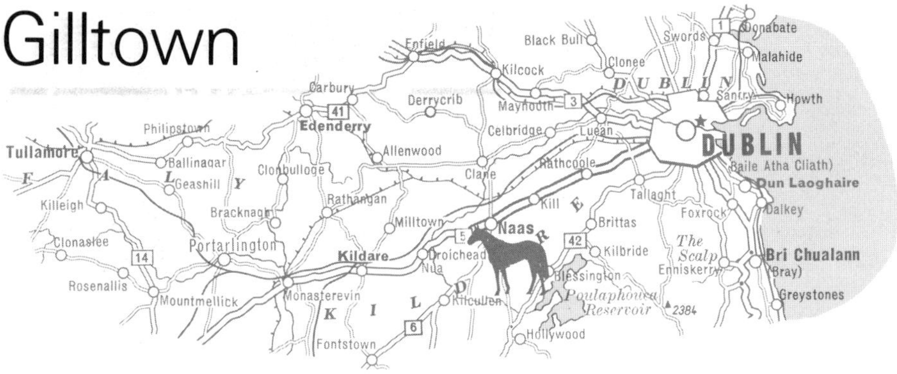

Die Geschichte Gilltowns ist ein getreues Abbild der irischen Vollblutzucht. Diese bestimmte in allen Jahren weitgehend das Geschehen in Gilltown. Vom 17. Jahrhundert an lebte hier die Familie Burrowes, doch nach dem Ende des Ersten Weltkrieges verkaufte sie das Gut an Lord Furness. Dieser begann hier mit der Vollblutzucht und errichtete zu diesem Zweck die meisten der heute bestehenden Gebäude.

Seine späteren Erfolge verdankte Gilltown, wie die meisten der berühmten Gestüte, einer überragenden Stute. Zur Stammmutter in Gilltown wurde *Americus Girl*, eine der ersten Stuten von Lord Furness. Eine ihrer Töchter (von *Sundridge*) hieß *Lady Josephine*. Diese erbrachte zumindest ansprechende Rennleistungen und wurde nachher ins Gestüt zurückgebracht. Sie wurde *Son-in-Law* zugeführt, und das Produkt war *Lady Juror*, die Mutter von *Fair Trial*.

Im folgenden Jahr wurde *Lady Josephine* von *The Tetrarch* gedeckt, und dieses Fohlen hieß *Mumtaz Mahal*. Wegen ihres unvergleichlichen Galoppiervermögens wurde *Mumtaz Mahal* mit dem Spitznamen «The flying filly» bedacht. In der Vollblutzucht gilt sie heute als eine der einflußreichsten Mutterstuten, und ihr Name ist jedem Züchter ein Begriff.

Wegen der wirtschaftlichen Spannungen zwischen England und Irland in den dreißiger Jahren zog Lord Furness mit all seinen Pferden nach Gillingham in Dorset, England. Zu Beginn des Zweiten Weltkrieges wollte Lord Furness wieder nach Gilltown zurück, doch er starb, bevor er sein Vorhaben in die Tat umsetzen konnte. Gillingham wurde daraufhin vom englischen Nationalgestüt übernommen, und Gilltown wurde von Aga Khan gekauft. Dies war wiederum bezeichnend für die Situation in der irischen Vollblutzucht, in der Aga Khan in diesen Jahren eine führende Rolle zu spielen begann.

Heute gehört das Gestüt Mr. und Mrs. Betram Firestone aus Virginia, die sich, wie verschiedene amerikanische Züchter in den letzten Jahren, in Irland engagierten.

Als Deckhengst steht zur Zeit *Run the Gantlet* in Gilltown. Er siegte unter anderem im Washington D.C. International und war 1971 in Amerika Champion Turf Horse. Der zweite Beschäler, *King's Company*, wurde 1977 nach Japan vermietet.

Auf dem über dreihundert Jahre alten Sitz Gilltown wurde nach dem Ersten Weltkrieg von Lord Furness das Gestüt eingerichtet. Nach dem Tod des Lords kaufte Aga Khan Gilltown. 1957 erbte es Aly Khan und nach dessen frühem Tod der Sohn Karim Aga Khan. In diesen Jahren machten vor allem die Gilltown-Pferde *Stardust, Palestine* und *St. Crespin* von sich reden. Heutige Besitzer von Gilltown sind Mr. und Mrs. Betram Firestone, denen in Virginia auch das Catoctin-Gestüt gehört.

Balreask

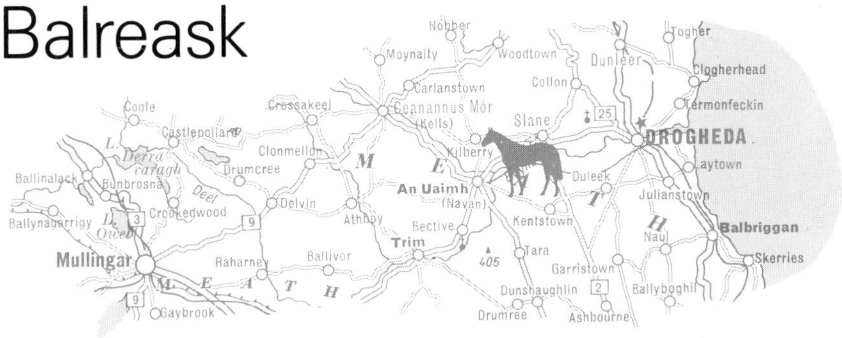

Im Jahre 1780 gründete Patrick Clarke in Navan das Balreask Stud. Anfänglich wurden dort Hunter gezüchtet, aber bereits 1837 begann der Ururgroßvater des jetzigen Besitzers, Paddy Clarke, mit der Vollblutzucht. Bis zur Jahrhundertwende kamen vor allem Chaser und weiterhin auch Hunter aus Balreask. Erst dann begann die gezielte Zucht von hochklassigen Flachrennpferden.

Der erste bedeutende Hengst in Balreask wurde *Coup de Lyon* (v. *Winalot Sundy* v. *Sunstar)*. Sein bedeutendstes Produkt war *Etoile de Lyon,* der das irische St. Leger gewann. Sein Nachfolger wurde 1952 *Golden Cloud,* ein zuverlässiger Sprinter. Er brachte Sieger in über 530 Rennen mit einer Gewinnsumme von etwa 290 000 Pfund. Seine bedeutendsten Produkte sind *Galivanter, Skymaster, Precious Heather, Matador* und *Crimson.*

Ein besonders interessanter Hengst war auch *Quorum.* Neben Siegern über alle Distanzen brachte er den phänomenalen und unvergeßlichen *Red Rum,* der den Grand National dreimal gewann und zweimal Zweiter wurde!

Besondere Berühmtheit aber erlangte Balreask dank einer seiner Stuten: *Kingsworthy.* Eine Jährlingsstute von ihr und *Matador* wurden 1960 nach Amerika verkauft. Sie wurde *Moment of Truth* genannt und ging nach erfolgloser Rennlaufbahn ins Gestüt nach Florida. Sie brachte dort sechs Sieger, unter ihnen eine Stute von *Fleet Nasrullah.* Diese *Convenience* gewann elf Rennen im Wert von 451435 Dollar, darunter das höchstdotierte Matchrennen, das je in Amerika gelaufen wurde. Dieses Rennen wurde am 24. Juni 1972 im Hollywood Park in Los Angeles von *Convenience* gegen *Typecast* mit einem Kopf gewonnen, und ihr Besitzer erhielt dafür 250000 Dollar.

Kingsworthy brachte neben *Moment of Truth,* der «Broodmare of the Year 1973», noch sechs Sieger. Als sie 23jährig wurde, zog man sie von der Zucht zurück. Ihr letztes Fohlen, eine Stute von *Capistrano,* wurde dafür in Balreask zurückbehalten.

Besitzer des Balreask-Gestüts ist Patrick Clarke, dessen gleichnamiger Vorfahre vor 200 Jahren das Gestüt für Jagdpferde gründete. 1837 begann Paddys Ururgroßvater mit der Vollblutzucht. Links: *Typhoon,* geb. 1958, v. *Honeyway* a.d. *Kingsworthy.* Er gewann unter anderem die Coventry, Royal Ascot und Richmond Stakes, die Barrow Plate, war Zweiter im Prix Morny und siegte in zehn Rennen in den USA.

Tulira Castle

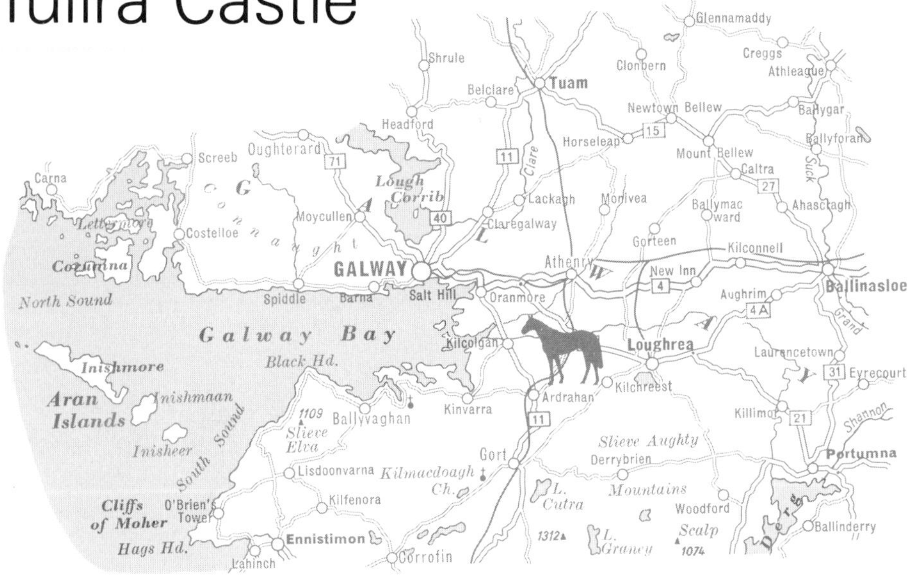

Rechts: Der Zuchthengst *Tulira Mairtin*, v. *Toreen Ross* a.d. *Glen Nelly*, ein hervorragender Vererber bester Connemarapony-Qualitäten und ein herrlicher, ausdrucksvoller Hengst. Einer seiner Söhne ist der Meisterhengst Australiens.

Von jeher gab es auf Tulira Castle Pferde. Hier wurden Hunter gezüchtet, und heute noch findet man Hemphill-Vollblüter auf Auktionen. Das Ungewöhnliche an Tulira Castle ist aber vor allem die Connemarapony-Zucht, die in den letzten fünfzehn Jahren weit über die Landesgrenzen hinaus bekannt wurde.

Als John Huston im Jahre 1963 sein Connemarapony-Gestüt auflöste, kauften wir zwei seiner Stuten: *Glen Nelly* und *Star of Fahy*. Beide waren Sieger verschiedener Veranstaltungen, z. B. der Meisterschaften von Clifden.

Der Paarung von *Glen Nelly* mit *Toreen Ross* entstammt *Tulira Mairtin*, ein Pony von herrlicher Statur und mit ausgezeichneten Qualitäten, das nun seit bald zehn Jahren unser Zuchthengst ist. Der Schimmel präsentiert sich auf der gegenüberliegenden Seite. Insgesamt laufen heute auf unseren Weiden etwa vierzig Ponys.

Viele unserer Ponys haben wir in den Bergen von Connemara gefunden. Darunter war eine kleine Stute namens *Noreen Grey*, die sich als hervorragendes Zuchttier entpuppte. Sie brachte in elf Jahren zehn Fohlen zur Welt, die eines wie das andere gut waren und von denen vor allem *Tulira Rocket* von sich reden machte. Sein Vater war *Tulira Paddy*, ein Halbbruder unseres *Tulira Mairtin*.

Rocket war eines der erfolgreichsten Ponys in Irland. Außer guten Plätzen in Stonleigh 1972 und 1973 gewann es mit der Galway-Gruppe drei Jahre hintereinander die irische Pony-Club-Meisterschaft. Es zeichnete sich außerdem als erstklassiges Jagdpony aus. Seit es nach England verkauft wurde, hat es dort bereits wieder verschiedene Meisterschaften gewonnen.

Rockets Schwester *Tulira Maria* ist ebenfalls eine große Siegerin in England, und der Bruder *Tulira Sparkler* verspricht mit seinen vier Jahren ein neuer Meister zu werden.

Von der Stute *Smokey*, dem mit 33 Jahren wohl ältesten Connemarapony, stammt *Patsy Fagan*, das berühmteste Tulira-Pony. Mit unserer damals achtjährigen Tochter war es bald in allen Jagddistrikten Irlands bekannt. Es wurde Sieger in einer großen Anzahl von Veranstaltungen aller Art. Mit fünf Jahren war es einen Zentimeter zu hoch für die größte Ponyklasse und mußte gegen Pferde antreten, gewann aber auch so eine ganze Reihe von Konkurrenzen.

Oben: *Tulira Mary Ann*, Tochter des jungen Gestütshengstes *Cregmore Colum* und Trägerin zahlreicher Preise, wurde im Sommer 1976 nach Frankreich verkauft.
Rechts: Auktion vor dem Schloß von Tulira. Von diesem Gestüt wurden bisher Ponys in neun Länder verkauft. Darunter waren die ersten Connemaraponys für Spanien.

Spanien

Ebenso wie sich das Erscheinungsbild des Spaniers im Laufe der bewegten Geschichte durch das Eindringen anderer Völker – Römer, Kelten, Griechen, Araber – verändert hat, so wurde auch die Entwicklung der spanischen Pferde durch die verschiedensten Pferderassen beeinflußt. Hannibal hat auf seinem Feldzug offenbar eine große Menge von Pferden ins Land gebracht, und von Hasdrubal wird berichtet, daß er über 20000 libysche Pferde über die Meerenge von Gibraltar schaffen ließ, um sein Heer damit auszurüsten. Vermutlich sind schon vor dem Eindringen der Ismaeliten Pferde arabischer Herkunft nach Spanien gekommen und haben ihre Spuren in unseren frühen Zuchten hinterlassen. Dasselbe gilt auch für die Pferde, die mit den Goten, Vandalen und Schwaben kamen.

Der Süden Spaniens, vor allem Andalusien, wo das «spanische Pferd» herkommt, war wohl immer das beste Gebiet für die Pferdezucht. Die Tatsache, daß die muselmanische Herrschaft im Süden intensiver und von längerer Dauer war, erklärt auch den nachhaltigen Einfluß von arabischen und Berberpferden auf die Zucht in Andalusien. Aber Andalusien war nicht nur das bedeutendste Stutenreservoir des Landes, es war auch Ausgangspunkt für die bedeutsamen Transporte von Pferden in die Neue Welt. Von hier brachen Kolumbus und die nachfolgenden Eroberer und Siedler auf, um den Atlantik zu überqueren, und jedes ihrer Schiffe führte andalusische Pferde mit.

Während der Herrschaft der Katholischen Könige erhielt die Pferdezucht beachtlichen Auftrieb durch die Politik jener Herrscher, die zielstrebig darauf gerichtet war, den Reichtum Spaniens und der Neuen Welt zu nutzen und zu mehren. Der Bestand der Pferde wurde wesentlich vergrößert und ihre Qualität als Reit- und Kriegstiere bedeutend verbessert. Der mit dem wachsenden Pferdebestand einhergehende Preisrückgang war natürlich von großer Bedeutung, weil Über-Land-Transporte ja fast ausschließlich von Pferden bewerkstelligt wurden.

Im Mittelalter war es im Königreich Aragon, in Katalonien und Kastilien üblich, in unruhigen Zeiten Hengste und Mutterstuten in abgelegene Gebiete zu bringen, damit sie dem Feind nicht in die Hände fielen. Besonders geeignet waren hierfür die Klöster, weil sie einen recht guten Schutz boten und die Mönche sich um die Tiere kümmerten. Als Entgelt für die geleisteten Dienste pflegte man dann den Klosterbrüdern einige Pferde zu überlassen. Zusammen mit denen, die die Klöster als Legat erhalten hatten, bildeten sie die Grundlage für die klösterlichen Gestüte.

Auf muselmanischem Gebiet stand die Pferdezucht ebenfalls in hoher Blüte. Hier wurde die Zucht sogar mit noch größerer Sorgfalt als in den christlichen Gebieten gepflegt. Neben Arabern und Berbern wurden auch spanische Pferde und Kreuzungen gezüchtet. Das Gestüt des Mauren Almanzor bei Alhamirilla in der Nähe von Cordoba war damals besonders berühmt. Seine großen Stallungen waren zum Teil in den Fels hineingebaut.

Im 17. Jahrhundert wurden neapolitanische und nordische Pferde nach Spanien eingeführt. Die Vermischung mit den spanischen und orientalischen Rassen war allerdings sehr umstritten und wurde von verschiedenen Züchtern bekämpft. Besonders die Geistlichen des

Die weite, sonnendurchglühte Landschaft Andalusiens war schon immer die Hochburg der spanischen Pferdezucht. Die klimatischen Bedingungen im Verein mit dem Einfluß der pferdezüchterisch hochbegabten Mauren und ihrer orientalischen Pferde ließen hier Tiere wachsen, die über Jahrhunderte die begehrtesten Europas waren. Bis vor wenigen Jahrzehnten mußte hier jeder der vielen einsamen Höfe zahlreiche Pferde zum Bewirtschaften des Landes, für die Maultierzucht und als Transportmittel halten.
Die enge Verbundenheit mit dem Pferd tritt bei jedem andalusischen Fest deutlich zutage. Eine Feier ohne die feurigen Andalusier ist hier gar nicht denkbar.

Nächste Doppelseite: Ein typischer andalusischer Gestütshof, Cortijo de Quarto in Dos Hermanas bei Sevilla.

Hieronymusordens und die Kartäusermönche erkannten schon damals die Gefahren solcher Vermischungen, zu einer Zeit, als in ganz Europa das Kreuzen der verschiedensten Rassen große Mode war.

Das spanische Kartäuserpferd ist das Zuchtresultat jener Mönche in Jerez de la Frontera. Diese Pferde sind sehr edel gebaut, zeigen ein gerades Profil und zeichnen sich besonders durch ihre wundervoll harmonischen Bewegungen aus. Ihre Blutlinien wurden immer rein erhalten, und ihre Qualität war von jeher bekannt. Sie waren die Exponenten der verdienstvollen Andalusier. Im Jahre 1835 verfügte die Regierung die Auflösung der religiösen Kongregationen, und die Kartäusermönche sahen sich gezwungen, ihre Klöster zu verlassen. So mußten sie auch ihre Pferdebestände stark reduzieren und dem Staat und privaten Züchtern Tiere verkaufen.

Die Habsburger und die Bourbonen waren bestrebt, die Pferdezucht in Spanien zu verbessern. Philipp IV. unterstellte die Pferdezucht der Kavallerie und damit der Armee. Die Organisation ist heute unter dem Namen «Direktion der Dienste der Pferdezucht und Heeresremonten» bekannt. Ihre Tätigkeit wird im Kapitel über die Militärgestüte näher erläutert.

Neben den staatlichen Gestüten und Hengstdepots gibt es heute zahlreiche private Gestüte, auf denen verschiedene Rassen gezüchtet werden. Es sind vor allem Sportpferde, für Rennen, den Springsport, für den Stierkampf und natürlich auch für Reiterspiele und das Freizeitreiten. Die Zahl der Pferde ist auch in Spanien in den letzten Jahrzehnten stark zurückgegangen, doch ihre Qualität wurde verbessert.

Pferderennen werden in Spanien immer populärer. In Madrid, San Sebastian und Sevilla, demnächst auch in Barcelona und Valencia werden Rennen gelaufen. In Sanlucar de Barrameda gibt es im Sommer auch Rennen am Strand.

Springkonkurrenzen werden in jeder Provinzhauptstadt und in vielen anderen Städten ausgetragen.

Spanische Reiterspiele sind vor allem in Sevilla, Jerez de la Frontera und Santiago de Compostela außerordentlich beliebt. Und schließlich darf auch das Polospiel nicht vergessen werden, das vor allem in Madrid, in Jerez und in Sotogrande in der Nähe von Algeciras sehr populär ist.

Militärgestüt Jerez

Durch ein königliches Dekret wurde am 26. Juni 1893 das Militärgestüt von Cordoba gegründet. Es wurde auf dem gepachteten Besitztum von Moratalla eingerichtet und war hier bis 1956 in Betrieb. Die Kündigung des Pachtvertrages zu diesem Zeitpunkt führte zur Verlegung des Gestüts zum Regimentsstab in Jerez de la Frontera und in die Gehöfte von Vicos und Garapilos bei Jerez.

Der Einfluß des Militärgestüts auf die Pferdezucht des Landes begann sich schon kurz nach der Jahrhundertwende bemerkbar zu machen. Von Anfang an wurde planmäßig und nach zootechnischen Methoden gearbeitet, um gute, reinrassige Tiere für die staatlichen Hengstdepots zu erhalten, wo die privaten Züchter ihre Stuten decken lassen konnten. Auf diese Weise war es möglich, die Pferdezucht auf Landesebene zu verbessern.

Es wurden verschiedene Kreuzungen versucht, vor allem aber stellte man die reine spanische Rasse, den Andalusier, wieder her. Bei der Gründung begann man mit einem Posten reinrassiger Andalusier zu arbeiten. Bemerkenswerterweise ist die Erhaltung der Rasse mit allen ihren Qualitäten eine der heikelsten und schwierigsten Aufgaben. Auf den ersten Blick sollte man meinen, daß die Zucht von guten reinrassigen Tieren bei Verwendung ebensolcher Hengste und Stuten keine Schwierigkeiten macht. In Wirklichkeit ergaben sich in dieser Beziehung anfangs große Probleme, und zwar wohl vor allem, weil die Zuchttiere aus den verschiedensten Gestüten stammten und viele verschiedene Bluteinschläge trugen. Die Nachkommenschaft war in den ersten Jahren uneinheitlich, doch gelang es allmählich, den Typ mit seinen guten Eigenschaften zu stabilisieren. Insgesamt sind die Andalusier sehr schöne, harmonisch gebaute Pferde mit einem ausgeglichenen, freundlichen Charakter, widerstandsfähig, gelehrig und vielseitig verwendbar. Dank diesen Eigenschaften stellen sie die weitaus beliebteste und verbreitetste Rasse in Spanien dar.

Im Militärgestüt stehen etwa 75 Andalusier-Zuchtstuten und etwa 200 weitere Tiere dieser Rasse.

Mit den reinrassigen Araberpferden hatte das Gestüt von Anfang an Erfolg. Die Zucht wurde mit einem Grundstock von Stuten und einigen Hengsten aus dem Orient, aus Rußland und Polen begonnen, und die meisten dieser Tiere waren von ausgezeichneter Qualität. Die Araber standen ebenfalls in Moratalla bei Cordoba, und eine weitere Zuchtgruppe wurde 1912 in Jerez aufgestellt. Durch Versteigerung der überzähligen Tiere entstanden verschiedene private Arabergestüte, und bereits existierende konnten ihre Bestände durch die ausgezeichnete Militärzucht auffrischen. Am Ende des Bürgerkrieges vermachte der Herzog von Veragua sein Arabergestüt dem Staat. Es waren 47 Zuchtstuten und 130 weitere Pferde dieser Rasse.

Die gegenwärtigen Araber des Militärgestüts sind fast durchweg von außerordentlicher Schönheit. Ihre hohe Qualität ist nicht nur ihrer vornehmen Herkunft, der geschickten Auswahl und der sorgfältigen Pflege zuzuschreiben, sondern auch den günstigen ökologischen Bedingungen in Südspanien.

Die Sektion der Anglo-Araber verfügt über zehn Stuten, die von gleichrassigen Hengsten gedeckt werden.

Das Militärgestüt besitzt auch eine Anzahl englischer Vollblutpferde, die größtenteils im Gestüt Lore Toki bei San Sebastian stehen. Dieses Gestüt, das 1941 reorganisiert

Linke Seite, oben: Auf dieser alten Gravur ist ein Lanzenreiter von Villaviciosa dargestellt. Mitte: Andalusien ist berühmt für seine Fliesenmalerei. Hier eine Darstellung des großen Araberhengstes *Van-Dick*. Aus Rußland eingeführt, galt er als der beste Hengst dieser Rasse, den Spanien jemals besessen hatte. Das Bild befindet sich am Eingang zur Offiziersmesse. Unten: Der Hof des Übungszentrums mit der Tränke.

Oben: Der Innenhof mit den Boxen für die Pferde des Offizierskorps ist von Reben beschattet. Nächste Doppelseite: Stuten und Jungpferde werden aus der sommerlichen Mittagshitze auf den offenen Weiden unter schattige Eukalyptusbäume gebracht, wo auch die Futterkrippen stehen.

Rechts: Der Eingang zum Cortijo de Vicos, dem Militärgestüt, das an der Straße Jerez-Arcos liegt. Unten: Gittertor zum Stallhof.

Unten: Der Hof mit den Mannschaftsunterkünften, den Diensträumen und der Kantine.

wurde, hatte früher König Alfons XIII. gehört. Den Grundstock der Zucht bildete eine Anzahl Stuten, die der Franzose M. Edmond Veil Picard dem Generalissimus geschenkt hatte und die dieser wiederum an das Militärgestüt weiterleitete. Jedes Jahr findet nun die Versteigerung der Jährlinge statt. In den meisten spanischen Rennställen stehen Pferde aus dieser Zucht, die heute über rund dreißig tragfähige Stuten verfügt.

Eine Sektion für Turnierpferde gibt es in Ibio, Santander. Sie besteht aus Vollblutstuten, Anglo-Arabern, Huntern und anderen Kreuzungen. Die meisten dieser Zuchttiere haben sich bei Springkonkurrenzen oder Militarys ausgezeichnet und dienen zur Nachzucht von Sportpferden für die spanische Mannschaft.

Schließlich gibt es in Cordovilla la Real, Palencia, eine Abteilung für Zugpferde. Die Zucht von Zugpferden begann etwa um die Jahrhundertwende im Osten Spaniens mit Pferden verschiedener Herkunft. Die Zucht dehnte sich später auf die Pyrenäen Kataloniens, auf Huesca, Navarra und Burgos aus. Auch in dem 1946 gegründeten Gestüt von Cordovilla la Real wurden verschiedene Kaltblutrassen zur Zucht eingesetzt. Postier-Breton-Hengste wurden aber bevorzugt, denn sie stammten aus einer rauheren Umgebung als die anderen Rassen und konnten sich daher hier besser anpassen.

Nach vielen Wechselfällen, die die spanische Pferdezucht seit dem Anfang des vergangenen Jahrhunderts erlebt hat, wurden im Jahre 1864 die Dienstzweige der Pferdezucht in einer rein militärischen Institution zusammengefaßt, im Kriegsministerium. In dem königlichen Dekret wird dieser Schritt mit dem ausgesprochen schlechten Zustand erklärt, in dem sich die Pferdezucht damals trotz der Bemühungen des Ernährungsministeriums befand. Als das Kriegsministerium 1864 die Pferdezucht übernahm, bestanden 17 Depots. Diese wurden aber vorwiegend mit Pferden bewaffneter Einheiten besetzt. Erst

Farbige Fliesen mit dem Brandzeichen des Militärgestütes – Jeguada Militar – und den Lanzen der Kavallerie mit der Krone schmücken das Eingangstor zum Gehöft von Vicos.

Links: Auf dem Hauptplatz vor der stilvollen Offiziersmesse werden der Andalusierhengst *Jenson* (links) und der Araberhengst *Jacio* vorgeführt.
Unten: Fünfer-Paradegespann vor dem Pitter im Haupteingang zum 2. Hengstdepot von Jerez de la Frontera.

1875 wurden die Depots so eingerichtet, wie sie heute noch bestehen. Die Zahl der ursprünglich 17 Depots wurde auf 4 reduziert: Jerez, Cordoba, Baeza und Valladolid.

Das Depot von Jerez wurde in Cartuja eingerichtet, da die Stadtverwaltung selbst nicht über den für 100 Hengste notwendigen Raum verfügte. Der erste Leiter war Oberstleutnant der Kavallerie Francisco Sanjuan Valero (er wurde schon mit zehn Jahren zum Ehrenleutnant ernannt), der das Depot 1876 übernahm.

1919 wurde durch Alfons XIII. eine Reorganisation der Verwaltung angeordnet. In jeder Zuchtzone der Halbinsel wurde nun ein Depot eingerichtet, und das erste Depot von Jerez wurde jetzt zum zweiten.

Nach dem Bürgerkrieg gelangte La Cartuja durch eine ministerielle Verfügung wieder an den gleichnamigen Mönchsorden, dem das Gut gehört hatte. Die Stadtverwaltung von Jerez hatte inzwischen im Pferch von Gonzales Hontoria ein geeignetes Gelände direkt am Stadtrand zur Verfügung gestellt. Die Abtretungsurkunde wurde 1941 unterzeichnet, aber erst 1948 waren die neuen Gebäude und Stallungen bezugsbereit.

Im selben Jahr wurden die Hengste auf 34 öffentliche Deckstationen in den Provinzen Cadiz, Sevilla, Huelva und Malaga verteilt und 37 Hengste privaten Züchtern zur Verfügung gestellt. Dabei wurden 3916 Stuten gedeckt. Bis zum Jahr 1955 sank die Zahl der gedeckten Stuten um etwa 1000 Stück, hat seither aber wieder zugenommen. 1972 zeugten 43 Hengste 3947 Fohlen.

Als bedeutende und besonders erfolgreiche Hengste dieses Depots gelten: *Hechicero* und *Destino* sowie deren Nachkommen *Maluso, Cantabro, Baturro, Bombardino* und *Juglar* unter den Andalusiern und, bei den Arabern, *Wany Drick, Escanderich, Gandhi, Fueron, Congo, Tabal, Mayuillo* und *Zancudo*.

Oben: Der braune englische Vollbluthengst *Pongo*, geb. 1961, v. *Tuoragua* a.d. *Dona Fly*, v. *Tourbillon*.
Der Schimmelhengst darunter ist der Andalusier *Jenson*, geb. 1968, v. *Agente* a.d. *Empalar*, v. *Maluso*.
Links: Die blumengeschmückte Kommandantur des Depots.

Siebentes Hengstdepot Cordoba

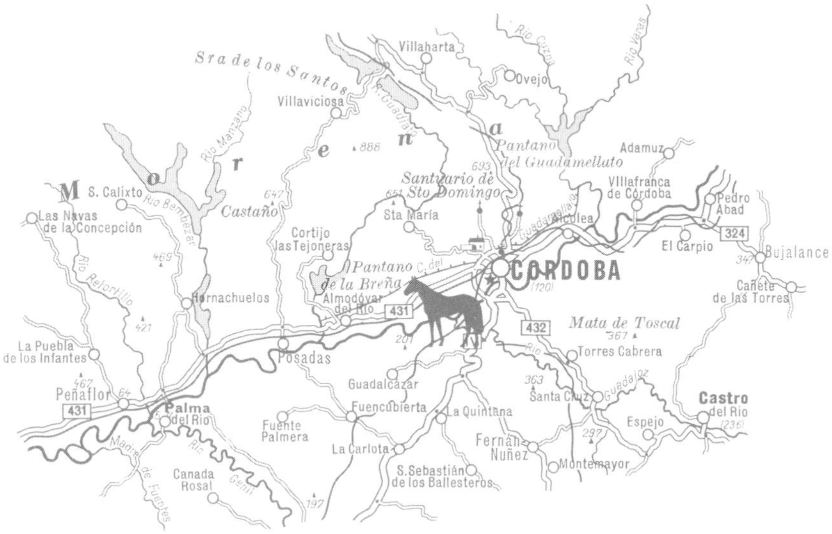

Dieses Hengstdepot befindet sich mitten in der Stadt Cordoba. Hier sind rund 150 Pferde und gut 20 Eselhengste untergebracht. Zu dem Depot gehört außerdem eine Sektion in Baeza, Jaen, wo etwa 60 Hengste stehen. Vom Februar bis in den Juni sind sie größtenteils auf ihren Deckstationen.

Die «Königlichen Stallungen», in denen die Hengste des Siebenten Depots stehen, gehören zu den großartigsten und eindrucksvollsten der Welt, wie die folgende Doppelseite zeigt. Der Bau wurde unter König Ferdinand III. im Jahr 1230 begonnen und unter Philipp II. (1556–1598) vollendet. Er steht am selben Ort, wo einst der Emir Alhakem die Stallungen für seine 2000 Araberpferde hatte, am Rio Guadalquivir. Am anderen Ufer, den Stallungen gegenüber, befand sich der Palast der Emire, der einst von den Westgoten errichtet worden war und später von den Mauren erweitert und ausgebaut wurde. Heute dient dieser ehrwürdige Palast als Sitz des Bistums. Während der Hochblüte Cordobas, unter Alhakem, der von 915 bis 976 regierte, wurden nicht nur der herrliche Pferdestall und viele weitere prachtvolle Gebäude errichtet. Der Emir liebte außer Araberpferden auch Bücher und hinterließ eine Bibliothek von rund 400 000 Bänden.

Im Gegensatz zur Bibliothek überdauerten die Stallungen die Jahrhunderte leider nicht. In den Strohkammern brach 1735 ein Brand aus, der alle Gebäude bis auf die Grundmauern einäscherte. Ferdinand VI.

Ganz oben: Die Pforte zum Hengstdepot von Cordoba.
Mittlere Reihe: links ist die Reithalle zu sehen, rechts daneben der Eingang.
Links: Brunnen mit Marmorpferden, beschattet von den üppigen Weinlauben am Rand des Innenhofes.
Oben: Zum Hengstdepot gehört ein Kutschenmuseum mit einer beachtlichen Kollektion.

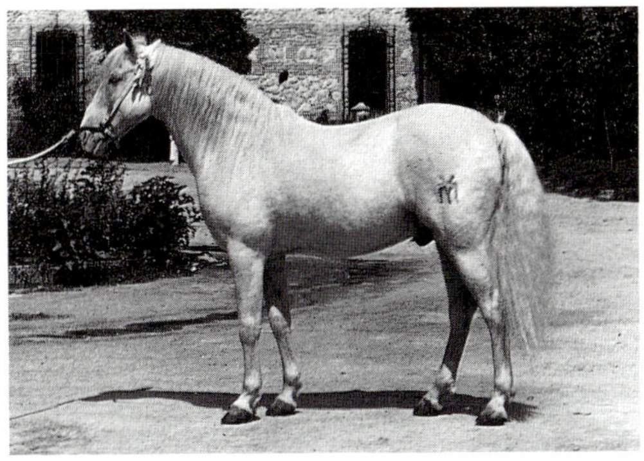

Ganz links: Englisches Vollblut.
Links: Andalusier.
Unten: Bretone.
1976 waren in Cordoba Hengste folgender Rassen aufgestellt: 13 Vollblüter, 19 Araber, 64 Andalusier, 11 Hispano-Araber, 37 Zugpferde und 22 Eselhengste.
Nächste Doppelseite: Eine der unvergleichlichen, im 13. Jahrhundert entstandenen und im 18. Jahrhundert erneuerten Stallungen von Cordoba.

befahl den Wiederaufbau der Stallungen, der aber erst 1760 unter Karl III. beendet wurde. Seine Waffen in einem Wappenschild am Portal erinnern heute noch daran.

Gegen Ende des letzten Jahrhunderts wurden die Gebäude der königlichen Domäne entzogen und in eine Kaserne mit Hengstdepot umgewandelt.

Außer den Hengsten, die jährlich auf die offiziellen Deckstationen gehen, werden auch privaten Züchtern Hengste zur Verfügung gestellt. Bedingung ist, daß sie mindestens über zwanzig Stuten, gleich welcher Rasse, verfügen. Bei englischen Vollblutstuten ist das Minimum auf zehn Stück festgesetzt, allerdings müssen dann die Jungen für das Renntraining zur Verfügung gestellt werden.

Zur Betreuung des Hengstes, der für etwa 115 Tage beim Züchter bleibt, wird jeweils ein Soldat abgestellt. Die Kosten für die Benützung des Hengstes sind minimal.

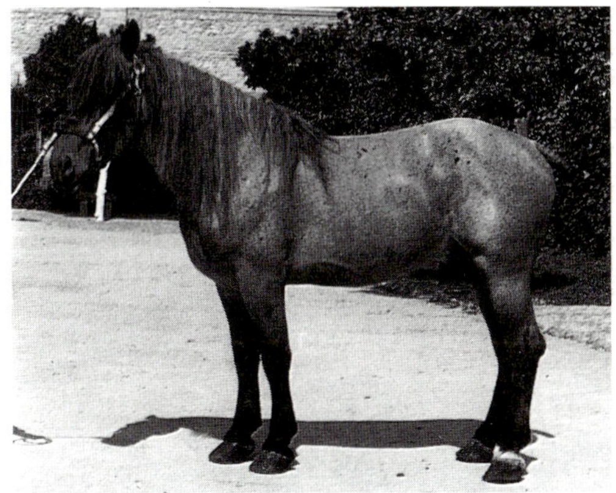

Ausbildungsdepot Ecija

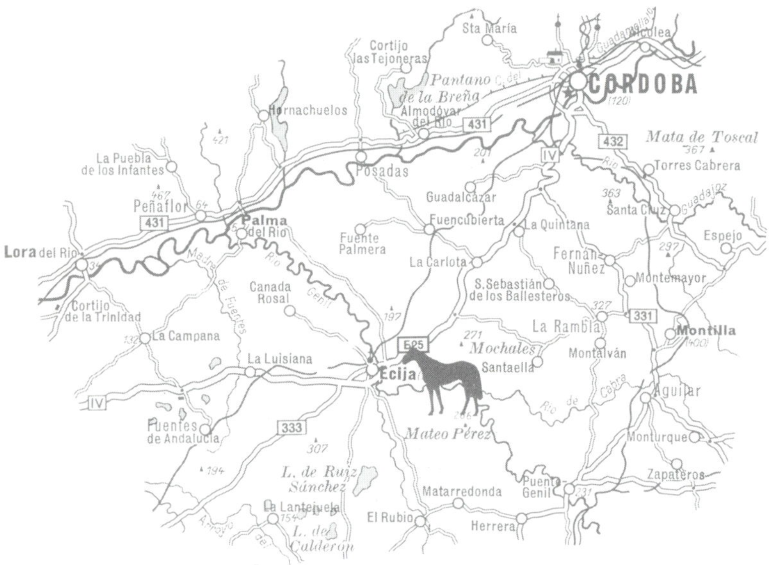

Früher war dieses Depot unter der Bezeichnung 3. Remonte-Anlage von Extremadura bekannt. Es lag damals in Moron de la Frontera bei Sevilla. Von dort wurde es 1906 nach Ecija, etwa 45 Kilometer westlich von Cordoba, verlegt. Durch eine weitere Verfügung wurde es umorganisiert und am 4. Dezember 1919 in «Depot für Nachzucht und Ausbildung der 1. Zuchtzone» umbenannt. 1926 schließlich erhielt es die heutige Bezeichnung: «Depot für Nachzucht und Ausbildung, Ecija».

Die Hauptaufgabe dieses Depots besteht, wie der Name sagt, darin, die von der Einkaufskommission im Laufe des Jahres erworbenen Fohlen aufzuziehen und auszubilden. Diese Kommission setzt sich aus dem Betriebspersonal des Depots zusammen und untersteht der Direktion für Pferdezucht und Remonte.

Die Fohlen, die hauptsächlich bei den Züchtern der Gegend als Jährlinge gekauft werden, kommen zuerst auf das Gut Las Islas. Hier werden sie geimpft und gewöhnen sich neben dem Weidegang an die Stallfütterung. Im Herbst werden sie auf das Gut Las Turquillas gebracht, wo sie den Winter verbringen. Nach einem zweiten Sommer, wiederum auf Las Islas, kommen sie im Oktober ins eigentliche Depot. Hier wird nun mit der Ausbildung begonnen, die bis Mitte Mai dauert. Dann sind sie bereits verwendungsfähig und werden den Einheiten und Zentren übergeben. Um diese Aufgaben zu erfüllen, stehen dem Depot die vorher erwähnten Güter zur

Auf dem einen der beiden Bilder ganz oben rechts ist einer der Ställe für die Pferde in der Ausbildung, auf dem anderen die Sattelkammer zu sehen.

Oben: Der Brunnen, der den Eingangshof zum Quartier schmückt. Er ist, ebenso wie die lange, dazugehörende Sitzbank, mit Fliesen verkleidet, auf denen Brandmale andalusischer Pferdezuchten dargestellt sind.
Die rechte Seite zeigt einen Ausschnitt aus der Brunnenrückwand.
Links: Eine der vielen Pferdedarstellungen auf sevillanischen Wandfliesen, die man in Ecija bewundern kann.

FERNAN-NUÑEZ
MARCHENA
CORDOBA
TURMO BENJUMEA
CARMONA
J.L. OSTOS MARTIN
ECIJA
L. SANCHEZ YBARGUEN
MONTELLANO
PALOMARES LUQUE
VILLA FRANCA
VERAGUA
MADRID
OLIVA
ARAHAL
GARCIA VERDE
HORNACHUELOS
DE LA RUBIA CARO
ECIJA
CANDAU CORBACHO
YEGUADA MILITAR
YBARRA LLORENS

Unten: Fliesenmalerei mit Darstellung eines arabischen Pferdes.

Links: Auf der Vorderseite dieser Treppenstufen sind auf Fliesen die verschiedenen Stallfarben des Hippodroms zu sehen.

Verfügung. Hier bestehen neben den Pferdestallungen und Weiden Landwirtschaftsbetriebe, die das Futter und Stroh für die Pferde liefern. Außerdem wird hier auch Nutzvieh gehalten, wodurch die Weiden besser ausgewertet werden.

Die Anlage befindet sich in einem ausgesprochenen Landwirtschafts- und Viehzuchtgebiet. Es gibt hier verschiedene Viehzuchten und Gestüte mit anerkanntem Namen. Zweifellos wirkt sich das Depot mit seinen Aufgaben und seinem großen Bedarf an Fohlen stimulierend auf die Pferdezucht aus.

Neben der Aufzucht und der Ausbildung von Reitpferden widmet man sich in Ecija auch dem Einfahren von Kutschpferden. Es werden dabei mehrere Wagentypen verwendet, wobei sechs bis acht verschiedenfarbige Pferde eingespannt werden. Diese Gespanne werden auf Landwirtschaftsmessen vorgeführt und nehmen an Fahrwettbewerben teil, wie zum Beispiel an der Internationalen Messe von Madrid oder an der berühmten Frühlingsferia von Sevilla.

Oben: Eingang zu einem der Höfe des Depots von Ecija.

Rechts: Ein weiteres Pferdebild auf Keramikfliesen: ein Andalusier.

Dehesa la Mocheta

Im Jahr 1940, dem Jahr unserer Eheschließung, begannen meine Frau und ich mit der Pferdezucht. Wir hatten das Glück, vom Herzog von Veragua 12 Araberstuten kaufen zu können, zu denen auch einige junge Fohlen gehörten.

Es war außerordentlich schwierig, in jenen Hungerjahren irgendeine Art von Futtermittel zu erhalten, doch ein guter Freund stellte uns 400 kg Hafer zur Verfügung, mit dem wir den Hengst aus dem staatlichen Depot von Cordoba während der Deckperiode ernähren konnten. Dieser erste Hengst war *Cotillo*. In den folgenden Jahren setzten wir *Eblis* ein, ebenfalls ein Pferd mit starken arabischen Zügen, das sehr gut zu unseren Stuten paßte.

Wir wollten uns aber nicht auf die Zucht reinblütiger Araber festlegen und fuhren daher nach Südwestfrankreich, um einen zweijährigen Anglo-Araber zu kaufen. Hier konnten wir uns aber nicht darüber einigen, ob wir *Farfadet* oder *Gargantua* nehmen sollten, und kauften daher schließlich beide. Übrigens sollte meine Frau recht behalten. *Farfadet*, den sie bevorzugt hatte, entpuppte sich als der mit Abstand bessere Hengst. In späteren Jahren erwarben wir *Orvietain*, einen Sohn von *Nitthard*, und *Adage*, der gegenwärtig mit ausgezeichneten Resultaten aufwartet.

Unsere Stuten sind von mittlerer Größe, überwiegend Kohlfüchse, die recht rustikal wirken. Sie verbringen das ganze Jahr im Freien. Ein kleiner Schuppen schützt hauptsächlich die Futterkrippen vor Regen. In der sommerlichen Tageshitze ziehen sich Stuten und Fohlen in den Schatten der Eukalyptusgehölze zurück. Anfangs standen die Stuten nachts in Einzelboxen. Die ganzjährige Freihaltung erwies sich dann aber nicht nur als viel einfacher und kostensparender, sondern auch als mindestens ebenso gesund für die Pferde.

Die anglo-arabischen Mutterstuten auf La Mocheta verbringen das ganze Jahr im Freien. Gegen Ende September werden die Fohlen abgesetzt und zu einem anderen Gehöft gebracht. Mit zweieinhalb Jahren werden die Hengste eingeritten, und solche, die nicht die ausreichenden Qualitäten für die Zucht aufweisen, werden mit drei Jahren kastriert.
Die Stutfohlen werden in der Regel als Zweijährige verkauft. Als Deckhengste bewährten sich in den letzten Jahren *Adage* und *Marcheval de Logis*.
Nächste Doppelseite: Im Gestütshof Cortijo de Quarto in Dos Hermanas bei Sevilla.

La Cascajera

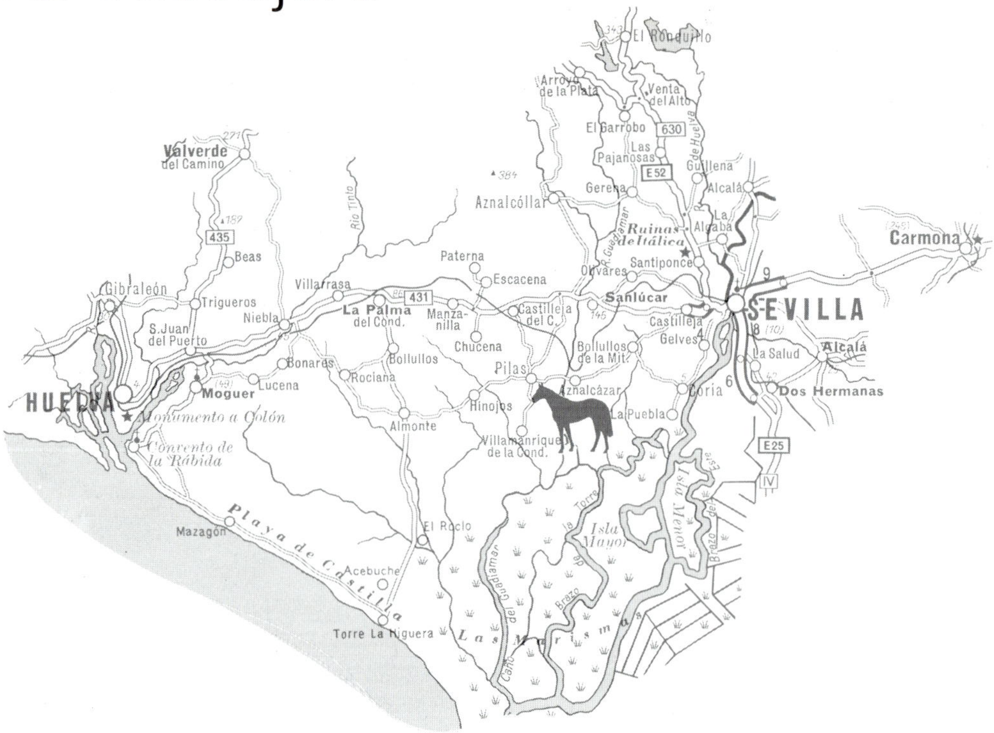

Das Gut «La Cascajera» in der Nähe von Sevilla wurde um die Mitte des vorigen Jahrhunderts vom Großvater des jetzigen Besitzers erworben. Zu Beginn wurden dort Pferde gezüchtet, ohne daß man sich zunächst auf eine Rasse festlegte. Im Jahre 1910 aber wurde mit der ausschließlichen Zucht arabischer Vollblüter begonnen.

Der Gründer des Arabergestüts war José de Ybarra Y G6mez-Rull, der Vater des gegenwärtigen Besitzers. Der Grundstock geht auf einige Stuten zurück, die dem Militärgestüt des spanischen Staates abgekauft wurden. Diese ersten Zuchttiere führten das Blut von zwei Hengsten aus Ägypten, *Korosko* und *Sabat-el-Heir,* sowie von einem aus Polen eingeführten Hengst namens *Van Dick.*

Unter diesen Stuten ragte *Babilonia* hervor, eine Tochter von *Korosko* und *Salambó.* Von ihr stammen die berühmten Hengste *Mahoma* und *Babilonio* ab, und sie war die Mutter der Spitzenstute *Gomaru,* von *Alfanje,* der seinerseits ein Abkömmling *Sabat-el-Heirs* war.

In dieser Zeit sichtbarer Zuchterfolge kaufte José de Ybarra einen Beschäler namens *Ursus,* den der spanische Staat aus Polen eingeführt hatte. *Ursus* beeinflußte in der Folge maßgeblich die Rasse, und zwar nicht nur auf Cascajera, sondern in Spanien überhaupt. Aus der Paarung von *Ursus* mit *Gomara* ging das Pferd hervor, das möglicherweise den größten Einfluß auf die Araberrasse in Spanien hatte: *Gandhy.* Nachdem dieser großartige Hengst einige Zeit auf Cascajera gedeckt hatte, wurde er für das Militärgestüt erworben und hinterließ schließlich in praktisch allen Arabergestüten Spaniens seine Spuren. Sein Name ist in den meisten spanischen Araber-Pedigrees zu finden.

Angespornt durch die Zuchterfolge, kaufte Don José einen Teil des Arabergestütes der Herren Guerrero in Jerez de la Frontera und führte damit einen auf *Sawah the Second* zurückgehenden Stamm in seine Zucht ein.

Als Zuchthengst wurde ferner *Ilustre* verwendet, ein prächtiges, von *Scanderich* ab-

stammendes Tier. *Scanderich* war ein vom Staat aus Bagdad eingeführter Sakalawy, der sich in Spanien einen großen Namen machte. Von *Ilustre* aus der *Triana* entsprang auf Cascarera ein weiterer Beschäler, der die Araberzucht des ganzen Landes beeinflußte: *Congo.* Von seinen Nachkommen traten vor allem *Tabal* und *Zancudo* hervor.

Erwähnenswert ist auch der auf Cascajera gezogene Hengst *Tetuán,* von *Gandhy* aus der *Teutonica.* Nachdem *Tetuán* in seinem Heimatstall eine Reihe prächtiger Nach-

Am Spätnachmittag aus dem Stall gelassen, löschen Stuten und Fohlen am Brunnen ihren Durst, ehe sie auf die ausgedehnten Weiden hinaus stürmen.

Linke Seite: La Cascajera, nur wenige Kilometer von Sevilla entfernt, ist ein typisch andalusisches Landgut, auf dem die Familie Ybarra seit über 100 Jahren Pferde züchtet.
Rechts: *Procyon,* 1972, v. *Saludo* a.d. *Casiopea,* Sieger der Zweijährigen 1974 in Madrid.

Unten links: *Mizar,* 1969, v. *Saludo* a.d. *Bizancio II,* Nationalmeister in Madrid 1975.
Unten rechts: *Kiew,* 1967, v. *Corinto* a.d. *Ucrania,* diese v. *Congo* a.d. *Gomara. Kiew* war Gewinner auf der Ausstellung in Sevilla, die 1972 anläßlich der ersten Versammlung der WAHO veranstaltet wurde.

kommen produziert hatte, kam er nach Uruguay. Einer seiner Sprößlinge wurde Sieger bei der Ausstellung von Buenos Aires.

Seit dem Tod von Don José de Ybarra im Jahre 1964 wird das Gestüt von seinem Sohn Luis de Ybarra geleitet. Unter der neuen Führung wirkten folgende Beschäler: *Zafiro,* von *Fabuloso* aus der *Kafira,* diese von *Tetuán. Corinto,* von *Malvito* aus der *Undina.* Ebenso der staatseigene *Saludo,* von *Maquillo* aus der *Jacobita. Maquillo* ist ein Nachkomme von *Gandhy.*

Aus dem Arabergestüt Cascajera wurden schon zahlreiche Pferde in fremde Länder exportiert: nach Deutschland, Frankreich, Holland und in die Schweiz, nach den Vereinigten Staaten, Uruguay, Venezuela, Guatemala und in die Dominikanische Republik. Viele dieser Tiere erzielten in ihrer neuen Heimat Ausstellungspreise. So holte sich zum Beispiel die Stute *Hacha II* den ersten Preis für Stuten beim «Salon du Cheval» in Paris. Die Stuten *Laga, Laida* und *Lira* erhielten den ersten bzw. zweiten und vierten Preis in der Schweiz. *Tetuáns* Erfolge in Südamerika wurden schon erwähnt, und weitere Pferde aus Cascajera wurden in den Vereinigten Staaten prämiert.

Die Stutenherde, die sich heute auf den ausgedehnten Weiden unter der glühenden Sonne Andalusiens tummelt, und die drei prachtvollen derzeitigen Deckhengste *Kiew, Mizar* und *Procyon* sind durchaus dazu geeignet, die große Tradition dieses Gestütes fortzuführen.

Leuchtendviolette Bougainvilleabüsche schmükken im Sommer Säulen und Mauern des Haupthofes.
Ganz links ist ein Teil der Hengststallungen zu sehen, daneben Stuten und Fohlen im Stallhof.

Valdehelechoso

Nach dem Tod der beiden Brüder übernahm ich im Jahre 1964 das Gestüt und setzte die Arbeit fort. In den Bergen von Huelva, unter ökologischen Bedingungen, die für Araberpferde offensichtlich sehr günstig sind, wachsen die Tiere auf. Die Fohlen dürfen bis zum Alter von zwei Jahren unter tierärztlicher Kontrolle frei laufen, dann erst werden sie angebunden. Die freie Bewegung gewährleistet einen starken Knochenbau und eine einwandfreie Entwicklung der Muskeln und Organe.

Zu Beginn unseres Jahrhunderts standen im Bezirk von Cordoba die besten Araberpferde Spaniens. Das Militärgestüt befand sich damals noch auf dem Gut Maratalla, das Hengstdepot, wie auch heute noch, mitten in der Stadt Cordoba.

Am 25. Mai des Jahres 1912 besuchten die Viehzüchter D. José Maria und D. Juan del Cid den Jahrmarkt der Stadt, die einst Mittelpunkt des Kalifats gewesen war und bis heute ihr maurisches Gepräge bewahrt hat. Sie wurden eingeladen, das staatliche Hengstdepot zu besichtigen, und sahen dort den berühmten Zuchthengst *Van-Dick*. Dieses Pferd galt als der beste Araber, den Spanien jemals besessen hatte.

Am folgenden Tag fand eine Versteigerung von Stuten aus dem Militärgestüt statt. Die Gebrüder Cid ersteigerten für 800 Peseten eine Stute namens *Europa*. Die anwesenden Pferdezüchter wunderten sich: 800 Peseten waren damals viel Geld, auf jeden Fall ein viel zu hoher Preis für ein Pferd in so schlechtem Zustand und mit so vielen Mängeln, wie es schien. Die Stute aber war gedeckt von Van-Dick, und darauf setzten die Gebrüder Cid ihre Hoffnungen.

Am 20. Januar 1913 brachte Europa ein braunes Hengstfohlen, das *Van-Dick III* getauft wurde.

Dieser *Van-Dick III* wurde erster Champion auf der Internationalen Ausstellung von Madrid 1922.

Ein Jahr später wurde er für 12 500 Peseten an die Firma Perea in Jerez de la Frontera verkauft, mit der Bedingung, daß der Hengst noch zwei Jahre die Cid-Stuten decken müsse. Von diesen Ereignissen rührte die große Vorliebe der Familie Cid für das reine Araberpferd her. Die Brüder kauften jährlich weitere Stuten auf den staatlichen Auktionen von Cordoba und später von Jerez de la Frontera, und in wenigen Jahren erlangte ihr Gestüt Weltruf. Sie achteten dabei peinlich auf Vollblutselektion und erwarben nie ein männliches oder weibliches Tier ungewisser Herkunft. Auch wurden stets nur Pferde jenes Typus ausgesucht, der das Gestüt berühmt gemacht hatte.

Links: Das Brandzeichen des 1912 gegründeten Gestüts. – hier auf Fliesen an der Eingangspforte.
Rechts: Das Gut Valdehelechoso, 80 Kilometer nordwestlich von Sevilla in Aracena und nur wenige Kilometer von der Grenze zu Portugal entfernt, zeigt den typischen Baustil der Provinz Huelva. Die bergige, an Olivenhainen reiche Gegend hat sich als ausgezeichnet geeignet für die Araberzucht erwiesen.

Links: Die Eingangspforte zum Gut Valdehelechoso. Im Hintergrund die Burg von Aracena. Rechts: Der 1970 geborene Hengst *Ciceron*, hier als Sechsjähriger, ist ein vielversprechendes Nachwuchspferd. Sein Vater *Xamir* war ein hervorragender Hengst aus dem spanischen Militärgestüt.

Wie meine Vorgänger, kaufe auch ich von Zeit zu Zeit Stuten vom Militärgestüt und versuche die Reihe berühmter Zuchtpferde fortzusetzen. Folgende vom Staat erworbene Stuten haben bis jetzt auf dem Cid-Gestüt erstklassige Nachkommen gebracht: *Salambó, Almena, Bigerta, Bárbara, Borgia, Arábiga, Eneida, Floralia, Centa, Duquesa, Despierta, Fenicia, Húngara, Fedra, Fastuosa, Nadadura, Pajarera, Paisana, Kabarda, Laguna, Mamiña, Nácar Orbea, Odesa, Oklaoma, Rapidez* und *Ibatia.*

Für das Decken wurden verschiedentlich Hengste vom Staat verwendet, wobei sich vor allem die folgenden bewährten: *Korosko, Bagdad, Eco, Laberinto, Fajo, Habiente, Mosafi, Xamir* und *Maquillo.*

Die wichtigsten im eigenen Gestüt geborenen Zuchthengste waren: *Van-Dick III, Serranito, Caid, Babieca, Babieca III, Fandanguillo, Trueno IV, Serranito III, Carbonero, Cherif, Kashmir II, Xerif, Huracán, Komusté* und *Africano.*

Seit der Gründung des Gestüts kaufte der spanische Staat von den Gebrüdern Cid über hundert Pferde. Ausfuhren erfolgten in die meisten Republiken Lateinamerikas, nach Portugal, Marokko, Frankreich, England und Deutschland.

Viele Nachkommen dieses Gestüts wurden bei den internationalen iberischen und ibero-amerikanischen Meisterschaften, beim Concours International de France, auf den Ausstellungen von Madrid und Sevilla und beim Pferdemarkt von Jerez de la Frontera prämiiert. Das Gestüt wurde mit dem Ehrendiplom des spanischen Staates ausgezeichnet.

Die männlichen Pferde stehen auf dem Gut Valdehelechoso in Aracena in der Provinz Huelva, nahe der portugiesischen Grenze. Die Stuten haben ihren Standort auf den Weiden von La Parilla in Cala, Huelva.

Oben: Ein Teil der rustikalen Hengststallungen. Wie in alten Zeiten werden auch heute noch die Bestände des Cid-Gestüts sorgfältig gehegt. Und im Gegensatz zu einer Information in dem 1967 erschienenen Buch «Araber in Europa» existiert das Gestüt durchaus noch. Mit 33 Mutterstuten und 11 Stutfohlen (1976) hat es sogar mehr Pferde als jedes andere Arabergestüt in Spanien.

Schweiz

Die Schweiz gilt nicht als großes Pferdezuchtland. Die Vollblutzucht, erst vor einigen Jahren aus der Taufe gehoben, stützt sich auf ein halbes Dutzend Hengste, ist aber im Begriff, einen erfreulichen Aufschwung zu nehmen. Der Arbeitspferdemarkt ist mit der Mechanisierung sehr eingeschränkt worden, und in der Schweiz gezogene Sportpferde werden kaum ins Ausland verkauft. Die internationalen Erfolge der Schweizer Spring-, Dressur- und Militaryreiter werden fast ausschließlich auf Importpferden errungen, und lediglich im Fahrsport siegten in der Schweiz gezüchtete Pferde in internationalen Prüfungen. Doch das war nicht immer so.

Die Geschichte der Schweizer Pferdezucht läßt sich etwa tausend Jahre zurückverfolgen. In dem 934 gegründeten Benediktinerstift «Unserer Lieben Frau» in Einsiedeln wurden von Anfang an Pferde gezüchtet. Über dieses Klostergestüt wird auf den folgenden Seiten ausführlicher berichtet.

Eine wesentliche Verbreitung der Pferdezucht in der Schweiz war in der zweiten Hälfte des 15. Jahrhunderts zu verzeichnen, nachdem durch die Burgunderkriege, in denen die Eidgenossen den Sieg davongetragen hatten, 15 000 bis 20 000 Pferde in die Schweiz gekommen waren. Diese Beute aus dem Besitz des glücklosen Karl des Kühnen kam zu einer Zeit, als die Landbevölkerung mehr und mehr dazu überging, das Pferd als Haustier zu halten und zu züchten. Die Bauern besaßen Stuten und Fohlen, während die Hengste in Klöstern, auf Herrensitzen oder bei Pfarrherren standen.

Sehr bald entdeckte das Ausland den Schweizer Pferdemarkt. Vor allem Italien und Frankreich wurden zu Käufern der Schweizer Pferde, deren Beliebtheit weniger auf ihrer Schönheit als auf ihrer Härte, Genügsamkeit und Robustheit beruhte. So kaufte Frankreich im Jahre 1714 10 000 Remonten in der Schweiz, 1784 gar 12 000. Freiburger- und Seeländerpferde dienten als Schlepptiere für die Schiffahrt auf Rhone und Sâone. Bessere Modelle aus der damaligen Schweizer Zucht wurden als offizielle Postpferde bis zu den Pyrenäen eingesetzt.

Diese erste Blütezeit der Schweizer Pferdezucht ging 1798 zu Ende, als die Franzosen in die Eidgenossenschaft einfielen. Aus dem Kloster Einsiedeln wurde «der letzte Fohlenschwanz» abgeführt und bei den Bauern jeder Stall ausgeräumt. In zehn Kriegsjahren wurde das Werk von Jahrzehnten zerstört.

Zwanzig Jahre später wurden wieder zahlreiche Pferde exportiert, 1830 allein aus dem Kanton Bern 30 000 Remonten nach Frankreich. Auch Deutschland und sogar England kauften in der Schweiz Pferde. Doch schon bald ließen Leistungsfähigkeit und Exterieur zu wünschen übrig. Auf der ersten nationalen Pferdeausstellung 1865 in Aarau wurde die Qualität der Pferde allgemein als «mittelmäßig bis gering» bezeichnet.

Das Kloster Einsiedeln, 1866 mit dem Kauf des englischen Halbbluthengstes Bracken, und die Jurazucht mit dem erfolgreichen Übergang zu schweren Zugpferden blieben zunächst die isolierten Exponenten der Schweizer Pferdezucht. Die Freibergerzucht profitierte bei Ausbruch des Ersten Weltkrieges von einem sprunghaften Ansteigen des Bedarfs an Zugpferden. Aber auch sie wurde von der jähen Krise von 1920 betroffen. Diese Krise, verursacht durch die Überschwemmung des Schweizer Marktes mit billigen Importen als Folge der Reduktion der Kavallerie in vielen Ländern, traf auch die um die Jahrhundertwende gegründeten Pferdezuchtgenossenschaften. Von den 20 Genossenschaften mit 1200 Zuchtbuchtieren des Jahres 1914 waren 1933 noch 7 mit 227 Pferden verblieben. Die Schweizer Armee war als Käufer schwerer Zugpferde für die Artillerie und den Train der wichtigste Abnehmer, vor allem für Freibergerpferde.

Ein neuer Höhepunkt war während des Zweiten Weltkrieges zu verzeichnen, als neben Lebensmitteln auch das Benzin rationiert wurde. Rasch stieg der Pferdebestand an: 1936 waren es 140 000 Pferde, 1945 schon 152000.

Durch die Mechanisierung der Landwirtschaft in den seither vergangenen dreißig Jahren wurde das Pferd als Zugkraft immer mehr verdrängt. Jahr für Jahr ging die Zahl der Tiere in der Schweiz um 5000 bis 7000 Tiere zurück. 1957 waren es noch 100 000, 1966 nur

Berittene Kontingente hatten auch früher schon die eidgenössischen Truppen in militärischen Auseinandersetzungen unterstützt. Wirkliche Bedeutung erlangte die Kavallerie aber erst im Dreißigjährigen Krieg, als Städte wie Bern und Zürich Reiterverbände aufstellten. Der Bestand war, verglichen mit der Infanterie, zwar immer gering, aber es waren eindeutig Elitetruppen mit gehöriger Schlagkraft. 1973 wurde die Kavallerie in der Schweiz abgeschafft, weil sie zwar als nützlich, nicht aber als unentbehrlich galt.

Links: Das 1897 entstandene Aquarell von Wilhelm Stückelberger, das im Besitz der Eidgenössischen Militärbibliothek in Bern ist, stellt einen Wachtmeister der Dragoner als Standartenträger dar.

Rechte Seite oben: General Henri Dufour (1787 bis 1875) war der erste der vier Generäle, die in den vier großen Mobilmachungen die Schweizer Armee befehligten. Er wie auch seine Nachfolger – Hans Herzog, Ulrich Wille und Henri Guisan – zeigten stets großes Verständnis für die Anliegen der Kavallerie.

Rechts: Die berittene Feldartillerie der Schweizer Armee kann auf eine große Tradition zurückblicken.

Nächste Doppelseite: Seit einigen Jahren erlebt der Rennsport in der Schweiz einen gewaltigen Aufschwung. Bis weit über die Landesgrenzen hinaus bekannt sind die winterlichen Rennen auf dem zugefrorenen See von St. Moritz.

noch 59 000 Pferde. 1976 betrug der Pferdebestand 42 620 Tiere. Davon waren 30 280 Gebrauchspferde. Das Verschwinden des Pferdes vom Bauernhof, der Aufschwung der Freizeitreiterei und der dadurch wachsende Bedarf an Sportpferden bewirkten einen wesentlichen Wandel in der Schweizer Pferdezucht. Seit 1960 registriert man einen starken Rückgang der Freibergerzucht als Folge der rückläufigen Nachfrage nach Arbeitspferden. Dagegen verdoppelte sich die Zucht der Anglo-Normannen und Holsteiner. Neu hinzu kam die in der Ostschweiz konzentrierte Haflingerzucht. In den siebziger Jahren konnte man dank des immer breitere Schichten erfassenden Interesses am Reitsport von einem wahren Boom in der Warmblutzucht sprechen.

Für die Warmblutzucht findet seit 1943 alljährlich im Frühling in Avenches eine Leistungsprüfung statt. Sie besteht aus einem tierärztlichen Teil (Beurteilung des Exterieurs und Veterinärskontrolle von Atmung, Herztätigkeit und allgemeinem Zustand) sowie einer physischen Prüfung mit Dressur, Cross Country und Kilometerfahrt, Distanzritt über 15 Kilometer, Springen und Prüfung am Dressurwagen.

Die Vollblutzucht der Schweiz ist erst fünf Jahre alt. Allerdings wurden, und zwar dank rein privater Initiative, bereits in den vierziger Jahren in den Gestüten Rohrzelg *(Mullingar XX)* und Arniberg *(Padichah XXX)* Vollblüter weitervererbt, wobei eine *Padichah*-Tochter 1950 das Österreichische Derby gewann. Aber erst 1973 fanden unter der Aufsicht der neugegründeten Zuchtkommission innerhalb des Schweizerischen Verbandes für Pferdesport die ersten Körungen von Vollbluthengsten statt, die ins neugeschaffene Gestütbuch eingetragen wurden. 1976 deckten in der Schweiz sieben Vollbluthengste 56 Stuten. Dazu kommen sieben Traberhengste, die 16 Stuten deckten.

Das Klostergestüt Einsiedeln

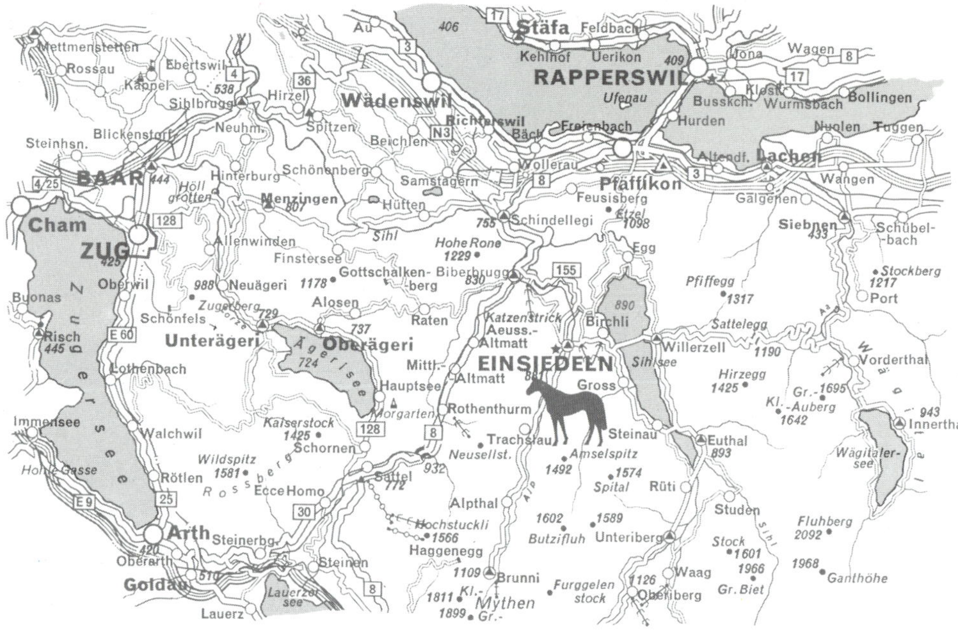

Im Januar des Jahres 861 wurde der heilige Meinrad in seiner Einsiedelei von zwei Räubern erschlagen. Fünfundzwanzig Jahre lang hatte er hier im «Finstern Wald» im oberen Sihltal in der Einsamkeit verbracht. Ihm zu Ehren gründeten im Jahre 934 Benno und Eberhard von Straßburg die Meinradszelle, das Benediktinerkloster «Unserer Lieben Frau» zu Einsiedeln.

In jener Zeit stammten alle Mönche dem Adel und brachten Reittiere in die Abtei.

In einer Urkunde aus dem Jahre 1064 wird das Gestüt Einsiedeln erstmals erwähnt. Mit diesem Dokument verlieh Kaiser Heinrich IV. den Einsiedlern unter anderem die Rechte der weltlichen Hofämter mit dem Amt eines Marschalls. Dieser «Pferdediener» aus dem Adelsstand hatte die Oberaufsicht über das Gestüt. So darf Einsiedeln sich rühmen, eines der ältesten heute noch aktiven Gestüte zu besitzen.

Wegen des zunehmenden Pferdebestandes wurden die Pächter bald verpflichtet, einen Teil des Zinses in Form von Hafer und Hufeisen zu entrichten.

Das rauhe Voralpenklima, die gesunden Gräser und Kräuter der Alpweiden und gewiß auch das pferdezüchterische Talent der Mönche bewirkten, daß hier Tiere von hervorragender Qualität mit viel Adel und Schönheit heranwuchsen. Weitum wurden die Klosterpferde bewundert und immer mehr begehrt, so daß Einsiedeln bald nicht nur für den eigenen Bedarf, sondern auch für den Verkauf Pferde züchtete. Von weit her kamen Adelige und Händler. Vor allem die Herzöge von Mailand und Mantua erwarben viele «Cavalli della Madonna» und ließen sie über den Gotthard nach Italien bringen.

Die große Blütezeit der Einsiedler Pferdezucht begann im 16. Jahrhundert unter dem Abt Konrad III. Dieser kaufte Güter und Ländereien zurück, die im vorangegangenen Marchenstreit verlorengegangen waren und auf denen nun wieder Pferde weiden konnten.

Eine systematische Zucht wurde im Jahre 1655 aufgenommen, als der Statthalter Pater Josef Reider das erste «Stutbuch» erstellte. Es beginnt mit einer Bestandsaufnahme der «Roß am 1. Jenner anno 1655», von denen es damals 71 Stück im Kloster gab.

In den Jahren 1704 bis 1735 wurden nach den Plänen von Bruder Kaspar Moosbrugger die heutigen Klostergebäude mit der prachtvollen Barockkirche errichtet. Die Klosterpferde schleppten dazu «tausend schwerbeladene Fuhren kostbarer Sandsteinplatten vom Steinbruch draußen am Etzel zum Klosterbauplatz». Der Marstall,

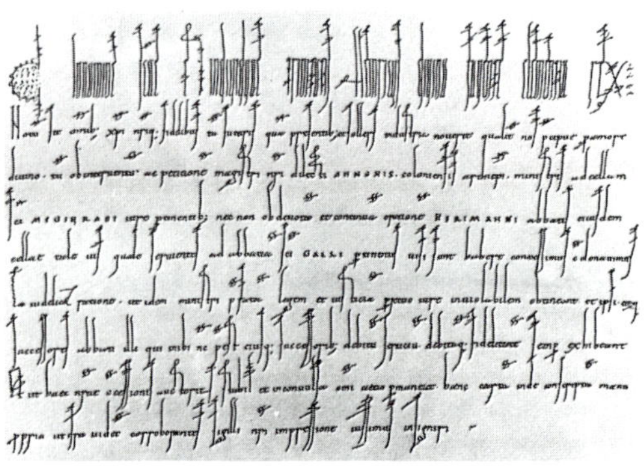

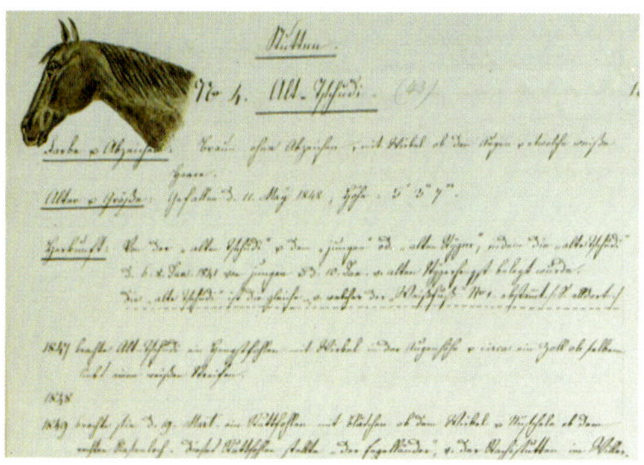

Ganz links: Ausschnitt aus einer Urkunde von 1064, worin Kaiser Heinrich IV. den Einsiedler Ministerialen die gleichen Rechte wie zuvor dem Kloster St. Gallen verleiht. In diesen Rechten sind auch die weltlichen Hofämter mit dem Amt eines Marschalls, eines «Pferdedieners», enthalten.
Links: Ausschnitt aus einem Gestütsbuch von 1856. In diesen Jahrzehnten erreichte das Gestüt mit über 150 Pferden seine größten Bestände. Das erste Zuchtbuch stammt aus dem Jahre 1655.

Ganz links: Der Gestütshof mit Gebäuden aus den Jahren 1704 bis 1718.
Links: Der einzigartige Einsiedler Marstall entstand in den Jahren 1764 bis 1766. Die imposante Architektur mit den Kreuzgewölben und Bogenfenstern wurde vom Klosterbruder Kaspar Braun geplant. Nirgendwo sonst auf der Welt gibt es einen Pferdestall in diesem Baustil.

der in den Jahren 1764 bis 1766 unter Bruder Kaspar Braun entstand, war eine fürstliche Würdigung der von diesen Pferden geleisteten Arbeit. Mit seinen kühnen Kreuzgewölben, lichtdurchflutet durch die weiten Bogenfester, ist er in seinem Stil einzigartig.

Im 18. Jahrhundert wurden spanische, italienische, friesische und türkische Hengste eingekreuzt. Pater Isidor Moser, der 1784 ein Gestütsbuch von erstaunlichem hippologischem Niveau verfaßte, erkannte den durch wahllose Einkreuzung entstehenden Qualitätsverlust. Durch konsequente Reinzucht auf der alten Schwyzerrasse konnte er die Einheit des Einsiedlerschlages wiederherstellen.

Wenig später aber, am 3. Mai 1798, verlor das Kloster seinen gesamten Pferdebestand «bis auf den letzten Fohlenschwanz». Das französische Revolutionsheer unter General Schauenburg erbeutete die Tiere.

1801 kehrten die Mönche zurück und begannen alsbald, hauptsächlich von zinspflichtigen Bauern aus der Umgebung, wieder Pferde anzuschaffen. 1811 standen 53 Pferde im Marstall. 1841 erreichte das Gestüt seinen höchsten Bestand mit 154 Pferden.
Auf der schweizerischen Pferdeausstellung von 1865 wurden – durch Vergleich mit anderen Rassen – verschiedene Mängel der Pferde vom Schwyzerschlag erkannt. Einsiedeln, das bis dahin hauptsächlich mit Schwyzerhengsten gedeckt hatte, entfernte diese aus der Zucht und kaufte einen Yorkshirehengst. Dieser «Bracken» verbesserte zusammen mit drei Söhnen das Einsiedlerpferd beträchtlich.

Seit 1890 stellt das Eidgenössische Hengstdepot in Avenches, heute Nationalgestüt, dem Kloster für die Deckperiode Hengste zur Verfügung. Dabei haben Kreuzungen von Einsiedlerstuten mit Anglonormännerhengsten die besten Produkte geliefert.

Die heutigen Klosterstuten entstammen vier Erblinien, von denen zwei auf Bracken, eine auf eine norddeutsche Stute und eine auf eine Anglonormännerstute zurückgehen.

Wie in vergangenen Jahrhunderten betreiben heute noch die Bauern der Umgebung mit dem Kloster Pferdezucht, und seit 1906 besteht die «Pferdezuchtgenossenschaft Stiftsstatthalterei Einsiedeln» mit heute rund 60 Mitgliedern. Auf der klösterlichen Deckstation werden jährlich etwa 45 Stuten gedeckt, und jeden Oktober findet im Klosterhof eine Schau mit Prämierungen statt. Der ehrwürdige Marstall beherbergt heute rund 30 Pferde.

Blick vom Meinradsberg über die weiten Weiden auf das Kloster Einsiedeln. Die Sandsteinplatten zum Bau des Klosters wurden «in tausend schweren Fuhren» von Einsiedlerpferden vom Steinbruch am Etzel herbeigeschafft.
Oben: Vom Bogen des Markustors blickt Bruder Markus spöttisch auf seine Mitmenschen. Was diesem Pferdefreund an Schönheit abging, ersetzte er nach den Überlieferungen durch seinen beißenden Humor.

Links: Der Anglonormännerhengst *Il s'en va* (1959) von *Ibrahim hb* aus der *Eglantine*. Das Schweizer Nationalgestüt in Avenches stellt dem Kloster seit 1890 für die Decksaison Hengste zur Verfügung.

Avenches

Unten: Das Amphitheater von Avenches, der einstigen römischen Hauptstadt Helvetiens, damals als Aventicum bekannt. 1898 wurde die Errichtung eines schweizerischen Hengst- und Fohlendepots bei diesem malerischen waadtländischen Städtchen beschlossen. Mit dem Einzug der ersten zehn Zuchtstuten im Jahre 1927 wurde das Depot zum Eidgenössischen Gestüt Avenches.

Am 1. Juli 1898 beschloß die Bundesversammlung die Errichtung eines schweizerischen Hengst- und Fohlendepots in Avenches und bewilligte einen Kredit von 372 000 Franken für den Landerwerb, die Einzäunung und den Bau eines Fohlenstalls. Das war der erste wirklich entscheidende Schritt zur Verbesserung der Pferdezucht in der Schweiz.

Erste Bemühungen in dieser Richtung, vor allem «in Sorge um den Pferdedienst der Armee», hatten sich 1863 abgezeichnet, als man für 30 000 Franken Zuchthengste kaufte, die in der militärischen Pferderegieanstalt in Thun aufgestellt wurden. Ein Jahr später wurde eine siebenköpfige eidgenössische Pferdezuchtkommission ins Leben gerufen. Sie bewilligte im folgenden Jahrzehnt den Import von Zuchtpferden, vor allem aus England, durch den Bund, die dann 30 Prozent unter dem Kaufpreis an die Kantone abgegeben wurden. Verschiedene Gesellschaften und Vereine stellten Anträge auf Einrichtung von Gestüten oder Hengstdepots, und sogar das Departement des Inneren legte 1878 ein Projekt für ein staatliches Hengstdepot vor, doch alle diese Anträge wurden von der Kommission verworfen. Immerhin wurde 1874 in Thun ein eidgenössischer Fohlenhof zur Aufzucht von Zuchthengstanwärtern gegründet, jedoch schon sieben Jahre später wieder geschlossen, weil die Zuchthengste keine Käufer fanden.

1887 war die Einrichtung eines Remontedepots in Thun beschlossen worden, das

Oben: Der Hof mit einer der beiden Hengststallungen für insgesamt hundert Hengste (im Hintergrund), einem der zwei Fachwerkwohnhäuser (rechts) und der Reithalle (links).
Oben rechts: Blick in eine der Stallungen für Warmbluthengste.
Rechts: Die Hengste von Avenches werden gefahren und geritten.
Ganz rechts: Der Warmbluthengst-Anwärter *Sirocco* bei einer Prüfung im Herbst 1976.

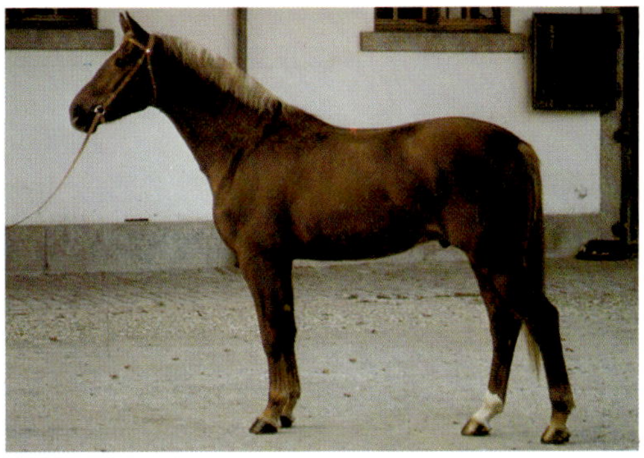

Ganz links: Der importierte Hannoveraner *Alfa*, geb. 1970, v. *Absatz 4052* a.d. *Wolgaheldin H 65146*.
Links: Der 1976 aus Schweden importierte Warmbluthengst *Vagant*, geb. 1973, v. *Vagabond 433* a.d. *Anette 6173*.
Unten links: Blick in einen der 1900 gebauten Hengstställe.

der Pferderegieanstalt unterstellt wurde. Unter der gleichen Verwaltung wurden 1890 erstmals staatliche Hengste für die Warmblutzucht aufgestellt: drei aus England und Frankreich importierte Vollblüter. In der Decksaison waren sie in Einsiedeln, Tramelan und Lausanne untergebracht.

1899, ein Jahr nach dem Beschluß zur Errichtung des Hengst- und Fohlendepots in Avenches, bewilligte die Bundesversammlung weitere 620 000 Franken zur Erstellung der Bauten für das Hengstdepot samt Verwaltungsgebäuden, Wohnungen und einer Reitbahn. Im gleichen Jahr wurde der Import von Anglo-Normannen eingestellt, da die Kreuzungsprodukte mit dieser Rasse nicht den von der Armee gestellten Anforderungen entsprachen.

1901 wurden die Hengste von Thun nach Avenches gebracht. Aus dem Jura kamen die ersten Freibergerhengste ins Depot, und ein Jahr später wurden die ersten Eselhengste für die Maultierzucht importiert.

1927 zogen in Avenches die ersten zehn Stuten ein, und das Depot wurde in Eidgenössisches Gestüt Avenches umgetauft.

Heute (1975) bilden 41 Freibergerhengste, 69 Warmbluthengste und 50 Warmblut-Mutterstuten den Bestand. Das Zuchtziel ist dasselbe wie in der ganzen europäischen Warmblutzucht. Die Pferde für den Spitzensport, etwa 500 jährlich, müssen allerdings noch immer importiert werden, und auch der Bedarf an Pferden für den Freizeitsport kann nicht aus eigenen Beständen gedeckt, sondern muß durch etwa 1500 Importe ergänzt werden.

Rechts: Der 1974 aus Frankreich importierte anglo-normannische Hengst *Filon d'Or*, geb. 1971, v. *Kalabaka XX* a.d. *Violette*.
Ganz rechts: Der Freibergerhengst *James*, geb. 1969, v. *Judo* a.d. *Paquerette 1467 VS*.
Der Bestand dieser kleinen, genügsamen Arbeitspferde ist nach dem Zweiten Weltkrieg sehr stark zurückgegangen, hat sich aber heute mit fast 12 000 Stück fast stabilisiert. Die gut 3000 prämierten Zuchtstuten bringen jährlich rund 1800 Fohlen zur Welt. Außer den 41 Bundeshengsten stehen zum Decken 54 private oder Genossenschaftshengste zur Verfügung.

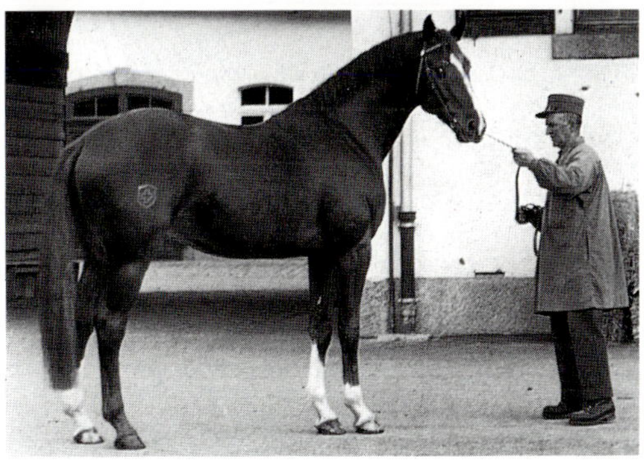

Italien

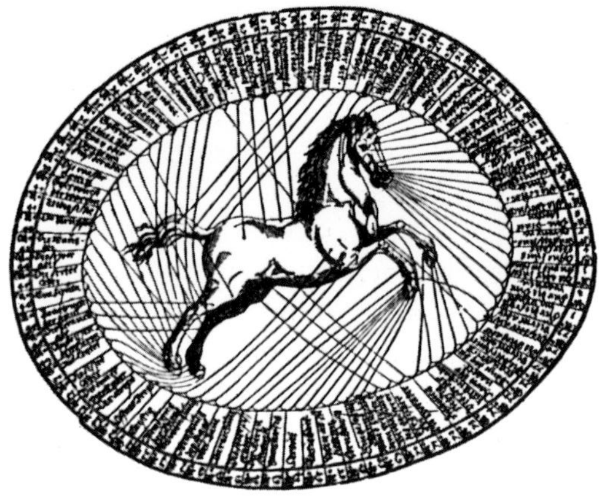

Einen ihrer ersten Höhepunkte erlebte die europäische Reiterei an den frühmittelalterlichen Fürstenhöfen von Neapel. Damals entstand das beste Reitinstitut für die Ausbildung junger Edelleute zu Rittern. Diese Einrichtung übte, ähnlich wie später Saumur, Pinerolo oder die Wiener Hofreitschule, durch ihre ausländischen Eleven auf die Reiterei ganz Europas einen starken Einfluß aus. Die Schule Grisones sollte nachhaltig vor allem den großen englischen Reiter William Cavendish, Herzog von Newcastle, beeindrucken. Seine Werke bildeten neben dem Originalwerk Grisones die Grundlage für die Theorien der großen Franzosen, die in späteren Jahrzehnten das Feld beherrschten.

In diese Epoche fällt auch ein erster Höhepunkt in der europäischen Pferdezucht. Vor allem die Gestüte der Herzöge von Mantua und der Herzöge von Medici genossen weit über die Grenzen hinaus einen besonderen Ruf. Nicht umsonst sandte Heinrich VIII. von England seine Einkäufer nach Italien, um Zuchtmaterial zu erwerben. Dieses sollte in der Folge in den königlichen Stallungen Einfluß auf die Stutenherden nehmen, die später mit der Einkreuzung orientalischer Hengste die Entstehung des englischen Vollblutes begründeten.

Die politische Spaltung in jener Zeit führte auch zu grundlegend verschiedenen Auffassungen in der Pferdezucht. Im spanisch regierten Oberitalien stellte man alles auf den Einfluß andalusischer Pferde ab, während an den südlichen Höfen von Florenz und Neapel bereits im 18. Jahrhundert englisches Blut zur Zucht benützt wurde.

Einen wesentlichen Aufschwung der Pferdezucht brachten die Napoleonischen Kriege, die gewaltige Mengen von Pferden verschlangen. Die Reiterheere verlangten nach einem höher im Blut stehenden, schnellen Dienstpferd. Angesichts dieser Entwicklung förderte die damalige zisalpinische Republik vor allem in Oberitalien eine moderne Blutpferdezucht, in der natürlich viel englisches Zuchtmaterial Verwendung fand.

Oben: «Anatomie eines Pferdes» aus dem im 16. Jahrhundert erschienenen «Ordini di Cavalcare» von Federico Grisone, dem ersten bedeutenden nachklassischen Werk über die Reitkunst.
Rechte Seite oben: «Neapolitanischer Läuffer» aus «Die neu-eröffnete Reit-Bahn» des Herzogs von Newcastle, William Cavendish, dem bekanntesten «Schüler» Grisones.
Links: Diese Skizzen zu einem Reiterdenkmal entwarf Leonardo da Vinci um 1500.

Waren die traditionellen italienischen Rennen noch im Stil des bis heute lebendigen «Palio di Siena» auf Straßen und großen Plätzen inmitten der Städte abgehalten worden, so wurden zu Beginn des 19. Jahrhunderts in Turin, Mailand und Florenz die ersten modernen Grasrennenbahnen errichtet.

Bereits 1806 entstand auch die erste moderne Vollblutzucht durch den Prinzen di Butera und den sizilianischen Prinzen Don Agesilao Gioeni. Die oberitalienische Vollblutzucht indessen erlitt durch die Restauration einen schweren Rückschlag und erlebte erst unter Vittorio Emanuele I. den endgültigen Durchbruch.

1836 wurde in Florenz die erste Gesellschaft für Vollblutzucht gegründet. Sie war die Vorgängerin des 1881 gegründeten «Jockey-Club Italiano». Seit dieser Gründung wird nach dem Vorbild der meisten führenden Vollblutzuchtnationen der Welt auch in Italien alles, was Rennsport und Zucht betrifft, innerhalb dieses Organs koordiniert und geleitet.

1884 wurde das erste Italienische Derby auf der Römer Bahn Capanelle ausgetragen. In diese Zeit fällt auch die erste Blüte des Hindernissportes mit großen Offiziersrennen in Merano, Torre di Quinto usw.

Die italienische Oberschicht, die zu jener Zeit noch über ausgedehnten und einträglichen Latifundienbesitz verfügte, nutzte jede Gelegenheit, um

Zuchtmaterial einzuführen. Der Vollblutsport, in allen Provinzen und auf über dreißig Rennbahnen betrieben, erlebte eine Glanzzeit.

Als ein bedeutendes Ereignis vor der Jahrhundertwende gilt die Gründung der modernen Rennbahn von San Siro und Mailand im Jahr 1888. Sie gab dem Pferdesport Oberitaliens ganz neue und entscheidende Impulse.

Um diese Zeit erfolgt auch der große Aufschwung des Herrenreitsportes, wobei ein gewisser Federico Tesio mehrmals Champion wurde. Derselbe Tesio wandte sich bald der Vollblutzucht zu und wurde in den folgenden Jahrzehnten mit seinem Gestüt Dormello zu einem der erfolgreichsten Vollblutzüchter der Welt.

In den letzten Jahren vor dem Ersten Weltkrieg kamen vor allem bedeutende Vollblutstuten nach Italien, die in den Ställen von F. Tesio und dessen großem Gegenspieler de Montel bis heute blühende Mutterlinien geprägt haben. In den Stall de Montels kam 1916 unter anderem aus Frankreich der Jährlingshengst *Havresac II,* ein Sohn von *Rabelais.* Dieses Pferd, ein Gelegenheitskauf, sollte in der Folge die weltberühmte Linie *St-Simon* auch in Italien, über *Cavalliere d'Arpino, Bellini, Tenerani* und *Ribot,* bis in die heutige Zeit auf höchstem Stand erhalten. Mit dem 1952 geborenen *Ribot,* dem weltbesten Rennpferd seiner Zeit und einem der größten Vererber aller Zeiten, hat Italiens Pferdezucht ihren absoluten Höhepunkt erreicht.

Links und nächste Doppelseite: Die ersten regulären Trabrennen wurden Ende des vergangenen Jahrhunderts in den Provinzen Bologna und Modena durchgeführt. Seither hat sich Italien zu einem der wichtigsten Traberzentren entwickelt. Die rund 6000 Zuchtstuten des Landes werden vorwiegend von erstklassigen, aus Amerika importierten und in klassischen Rennen Italiens selektionierten Hengsten gedeckt. Der wichtigste Traberzüchter dürfte Graf Orsi-Mangelli in Persicuto sein. Hochdotierte Rennen sind u.a. der Premio Loteria in Neapel, der Premio Europa in Mailand und das Traberderby in Rom.

Besnate

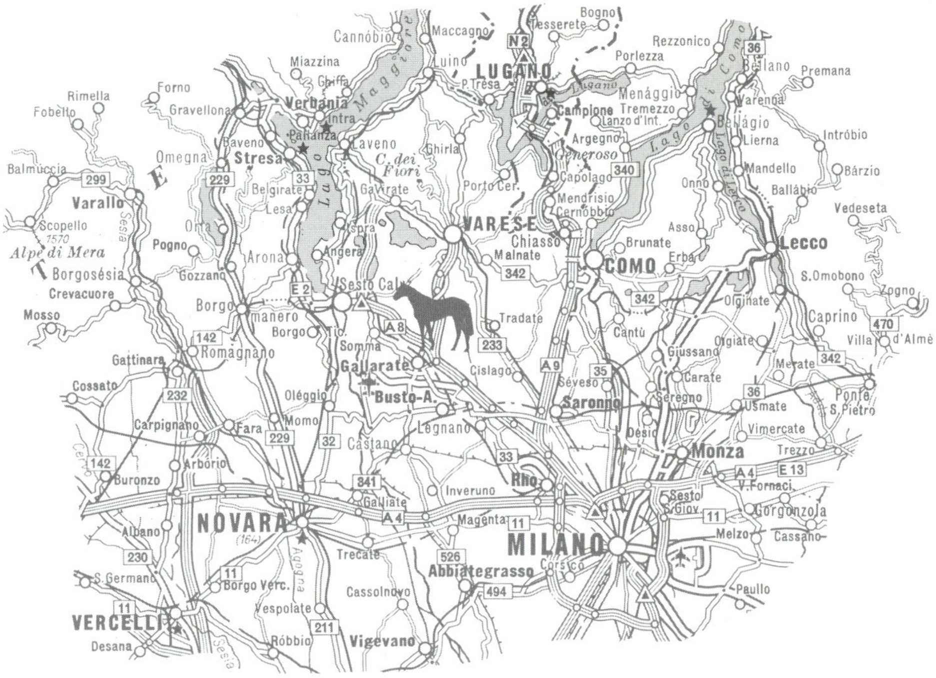

Im Gegensatz zur Toskana und zu Rom hatte die unstabile politische Situation in der Lombardei und im Piemont beinahe bis zur Jahrhundertwende die Entwicklung eines geregelten Rennsportes und der Vollblutzucht verhindert, aber dann kam auch für die «Ippica Lombardia» die große Stunde. Parallel mit dem wirtschaftlichen Aufschwung, den diese reichste Region Italiens nun als Folge des Aufbruchs in das industrielle Zeitalter erlebte, entwickelten sich Rennsport und Vollblutzucht unter der Führung weitsichtiger Männer aus dem oberitalienischen Adel und der aufstrebenden Bourgeoisie in und um die Metropole Mailand. Es sollte nicht lange dauern, bis sie Florenz und Rom, die bisherigen traditionellen Spitzenreiter auf dem Gebiet des Pferdesportes, überflügelt hatten.

In diese Zeit fällt auch die Gründung des Gestüts Besnate durch die sportbegeisterten Mailänder Brüder Bocconi, die als Großkaufleute und Warenhausbesitzer den Grund zu ihrem beträchtlichen Vermögen gelegt hatten. Besnate liegt in der landschaftlich idyllischen Brughiera-Gegend, die schon bald von den Pferdesportfreunden Mailands als ideal für die Ausübung des Reitsportes und der Pferdezucht entdeckt wurde. In der wirtschaftlichen Blüte der zwanziger
:üt Besnate alsbald
ge und wurde bald

Nach dem Tod der Gründer in den Nachkriegsjahren übernahm G. Trenta die Führung des Gestüts. Dieser große und bewährte Züchter verstand es, durch umsichtige Führung Besnate zu einem für kleinere Besitzer attraktiven Pensionsstall zu machen.

Im Zuge der Expansion der italienischen Vollblutzucht, die sich ab 1960 insbesondere infolge der wachsenden Zahl der Privatzüchter ohne eigenes Land abzeichnete, übernahm der sehr aktive Mailänder Rennverein «Società Incorragiamento delle Razze Equine» vor wenigen Jahren

Links: Die ockergelben Gebäude des Gestüts Besnate fügen sich sehr malerisch in die Landschaft der Brughiera ein. Schon seit langem ist dieses Gebiet das Zentrum der italienischen Vollblutzucht.

Links: Einer der Pensionsställe von Besnate. Das Anfang des Jahrhunderts von den Mailänder Brüdern Bocconi gegründete Gestüt untersteht heute dem Mailänder Rennverein (SIRE) und dient vor allem der Aufzucht von Pferden.

die Schirmherrschaft über dieses Gestüt. Durch den Bau zusätzlicher Boxen und weiterer notwendiger Einrichtungen stellt die SIRE heute in Besnate der italienischen Vollblutzucht einen der schönsten und bestgeführten Komplexe für die Aufzucht ihrer Produkte zur Verfügung. Wie in dem anderen Pensionsgestüt der SIRE, das im Park von Monza liegt, sind hier immer drei bis vier Spitzenbeschäler aufgestellt, so zum Beispiel in den letzten Jahren *Canisbay*, Championbeschäler 1974, *Chiese, Gailodges* sowie die Dormello-Oligiata-Hengste *Claude, Viani, Hogarth* u.a.

Durch diese wichtigen Maßnahmen haben sich die weitblickenden Männer des Mailänder Rennvereins unter Führung großer Rennsportpersönlichkeiten wie E. Locatelli und seines Nachfolgers V. di Capua außerordentliche Verdienste insbesondere um den quantitativen Aufbau einer inländischen Jährlingsproduktion auf breiterer Basis erworben. Bis vor wenigen Jahren war die Vollblutzucht Italiens hauptsächlich auf die Gegend südlich des Comer Sees und des Lago Maggiore konzentriert. Außer den in diesem Buch gesondert behandelten Gestüten wären aus dieser Region zusätzlich insbesondere die Razza del Soldo in Gornate, die Zucht von Dr. Vittadini in Oriano, das erfolgreiche Gestüt der Scuderia Aurora in Bedizzole am Gardasee und die Razza la Novella in Malnate zu nennen. Ein weiteres traditionelles Zuchtgebiet Italiens ist der fruchtbare Landstrich der Oltre-Poo von Parma bis Bologna. Dort finden wir neben bedeutenden Trabergestüten auch so wichtige Vollblutzuchtstätten wie das Allevamento National in Noceto (Parma) und das Pensionsgestüt der Nationalen Züchtervereinigung ANAC in Volta de Beno in Bologna. In letzterem ist auch regelmäßig mindestens ein guter Beschäler aufgestellt.

Im Zuge der intensiven Anstrengungen des Staates in Zentral- und Süditalien, den Sektor Tierzucht im Rahmen der Landwirtschaftsplanung zu fördern, wurden in den letzten Jahren den Züchtern für Gestüte-Neugründungen billige langfristige Kredite eingeräumt. Im Verein mit einem bemerkenswerten Aufschwung des Rennsportes in diesen Regionen haben diese Maßnahmen besonders im früher als traditionelles Halbblutzuchtgebiet bekannten Dreieck Florenz – Rom – Pisa zur Schaffung verschiedener neuer Gestüte beigetragen.

Links: Der alte Haupthof des Gestüts. Nach der Übernahme dieser ursprünglich privaten Zuchtstätte durch den Mailänder Rennverein entstanden eine Anzahl zusätzlicher Boxen und weitere Wirtschaftsgebäude.

Mitte: In Besnate sind immer einige Spitzenbeschäler aufgestellt, darunter auch Hengste des Tesio-Gestüts Dormello-Olgiata.
Links: Der Deckhengst *Furibondo*, geb. 1966, v. *Floribunda* a.d. *Blue Range*.

Ticino

Das bekannteste und bemerkenswerteste Gebäude des Gestüts Ticino ist der alte Rennstall. Dieser Fachwerkbau steht in Mailand in unmittelbarer Nähe der Rennbahn. Hier wurden eine ganze Reihe von Nachkommen des herausragenden *Havresac II* trainiert, eines Hengstes, der 1916 in einem ganzen Jährlingslot aus Frankreich in das Gestüt kam und zu einem großen Glückstreffer für die gesamte italienische Vollblutzucht wurde.

Im Jahre 1915 gründete der Mailänder Industrielle G. de Montel die Razza Ticino. Schon wenige Jahre später war dieser Züchter zum großen Gegenspieler Federico Tesios geworden. Nachdem de Montel seine Stallfarben deklariert hatte, konnte er bereits im folgenden Jahr einen außerordentlich glücklichen Ankauf in Frankreich tätigen. Die Schwierigkeiten während des Ersten Weltkrieges bewogen den berühmten französischen Züchter Marquis de Nicolay, Besitzer des Haras de Montfort, sein gesamtes Jährlingslot an den jungen italienischen Rennstallbesitzer abzutreten. In diesem Lot gab es einen Hengst, der internationale Rennsportgeschichte machen sollte, nämlich der *Rabelais*-Sohn *Havresac II.* Dieser Hengst, der schon durch seine Siege in den klassischen Rennen wie Premio d'Ambrosiano und Principe Amadeo von sich reden gemacht hatte, bewies später in der Vollblutzucht Italiens vor allem seinen hohen Wert als durchschlagender Vererber. Als Erzeuger von *Manistee* und besonders des großen *Cavalier d'Arpino,* von dem sein Züchter, Federico Tesio, sagte, er sei das beste Rennpferd seines Stalles überhaupt gewesen, begründete er den erfolgreichsten Stamm der äußerst wertvollen St.-Simon-Linie in der heutigen Vollblutzucht, vor allem über *Cavalier d'Arpino, Bellini, Tenerani* und den großen *Ribot.* Sie sollten das kämpferische Erbgut, verbunden mit den Steherqualitäten von *St. Simon,* mehr als alle anderen Nachkommen dieses wohl bedeutendsten Beschälers des 19. Jahrhunderts der Vollblutzucht erhalten.

Neben vielen anderen von de Montel und später von der Razza Ticino gezogenen Pferden stellten vor allem die Nachkommen zweier Stammstuten eine ganze Reihe bedeutender internationaler Sieger. 1. *Hollebeck.* Sie wurde zur Begründerin der berühmten O-Linie für de Montel. Ihr Nachkomme *Ortello* sollte mit seinem Sieg im Prix de l'Arc de Triomphe 1929 über den französischen Champion *Kantar* und den unvergeßlichen Schlenderhaner *Oleander* der italienischen Vollblutzucht zum ersten international durchschlagenden Erfolg verhelfen.

2. *Signa.* Sie ist die Stammutter der klassischen Sieger *Stratford, Salvo, Sedan* und, in der gegenwärtigen Szene, *Sirlad,* der in bisher sechs Starts (bis Ende Mai 1977) unbesiegt blieb, darunter im Italienischen Derby 1977.

Wenige Jahre nach dem Tode von G. de Montel wurde das gesamte Gestüt mit seinen berühmten Deckhengsten *Orsenigo,* v. *Oleander,* und *Macherio,* v. *Ortello,* von Signora B. Varga 1947 übernommen. Wohl den größten rennsportlichen Erfolg erlebte die neue Besitzerin mit dem Sieg von *Molvedo* im Prix de l'Arc de Triomphe 1961. *Molvedo* stammte aus dem ersten Jahrgang *Ribots.* Dieser imposante Hengst hat zuerst mehrere Jahre in Frankreich ohne großen Erfolg gewirkt. Seine Qualitäten konnte er erst nach seiner Rückkehr ins Heimatgestüt beweisen. 1976 war er Championbeschäler in Italien, nachdem er bereits 1975 erfolgreichster Vater von Mutterstuten gewesen war.

Direkt neben dem Rennstall der Razza Ticino bei der Rennbahn in San Siro in Mailand findet man die Trainingsstallungen der Mailänder Rennsportorganisation (TRENNO), die sich aus einer stattlichen Reihe von Fachwerkgebäuden zusammensetzen.

Das eigentliche Gestüt Ticino liegt in der Parklandschaft des Varesotto über der lombardischen Tiefebene. Es wurde in den zwanziger Jahren von dem Mailänder Industriellen G. de Montel gegründet, der schon nach wenigen Jahren zum großen Gegenspieler des weltbekannten Züchters Federico Tesio wurde.

Dormello

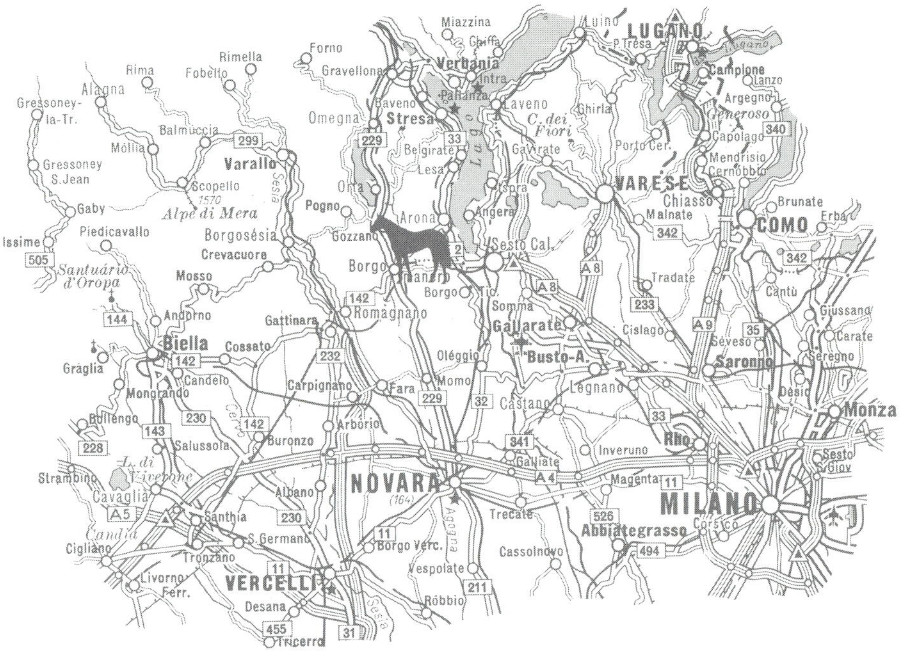

Das Gestüt mit dem roten Andreaskreuz in den Stallfarben ist zweifellos das berühmteste in Italien. Sein Gründer Federico Tesio ist eine der glänzendsten Persönlichkeiten in der Welt des Vollblutsportes. Nicht umsonst wurde er von seinen Zeitgenossen als «der Magier des Turfs» bezeichnet. Und nichts dürfte die außerordentliche Wertschätzung, die er international genoß, deutlicher demonstrieren als das Bekenntnis Lord Roseberys in seiner Abdankungsrede für Tesio vor der Thoroughbredbreeders Association in Newmarket im Juli 1964: «...Niemand in unserem Jahrhundert hat, zusammen mit Lord Derby, einen größeren Einfluß auf die Vollblutzucht ausgeübt als er.»

Vor allem durch die enorme Einflußnahme in allen Zuchtländern über die Nachkommen seiner Klassehengste *Nearco, Donatello, Tenerani* und *Ribot* ist dieses Gestüt für jedermann, der sich überhaupt irgendwo mit Vollblut befaßt, zu einem Begriff geworden. Der Einfluß der in Dormello-Olgiata gegründeten Hengstlinien ist heute, vor allem über die vielen *Nashrulla-* und *Ribot-*Nachkommen, größer als je zuvor.

Kurz nach seiner Heirat mit Donna Lydia de Serramezzana, die selbst einer traditionsreichen Züchterfamilie entstammte, gründete Tesio 1888 sein Gestüt am Lago Maggiore. Fast alle seine Pferde erwarb Tesio bei den Newmarket Sales in England. Dank seinen umfassenden Kenntnissen bewies er trotz seines relativ bescheidenen Budgets in den Anfangsjahren bei allen seinen Käufen eine ausgesprochen glückliche Hand. Sein größter Coup war der Ankauf von *Catnip* für nur 75 Guineas bei der Kriegsauktion von 1915 in Newmarket. Diese Stute wurde in der Folge zu seiner bedeutendsten, international erfolgreichen Stammutter. Sie übt noch heute, sowohl über ihre beiden Söhne *Nearco* und *Niccolo Dell'Arca* wie auch über ihre nach Deutschland exportierte Tochter *Nella da Gubbio,* die Begründerin der international äußerst erfolgreichen N-Linie *(Neckar*

1888 entstand am Südwestzipfel des Lago Maggiore das Gestüt, das berühmter wurde als jede andere Zuchtstätte in Italien und dessen Stallfarben mit dem roten Andreaskreuz heute noch in der ganzen Welt des Rennsportes ein Begriff sind, genau wie der Gründer selbst, Federico Tesio, eine der markantesten Gestalten des internationalen Turfs war. Vom Charme dieses außergewöhnlichen Mannes zeugt bis heute die ganze idyllische Gestütsanlage.

usw.) des Gestüts Erlenhof und später der Zucht der Gräfin Batthyany, grossen Einfluß in der Weltvollblutzucht aus.

Weitere hervorragende Importe während der Gründungsphase waren die Linienbegründerinnen in Dormello-Olgiata, *Ducia di Buonisegna (Donatello II* usw.), *Chuette (Coronach, Cavalier d'Arpino* usw.), *Try Try Again (Tenerani, Tissot* usw.) und *Bucolic*, die zur Stammutter jener Familie wurde, aus der später das größte Rennpferd seiner Zeit hervorging: *Ribot*.

Eine Grundregel der Zuchttheorien Federico Tesios war, nur in Ausnahmefällen einen selbstgezogenen Beschäler zum Dekken der eigenen Stuten zu verwenden. Dieses Zuchtkonzept spiegelt sich in der Ausgewogenheit der Pedigrees seines Zuchtmaterials wider. Tesio scheute keine Kosten, um für jede Stute, nach sorgfältigem Studium der Pedigrees, des Exterieurs, der Rennveranlagung und des Charakters, in führenden Zuchtstätten den geeigneten Hengst als Partner zu suchen.

Nach dem Ableben des Ehepaares Tesio in den sechziger Jahren kam die berühmteste Zuchtstätte Italiens in den Besitz der Marchesa d'Incisa. Selbstredend hat in den vergangenen Jahren die bewährte Dormello-Stutenherde weiterhin große Sieger gebracht. Namen wie *Hogarth, Tadolina, Tierceron, Claude* und *Appiani* (Vater von *Star Appeal)* führen die Tradition des Andreaskreuzes fort.

Oben: Mit der Geburt des *Tenerani*-Sohnes *Ribot* im Jahre 1952 erreichte die Geschichte der italienischen Vollblutzucht ihren Höhepunkt. Als weltbestes Pferd seiner Zeit kanterte der kleine Ribot zweimal die Weltelite im Prix de l'Arc de Triomphe einfach nieder. Nach seiner phänomenalen Rennkarriere zeugte er Nachkommen, die in Europa und in den USA zur Spitze gehörten und von denen mit *Graustark, Art and Letters, Ragusa, Ribero, Molvedo* und *Tom Rolfe* nur gerade die allerwichtigsten genannt sind.
Der Pferdemaler Ingo Koblischek porträtierte *Ribot* eigens für dieses Buch.

Ehemaliges Jugoslawien

Die weißen Hengste der Wiener Hofreitschule sind weltberühmt.
Das Gestüt, in dem diese Pferderassen, die über Jahrhunderte in den Marställen Europas begehrt war, entstand, liegt im unwirtlichen Gebirge des Karsts, in der Nähe von Triest in Slowenien. Es wurde 1580 vom Erzherzog Karl von Österreich gegründet, und seine bewegte Geschichte wird auf den folgenden Seiten erzählt.

Der Lipizzaner, der auf der Basis von harten Stuten eines alten Pferdeschlages auf dem Karst unter Einkreuzung spanischer, italienischer und orientalischer Hengste entstanden ist, ist das bekannteste Prunk- und Paradepferd und in seiner Eignung für dieHohe Schule ungeschlagen. Daß er aber auch ein ausgezeichnetes Wirtschaftspferd ist und in sehr viel größerer Zahl in der Landwirtschaft dient, übrigens auch in Ungarn, ist kaum bekannt. Ebensowenig ist bekannt, daß durchaus nicht alle Lipizzaner Schimmel sind, sondern daß die für Arbeitspferde praktischer Braun- und Rappfarben gar nicht selten vorkommen.

Heute werden im ehemaligen Jugoslawien die Lipizzaner außer in Lipizza auch in den Staatsgestüten Lipik, Kutjevo, Fruska, Gora, Prnjavor und Dobricevor gezüchtet.

Wenig bekannt, weil Exporte verhältnismäßig selten sind, ist auch die Tatsache, daß das ehemalige Jugoslawien heute noch eines der pferdereichsten
Länder Europas ist: Es gibt hier über eine Million Pferde und damit auf rund zwanzig Einwohner ein Pferd.
Die verschiedenen Völker, die durch dieses Land zogen, hinterließen ihre Spuren nichtzuletzt auch in der Pferdezucht.Illyrer, Griechen, Römer und Goten, später Bulgaren und Rumänen gaben hier oft blutige Gastspiele. Die Pferde des klassischen Griechenland, der Archean, der Thrazier und das Thessalische Pferd, fanden bestimmt in Mazedonien Verbreitung, und in den kleinen Thessalier fließen.

Die bodenständigen Pferde im Norden hatten mit großer Warscheinlichkeit Blutaustausch durch die Reit- und Wagentiere der Römer erfahren. Den wichtigsten Einfluß hatten aber bestimmt die Türken, die lange Zeit das Feld beherrschtn und deren orientalische Pferde die Zucht im ganzen Land veredelten.

Neben Orientalen, den Lipizzanern aus Ungarn stammen Noniuspferde und einigen anderen, weniger verbreiteten Rassen wird im ehemaligen Jugoslawien in erster Linie das sogenannte bosnische Gebirgspferd gezüchtet, von dem es allein über 400 000 Exemplare gibt und das eindeutig die wichtigste Rasse des Landes ist. Eine sehr ähnliche Rasse findet man in Mazedonien, das mazedonische Gebirgspferd. Es wird vermutet, daß der Mazedonier seinen Ursprung in einer alten griechischen Rasse, im kleinen Thessalier hat. Der Spätere Einfluss orientalischen Blutes ist unverkennbar und bei manchen Exemplaren in unver-

kennbar und bei manchen Exemplaren in Exerieur und Charakter sehr ausgeprägt. Auch der Bosniake, von seinem Stockmaß von 130 bis 140 Zentimetern her ein Pony, vom Typ her aber eindeutig ein Klaeinpferd, wurde durch orientalisches Blut veredelt. Dies kommt besonders in den feinen, aber kerngesunden Gelenken. Im oft sehr hübsch modellierten Kopf mit den großen, ausdrucksvollen Augen, im Temperament und in der nicht seltenen Schimmelfarbe zum Ausdruck.

Die Veredelung und damit die bessere Eignung als Reittier war gewiß für die bessere Eignung als Reittier war gewiß für die leichte Kavallerie zur Zeit Friedrichs des Großen ein Vorteil, für die Bauern und Holzfäller jedoch, die das Pferdchen zum Ziehen und Tragen brauchten, eher ungünstig. Erst nach einer sehr lang dauernden Selektionszucht erreichte man etwa in den dreißiger Jahren wieder einen stämmigeren, kurzbeinigeren Arbeitstyp.

Links: Lipizzaner werden im ehemaligen Jugoslawien außer im Stammgestüt Lipizza in verschiedenen Staatsgestüten gezüchtet. Die meisten von ihnen dienen als Wirtschaftspferde.
Oben: Von über einer Million Pferde im ehemaligen Jugoslawien sind über 400 000 bosnische Gebirgspferde. Diese kleine, meist meist zwischen 130 und 140 Zentimeter hohe Rasse findet als Saum-, Zug- und Reittier Verwendung. Der Bosniake gilt als eines der zähesten, robustesten und genügsamsten Pferde überhaupt. Die kleinen jugoslawischen Bergbauern ebenso wie die Gebirgstruppen werden noch lange nicht auf diesen unermüdlichen und zuverlässigen Helfer verzichten können. Die früher häufigen Einkreuzungen orientalischen Blutes machen sich im feinen, aber kerngesunden Knochenbau, im oft sehr hübsch modellierten Kopf, im Temperament, in der Lernfreudigkeit und im anhänglichen Wesen bemerkbar machen. In den letzten Jahren haben die Bosniaken und ihre weiter südlich beheimateten Verwandten, die mazedonischen Gebirgspferde, in Mitteleuropa ihre hervorragenden Qualitäten als Freizeitpferden bewiesen.

Lipizza

Wie in den meisten Hofgestüten vergangener Jahrhunderte, wurde auch in Lipizza mit verschiedenen Rassen und Schlägen experimentiert. Unter anderem wurden Hengste aus Spanien, Italien, Böhmen, Dänemark und Arabien im Gestüt aufgestellt. Wichtigste Grundlage für die Lipizzanerrasse waren aber doch spanische (oberes Bild) und neapolitanische (Mitte links) Pferde.
Araber (Mitte rechts) wurden wiederholt eingekreuzt und begründeten einen der Lipizzanerstämme. Die drei Darstellungen von Baron von Eisenberg entstanden 1748.
Unteres Bild: Das Hofgestüt Lipizza im Jahre 1779.

Im rauhen Klima und auf dem kargen Kalkboden des Karstes gedeihen seit Tausenden von Jahren Pferde von großer Härte, Kraft und Ausdauer. Schon die Römer holten sich hier Reittiere und rühmten deren Qualitäten. Und auch aus dem 16. Jahrhundert ist bekannt, daß die schnellen, starken Tiere aus dem Karst beliebte Turnierpferde waren.

Diese Tatsachen mögen den österreichischen Erzherzog Karl bewogen haben, hier im Kalkgebirge nahe bei Triest ein Gestüt

Eines der neueren Gebäude in Lipizza ist die 20 × 65 m große Reithalle, dank der Feriengäste auch bei schlechtem Wetter nicht auf ihren täglichen Ritt verzichten müssen. Sonst jedoch bietet die Landschaft des Karsts herrliche Möglichkeiten für Ausritte.

Unteres Bild: Jungpferde bei den Laufställen. Lipizzaner kommen dunkelfarbig zur Welt, die meisten werden mit 6 bis 8 Jahren Schimmel, es gibt aber auch Braune und Rappen.

einzurichten, um von hier den Hofstall in Graz mit Reit- und Kutschenpferden zu versorgen. 1580 kaufte der Regent der Steiermark, von Kärnten, Krain, Istrien und Triest das Dörfchen Lipica vom Triester Erzbischof. Er ließ Wohngebäude, Stallungen und Zisternen bauen. Aus den umliegenden Tälern wurden unzählige Fuhren der rötlichen Erde herangekarrt, um die Gestütsweiden fruchtbarer zu machen, und man begann mit dem Aufforsten der Hänge. Erster Gestütsverwalter war ein Slowene namens Franz Jurko, der schon nach fünf Jahren dem Erzherzog melden konnte, das Gedeihen des Gestüts sei nun gesichert.

Bereits im Gründungsjahr wurden Pferde aus Spanien gebracht, mit denen die harten Karsterpferde veredelt werden sollten. Spanische Pferde waren damals wegen ihrer hohen Gangaktionen, der stolzen Haltung und des edlen Exterieurs an den Höfen ganz Europas groß in Mode. In den folgenden Jahren wurden weitere Zuchttiere angeschafft, darunter auch einige aus Polesine in Italien, die den Spaniern sehr ähnlich, aber viel billiger waren.

Im 18. Jahrhundert entstanden fünf Stammlinien, die sich bis heute erhalten haben. Der *Pluto*-Stamm wurde auf dem gleichnamigen spanisch-dänischen Schimmelhengst gezogen. *Conversano* war ein Rappe aus Neapel. Der Linienbegründer *Neapolitano* war ein Brauner, ebenfalls aus Neapel. *Favory* war ein falbfarbener Hengst aus Kladrub in Böhmen, und ebenfalls aus Kladrub kam der Schimmel *Maestoso*.

Der sechste Stamm der Rasse, der in Lipizza begründet wurde und ebenfalls noch besteht, hatte den 1816 gekauften Original-Araberhengst *Siglavy* zum Vater. Die Siglavys haben sehr edle, araberähnliche Köpfe, schlankere Hälse und einen feineren Bau als die anderen Stämme, jedoch nicht die betont erhabenen Aktionen der barocken Paradepferde.

Zweihundert Jahre gedieh das Gestüt ohne große Zwischenfälle, wurde verschiedentlich durch den Ankauf von Land und durch neue Gebäude vergrößert und ent-

hielt zur Zeit Maria Theresias (1740–1780) über 150 Zuchtstuten. Der Krieg Österreichs gegen Napoleon aber traf auch Lipizza. 1796 mußte das Gestüt mit über 300 Pferden nach Szekesvehervar in Ungarn flüchten. Sechzehn Stuten sollen unterwegs abgefohlt haben, ohne daß es zu Verlusten kam. Im September 1798 kehrten die Pferde ins Stammgestüt zurück. Im November 1805 mußte das Gestüt erneut vor den anrückenden Truppen Napoleons für sechzehn Monate verlegt werden –

IOSEPHO INIMICOS DEBELLANTE
QVESTA 1703 STALLA FV
FABR: SOTTO IL GOV
GIO GASPARO NICOLETTI
G. ANDREA RAINIER

Der Hauptbeschälerstall, der sogenannte «Wölbstall», wurde bis heute trotz einiger Erneuerungen nicht wesentlich verändert. Auf einer Tafel neben dem Eingang wird als Baujahr 1703 genannt. Über der Tür ist eine Tafel mit den Namen Kaiser Leopolds I. und seines Nachfolgers Josef I. Auch unter Josef I. (1705–1711) entstanden in Lipizza mehrere Gebäude. Kaiser Karl VI. (1711–1740) erweiterte das Gestüt wesentlich durch den Kauf der Güter Postojna, 1718, und Prestranek, 1728, wodurch für den Nachwuchs reichlich gestütseigenes Weideland vorhanden war. Unter der Regierung Maria Theresias (1740–1780) galten die Lipizzaner als vorzügliche Reitpferde, doch wollte man sich nun stärker der Zucht von Wagenpferden widmen. Dazu wurden 1768 aus dem Gestüt Kopcany zwanzig Stuten nach Lipizza gebracht, die man aber schon nach drei Jahren wieder aus der Zucht nahm und zurückschickte.

danach vermißte man nur ein Fohlen. 1809 trat das Gestüt zum dritten Mal die Flucht an und blieb nun sechs Jahre im ungarischen Mezöhegyes.

Nach rund hundert Jahren Ruhe mußte Lipizza mit dem Eintritt Italiens in den Ersten Weltkrieg erneut geräumt werden. Die Pferde kamen größtenteils nach Laxenburg bei Wien. Italien, dem das Gebiet um Lipizza nach dem Krieg zufiel, verlangte die Pferde zurück, erhielt aber nur 107 Stück. 97 kamen nach Piber in der Steiermark, und 37 junge Pferde blieben in Kladrub, das sie auch bis dahin beherbergt hatte.

Der schwerste Schlag war auch für Lipizza der Zweite Weltkrieg. Im Oktober 1943 wurde das Gestüt nach Hostinec in der Tschechoslowakei gebracht.

Kurz vor dem Einmarsch der Russen brachten amerikanische Truppen die Pferde nach Schwarzenburg. Von dort wurden die meisten im Mai 1945 der Hofreitschule in Wien übergeben. Schließlich wurde ein Teil der Herde an Italien abgetreten, und diese Pferde begründeten das Gestüt Fara Sabina bei Rom. Der andere Teil kam wieder nach Piber in der Steiermark.

Im Herbst 1947 kamen nur noch elf Lipizzaner in ihr Stammgestüt zurück, darunter ein Siglavy-Zuchthengst und drei Zuchtstuten. In den folgenden Jahren kamen noch 24 weitere Pferde dazu, mit denen Lipizza den ebenso mühsamen wie erfolgreichen Aufbau einer neuen systematischen Zucht begann.

In dem durch den Zweiten Weltkrieg schwer heimgesuchten Lipizza nahm man 1947 mit elf Pferden, zu denen später noch zwei Dutzend weitere kamen, den Wiederaufbau der Zucht in Angriff. Das Ziel war, weiterhin den Typ des klassischen Lipizzaners zu züchten, jedoch sollten die Reitpferdeeigenschaften etwas stärker betont und der Gesamteindruck edler sein. So wurden die Lipizzaner in ihrem Stammgestüt etwas größer und zeigen heute einen etwas deutlicher markierten Widerrist, schrägere Schultern mit mehr Freiheit in der Bewegung und kadenzierte, aber nicht zu hohe Gänge. Schwere Ramsköpfe findet man hier kaum noch.

Die abgebildeten Hengste sind: links der 1967 geborene *Pluto-Dubovina VI*, in der Mitte der 1959 geborene *Favory-Dubovina II* und rechts der 1967 geborene *Maestoso-Bonavoja 45*.
Nächste Doppelseite: Lipizzaner-Mutterstutenherde auf der Rückkehr von der Weide.

Österreich

Blickt man zurück, so war Österreich zweifellos einst ein bedeutendes Pferdezuchtland. Vom heutigen Österreich kann man das – sieht man von der Spezialität des Lipizzaners ab – nicht mehr behaupten. Die alte Donaumonarchie hatte weltweit bekannte Pferdezuchtgebiete und -länder und ein vorbildliches staatliches Gestütswesen, von dem die Nachfolgestaaten zum Teil heute noch zehren. Der Staatenbund Österreich-Ungarn war, mit Ausnahme von Rußland, das pferdereichste Land Europas. Bei einer Pferdezählung, die sage und schreibe zehn Jahre dauerte (1866 bis 1876), wurden in Österreich 3 569 434 Pferde registriert. In Deutschland gab es 3 352 231 Pferde, in allen anderen Staaten sehr viel weniger.

Die bedeutendsten Pferdezuchtgebiete Altösterreichs waren Ungarn, Böhmen und Mähren, Südpolen mit Galizien und Kroatien bzw. Slowenien. Deutsch-Österreich züchtete Kaltblut, den Pinzgauer, später Nosiker genannte, der wohl noch besteht, sich aber mittlerweile fast schon selbst überlebt hat.

«Alles, was in Österreich von Bedeutung und Bestand war, geht irgendwie auf die Kaiserin Maria Theresia zurück.» Dieses manchmal mit unterschwelligem Spott zitierte Wort trifft auch für die Entstehung des staatlichen Gestütswesens zu. Der Siebenjährige Krieg mit Preußen (1756 bis 1763) war für die kaiserliche Kavallerie eine äußerst verlustreiche Angelegenheit. Obschon Einkaufskommandos bis nach Rußland und in die Türkei reisten, herrschte Pferdemangel. In dieser Situation gab die Kaiserin die ersten Erlasse über die Verwendung staatlicher Zuchthengste und die Förderung der Aufzucht von Fohlen heraus. Ihr Sohn Josef II. setzte diese Bestrebungen eifrig fort und gründete die Gestüte Radautz, Mezöhegyes, Babolna und Piber, um nur die wichtigsten zu nennen.

Die österreichischen Staatsgestüte waren rein militärisch geführt. Die Offiziere mußten jahrelang Spezialkurse, unter anderem auch auf der tierärztlichen Fakultät in Wien, absolvieren. Ab 1869 war die Gestütsbranche fachlich dem Ackerbauministerium, militärisch und personell dem Kriegsministerium unterstellt. Ausnahmen waren die Hofgestüte Kladrub, Lipizza, Koptschan und für kurze Zeit Halbturn. Diese wurden von Hofbeamten geleitet.

In fachlicher Hinsicht und in seiner Ausstrahlung war das Gestüt Radautz von großer Bedeutung, und da es in diesem Buch nicht gesondert behandelt wird wie die übrigen wichtigen Gestüte Altösterreichs, soll es hier etwas näher beschrieben werden. Gegründet wurde das Gestüt im Jahr 1780 in Waszkonz, und erst 1792 wurde es nach Radautz in der Bukowina verlegt. Das Gestütsareal bedeckte rund 10 000 Hektar und hatte eine Länge von 120 Kilometern. Außer der Zentrale gab es eine Reihe von Außenstationen und Bergweideflächen an den Hängen der Karpaten. Der Bestand betrug um die Jahrhundertwende bis zu 2000 Pferden. Gezüchtet wurde ein leichtes und ein schweres Halbblut, betont für eine differenzierte Armeetauglichkeit. Auch Vollblut gab es, vor allem unter den Gestütshengsten.

Berühmt waren aber die Radautzer Araber, die als Vollblut und Halbblut gezüchtet wurden. Unter den letzteren haben die Shagyas große Bedeutung erlangt. Die Radautzer Vollblutaraber haben vielfach die ungarische und auch die polnische Araberzucht geprägt und damit auch auf die gesamteuropäische Einfluß genommen. *Amurath* wurde zu einem internationalen Begriff.

Auch Anglo-Araber aus Radautz waren weit verbreitet, wobei die Gidran-Füchse die bekanntesten waren.

Und schließlich hat die Lipizzanerzucht, hier auch als Gebrauchspferdeschlag planmäßig gepflegt, eine große Verbreitung erfahren. Sogar das kaiserliche Hofgestüt Lipizza bezog vereinzelt Radautzer Lipizzaner.

Radautz hatte die vordringliche Aufgabe, aus allen diesen Rassen und Schlägen Hengste zu erzeugen, die über zahlreiche staatliche Hengstdepots zum Einsatz kamen.

Während des Ersten Weltkrieges konnte fast das gesamte Gestütsmaterial nach Deutsch-Österreich evakuiert werden. Im Laufe der Jahrzehnte wurden beinahe alle Radautzer Pferde verkauft, zum Teil auch unentgeltlich bäuerlichen Züchtern

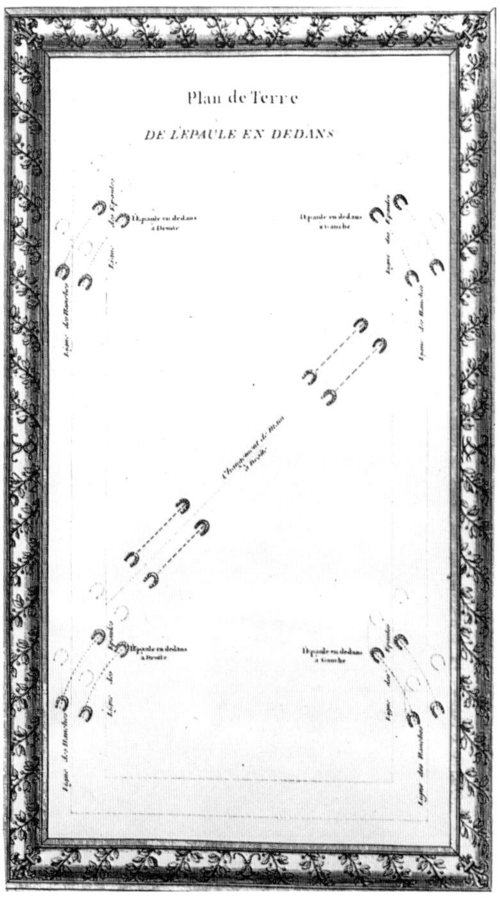

Die großen Reitlehrer Frankreichs des 17. und 18. Jahrhunderts hatten direkten Einfluß auf die Reitkunst an der Hofreitschule in Wien.
Oben rechts: Ein Stich aus dem 1623 erschienenen Lehrbuch von Antonius de Pluvinel, dessen berühmtester Schüler Ludwig XIII. war.
Oben: 1733 erschien das ebenfalls richtungweisende Werk «Ecole de Cavalarie» von François R. de la Guérinière, in dem vor allem die Bedeutung der Seitengänge hervorgehoben wird. In diesem Buch sind verschiedene Übungen auch choreographisch dargestellt, wie etwa das «Schulterherein» auf dieser Abbildung.

Rechts: Der Pepinierhengstenstall des im Ersten Weltkrieg aufgelösten Staatsgestütes Radautz. Unten: Die Reitbahn der Spanischen Hofreitschule ist eines der großartigsten Baudenkmäler barocker Architektur. Zwischen 1729 und 1735 von Josef E. Fischer von Erlach erbaut, vermittelt sie ein Bild vom imperialen Glanz der Donaumonarchie. Die Halle ist 55 Meter lang, 18 Meter breit und 17 Meter hoch. 46 Säulen tragen die Galerie. In diesem – heute einzigen – Institut, in dem die klassische Reitkunst noch in ihrer reinsten Form gepflegt wird, kann nun jedermann die Vorführungen der Lipizzanerhengste bewundern.

überlassen. Nach dem Zweiten Weltkrieg waren sie in alle Winde zerstreut. Ein letzter Rest von etwa zwanzig Mutterstuten, inzwischen durch Selektion und Einkreuzung von Hannoveranerhengsten auf Springbegabung umgezüchtet, steht noch im Gestüt Piber.

Nach dem Zweiten Weltkrieg setzte sich der österreichische Pferdebestand zu 80 Prozent aus Norikern, zu 12 Prozent aus Haflingern, und zu etwa 6 Prozent aus Warmblutpferden zusammen. 1950 gab es noch 283 000 Pferde, 1973 nur noch 30 000. Seither wächst der Bestand jährlich wieder um etwa 1000 Pferde. Die Kaltblüter sind auf 50 Prozent zurückgegangen, die Haflinger haben ihren Anteil auf 30 Prozent erhöht. Die Warmblutpferde – hauptsächlich aus dem Ausland importierte Reitpferde – stellen heute etwa 12 Prozent des Gesamtbestandes.

Die Vollblutpferdezucht in Österreich ist klein und der Rennbetrieb in der Wiener Freudenau von Zeit zu Zeit mit Schwierigkeiten verbunden, doch werden die klassischen Rennen abgehalten. Hingegen kann sich die Traberzucht recht guter Erfolge erfreuen und immer qualifiziertere Hengste einsetzen.

Die Spanische Hofreitschule

Diese Reitschule ist das einzige und letzte Institut, in dem die klassiche Reitkunst noch in reinster Form gepflegt und zu jener Vollendung gebracht wird, wie sie uns in den Schriften Xenophons (um 400 v.Chr.) geschildert und auf Reliefs und alten Stichen eindrucksvoll vor Augen geführt wird. Ihren Namen verdankt sie dem Umstand, daß stets nur Pferde spanischen Ursprungs – Lipizzaner – ausgebildet werden, und zwar nur Hengste. Unter dem Begriff «Hohe Schule» im klassischen Sinn verstehen wir die durch die gymnastische Durchbildung der Gesamtmuskulatur des Pferdes erreichte Fähigkeit, die schwierigsten, mit der natürlichen Gangmechnik des Pferdes im Einklang stehenden Übungen in vollkommenem Gleichgewicht durchzuführen.

1572 ist die Reitschule erstmals aktenkundig – sie wird unter der Bezeichnung «Spainischer Reithsall» erwähnt. Ihre ursprüngliche Aufgabe bestand in der Erziehung der adeligen Jugend in der Reitkunst. Heute dient sie der Pflege des alten equestrischen Gedankengutes, der Beeinflussung der allgemeinen Dressurreiterei und schließlich als Prüfungsanstalt für die Lipizzanerzucht. Die herrliche Halle wurde zwischen 1729 und 1735 erbaut, und 1743 führte Maria Theresia persönlich in dem alsbald berühmten Damenkarussel die Quadrille an. Bis zum Ende des Ersten Weltkrieges waren die Vorführungen den Gästen des Kaisers vorbehalten.

Piber

Piber wurde als Gestüt im Jahre 1798 gegründet. Zuerst Remontendepot, dann Militärgestüt, stand es bis 1867 unter rein militärischer Leitung. Nach vorübergehend ziviler Verwaltung mußte das Gestüt sogar einmal aufgelöst werden, um kurze Zeit darauf erneut als Remontendepot und schließlich wieder als Gestüt, eingerichtet von der sogenannten Militärgestütsbranche bis zum Ende des Ersten Weltkrieges im Jahr 1918 betreut und verwaltet zu werden.

In dieser Zeit war Piber ein Parallelgestüt zu Radautz, einem großen Gestüt, das der alten Donaumonarchie ein besonderes Gepräge gab.

Piber hat sich vor allem in der Zucht edler Rassen bewährt. So sollen die in Piber gezüchteten Araber und Anglo-Araber sehr gut gewesen sein. Englisches Vollblut und Halbblut gediehen in Piber ebenfalls gut.

Die ersten Lipizzaner wurden in Piber 1857 gezüchtet. Dies waren allerdings keine Hoflipizzaner, sondern Pferde, die man in der Landeszucht verwendet hatte, wie das auch heute noch in Ungarn, der Tschechoslowakei und Jugoslawien geschieht. Im Jahre 1869 wurden diese Lipizzaner, die sehr gute Gebrauchsqualitäten hatten, von Piber nach Radautz abgegeben. Die eigentlichen Lipizzaner, das Hofgestüt, kamen erst 1920 nach Piber, als das Stammgestüt Lipizza, nördlich von Triest gelegen, im Verlauf der Nachkriegsereignisse an Italien fiel. Heute ist das Bundesgestüt Piber das einzige österreichische Staatsgestüt, das

Ganz oben: Das Gestüt Piber mit der weithin sichtbaren romanischen Kirche, die bereits 1066 in einer Urkunde erwähnt wird.
Oben, über der Reiterdarstellung, ist die geräumige Reithalle zu sehen.
Links: Vorführung von Lipizzaner-Mutterstuten mit Fohlen anläßlich eines Empfangs für die englische Königin Elisabeth im Jahr 1969.

Rechts: Das heutige Schloß Piber wurde im Jahr 1696 vom italienischen Architekten Domenico Sciasso im Renaissancestil erbaut. Es dient gegenwärtig als Direktionsgebäude des Gestüts.
Ganz rechts: Mutterstuten und Fohlen tummeln sich auf den weiten, saftigen Weiden und werden nachts in geräumigen Laufställen untergebracht. Der Lipizzanerbestand zählt etwa 130 bis 150 Gestütspferde.
Unten: Der Innenhof des Schlosses mit seiner dreistöckigen Galerie.
Nächste Doppelseite: Dreijährige Lipizzaner.

durch die Zucht der Lipizzaner für die Spanische Reitschule in Wien Traditionsträger des seinerzeitigen kaiserlichen Hofgestüts in Lipizza ist. Hier werden die Lipizzaner nach den Grundsätzen einer Leistungszucht in bezug auf Eignung für die Hohe Schule gezüchtet. Oberstes Zuchtziel ist die Produktion eines barockbetonten Parade- und Prunkpferdes, wie es seinerzeit am österreichischen Kaiserhof verwendet wurde und derzeit noch in der Spanischen Reitschule in Wien verwendet wird.

Der Zweite Weltkrieg blieb auch für Piber nicht ohne Folgen. 1942 wurde das gesamte Gestütsmaterial nach Hostau im Böhmerwald überstellt, um mit italienischen und jugoslawischen Lipizzanern eine große Gestütseinheit zu bilden. Bei Kriegsende 1945 wurden die wichtigsten Gestütspferde von einem Verband der US-Armee unter General Patton in einem vielbeachteten Handstreich in die amerikanische Zone überführt. Nach der Rückgabe der jugoslawischen und italienischen Pferde kam der Rest, der vom österreichischen Gestüt noch vorhanden war, 1947 nach Piber zurück. Es hat erhebliche Mühe gekostet, das Gestüt wieder auf sein früheres Niveau zu bringen.

Neben den Lipizzanern wird in Piber ein relativ kleines Warmblutgestüt unterhalten, der Rest der alten österreichischen Kavalleriepferdezucht Radautzer Prägung. Das Gestüt zählt 60 bis 70 Pferde.

Ungarn

In früheren Zeiten waren die Ungarn ein echtes Reitervolk. Auf dem Rücken ihrer Pferde haben sie nach langen Wanderungen vor über tausend Jahren das Land im Karpatenbecken erobert.

Die Zeiten haben sich geändert. Auch wenn man heute noch auf Ungarns Straßen und Feldern viele Pferde bei der Arbeit sieht, hat dieses Tier seine führende Rolle in der Landwirtschaft doch schon verloren. Immer mehr findet es nur noch für Freizeit und Sport Verwendung.

Die alten Magyaren waren Nomaden, die von Jagd und Viehzucht lebten und die wohl schon vor 4000 Jahren in ihrer Urheimat am Ural Pferde ritten. Gewiß zogen sie zu Pferd westwärts, als sie den Stamm der Finno-Ugrier verließen, und als sie ins Karpatengebiet kamen, versetzten die Schnelligkeit ihrer Pferde und die Wildheit ihrer Attacken die dort seßhaften Völker in Angst und Schrecken.

Man wird sich vielleicht fragen, welche Pferde die Ungarn geritten haben. Es müssen schnelle, genügsame Tiere von großer Ausdauer gewesen sein. Denn nur so konnten sie solche Distanzen zurücklegen und so überraschend auftauchen.

Die erste schriftliche Kunde, die etwas über die Qualität der Magyarenpferde aussagt, stammt von dem römischen Geschichtsschreiber Tacitus, der im 1. Jahrhundert nach Christus zu berichten weiß, daß die römischen Pferdehändler mit Vorliebe «hungurische Pferde» kauften. Damals waren die Ungarn noch lange nicht in Mitteleuropa angesiedelt. Aus ihrer Urheimat westlich des Urals waren sie ostwärts und später südwärts in die Länder der Mittelwolga gewandert, wo sie mehrere Jahrhunderte blieben. Dann zogen sie langsam zu den nördlichen Ausläufern des Kaukasus weiter, von dort über Südrußland, die Ukraine und über die Karpaten und gelangten schließlich nach Pannonien, wo sie seßhaft wurden. Die Geschichte ihrer Wanderung interessiert uns aus einem ganz besonderen Grund – sie enthält die Antwort auf die Frage nach dem Pferdetyp der Ungarn.

In der Fachliteratur werden zwei Thesen vertreten. Die eine behauptet, die Pferde der Magyaren seien Abkömmlinge der asiatischen Steppenwildpferde gewesen, die nach ihrem Entdecker auch Przewalskipferde genannt werden. Die andere besagt, das südrussische Steppenwildpferd, der Steppentarpan, sei von den Nomaden geritten worden. Es muß angenommen werden, daß die Ungarn zuerst Przewalskipferde ritten und später in Südrußland Tarpane fingen.

In einer Aufzeichnung aus der Zeit der Landnahme wird das Pferd der Ungarn folgendermaßen beschrieben: «Der Wuchs ist klein, der Kopf edel mit lebhaften Augen, der Körper ist drahtig, die Gelenke sind trocken und die Sehnen sehr hart. Die Farbe ist bei den meisten dunkelmausgrau, die Bauchgegend ist hell behaart. Auf dem Rücken ist ein Aalstrich, Schultern und Oberarm sind oft dunkler. Nicht selten gibt es auch weiße Pferde, graue in verschiedenen Variationen und solche mit vielen Abzeichen.»

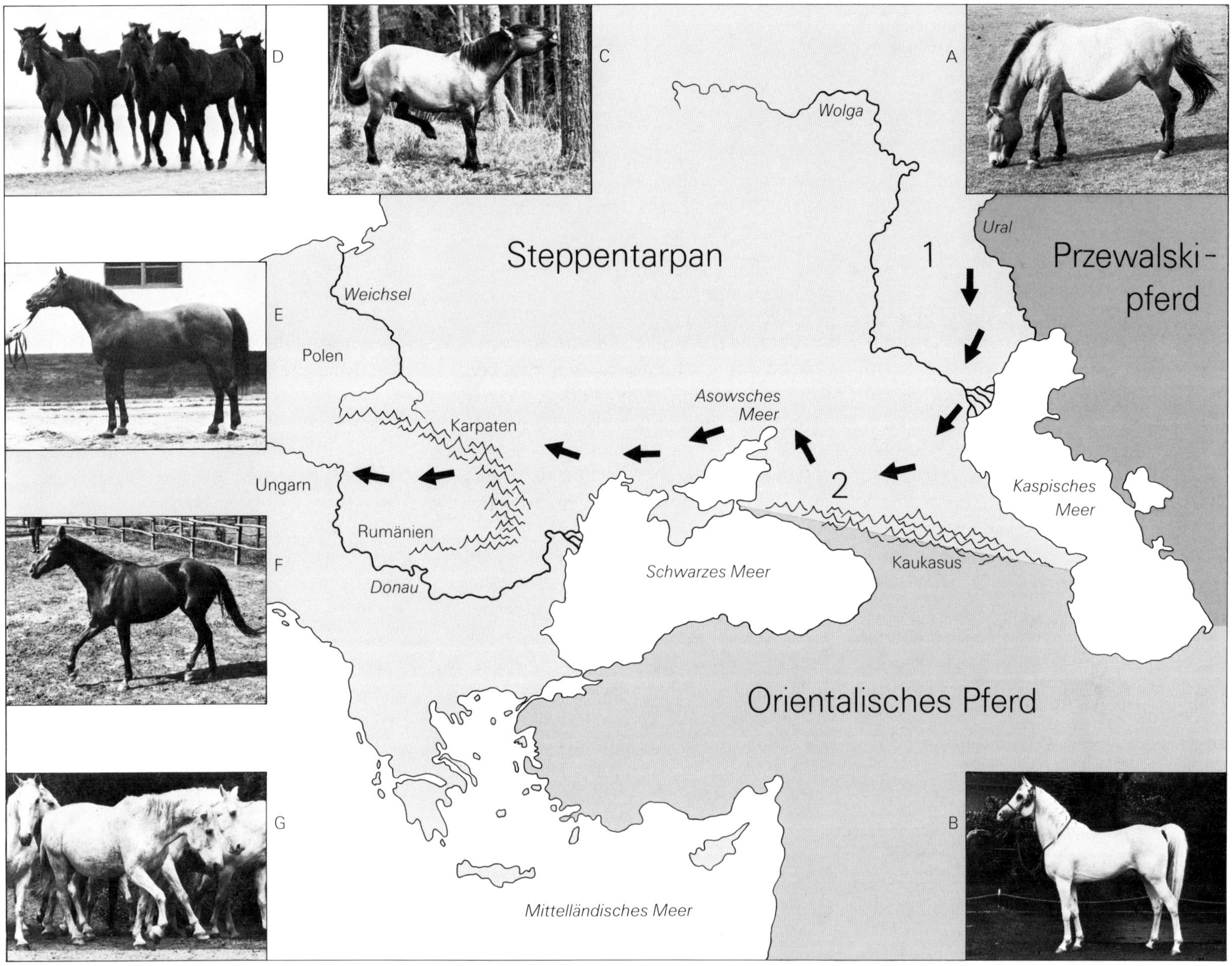

Völkerkundlichen Darstellungen zufolge stammen die Ungarn von den Finno-Ugriern ab. Sie bewohnten vor etwa 4000 Jahren die Steppen zwischen Wolga und Ural (1), und es wird angenommen, daß sie schon damals Pferde ritten, und zwar Abkömmlinge des in jener Gegend beheimateten Przewalskipferdes, auch Östliches Steppenwildpferd genannt (A).
Später wanderten sie südwestwärts und gelangten zu den nördlichen Ausläufern des Kaukasus (2). Es bestehen Anhaltspunkte dafür, daß sie dort mit Völkern in Berührung kamen, die orientalische Pferde ritten B. Bei ihren weiteren Wanderungen nach Westen kamen sie in das Verbreitungsgebiet des Westlichen Steppenwildpferdes oder Steppentarpans (C), der wie der Orientale bei ihren Pferden deutliche Spuren hinterließ.
Schließlich, vor über 1000 Jahren, wurden sie im Karpatenbecken seßhaft. Bis in unsere Tage sind die Magyaren dem Pferd verbunden geblieben. Sie brachten unter anderem Rassen wie den Nonius (D), den Gidran (E) und den Furioso-North Star (F) hervor und entwickelten die ungarische Tulipan-Stammlinie der Lipizzanerrasse (G).
Links: Bei festlichen Anlässen in Ungarn wird heute noch das Bild wilder Steppenreiterei lebendig.

Die Tarpane – die letzten Exemplare dieser Wildpferderasse wurden im 19. Jahrhundert ausgerottet – waren mausgrau und hatten kurze, recht edle, im Profil leicht eingesenkte Köpfe. Das etwas größere und schwerere östliche Steppenwildpferd dagegen ist isabell-rötlichgelb bis braungelb und hat einen recht großen und klobigen Kopf. Die Schimmel und die Pferde mit Abzeichen beweisen außerdem, daß die Magyaren bereits ihre Pferde mit Orientalen veredelten, denn kein Wildpferd ist schimmelfarben. Diese Farbe hatte ausschließlich der Araber.

Das erste Gestüt in Ungarn wurde von dem Stammesführer Arpád (889 bis 907) auf einer Donauinsel gegründet, die heute noch den Namen des ersten Gestütsleiters trägt: Csepel. Auch mehrere Ortsnamen auf dieser Insel erinnern an die Pferdezucht.

Die Schlacht auf dem Lechfeld (955) brachte eine bedeutsame Wende in der Geschichte Ungarns. Die abenteuerlichen Kriegs- und Raubzüge durch Europa ließen nach. Arpáds Enkel Géza (972 bis 997) ließ sich und seinen Sohn Wojk, der unter dem Namen Stephan I. (der Heilige, 997 bis 1038 König von Ungarn) bekannt wurde, taufen. Dieser brachte es fertig, die Nomaden seßhaft zu machen und das Christentum im Staat zu festigen.

Welche Bedeutung Pferde für Stephan I. hatten, beweist ein Gesetz, das verbot, an Sonn- und Feiertagen mit Pferden zu arbeiten. Wer das Gesetz mißachtete, mußte das Gespann an den Staat abtreten. Auch die Nachfolger Stephans zeigten großes Interesse an der Pferdezucht und förderten sie durch verschiedene Gesetze. Weithin berühmt durch ihre Schnelligkeit, Genügsamkeit und Ausdauer, fanden die Pferde im Ausland reißenden Absatz. Als schließlich die Gefahr bestand, daß der zahlreichen Ausfuhren wegen der eigene Bedarf nicht mehr gedeckt werden könnte, erließ König Lázlo (1077 bis 1095) ein Gesetz, das jegliche Ausfuhr von Zuchtpferden verbot.

Neue Akzente in der ungarischen Pferdezucht setzte König Lájos II. (1516 bis 1526). Unter seiner Herrschaft wurden die ersten Pferderennen des Landes abgehalten. Auch Pferde aus dem benachbarten Königreich Polen nahmen daran teil. Bis zu diesem Zeitpunkt gelangten praktisch keine fremden Rassen in die Landeszucht.

Eine neue Seite in der Geschichte der ungarischen Pferdezucht wurde mit dem Jahr 1526 aufgeschlagen. Nach der Schlacht bei Mohács begann für die Ungarn die 150 Jahre dauernde Herrschaft der Türken. Bei allen sonstigen Verlusten brachte die Türkenzeit gerade der Pferdezucht großen Gewinn. Zunächst durch Kriegsbeute und später, während der Besetzung, durch Käufe und Schenkungen gelangte viel orientalisches Blut in die Landespferdezucht, denn die türkische Reiterei hatte viele arabische Pferde. Die Züchter erkannten schnell die Qualitäten und den guten Einfluß des Arabers, und bald war diese Rasse im Land sehr gesucht. Durch die Kreuzung mit dem Araber gewannen die ungarischen Pferde beträchtlich an Adel und erhielten bessere Gänge. – Wesentliche Impulse erhielt die Pferdezucht Ungarns in der ersten Hälfte des vergangenen Jahrhunderts durch den Grafen Stephan Szechenyi. Er gründete den ersten Rennverein und organisierte in Preßburg und später, 1826, in Pesth die ersten Vollblutrennen. Daneben machte er aber auch die guten Einflüsse des Vollblutes auf die Landespferdezucht publik. Sehr bald hatte er erkannt, daß durch dessen Einkreuzung die ungarischen Pferde nicht nur schneller wurden, sondern sich auch im Erscheinungsbild wesentlich verbesserten und veredelten. Auch die Staatsführung erkannte die

Oben: *Kincsem* war mit Abstand das berühmteste und erfolgreichste in Ungarn gezogene Vollblutpferd. Zwischen 1876 und 1880 lief diese Stute in sechs Ländern 54 Rennen – und wurde nie besiegt. In vier Jahren verbrachte sie vom April bis November mehr Nächte in rüttelnden Viehwaggons als im Stall. Was Wunder, daß die in jener Zeit erbauten Gebäude des ungarischen Jockey Club «*Kincsem*-Häuser» genannt wurden und daß es neben der Budapester Rennbahn eine «*Kincsem*-Schenke» gab. Man prägte auch eine Gedenkmünze für *Kincsem*, es gab eine «*Kincsem*-Rennsportzeitung», eine «*Kincsem*-Lotterie», «*Kincsem*-Sekt», «*Kincsem*-Schuhcreme» und «*Kincsem*-Kaffee». Eine zweite *Kincsem* dürfte es nie mehr geben.

Rechts: Seit Jahrzehnten erzielen die ungarischen Jucker-, Vierer- und Fünfergespanne bei den internationalen Fahrturnieren große Erfolge. Der ungarische Fahrstil hat sich auf der ganzen Welt durchgesetzt, und in keinem anderen Land wird der Fahrsport mit so großer Passion betrieben.

Qualitäten englischer Pferde und gründete 1853 das dritte ungarische Staatsgestüt in Kisber. Das Gestüt hatte die Aufgabe, Vollblüter zu züchten, die unter fachlicher Aufsicht in der Landespferdezucht eingesetzt werden konnten.

Bis 1867 unterstanden die drei Staatsgestüte den Habsburgern. Dann erst gelangten sie in den Besitz des ungarischen Staates. Mezöhegyes, Babolna und Kisber versorgten nun das Land mit hochwertigen Zuchttieren. Zugleich verfügten aber auch zahlreiche Privatgestüte über hervorragende Pferde. Anfang des 20. Jahrhunderts erlitt die Zucht erneut einen Rückschlag. Die Landwirtschaft wurde intensiviert, weite Teile der Urweiden kamen unter den Pflug, und auch die beginnende Mechanisierung zeigte ihre ersten negativen Auswirkungen.

Unübersehbar waren die Schäden, die der Erste Weltkrieg verursachte. Ein großer Teil des noch vorhandenen guten Zuchtmaterials wurde von der Armee requiriert und blieb auf dem Schlachtfeld.

Anfang der zwanziger Jahre begannen die Ungarn erneut mit dem Aufbau der Pferdezucht. Schon gegen Ende der dreißiger Jahre war der Bestand immerhin groß genug, um den Bedarf der Länder, die traditionsgemäß ihre Pferde aus Ungarn holten, einigermaßen zu decken. Die Qualität allerdings ließ noch zu wünschen übrig.

Aufschlußreich ist folgende Statistik:

1911 (innerhalb der alten Grenzen Ungarns)	2 000 611 Pferde
1935 (innerhalb der nach Trianon gültigen Grenzen)	885 859 Pferde
1940	989 450 Pferde
1944	859 976 Pferde
1945 (im September nach Kriegsende)	328 234 Pferde

Die Zahlen zeigen anschaulich, welch verheerende Folgen der Zweite Weltkrieg auch für die Pferdezucht hatte. Dabei ist zu bedenken, daß nicht nur der Pferdebestand allein im letzten Kriegsjahr um 58 Prozent abnahm. Auch die Qualität der Tiere war dahin. Nach dem Krieg gab es fast nur noch alte, kranke, halb verhungerte oder verwundete Tiere, die sich kaum oder überhaupt nicht mehr zur Zucht eigneten.

Von diesem schweren Schlag begann sich die ungarische Pferdezucht erst Anfang der sechziger Jahre allmählich zu erholen.

Mezöhegyes

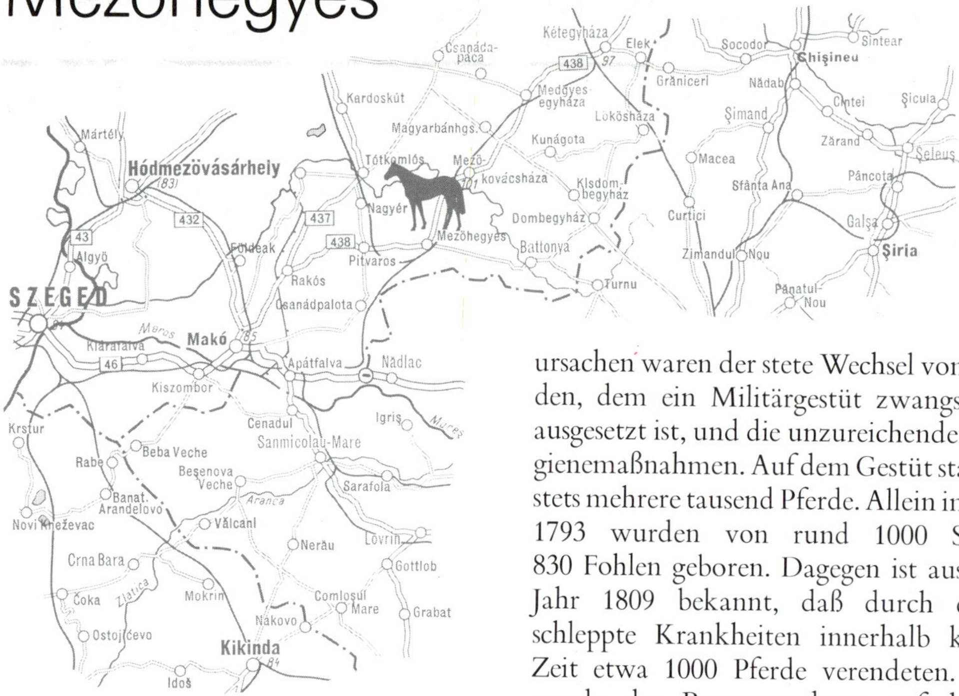

Im äußersten Südosten der ungarischen Tiefebene liegt das älteste und bedeutendste Staatsgestüt des Landes: Mezöhegyes. Es wurde im Jahre 1785 gegründet. Der Mann, auf dessen Empfehlung unter Josef II. (1741–1790) das Gestüt gebaut wurde, war Josef Csekonics. Ihm war auch die wenig später erfolgte Gründung Babolnas zu verdanken.

In den ersten Jahrzehnten hatte das Gestüt mit vielen Schwierigkeiten zu kämpfen, vor allem gegen Krankheiten. Hauptursachen waren der stete Wechsel von Pferden, dem ein Militärgestüt zwangsläufig ausgesetzt ist, und die unzureichenden Hygienemaßnahmen. Auf dem Gestüt standen stets mehrere tausend Pferde. Allein im Jahr 1793 wurden von rund 1000 Stuten 830 Fohlen geboren. Dagegen ist aus dem Jahr 1809 bekannt, daß durch eingeschleppte Krankheiten innerhalb kurzer Zeit etwa 1000 Pferde verendeten. 1814 wurde das Remontendepot aufgehoben. Das Gestüt diente fortan nur noch der Zucht. Gleichzeitig wurde die Landwirtschaft ausgebaut, damit nicht der gesamte Futterbedarf durch Käufe gedeckt werden mußte. Heute noch gibt es in Mezöhegyes einen großen Landwirtschaftsbetrieb.

Im Jahre 1810 wurde in Frankreich ein Anglo-Normanne geboren, der den Namen *Nonius* erhielt. Seine Abstammung und sein Geburtsort lassen sich nicht mit Sicherheit feststellen – es liegen verschiedene Angaben vor. Fest steht jedoch, daß er einen hohen Anteil englisches Vollblut führte, eine wechselvolle Jugend hatte und

1816 als Kriegsbeute nach Mezöhegyes kam.

Dieser *Nonius Senior* leitete eine neue Epoche in der ungarischen Pferdezucht ein und wurde zum Stammvater der bekanntesten ungarischen Pferderasse. Er wirkte bis zu seinem Ableben im Jahre 1832 auf dem Gestüt. Das ihm zugeführte Stutenmaterial war zunächst sehr heterogen. Durch eine konsequente Inzucht und die durchschlagende Vererbungskraft des Hengstes entstand jedoch sehr bald ein einheitlicher

Linke Seite: Die alten Gestütsgebäude stehen heute noch praktisch unverändert. Oben ein Ausschnitt aus der Frontfassade, unten die Seitenansicht der Reithalle.
Unten: Einer der Mezöhegyeser Ställe.
Rechts: Der 1960 geborene, aus Deutschland stammende Zuchthengst *Ramzes junior* übt wesentlichen Einfluß auf die Produktion ungarischer Springpferde aus.
Rechts daneben sein 1969 geborener Sohn *Zeus*.

Typ. Das Zuchtziel war ein anspruchsloser, harter, etwas schwerer, aber doch leichtgängiger Schlag mit Eignung vorwiegend für die Landwirtschaft. Ab 1860 wurde englisches Vollblut eingekreuzt, wodurch der Nonius leichter wurde und seine Schönheitsfehler im wesentlichen verlor, nämlich den schweren Ramskopf mit den tiefliegenden, kleinen Augen wie auch die schlechtgebundenen Lenden.

Im Jahre 1861 begann man die Rasse in zwei Typen aufzuteilen, in den leichteren kleinen Nonius unter 160 cm Stockmaß und in den großen Zugpferdetyp.

Ab 1885 wurde der Nonius auch im Gestüt der Stadt Debrecen (Debreczin) in der Pußta von Hortobagy gezüchtet. 1961 wurde die gesamte Noniuszucht nach Hortobagy verlegt.

Ebenfalls in Mezöhegyes ist die ungarische Linie der Anglo-Araber entstanden, der Gidran. Stammvater war der Original-Araber-Fuchshengst *Gidran Senior,* von dem die spanische Stute *Arrogante* das Hengstfohlen *Gidran II* brachte. Später wurde die Rasse mit viel englischem Vollblut veredelt, und der Gidran wurde als hervorragendes Reit- und Wagenpferd bekannt. Heute wird der Gidran im Gestüt Sütveny und außerhalb Ungarns in Rumänien und Bulgarien gezüchtet.

Schließlich entstand in Mezöhegyes noch eine dritte Rasse, der Furioso-North Star, auch als Mezöhegyeser Halbblut oder einfach Furioso bekannt. Die Stammväter waren beide englische Vollbluthengste. *Furioso* kam 1841 aus dem Gestüt des Grafen Karolyi, *The North Star* als Import aus England. Die Stuten, die man den beiden Hengsten zuführte, waren im Gestüt gezogen und vorwiegend ungarischer Abstammung. Zunächst wurden beide Linien getrennt gezüchtet, ab 1885 wurden sie jedoch gekreuzt, und so entstand der Doppelname. Das Furioso-Blut herrscht aber bis heute vor.

Der Furioso-North Star ist ein starkes, großrahmiges Pferd, gut geeignet und ausdauernd am Wagen, sehr vielseitig als Reitpferd, vor allem auch für schwere Reiter bestens geeignet. Heute wird die Rasse hauptsächlich auf dem Gestüt Apajpuszta zwischen Donau und Theiß gezüchtet.

Durch den geänderten Verwendungszweck des Pferdes in jüngerer Zeit ergaben sich für Mezöhegyes neue züchterische Aufgaben. So werden hier heute neben Vollblut und Trabern vor allem die sogenannten ungarischen Sportpferde gezüchtet. Das vorhandene ungarische Material wird stark mit Vollblut veredelt, und in zunehmendem Maße werden auch aus der Bundesrepublik Deutschland eingeführte, im Leistungssport bewährte Pferde eingekreuzt. Damit hofft man, eine anhaltende Verbesserung zu erreichen. Auch züchtet man nicht mehr wie früher auf ideale äußere Erscheinung, sondern trifft die Zuchtswahl nach abgelegten Leistungsprüfungen.

Oben: Mezöhegyeser Stutenherde, eine Aufnahme aus dem Jahr 1932.
Rechts: Bis in die heutigen Tage ist das Gespannfahren in Ungarn eine außerordentlich hoch geschätzte und mit viel Liebe gepflegte Tradition. Die ungarischen Wagengeschirre sind wahre Meisterwerke der Geschirrmacherkunst. Feingeflochtene Gurten und Bänder mit zierlichen Beschlägen schmücken die Pferde. Die typischen dünnen Paraderiemen am Kopfgeschirr, die sogenannten Schalanken, dienen außer zur Zierde auch als Schutz vor Insekten.

Babolna

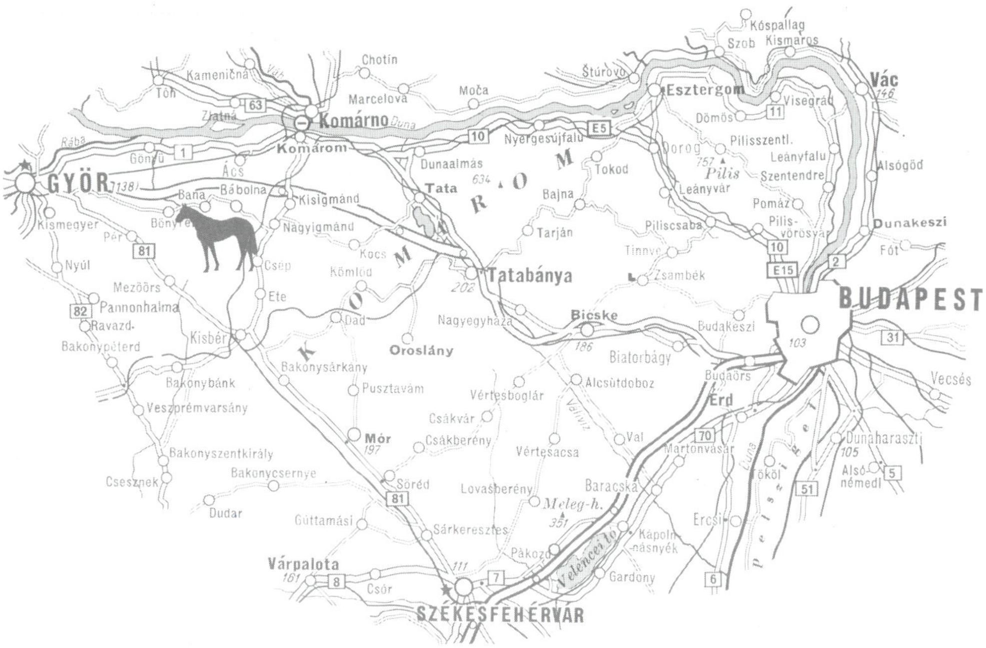

Das «Tor der Helden», eines der ältesten Gebäude von Babolna.

Das zweitälteste Staatsgestüt Ungarns liegt etwa 15 Kilometer südlich der Bezirksstadt Komarom. Schon zur Römerzeit bestand hier eine Siedlung, die jedoch vermutlich durch die Tataren zerstört wurde. Die ersten Aufzeichnungen stammen aus dem 13. Jahrhundert. Es war ein adeliger Sitz mit dem Namen Babunapuszta. 1662 erwarb die gräfliche Familie Szapary das Gut. Von ihr kaufte es die Regierung im Jahre 1789, um hier eine Filiale des Gestütes Mezöhegyes einzurichten. Babolna, wie das Gut jetzt hieß, unterstand damit ebenfalls Rittmeister Csekonics und hatte zunächst hauptsächlich die Aufgabe, überzählige *Mezöhegyeser* Pferde aufzunehmen (s. a. S. 194/195). Daneben standen hier auch Pferde ausländischer, vor allem spanischer Herkunft.

Die eigentliche Zuchtarbeit begann im Jahre 1807, nachdem Babolna durch ein k. u. k. Dekret zu einem selbständigen Gestüt erhoben worden war. Die Zuchtaufgaben der ersten Jahre sind heute nicht mehr zu eruieren. Nach der Schlacht bei Györ 1809 fielen die Truppen Napoleons auch in Babolna ein. Die Pferde waren rechtzeitig nach Mezöhegyes evakuiert worden, aber einige Gebäude wurden niedergebrannt – und damit auch die ersten Gestütsbücher vernichtet.

Die systematische Zucht wurde im Jahre 1816 wieder aufgenommen. Die oberste Militärgestütsdirektion schrieb die Zucht von im Arabertyp stehenden Pferden vor. Danach wurden aus Frankreich u. a. die Hengste *Thibon, Ulysso, Mustaphe* und *Tharax* gebracht, die viel Araberblut führten. Aus Arabien kamen die Hengste *Siglavy-Gidran* und *Ebchen* sowie die Stute *Tiffle*. Wiederholt wurden noch weitere Zuchthengste aus dem Orient gekauft, und die Reinzucht mit den vorhandenen Tieren hätte sicher gute Ergebnisse gezeitigt. Leider aber wollte man mit drei aufgestellten Vollbluthengsten und einigen spanischen Beschälern den leichten Knochenbau der Araber stärken und ruinierte damit die ganze Zucht. 1833 brach die Beschälseuche aus, der 52 Stuten zum Opfer fielen.

Um das Zuchtmaterial aufzufrischen, wurden nun syrische Hengste gekauft. Unter ihnen war *Shagya*, der einen bis zum heutigen Tag blühenden Stamm begründete.

Während man bislang mit Araberhengsten und gemischten Stuten Pferde im Arabertyp zu züchten versucht hatte, kam man 1850 auf den Gedanken, Araber in Babolna rein zu züchten und mit diesen in Ungarn gezogenen Arabern durch Tropfkreuzung einen konstanten Arabertyp zu produzie-

Links: Im Gestütshof von Babolna steht ein Denkmal für die im Krieg gefallenen Pferde. Rechts: Der 1963 geborene Rapphengst *Obajan XIV*, dessen Stamm in der syrischen Wüste wurzelt.

Unten: Die Allee, die zum Haupteingang des Gestüts führt. Das Gut Babolna ist etwa 700 Jahre alt und war früher unter dem Namen Babunapuszta ein Adelssitz, der des öfteren den Besitzer wechselte, bis sich im Jahr 1662 Graf Szapary hier niederließ. 1789 kaufte die Regierung den Besitz von der gräflichen Familie für 450 000 Goldforints.

Links: Babolnaer Fünferzug. In der Reithalle von Babolna kann man gelegentlich eine imposante Vorführung orientalischer Pferde erleben. Allerdings ist die heutige Gestütsleitung Gästen gegenüber, im Gegensatz zu anderen ungarischen Gestüten, oft sehr zurückhaltend.

ren. Zu diesem Zweck entsandte man abermals eine Expedition nach Syrien, die mit nicht weniger als 16 Hengsten, 50 Stuten und 14 Fohlen nach Europa zurückkehrte. Einige dieser Pferde kamen ins Hofgestüt Lippiza, die meisten jedoch nach Babolna.

Am 1. Januar 1869 wurde das bis dahin vom Militär verwaltete Gestüt dem Ministerium für Ackerbau unterstellt. Die wichtigste daraus resultierende Neuerung war die Einführung von Leistungsprüfungen. Für Blutauffrischungen sorgten verschiedene neue Käufe, die damals unter der kundigen Leitung des Gestütskommandanten Fadlala El Hedad getätigt wurden. Dieser war mit vierzehn Jahren als Pferdebegleiter aus Arabien nach Babolna gekommen.

In der Zeit zwischen den beiden Weltkriegen erlebte Babolna seine größte Blüte. Berichten zufolge konnte man damals in keinem Gestüt der Welt so viele Pferde von so hervorragender Qualität finden – nicht einmal im Ursprungsland Arabien. Die berühmtesten Beschäler jener Epoche waren *Kuhaylan-Zaid* und der aus der Araberzucht in Weil, Württemberg, stammende Hengst *Sven Hedin*, der in Babolna unter dem Namen *Kemir* aufgestellt wurde.

Am Ende des Zweiten Weltkrieges war die Zucht fast völlig ruiniert. Nur dank der Brandmarkierung im Fohlenalter konnte mit viel Mühe ein kleiner Rest des Zuchtbestandes aufgefunden werden.

Erst Anfang der sechziger Jahre blühte Babolnas Araberzucht wieder auf. Damals standen der bedeutende *Gaza VII*, der herrliche Rappe *Obajan XIII*, *Shagya XXXVI*, *Kemir II* und *Jussuf VII* auf dem Gestüt.

Aus dem ägyptischen Staatsgestüt El Zahraa wurde der Silberschimmel *Farag* eingeführt, dessen Vater *Morafie* heute in den Vereinigten Staaten als bedeutender Vererber gilt.

1973 standen der Stammzucht neun Hengste zur Verfügung, von denen fünf in Babolna gezogen und vier aus Ägypten eingeführt worden waren. Die Stutenherde umfaßt heute etwa 80 Tiere.

Der Stammzucht von Babolna standen 1973 neun Beschäler zur Verfügung, von donon fünf in Babolna gezogen und vier aus Ägypten eingeführt waren. Der prächtige Fuchshengst *Ibn Galal*, geb. 1966, links, und der Schimmel *Ghalion*, geb. 1965, rechts, sind Original-Wüstenaraber. *Shagya XLIII*, geb. 1961, oben, wurde in Babolna geboren. Sein Stammvater *Shagya* kam schon 1834 aus Syrien nach Ungarn.

Das Hengstdepot in Sümeg

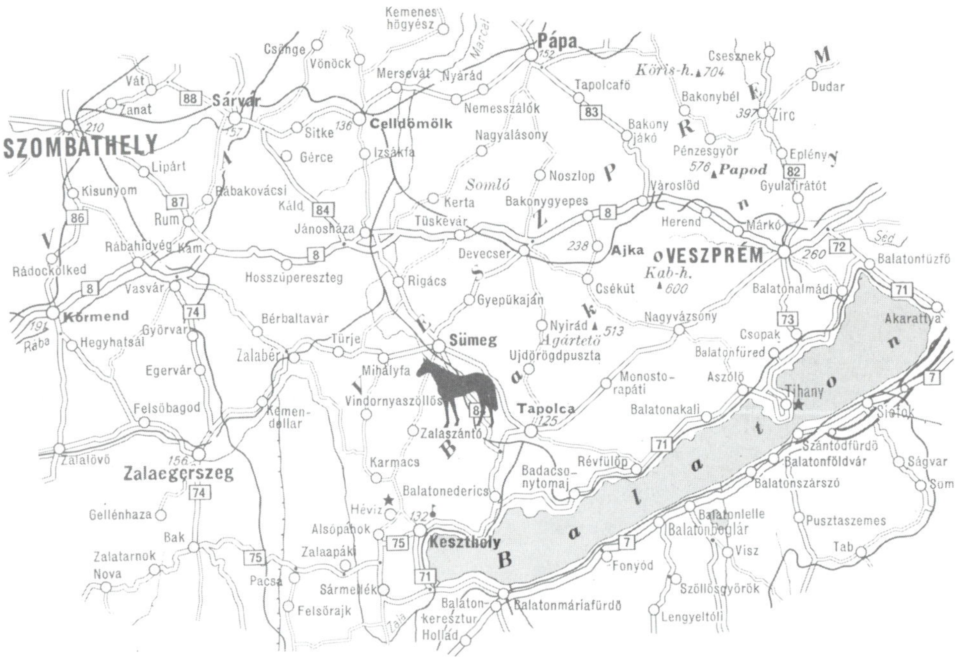

Auf dem Burghügel von Sümeg thront weithin sichtbar die mittelalterliche Ruine. Im herrlichen alten Marstall mit der doppelten Säulenreihe sind unter den Bodengewölben heute rund fünfzig Deckhengste verschiedener Rassen aufgestellt. Der erste Stock diente früher als bischöfliche Kornkammer. Die Sattelkammer enthält ein Museum mit Geschirren und Sattelzeug, darunter der hier abgebildete prächtige Sattel, ein Beutestück aus der Zeit der Türkenkriege.

Nördlich des Plattensees, am Westende des Bakonygebirges, liegt das malerische Städtchen Sümeg. Seine Gründung geht zurück auf König Béla IV., der nach dem Einfall der Mongolen in Ungarn im Jahre 1241 verschiedene Burgen bauen ließ, darunter auch die mächtige Verteidigungsanlage von Sümeg. Das alte Städtchen wurde im Jahre 1701 durch eine Feuersbrunst völlig zerstört. In der Mitte des 18. Jahrhunderts wurde es unter den Bischöfen Acsadi und Biro wieder aufgebaut, und dabei entstanden zahlreiche herrliche Barockbauten. Aus dieser Zeit stammt auch der Marstall, in dem heute das Hengstdepot untergebracht ist.

Die Gegend von Sümeg war früher nie ein eigentliches Pferdezuchtgebiet. Sie war eher durch ihre Esel bekannt, die von den Kleinbauern der Umgebung bevorzugt wurden. Erst mit der Gründung der staatlichen Landwirtschaftsgenossenschaften kamen die Pferde. 1969 wurde im ehrwürdigen Marstall eines der drei ungarischen Hengstdepots eingerichtet.

Szilvasvarad

Der Ursprung der ungarischen Lipizzanerzucht reicht ins frühe 19. Jahrhundert zurück. Damals flüchtete das Hofgestüt Lipizza vor den Truppen Napoleons nach Mezöhegyes, wo es bis 1815 verblieb, um danach wieder an seinen Stammort zurückzukehren. Ein Teil der Pferde aber blieb in Mezöhegyes und bildete den Grundstock der ungarischen Lipizzanerzucht.

Es zeigte sich allerdings, daß die südungarische Tiefebene den Schimmeln aus dem felsigen Karst nicht gut bekam. Um den auftretenden Verkümmerungserscheinungen zu begegnen, wurde 1874 im siebenbürgischen Fogaras ein Staatsgestüt für die ungarischen Lipizzaner gegründet. 1920 mußte die Zucht wieder verlegt werden, diesmal nach Babolna: Ungarn hatte Siebenbürgen nach dem Friedensschluß von Trianon an Rumänien abgetreten. Da aber auch in Babolna Klima und Bodenbeschaffenheit den Lipizzanern nicht zuträglich waren, machte man sich wieder auf die Suche und fand schließlich im Bükkgebirge nördlich der großen Tiefebene etwa die gleichen Bedingungen wie in der ursprünglichen Heimat der Lipizzaner.

Etwa 25 Kilometer nördlich der für ihren Wein berühmten Stadt Eger (Erlau) liegt das Staatsgut Szilvasvarad, in das 1951 die ungarische Lipizzanerherde einzog. Die Hengste fanden im alten Marstall des Schlosses von Szilvasvarad eine noble Unterkunft. Für die Stuten wurden auf dem gegenüberliegenden Hügel Stallungen errichtet. Absatzfohlen und Jungtiere leben im Vorwerk Csipkeskut hoch im Gebirge.

Die ungarischen Lipizzaner sind, verglichen mit den mitteleuropäischen Zuchten, etwas schwerer und massiger. Nach den alten, klassischen Zuchtgrundsätzen werden die sieben Stämme gezüchtet: *Conversano, Favory, Incitato, Maestoso, Neapolitano, Pluto* und *Siglavy-Capriola.* Daneben züchtet man hier natürlich auch den in Ungarn entwickelten Stamm der *Tulipan*-Linie. Gegenwärtig stehen etwa siebzig Mutterstuten im Gestüt.

Auch in anderen staatlichen Betrieben werden Lipizzaner gezüchtet.

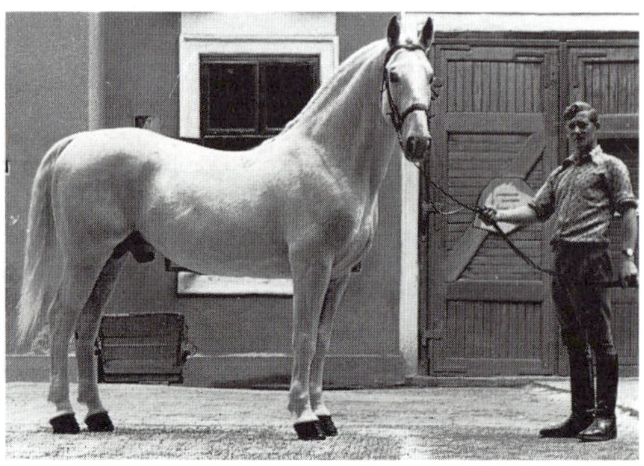

Oben: Csikos, berittene Pferdehirten, treiben abends die Stutenherde von den hügeligen Weiden in den Laufstall.

Neapolitano, einer der eindrucksvollen Lipizzanerhengste der Szilvasvarader Zucht.

Die ungarischen Lipizzaner sind etwas schwerer als ihre Verwandten in Jugoslawien und Österreich. In ganz Ungarn gibt es etwa 4500 Lipizzaner, was etwa 3 Prozent des gesamten Pferdebestandes gleichkommt. Auf den verschiedenen Deckstationen stehen während der Saison etwa 65 Lipizzanerhengste.

Links: Der Kalkboden und das rauhe Klima im Bükkgebirge in Nordungarn sind ideale Voraussetzungen für die Zucht von Lipizzanerpferden. Zwischen die Hügel gebettet liegt das Hauptgestüt Szilvasvarad, hoch darüber der Fohlenhof Csipkeskut.

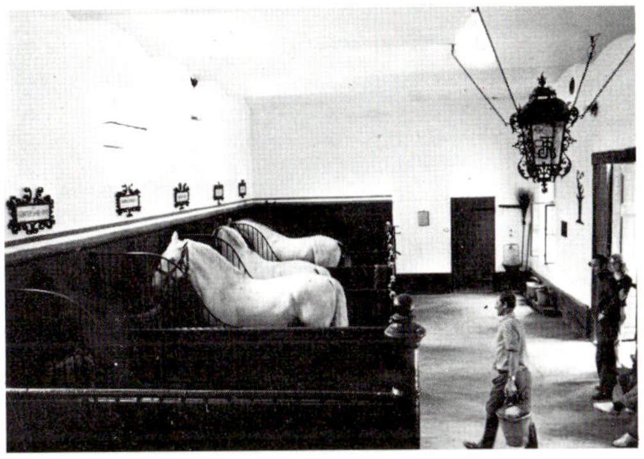

Im ehemaligen Marstall des Schlosses von Szilvasvarad stehen seit 1951 die Lipizzaner-Deckhengste des Gestüts. Nach klassischen Grundsätzen werden hier die sieben alten Stämme neben dem in Ungarn entwickelten Tulipanstamm gezüchtet.

Rechts: Der Rappe *Conversano* beweist augenfällig, daß Lipizzaner durchaus nicht immer Schimmel sind. In der Stutenherde sind auch etliche braune Tiere.

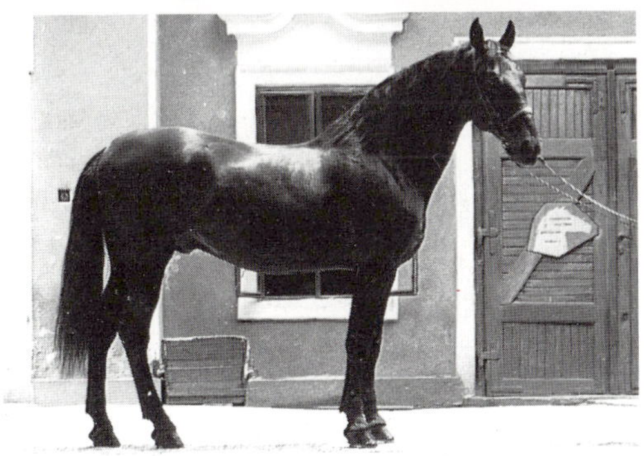

Tschechien und Slowakei

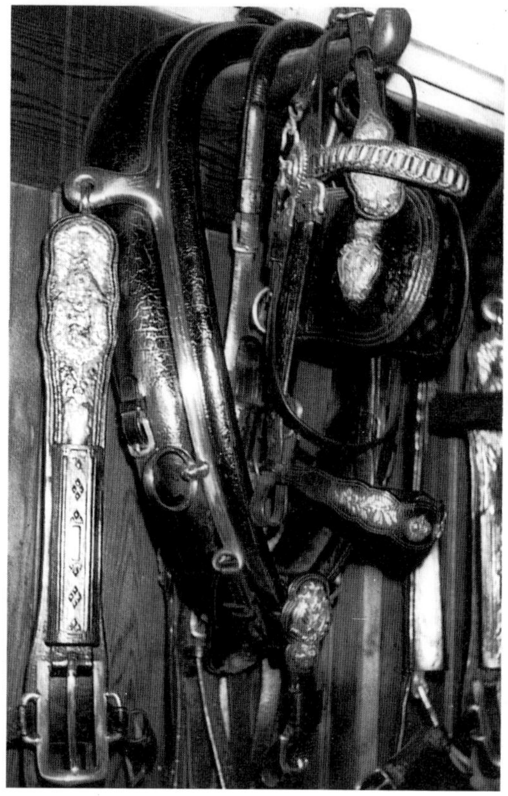

Pferdezucht hat in den böhmischen Ländern wie auch in der Slowakei eine reiche Tradition. Während in Böhmen der Pferdetyp unter dem Einfluß schwerer Hengste geprägt wurde, entwickelte sich die Zucht in der Slowakei im Rahmen der in Ungarn gehaltenen Pferdetypen.

Ein beachtlicher Fortschritt in der Pferdezucht war im 18. Jahrhundert durch die Einführung zahlreicher Verbesserungsmaßnahmen zu verzeichnen, deren Ziel die Produktion von Pferden für die Bedürfnisse der Armee war. Es wurden Registraturen angelegt und Limitmaße für die Eintragung festgesetzt.

Eine wesentliche Verbesserung der Landeszucht wurde jedoch erst in der zweiten Hälfte des 19. Jahrhunderts erzielt. Angesichts der schnellen Entwicklung der Industrie mußte auch die Produktivität der Landwirtschaft gesteigert werden.

Zwischen 1918 und 1945 war die Pferdezucht in der Tschechoslowakei auf den Bedarf der Landwirtschaft, des Transportes und der Armee ausgerichtet. Die Zucht wurde vom Ministerium für Landwirtschaft geleitet wie auch durch die einzelnen Länder Böhmen, Mähren, Schlesien und Slowakei im Rahmen ihrer Selbstverwaltung und unter Zusammenarbeit der Zuchtverbände. Es wurden Warm- und Kaltblutpferde gehalten, und zwar in verhältnismäßig genau abgegrenzten Gebieten. Die Verbreitung des Kaltblutes war durch Anforderungen an die Zugkraft bedingt. Die Züchter von Warmblutpferden wehrten sich allerdings gegen diese Tendenz zur Steigerung der Mächtigkeit von Warmblutpferden. Unter dem Einfluß zahlreicher Oldenburger und ostfriesischer Hengste entstand ein neuer Pferdetyp, das sogenannte tschechische Warmblut.

Es war ein Pferd von geringerer Mächtigkeit als die Oldenburger. Sein Typ entsprach aber den Bedürfnissen der Landwirtschaft. Es war früher reif und kompakter, jedoch von weicherer Konstitution und mit weniger guten Hufen. Das tschechische Warmblut wurde in Böhmen gehalten, und zwar vor allem im Gebiet des Landgestütes Nemosice.

In Mähren gestaltete sich die Warmblutzucht unter dem Einfluß englischer Halbbluthengste leichterer Formen, in Südmähren außerdem auch unter dem Einfluß orientalischen Halbbluts, vor allem der Stämme Shagya, Gidran und Dahomen. Das mährische Halbblut war edler und leichter als das böhmische.

Anfang des 20. Jahrhunderts erfuhr in Böhmen die Zucht von Kaltblutpferden einen starken Aufschwung. Es wurden vorwiegend Brabanterhengste importiert, mit denen auch zahlreiche Warmblutstuten gedeckt wurden. Schrittweise wurde so die Herde auf den Typ des sogenannten böhmischen Kaltblutpferdes umgekreuzt. In Mähren entwickelte sich

Oben rechts: In der Forschungsstation für Pferdezucht in Slatinany gibt es ein hippologisches Museum mit einer der umfangreichsten Sammlungen der Welt. Neben verschiedensten Stücken von kunst- und kulturhistorischer Bedeutung kann man hier auch eine reiche Kollektion von Sätteln und Geschirrzeug aus aller Welt bewundern. Mittlere Bildreihe, links: Der Hengst *154 Furioso XIII*, ein typischer Repräsentant der edlen *A ½*, der in der Landeszucht in Mähren tätig war. Mitte: *Furioso XVIII* war einer der bekanntesten Halbblut-Hauptbeschäler in Kladrub. Rechts: Der Hengst *288 Marquis Lechoticky*, Sohn des importierten Belgiers *9 Marquis de Vraiomont*, begründete eine berühmte Blutlinie in Mähren.

die Zucht von Kaltblutpferden mehr unter dem Einfluß importierter Ardenner.

Außer der Zucht dieser belgischen Pferde in Böhmen und Mähren wurde in beiden Ländern auch die Zucht des Norikers betrieben, hauptsächlich in den Vorgebirgsgebieten von Südböhmen und Nordmähren.

In der Slowakei war im südlichen und westlichen Teil die Zucht schwerer Noniuspferde und englischer Halbblutpferde verbreitet. In der Landesmitte waren es mittlere Noniuspferde, leichtere Halbblutpferde und Lipizzaner, in Vorgebirgsgebieten Lipizzaner und orientalisches Halbblut. In Gebirgsgebieten schließlich wurde die Zucht der kleinen Huzulenpferde gepflegt.

Während 1900 in Böhmen das Verhältnis von Warmblutzucht zu Kaltblutzucht 92:8 betrug, belief es sich 1920 auf 48:52 und 1940 auf 42:58. In Mähren war die Situation ähnlich.

Innerhalb der letzten dreißig Jahre ist der Pferdebestand der Tschechoslowakei zurückgegangen. Während die durchschnittliche Population zwischen 1920 und 1938 bei 666 000 lag, sank sie seit 1947 um fast 90 Prozent.

1947	658 000 Pferde
1950	590 000 Pferde
1955	543 000 Pferde
1960	389 000 Pferde
1965	204 000 Pferde
1970	144 000 Pferde
1975	72 000 Pferde

Nach dem Zweiten Weltkrieg, besonders in den sechziger Jahren, erfuhr das Zuchtziel einen deutlichen Wandel. Die Zucht wurde auf den modernen, mehrseitigen Nutztyp des Warmblutpferdes ausgerichtet.

Mit der Veränderung des Zuchtziels erfolgte auch eine Verschmelzung verschiedener Typen im Rahmen der Warmblut- und Kaltblutrassen.

Der Reitsport findet auch in der Tschechoslowakei starke Verbreitung, und die Zahl der Reitklubs, in denen die Reiter organisiert sind, steigt ständig. Mit dem wachsenden Interesse für den Reitsport wird auch die Zucht des englischen Vollblutes intensiviert. Neue Rennställe und Rennbahnen entstehen. Die Zentralrennbahn befindet sich in Chuchle bei Prag.

In Slatiňany gibt es eine hippologische Forschungsstation, die sich vor allem mit der Pferdezucht beschäftigt. Diesem Institut ist ein Museum angegliedert, das weltweit als eines der größten dieser Art gilt. Es entstand im Jahre 1947 auf Anregung des bekannten Hippologen Prof. Dr. František Bílek. Die umfangreiche Sammlung befindet sich in einem Schloß und enthält unter anderem zahlreiche Objekte von kunst- und kulturhistorischer Bedeutung. Eine Abteilung befaßt sich mit der geschichtlichen Entwicklung des Pferdes, eine andere mit der Bedeutung des Pferdes in der Veterinär- und Humanmedizin. Außerordentlich reich ist die Sammlung von Sätteln und Geschirrzeug aus aller Welt, und schließlich beherbergt das Museum eine Bibliothek mit einer großen Sammlung hippologischer Werke.

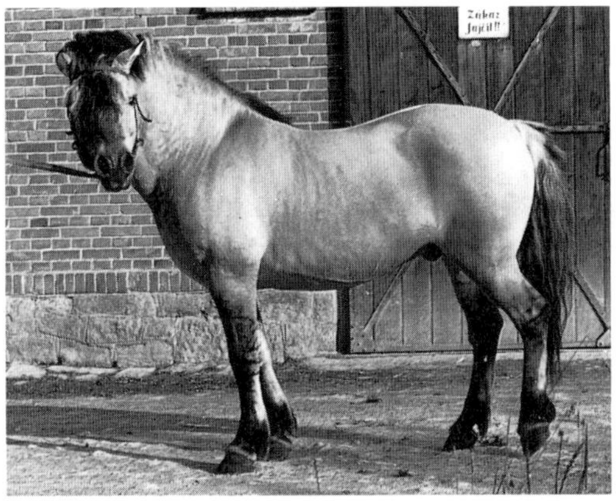

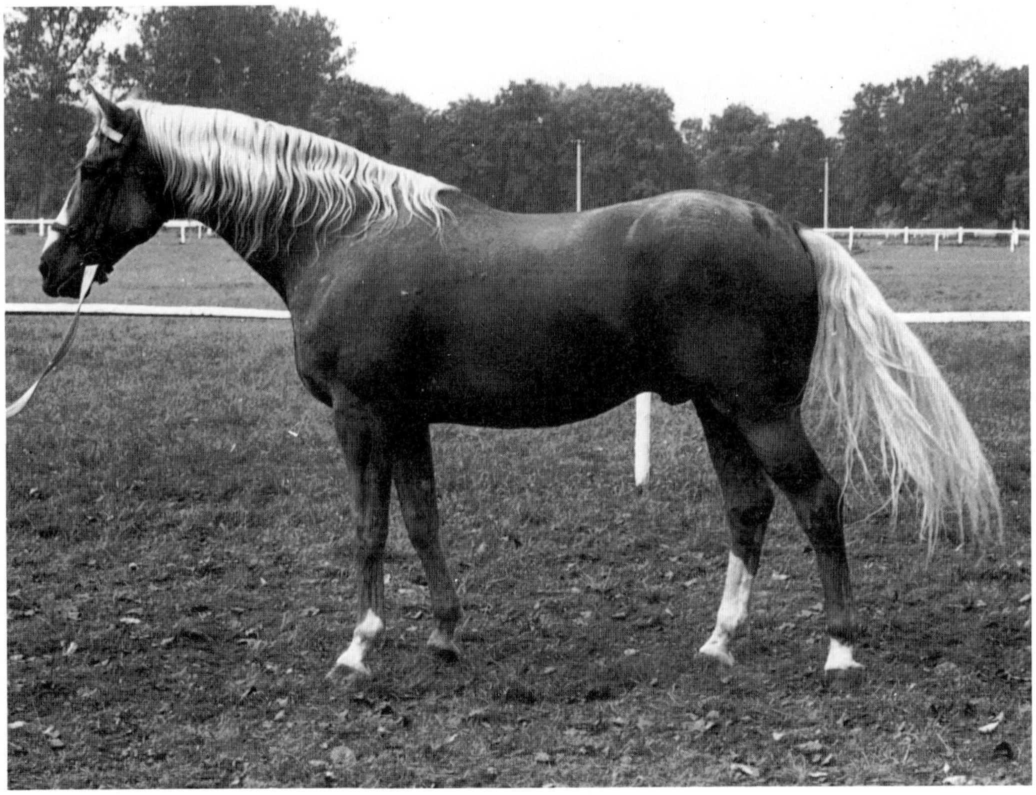

Oben Links: In Gebirgsgebieten wird der Huzule gezüchtet, ein kleines Zug- und Saumpferd von außerordentlicher Härte.
Oben Mitte: In den letzten Jahren wurden norwegische Fjordpferde in größerer Zahl eingeführt.
Oben rechts: aus den beiden zuvor genannnten Rassen entstandt in der Slowakei eine gelungene Kreuzungszucht, der Fjord-Huzule.
Links: in Kladrub steht auch eine kleine Isabellenherde. Das Bild zeigt den Hengst *Notar.*
Nächste Doppelseite: Flehmender *Huzule.*

Topolcianky

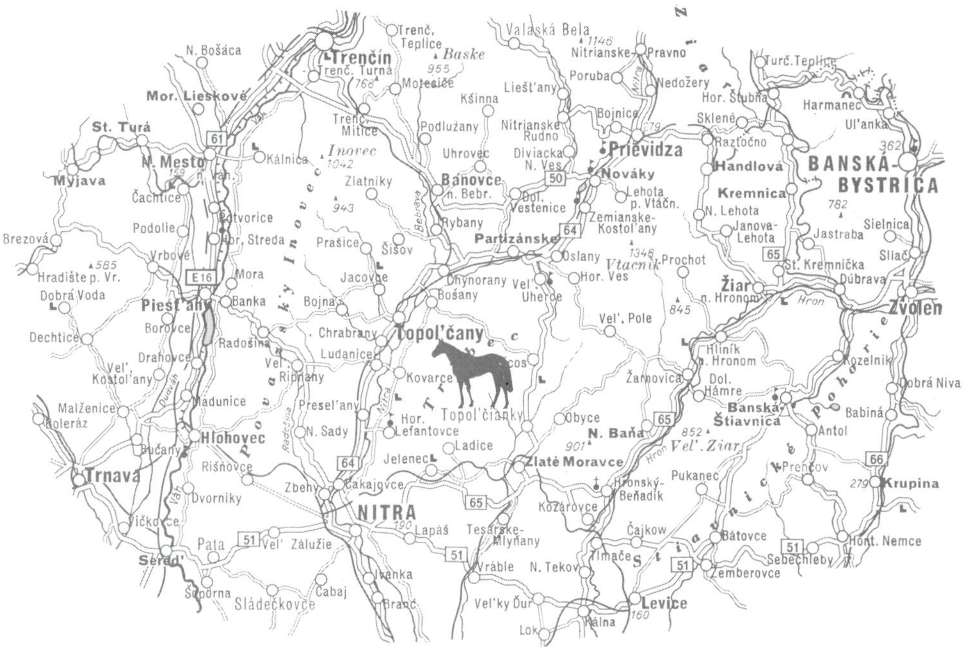

Nach der Gründung der Tschechoslowakischen Republik im Jahre 1918 kam es zu einer Neuorganisation der Pferdezucht des Landes. Dabei zeigte sich die Notwendigkeit, ein Staatsgestüt zu gründen, in dem vor allem Deckhengste für die Landeszucht aufgestellt werden sollten. Dank ihrer geographischen Lage und der züchterischen Tradition war die neue Republik bestens geeignet für die Zucht edler Pferde. Warmblüter waren hier schon seit sehr langer Zeit gezüchtet worden.

Am 15. Oktober 1921 wurde das Staatsgestüt Topolcianky gegründet. Hier sollte das neue Zuchtprogramm verwirklicht werden. Auf Grund der Boden- und Klimaverhältnisse und der Wirtschaftsstruktur in der Slowakei wurden hier vom kleinen Huzulen über Araber, Lipizzaner, englisches Halbblut und Nonius praktisch alle Warmblutpferde Mitteleuropas gezüchtet, mit Ausnahme des englischen Halbblutes.

Die erste Noniusherde wurde auf importierten Pferden aus Jugoslawien aufgebaut.

Der Grundstock der Araber kam aus den Gestüten Radautz und Babolna. Die Lipizzaner stammten aus Lipizza und waren hier im Land rein weitergezüchtet worden. Die Huzulen kamen aus Radautz.

Im Jahre 1954 wurde die Noniusherde in das neugegründete Staatsgestüt Novy Tekov verlegt. Etwa gleichzeitig begann man im Rahmen der Spezialisierung mit der Zucht von englischen Halbblutpferden. Die Basis dafür kam aus anderen tschechoslowakischen Gestüten.

Ganz oben: Die Reithalle von Topolcianky. Rechts und links der Türmchen liegen die Reitpferdestallungen.
Oben: Der Lipizzanerhengst *Siglavy VIII Canissa*, geb. 1959, v. *Siglavy IV Sallo* a.d. *733 Canissa*.
Links: Der Original-Araberhengst *Kasr El Nil*, geb. 1971, v. *Bint El Nil* a. d. *Tuhotmos*, hier als Dreijähriger. Dieser prächtige, aus Ägypten importierte Hengst ist seit 1975 in der Zucht eingesetzt.

Topolcianky liegt im Kreis Nitra. Weiden und Vorwerke sind auf Hügel zwischen 220 und 480 m.ü.M. verteilt. Der Boden ist stellenweise kalkhaltig, besteht aber an den meisten Orten aus Lehm-Tonerde. Das Klima ist mild. Gegen kalte nördliche und westliche Winde ist das Gestüt durch die Karpaten und die Tribec- und Vtacnikgebirge geschützt. Gegen Süden ist das Becken zur Donauebene hin offen. Die Jahresdurchschnittstemperatur liegt zwischen 6,5 und 10° C. Die Niederschlagsmenge beträgt zwischen 460 und 830 mm. Auf allen Höfen gibt es Laubwälder.

Zu Topolcianky gehören drei Gestütsvorwerke. Auf zwei weiteren Höfen wird außerdem Rinderzucht betrieben, und eine Anlage für Champignons und Rebbau gehört ebenfalls zum Gutsbetrieb.

Direkt neben dem Schloß in Topolcianky befindet sich außer der Verwaltung die Anlage für die Ausbildung junger Pferde, das Zentrum für das Training der Sportpferde und der Auktionsplatz.

Das im klassizistischen Stil erbaute Schloß von Topolcianky ist ein beliebtes Ausflugsziel in der Slowakei. Besonders eindrucksvoll ist die Galerie im ersten Stockwerk des Innenhofes. Dutzende von Rothirschtröphäen unter den Kreuzgewölben zeugen von der ausgezeichneten Jagd in dieser Gegend.
Ein Anziehungspunkt ist die Sammlung von Stilmöbeln aus verschiedenen Epochen, die man im Schloß bewundern kann. Der Hengst auf dieser Seite ist der englische Halbblüter *North Star V*, geb. 1964, v. *North Star III*, a.d. *386 Furioso*. Er produziert gute Sportpferde

Kladrub

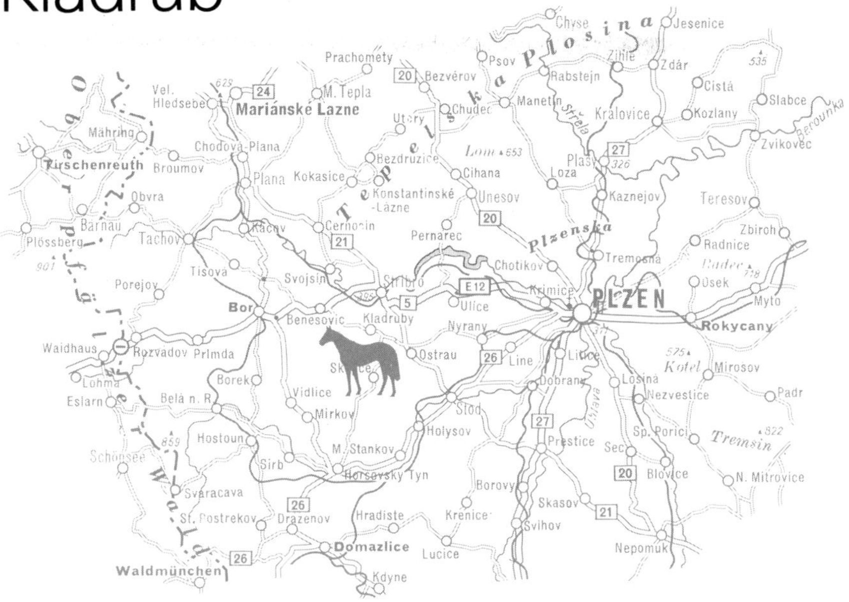

Kladruber und englische Stuten stürmen aus den ehrwürdigen Stallungen von Kladrub. Die Aufnahmen auf dieser Doppelseite, mit Ausnahme der Hengste, stammen aus dem Archiv des Deutschen Pferdemuseums. Sie sind kurz nach der Jahrhundertwende entstanden.

Das Hauptgestüt Kladruby gehört zu den ältesten Gestüten der Welt, die noch heute in Betrieb sind. Es wurde von Kaiser Rudolf II. im Jahre 1597 gegründet.

Nach der Gründung wurden Pferde aus Spanien, später auch aus Italien importiert. Seine größte Blüte erlebte das Gestüt während der Regierungszeit Karls VI. Damals, in der ersten Hälfte des 18. Jahrhunderts, standen hier bis zu 1000 Pferde.

Während des Siebenjährigen Krieges, im Jahre 1757, wurden bei einem Brand verschiedene Gebäude zerstört. Das Gestüt wurde nach Kopčany verlegt und kam erst unter Kaiser Josef II. nach Kladrub zurück.

Das Altkladruberpferd, in früheren Jahrhunderten als Equus bohemicus bekannt, ist ein mächtiger Karossier. Sein majestätisches Aussehen und der imposante Schritt und Trab mit hoher Knieaktion prädestinierten ihn für das prunkhafte Hofzeremoniell. Das Zuchtziel war ganz auf die Produktion von Repräsentationskarossiers ausgerichtet, insbesondere für den Bedarf des kaiserlichen Hofes in Wien. Für das Hofzeremoniell wurden Schimmel, für das kirchliche Zeremoniell Rappen eingesetzt.

In den kaiserlichen Stallungen zu Wien mußten stets 12 Schimmelhengste und 12 Rapphengste bereitstehen.

Die Zucht der Altkladruber Schimmel wurde vom italienisch-spanischen Rapphengst *Peppoli* begründet. Er zeugte mit *Aurora* 1775 den Hengst *Imperatore*. *Imperatore* und *Mosca* wiederum produzierten *Generale*, und dieser Hengst wurde der

Oben: Der große Platz des Gestüts Kladrub. Das erste Gebäude links ist der Marodenstall mit den Abfohlboxen und Platz für Mutterstuten. Im anschließenden höheren Stall standen Reit- und Arbeitspferde und die jungen Mutterstuten. Der nachfolgende, wieder niedrigere Stall war für die Wagenpferde und weitere Arbeitspferde und Mutterstuten bestimmt.
Rechts neben der kleinen Kirche ist noch ein Teil des Schloßdaches zu sehen.
Das kleine Bild unten zeigt einen Laufstall auf dem Fohlenhof Franzenshof.

Rechts: *Generale Alba XIII,* Hauptbeschäler um die Jahrhundertwende. Stammvater der Altkladruber Schimmel war der 1764 geborene Rapphengst *Peppoli* aus dem Privatgestüt Ferrari in Norditalien. Mit *Aurora* zeugte er 1774 den Hengst *Imperatore,* aus dessen Paarung mit *Mosca* 1787 *Generale* hervorging. Dieser *Generale* war der Vater der in Kladrub gezüchteten Schimmelstämme *Generale* und *Generalissimus.*

Unten: Der Hengst *Sacramoso XXIX,* geb. 1920, v. *Sacramoso XXVII Aja* a.d. *85 Napoleone Ragusa.* Er war der Vater aller drei in der ersten Phase des Regenerationsprozesses benützten Hengste und ein typischer Vertreter des Karossiers.

Vater der Kladruber Stämme *Generale* und *Generalissimus.*

Der Hengst *Sacramoso* aus dem Gestüt des Marquis Sacramoso in Verona begründete den gleichnamigen Rappenstamm. Der zweite Rappenstamm, *Napoleone,* starb 1927 aus.

Im selben Jahr beschlossen die Zuchtinstitutionen die Auflösung der Rappenzucht. Elf Jahre später arbeitete Professor F. Bílek ein Programm zur Regeneration dieser einzigartigen Pferderasse aus. Der Regenerationsprozeß steht heute in der Endphase. Durch das Einkreuzen von Lipizzanerblut erfolgt ein gewisser Typenumbau.

Die kleine Herde der Kladruber Rappen steht heute im Gestüt der Forschungsstation für Pferdezucht in Slatinany. Die Schimmelherde, die ebenfalls durch Lipizzaner Blutauffrischungen erlebt hat, ist nach wie vor in den Anlagen von Kladrub. Daneben werden dort wie auch in Slatinany englische Halbblutpferde gezüchtet.

Oben: Stuten auf dem Rückweg von der Weide, um 1900.
Links: Der Hauptbeschäler *Siglavy Pakra I,* v. importierten Lipizzaner *Siglavy Pakra* a.d. *191 Favorina.* In der Endphase des Regenerationsprozesses der Kladruber Rappen, in der Forschungsstation Slatinany, produziert dieser Hengst vielversprechende Nachkommen, obschon er selbst etwas wenig Masse zeigt.
Rechts: Der Rapphengst *Sacramoso* gehörte am Anfang unseres Jahrhunderts zu den bedeutendsten Beschälern.

Polen

Von den europäischen Ländern ist Polen mit etwa drei Millionen Pferden das pferdereichste. Seit langer Zeit schon werden hier aber nicht nur viele Pferde, sondern auch sehr gute Pferde gezüchtet. Vielleicht war es gerade die so bewegte Geschichte Polens, welche die Menschen hier zu hervorragenden Pferdezüchtern machte.

Viele Jahrzehnte und bis zum Zweiten Weltkrieg waren die privaten Arabergestüte dieses Landes weltberühmt. Die ersten orientalischen Pferde kamen als Kriegsbeute ins Land. Später ließen die adeligen Züchter die Pferde im Nahen Osten suchen und kaufen. Prinz Sanguszko machte den Anfang; er hielt schon 1803 Original-Wüstenaraber in seinem Gestüt. Sein Nachkomme Graf Potocki gründete das ausgezeichnete Antoniny-Gestüt, das heute nicht mehr existiert, ebenso wie die berühmten Privatgestüte Sawran, Jarezowce, Pelkinie, Bialocerkiev und Guminska nicht mehr bestehen. Doch das Staatsgestüt Janow Podlaski hält die alte Tradition wach und züchtet heute noch Araberpferde, die zu den besten und begehrtesten der Welt gehören.

Außer dem berühmten polnischen Araber hat auch der Anglo-Araber, der Malopolska, einen sehr guten Namen. Diese Kreuzungszucht aus englischem Vollblut und Araber wurde unabhängig voneinander in Frankreich, Ungarn und Polen entwickelt. In Polen dienten aber als Grundlage zuerst tarpanähnliche Stuten des Landes, die mit Araberhengsten gedeckt wurden. Aus Pferden mit viel Araberblut und englischem Vollblut entstanden dann zwei Anglo-Araber-Typen im Land. Bei dem einen – hauptsächlich in Janow Podlaski entstandenen – Typ ist der Shagya-Einschlag vor allem an dem sehr fein modellierten Kopf deutlich zu erkennen: er ist der araberähnlichste aller Anglo-Araber. In Walewice und einigen anderen Gestüten wird ein zwar weniger ansehnlicher, aber sehr vielseitiger Anglo-Araber-Typ gezüchtet, dessen Grundlage vor allem der ungarische Furioso und der Gidran, der in Ungarn entstandene Anglo-Araber, waren. Nach dem Zweiten Weltkrieg importierte Polen außerdem französische Anglo-Araber, deren Qualität auf dem Hauptgestüt Pruchna sogar verbessert wurde. Mit einem Stockmaß von 160 Zentimetern und mehr ist dies der größte Typ.

Als bedeutendste Warmblutrasse Polens kann man heute den Wielkopolska bezeichnen. Er wird im nördlichen Polen gezüchtet, zum Teil im ehemaligen Ostpreußen, und ist nichts anderes als ein direkter Nachfahre der ehemaligen ostpreußischen Pferde. Die zwei Typen des Wielkopolska, die sich heute kaum mehr unterscheiden lassen, sind das Posener Pferd, das in Polen seit etwa hundert Jahren gezüchtet wird und in dem heute das ostpreußische Blut vorherrscht, und das Masurenpferd, der Polentrakehner.

Aus der Landschaft Polens ist das Pferd auch heute noch nicht wegzudenken. Die meisten der vielen Kleinbauern bearbeiten ihre Äcker nach wie vor mit Pferden und bringen ihre Produkte auf Fuhrwerken auf den Markt oder zum Händler. Rechts: Der Führring auf der Rennbahn von Warschau. Hier werden die berühmten polnischen Araber und Anglo-Araber trainiert und geprüft. Als Zweieinhalbjährige werden sie auf einen Derbykurs von 3000 Metern vorbereitet.

Rechts: Im Seengebiet Nordpolens befindet sich auf einer Insel das Forschungsgestüt Popielno. Hier wie auch im Nationalpark im Bialowiezer Wald gibt es Herden rückgezüchteter Tarpane, die in Exterieur und Verhalten große Ähnlichkeit mit den im vergangenen Jahrhundert ausgerotteten echten Tarpanen haben. Außer einer völlig sich selbst überlassenen Wildherde hält man in Popielno zu Versuchszwecken eine Anzahl Tarpane, die unter direkter menschlicher Obhut stehen. Nächste Doppelseite: Junge Warmblüter drängen aus dem Laufstall.

Mit bewundernswerter Sorgfalt wird hier auf den alten Stämmen der hervorragenden Trakehnerpferde weitergezüchtet, wobei, geschickt dosiert, auch Vollblut, Araber und Anglo-Araber eingesetzt werden. Der Trakehner wird auf fünf Hauptgestüten, von denen Liski das wichtigste ist, mit gegenwärtig über 400 Mutterstuten weitergezüchtet, und vom Posener Typ stehen über 600 Mutterstuten in sechs Hauptgestüten.

Unbedingt erwähnenswerte Pferderassen Polens sind der Konik, der Huzule und der Tarpan. Konik heißt nichts anderes als Pferdchen, und diese Rasse kleiner Pferde ist die meistverbreitete Polens. Sie wird den Kleinbauern noch lange unentbehrlich sein. Der Konik ist ein direkter Nachfahre des Tarpans und hat von diesem den kleinen, sehr hübschen Kopf mit der oft eingebogenen Nasenlinie und den klugen, lebhaften Augen. Viele Koniks haben auch noch die Wildfarbe des Tarpans, das mausgraue Kleid mit dem kräftigen Aalstrich. Daneben gibt es meist dunkle Braune, Rappen und sehr selten auch Füchse. Der Konik ist temperamentvoll und ausdauernd, von zäher Gesundheit und langer Lebensdauer. Nach wie vor dient er in erster Linie als Zugpferd, doch kann er auch ein ausgezeichnetes Freizeitreitpferd abgeben.

Der Huzule, auch Bergtarpan genannt, ist das Gebirgspferd der Karpaten und hat sein Hauptzuchtgebiet in Rumänien. Er wird aber auch in den Karpaten der Tschechoslowakei und Polens, außerdem in Bulgarien und Österreich gezüchtet. Er ist gedrungener als der Konik, mit rund 135 Zentimeter Stockmaß etwa ebenso groß und gebietsweise sehr ähnlich im Typ. Die nicht selten gelbliche Falbfarbe und der oft etwas gröbere Kopf lassen jedoch einen stärkeren Einfluß des Przewalskipferdes vermuten.

Der Tarpan, wie er heute auf dem Forschungsgestüt Popielno und im Waldreservat von Bialowieza gezüchtet wird, ist zwar nicht mehr das echte Wildpferd von einst, stammt aber doch direkt von diesem ab und gleicht ihm auch äußerlich. Der echte Tarpan starb im vorigen Jahrhundert aus. Der Berliner Zoologe Heck führte, hauptsächlich auf möglichst tarpanähnlichen Koniks, eine sogenannte Rückzüchtung durch, die zwar wissenschaftlich nicht anerkannt werden kann – denn wie tarpanähnlich das Produkt auch sein mag, es ist eben doch kein echter Tarpan –, die aber interessant ist, weil sie uns am lebenden Beispiel vor Augen führt, wie ein Tarpan ausgesehen hat und wie sehr er sich von den Przewalskipferden, unterschied.

Schließlich sei noch erwähnt, daß in Polen auch einige westliche Kaltblutrassen gezüchtet werden, vor allem Belgier und Ardenner.

Liski

Oben: Das Schloß von Judyty, ehemals Juditten. In der Zeit zwischen den beiden Weltkriegen gehörte es Herrn von Kuenheim, der hier das größte Privatgestüt Ostpreußens betrieb.

Das polnische Gestüt Liski liegt im Kreis Bartoszyce (Bartenstein) in Ostpreußen. Es wurde im Frühjahr 1947 als staatliche Pferdezuchtstätte eröffnet. Die Gebäude sind größtenteils alte, deutsche Anlagen. Liski selbst war nebst den Meierhöfen Domarady (Dompendehl) und Zawiersze ein Remonteamt. Judijty (Juditten) mit den Höfen Park, Gulkajmy und Przewarszyty war vor dem Krieg das größte private Gestüt Ostpreußens und gehörte Herrn von Kuenheim. Die Gesamtfläche der Güter beträgt 2235 Hektar.

Die ursprüngliche Aufgabe Liskis als eines polnischen Staatsbetriebs war die Zucht des masurischen Pferdes.

Vom Mai 1947 an kamen die Pferde nach Liski, zuerst ostpreußische und hannoversche Stuten, die man in der Bundesrepublik Deutschland gekauft hatte. Dann wurden von der UNRRA Döle- und Fjordstuten und folgende Trakehnerhengste gekauft: *Pyrrhus*, geb. 1939, *Polarstern*, geb. 1930, *Tamerlan*, geb. 1937, und als letzter kam 1950 *Celsius*, geb. 1943.

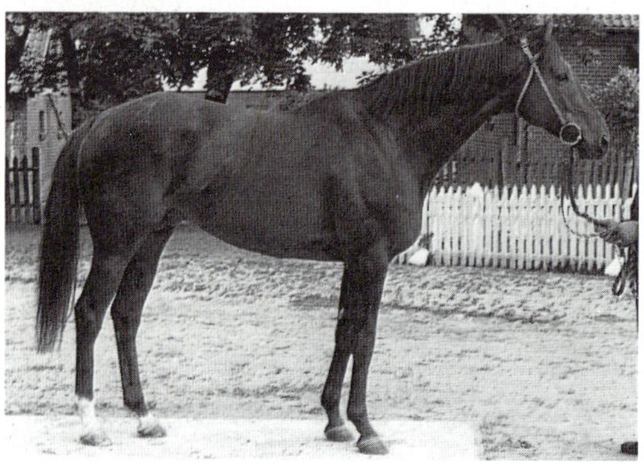

Rechts: Der englische Vollbluthengst *6636 Parysow*, geb. 1969 in England, v. *Quorum* a.d. *Palinode*, v. *Pall Mall*.

Links: Stallungen und Ausläufe mit Jährlingen in Liski.

Unten: Fuchsstutengespann im Vorwerk Domarady. Links *Dendrologia*, geb. 1958, v. *Flower* a.d. *Chronologia*, v. *Midas*. Rechts *Cyklawa*, geb. 1958, v. *Chryzalit* a.d. *Cina*, v. *Termit*. Auf dem Gestüt stehen 14 Stuten für die landwirtschaftlichen Arbeiten zur Verfügung.

1951 wurden in Deutschland 28 Stuten gekauft. Manche davon machten sich in Liski einen ehrenvollen Namen: *Huryska, Elida, Depesza, Cartagina* und weitere gründeten hervorragende Familien und produzierten einige Spitzenhengste.

Das Ziel des Gestüts von Liski war die Produktion von Halbblutpferden, die ein großes Kaliber und eine hohe Qualität haben sollten. Sie wurden aus den weiblichen Trakehnerfamilien abgeleitet. Aus diesem Grund begann man in Liski die alten Trakehnerstämme wieder herzustellen. Von den ursprünglich 32 Stämmen des Gestüts Trakehnen im Jahre 1921 findet man heute in Liski vier: *Nr. 60 Demant*, geb. 1776, *Nr. 137 Luftsprung*, geb. 1775, *Nr. 165 Tiberiussche*, geb. 1782, und *Nr. 177 Fatme*, geb. 1787, und außerdem die Neutrakehnerfamilie der Stute *Lore*, geb. 1905.

Die in der Zucht benützten Hengste waren vor allem aus folgenden Trakehnerlinien: *Tempelhüter, Ararat, Dampfroß, Parsifal, Astor, Luftgott* und *Eiserner Fleiß*.

Seit Beginn seiner Tätigkeit hat Liski 377 Zuchthengste verkauft. Seit 1956 wurden 675 Pferde in 14 Länder exportiert. Im Dezember 1976 hatte das Gestüt Liski einen Bestand von 428 Pferden, davon waren 6 Zuchthengste und 165 Mutterstuten. Die Pferde sind in Herden nach Farben auf fünf Vorwerke verteilt.

Oben links: Die Birkenallee in Liski.

Oben: *Dyskobol*, geb. 1954, v. *Dziegiel XX* a.d. *Chronologia*, v. *Midas*.

Ganz links: *6744 Bulat*, geb. 1967, v. *Haakon* a.d. *Balanda XX*, v. *Dar Es Salam XX*.

Links: *5440 Poprad*, geb. 1961, v. *Traum* a.d. *Poprawka*, v. *Pilgrim*.

Janow Podlaski

Das Gestüt in Janow Podlaski wurde im Jahr 1817 als staatliche Zuchteinrichtung gegründet.

Fast hundert Jahre hindurch wurden hier warmblütige Pferde gezüchtet. Man benützte dabei oft Vollbluthengste aus England und Araberhengste aus den damals berühmten polnischen Privatzuchten Branicki, Dzieduszycki, Potocki, Sanguszko, usw.

Im Jahre 1914 wurden alle Pferde aus Janow nach Rußland gebracht. Sie kamen nie mehr zurück.

1919 begann der Neuaufbau der polnischen Pferdezucht, und Janow wurde als Grundgestüt ausgewählt. Bis weitere Gestüte gebildet waren, standen hier die verschiedensten Rassen. Dann wurde die Zucht auf drei Rassen festgelegt: 1. Vollblutaraber. Die Neubildung wurde teilweise auf Zuchtstämmen der 1845 aus Arabien nach Polen importierten Stuten gegründet. 2. Halbblutaraber, gegründet auf Stuten aus dem österreichisch-ungarischen Gestüt Radautz. 3. Anglo-Araber, die aus

der Paarung von englischen Vollbluthengsten mit Halbblut-Araberstuten entstanden.

Die Araberzucht wurde schon bald weit über die Grenzen hinaus berühmt. Seit 1929 werden Vollblutaraber aus Polen in viele Länder Europas und nach Übersee exportiert.

Im September 1939 gingen über 90 Prozent der Pferde von Janow verloren. Die deutsche Wehrmacht übernahm die Verwaltung des Gestütes. Mit Hilfe von polnischem Personal wurde die Pferdezucht wiederaufgebaut. Man suchte dazu in Polen und nachher auch in verschiedenen anderen besetzten Ländern, zum Beispiel in Jugoslawien und Frankreich, Pferde von Jakow zusammen.

Im Juli 1944 evakuierten die Deutschen die Gestütspferde nach Sachsen auf einen Remontehof. Dabei wurden auch viele polnische Gestütsarbeiter mitgenommen. Im Februar 1945 wurden die Pferde abermals umgesiedelt, diesmal in den Remontehof Schönbecken-Graben.

Oben: Die meisten Gebäude von Janow Podlaski wurden im 19. Jahrhundert gebaut. Der berühmte Uhrenstall entstand 1846.
Rechts: Der Vollblut-Araberhengst *Banzaj*, geb. 1965, v. *Czort* a.d. *Bandola*. *Czort* war einer der besten Beschäler der Nachkriegszeit, ein Sohn von *Wielki Szlem* und Enkel des berühmten *Ofir*.

Ganz oben: Der Anglo-Araber *Felix*, geb. 1967, v. *Celix* a.d. *Figa*, v. *Shagya XXXIII-2*, der durch seine aparte Scheckenfärbung auffällt.
Oben: Der Vollblut-Araberhengst *Partner*, geb. 1970, v. *Elenzis* a.d. *Parma*.
Rechts: Ein Tor im Elitestall, dem ältesten, 1941 entstandenen Gebäude von Janow Podlaski.

Ganz links: Der wunderschöne Kopf der Vollblut-Araberstute *Bandola*, geb. 1948, v. *Witraz* a.d. *Balalajka*, hier schon 25 Jahre alt. Sie ist Schwester des berühmten Hengstes *Bask* in den USA und Mutter von *Babdos*, Hauptbeschäler in Janow.
Links und unten: Mutterstuten an der Tränke und bei der Rückkehr von der Weide.

Nach Kriegsende, im Mai 1945, entstand in Deutschland eine Verwaltung der polnischen Gestütspferde, deren Leitung zuerst Oberst W. Rozwadowski, dann Oberst S. Zamoyski innehatte. Dieser Verwaltung waren etwa 1500 Pferde und etwa 550 polnische Gestütsarbeiter unterstellt. Sie befand sich in der englischen Besatzungszone.

1946 kamen die Janower Pferde nach Polen zurück. Sie wurden im Gestüt Pozadowo in Poznan eingestellt. Ein Jahr später brachte man die Vollblutaraber in günstigere Gebiete. 1950 kamen die ersten Halbblutaraber nach Janow Podlaski zurück und erst 1960 auch die Vollblutaraber.

Gegenwärtig werden in Janow Vollblutaraber und Anglo-Araber gezüchtet. Manche Kenner sagen, daß heute die besten Araber der Welt aus Janow kommen.

Nach dem Krieg wurden in Janow mehr als 200 Anglo-Araber-Zuchthengste geboren, aufgezogen und an die Hengstdepots geliefert. Seit 1960 wurden 250 Vollblutaraber ins Ausland verkauft.

Walewice

Mit der Geschichte des Gestütes Walewice sind Ereignisse verknüpft, die man nicht unbeachtet lassen sollte, auch wenn sie keine direkte Beziehung zur Pferdezucht haben. Es handelt sich namentlich um einen Zeitraum der Napoleonischen Kriege und eine Liebesaffäre zwischen Napoleon I. und Maria Colonna-Walewska.

Der Ortsname Walewice erscheint schon in Urkunden des Jahres 1316. Er ist mit dem Namen der Walewskis, denen das Gut bis 1831 gehörte, verbunden. Seine Blüte erreichte Walewice im ausgehenden 18. Jahrhundert, als der damalige Eigentümer, Anastazy Colonna-Walewski, Kammerherr von König Stanislaw August wurde.

Mit der materiellen Hilfe des Königs ließ Anastazy im Jahr 1783 anstelle des Holzhauses das Schloß erbauen.

1807 führte Anastazy seine dritte Frau, Maria Laczynska aus Kiernozie, auf sein Schloß. Kurz zuvor, am 1. Januar desselben Jahres, hatte die schöne Maria in Jablonna Napoleon kennengelernt. Der Kaiser traf sich in den folgenden Jahren wiederholt mit Maria, und dieser Liebesaffäre entstammte der am 4. Mai 1810 geborene Alexander Florian.

Nach dem Tode des Kammerherrn 1814 erbte Alexander Florian Walewice. Als Teilnehmer am Aufstand von 1831 mußte der Napoleonssohn außer Landes flüchten.

1845 wurde das Gut von der Familie Grabinski erworben und blieb genau hundert Jahre in ihrem Besitz.

Bis zum Ersten Weltkrieg wurden auf dem Gestüt von Walewice orientalische Pferde gezüchtet. Dann wurde die Zucht auf Anglo-Araber umgestellt.

Am 16. Juli 1945 wurde das Gut Walewice von der staatlichen Pferdezuchtorganisation übernommen.

Mit der Organisation des Gestüts von Walewice mußte von Grund auf neu angefangen werden. Hier waren nur noch sechzehn Stuten geblieben, und die meisten wertvollen Pferde der anderen Gestüte des Landes waren von den deutschen Truppen auf dem Rückzug mitgenommen worden. Unmittelbar nach dem Krieg begann man die noch übriggebliebenen Zuchtpferde im Land zu sammeln. Ziel war die Zucht von Anglo-Arabern. Die Zucht wurde mit Nachkommen von Shagya-Stuten und dem Hengst *Fils du Vent XX* aus Frankreich, einem Nachkommen des berühmten *Flying Fox,* begonnen. Schon die ersten Zuchtergebnisse im neugegründeten Gestüt waren positiv. Gegenwärtig stehen rund 400 Pferde im Gestüt. Das ganze Zuchtmaterial ist sehr gut im Anglo-Araber-Typ.

Das klassizistische Schloß von Walewice spiegelt sich im Flüßchen Mroga. Als Kammerherr König Stanislaws II. August, von dessen Großzügigkeit er profitierte, ersetzte Anastazy Colonna-Walewski im Jahre 1783 sein Holzhaus durch diesen Bau. Fünfundzwanzig Jahre später bezog seine dritte Frau, Maria Laczynska, das Schloß. Sie wurde bekannt durch ihre Liebesaffäre mit Napoleon I., der am 4. Mai 1810 ein Sohn entsproß.

Früher wurden auf Walewice Araber gezüchtet. Nach dem Ersten Weltkrieg stellte man auf die Zucht von Anglo-Arabern um. Im Zweiten Weltkrieg ging beinahe der ganze Pferdebestand verloren. Die Zucht, nun unter staatlicher Obhut, mußte von Grund auf neu begonnen werden. Heute gibt es etwa 400 Anglo-Araber in Walewice. Durch sehr sorgfältige Zucht auf wenig, aber ausgezeichnetem Material hat sich das Gestüt weit über die Grenzen hinaus einen sehr guten Ruf erworben.

Rußland

Links: Reiterspiele sind wohl so alt wie das Reiten selbst und daher in der Mongolei vielleicht am ältesten. Denn hier in diesen weiten Steppen dürften Menschen erstmals Pferde gebändigt und geritten haben. Die kühne Wildheit, deren es dazu bedurfte, drückt sich noch heute in den verwegenen Spielen zu Pferd aus. Wo immer diese uralten Wettkämpfe abgehalten werden, kommen die Sattelartisten aus allen Himmelsrichtungen zusammen (siehe nächste Doppelseite).

Rußland war immer ein großes Pferdeland. Für die Nomaden der weiten Steppen bildeten die zähen Ponys schon vor 3000, 4000 oder noch mehr Jahren die Existenzgrundlage. Bis in unser Jahrhundert spielte das Pferd in Rußland eine vielleicht einzigartige Rolle: Um die Jahrhundertwende verfügte dieses Land über rund ein Drittel des gesamten Pferdebestandes der Welt, nämlich etwa 34 Millionen von rund 100 Millionen. Noch heute besitzt Rußland etwa acht Millionen Pferde.

Die ersten königlichen Gestüte Rußlands entstanden unter Zar Alexander, dem Vater Peters des Großen. Er importierte edle Hengste aus Asien und dem Baltikum. Sein Sohn bemühte sich noch intensiver um die Zucht. Er gründete weitere Gestüte in Kiew und importierte Stuten aus Schlesien und Preußen. Zur Leistungsprüfung führte er im Jahre 1622 Pferderennen ein.

Nach dem Tod Peter des Großen flaute der Gestüts- und Rennbetrieb ab, erlebte dann aber unter Katharina der Großen einen neuen Aufschwung und eine beispiellose Blüte. In dieser Zeit kamen auch zahlreiche Vollblüter aus England nach Rußland, darunter mindestens vier klassische Sieger: *Noble, Tartar, Daedalus* und *Symmetry*. Allerdings wurde in der Zucht viel experimentiert, und die Ergebnisse waren wenig befriedigend.

Graf Alexei Grigorjewitsch Orlow, der bei der Palastrevolution 1762 Peter III. erdrosselt und im Jahre 1770 als russischer Admiral die Seeschlacht von Tscheschme im Ägäischen Meer gegen die Türken siegreich geschlagen hatte, begann im Ruhestand Pferde zu züchten – und war damit noch erfolgreicher denn als Militär. Er importierte aus Griechenland einen reinen Araberhengst namens *Smetanka,* den er eine friesische Harddraverstute decken ließ (manche Berichte reden von einer Frederiksborgerstute). Solche Harddraver, gepaart mit englischem Vollblut, brachten auch den ausgezeichneten Norfolktrotter in England, der später viele Pferderassen, vor allem den amerikanischen Standardtraber und den französischen Traber, wesentlich beeinflußte. Aus der Paarung *Smetankas* mit der Friesenstute (oder was immer es war) entstand ein vielversprechender Hengst namens *Polkan.* Dieser wurde wiederum mit einer Harddraverstute gepaart und produzierte den Hengst *Barss.* Auch Orlow hatte ganz eindeutig Freude am Experimentieren, nur tat er es offenkundig mit fundamentalen Kenntnissen und sicherlich auch – mit viel Glück. *Barss* hatte drei herausragende Söhne. *Lubesnoy* wurde von einer Araber-Mecklenburgerstute geboren, *Dobroys* Mutter war ein englisches Vollblut, und die Mutter von *Lebed* war eine Kreuzung von englischem Vollblut, Araber und Mecklenburger. In ihren Grundeigenschaften waren sich jedoch alle drei Hengste ähnlich. Es waren lange, starke Pferde mit einer auffallend hohen, aber dennoch raumgreifenden Trabaktion. Sie waren die Begründer der ganzen Orlowtraber-Zucht.

Orlowtraber waren lange Zeit die schnellste Traberrasse der Welt. Sie beeinflußten nicht nur manche Rassen in Rußland, sondern auch in verschiedenen Teilen Westeuropas.

Nach dem Tod des Grafen Orlow wurde sein Gestüt von der Witwe an die Regierung verkauft. Im 19. Jahrhundert wurde der Rasse verschiedentlich englisches Vollblut zugeführt, ohne daß man aber damit noch wesentliche Verbesserungen erreichte. Der Orlowtraber wurde langsam, aber sicher vom amerikanischen Standardbred überholt.

Für russische Verhältnisse waren die Orlows zweifellos ausgezeichnete Pferde. Sie konnten nicht nur Rennen laufen, sondern auch ohne weiteres während eines ganzen Galadiners im russischen Winter auf der Staße warten, ohne Schaden zu nehmen.

Um die Jahrhundertwende kreuzten die Russen zahlreiche amerikanische Standardtraber mit Orlowtrabern und erhielten so eine neue Traberrasse, den russischen Traber. Auch damit kamen sie den Amerikanern aber nicht bei.

Parallel zur Traberzucht beschäftigte man sich in Rußland auch mit der Vollblutzucht. Zar Alexander, der vom Vollblut sehr angetan war, aber anscheinend nicht sehr viel davon verstand, kaufte 1815 eine Anzahl solcher Pferde. Nach Friedensschluß waren zwei englische Pferdehändler nach Rußland gekommen, die der sprichwörtlichen Anrüchigkeit ihres Berufsstandes alle Ehre machten. Sie versorgten den Zarenhof mit einer Auslese erbärmlicher Produkte der englischen Vollblutzucht. Diese Pferde waren nicht gerade dazu geeignet, den Vollblüter in Rußland populär zu machen, und bestärkten die Kosaken in der Überzeugung, daß ihre Pferde besser seien, was sie 1825 durch ein Rennen beweisen wollten. Am 4. August sollten zwei Kosakenpferde gegen zwei Vollblüter antreten. Das Rennen wurde in der Nähe von Petersburg auf öffentlichen Straßen ausgetragen und ging über eine Distanz von 75 Kilometern. Die Kosakenpferde sollen Champions gewesen sein, die Vollblüter, *Mina* und *Charper,* jedoch nur Zweitklaßpferde (so jedenfalls die Version der Engländer). Die Vollblüter sollen außerdem 20 Kilogramm mehr Gewicht getragen haben. Das Rennen nahm einen dramatischen Verlauf. *Mina* begann auf halbem Weg zu lahmen, und ihr Reiter

Unten: Das Lenken der Troika, des traditionellen russischen Dreiergespanns, erfordert viel Fingerspitzengefühl. Das Mittelpferd unter dem Bogen, der Duga, ist gewöhnlich ein Orlowtraber und hat immer im Trab zu gehen. Die nach außen ausgebundenen Beipferde dagegen gehen im Galopp.

mußte aufgeben. Bei *Charper* riß ein Bügelriemen, wodurch das Pferd so erschrak, daß es durchging und sich erst wieder beruhigte, als es völlig ausgepumpt war. Indessen mußte aber auch eines der Kosakenpferde wegen völliger Erschöpfung aus dem Rennen genommen werden. Das andere war von der Anstrengung so gezeichnet, daß der Reiter absaß und ein Kind in den Sattel hob. Das Kind soll dabei für den Rest der Strecke auf beiden Seiten von Helfern gehalten worden sein. *Charper,* der nun weit über 40 Kilogramm mehr Gewicht trug, gewann. Mit acht Minuten Vorsprung.

Das Ereignis hatte zur Folge, daß mehr Vollblüter importiert und mehr Rennen organisiert wurden. 1836 wurde das erste Vollblutstutbuch in Rußland publiziert. Kurz vorher war der Bau der Moskauer Rennbahn beendet worden, und 1841 wurde auch die Bahn von Petersburg eröffnet.

Reine Vollblutzucht wurde aber noch lange nur in beschränktem Maße betrieben. Die Vollblüter dienten vor allem zur Verbesserung der eigenen Rassen und damit zur Zucht von Kavallerie- und Jagdpferden.

Seit etwa 1890 ist die Zucht zahlenmäßig sehr stark und auch gut organisiert. Wirklich erfolgreich wurde sie aber nie. Zwar kommen noch jedes Jahr die besten Pferde auch in die westlichen Länder, um Rennen zu laufen, aber nur einige wenige konnten sich dabei bis jetzt profilieren.

Garnir war eines von ihnen. Er war der Sieger des Russischen Derbys von 1958, holte sich den Preis des Präsidenten der DDR und blieb in einer Reihe weiterer Rennen ungeschlagen. Seit 1962 ist er Deckhengst und hat sich dabei gut bewährt. Zahlreiche seiner Nachkommen waren Sieger auf russischen Rennbahnen. *Garnir* kam 1955 im russischen Vollblutgestüt Wosschod zur Welt, doch seine Ahnentafel läßt leicht erkennen, woher er seine guten Qualitäten hat: sein Vater war *Raufbold,* ein Sohn von *Oleander,* er geriet in Deutschland kurz vor dem Ende des Zweiten Weltkrieges in den Besitz der Russen und kam so nach Wosschod.

Im selben Gestüt wurde 1957 *Zabeg* geboren. Er bewies einen ganz außergewöhnlichen Kampfwillen und eine fabelhafte Härte. Außer in seiner Heimat startete er in der DDR, in Polen, in Norwegen, Schweden und in den USA. Er lief nicht weniger als 35 Rennen, aus denen er fünfzehnmal als Sieger und neunmal plaziert hervorging. Nur diese Qualitäten und durchaus nicht sein Pedigree, in dem kein bekannter Name auftaucht, waren der Grund, ihn 1965 für zwei Jahre in Irland und dann in den USA als Deckhengst aufzustellen.

Das größte Rennpferd, das je aus Rußland kam, war jedoch *Anilin.* Er kam 1961 ebenfalls in Wosschod zur Welt. Von 28 Rennen gewann er 22 und war dreimal plaziert. Er holte sich zweimal den Großen Preis der sozialistischen Länder. Er wurde Zweiter im Washington D.C. Im Prix de l'Arc de Triomphe traf er mit *Seabird, Reliance, Meadow Court, Marco Visconti, Diatome* und anderen auf ein absolutes Weltspitzenfeld und wurde ehrenvoller Fünfter. Seine großartigste Leistung zeigte er im Preis von Europa, in dem er stets auf erstklassige Gegner wie zum Beispiel *Luciano* stieß und den er nicht weniger als dreimal gewann. Was ihn vor allem auszeichnete, war sein ungeheures Stehvermögen. Auf den letzten paar hundert Metern holte er mit langgezogenem Speed Gegner um Gegner. Seit 1967 steht er im Gestüt und ist die ganz große Hoffnung der russischen Vollblutzucht. – Neben den Trabern und Vollblütern werden aber in Rußland eine ganze Menge verschiedener Pferderassen gezüchtet, von denen manche über hervorragende Eigenschaften verfügen. Abgesehen vom russischen Araber, der zu den besten der Welt zählt und der vor allem auf dem Gestüt Tula, auf halbem Weg zwischen Moskau und Woronesch, gezüchtet wird, ist der Achal-

Tekkiner wohl die edelste Pferderasse Rußlands. Entstanden ist er in den Trockensteppen von Turkmenistan, und hier, unter den harten Bedingungen dieses Gebiets, hat er die Schnelligkeit, die Härte und die zähe Ausdauer seiner nahen Verwandten, der Araber, tausend Jahre hindurch weitervererbt. Mit seiner eleganter Erscheinung steht er zwischen dem Araber und dem englischen Vollblut. Er wird heute vom Kaspischen Meer bis nach China gezüchtet. Die wichtigsten Gestüte sind Machmut Kuli bei Aschchabat, Lugowsk in Kasachstan, Tersk im nördlichen Kaukasus und Alma-Ata.

Dem Achal-Tekkiner nahe verwandt ist der in denselben Steppen entstandene Turmene, von dem behauptet wird, er sei der Vorvater der Araberpferde. Wie dem auch sei, als Veredler spielte und spielt er noch in manchen asiatischen Sowjetrepubliken eine ebenso große Rolle wie der Araber in der westlichen Welt.

Ebenfalls sehr hoch im Blut stehend und dem Araber nahe verwandt sind Karabai, Karabach und Kabardiner. Der Karabai ist das Pferd der Usbeken und wird heute – außer von Privatseite – auf dem Gestüt Dshisak gezüchtet. Neben dem Reitpferd – seiner ursprünglichen und einzigen Bestimmung – ist durch Selektion auch ein etwas schwererer, längerer Zugpferdtyp entstanden.

Der Karabach ist meistens kaum über 140 Zentimeter hoch und damit seiner Größe nach eher ein Pony. Seine Erscheinung jedoch ist hochedel und so harmonisch, daß er als eines der schönsten Pferde überhaupt gilt. Er wird im Gestüt Akdam in Aserbeidschan und auch privat gezüchtet und ist für die wilden Reiterspiele der Gegend sehr beliebt.

Im Gestüt Malokarachayew im Nordkaukasus wird der Kabardiner gezüchtet, ein Gebirgspferd von sagenhafter Trittsicherheit, Härte und Ausdauer. Ihre ungewöhnliche Leistungsfähigkeit unter schwierigsten Wetter- und Bodenverhältnissen bewiesen diese Pferde bei einem Ritt rund um den Kaukasus im Winter 1936. Sie legten in 37 Tagen über 3000 Kilometer zurück.

Wie alle Nomaden, besitzen auch die Kirgisen nahe der chinesischen Grenze ungewöhnlich widerstandsfähige Pferde. Um einen größeren Rahmen zu erhalten, kreuzte man in jüngerer Zeit Vollblut und Donpferde ein.

In der Kirgisischen Republik und in Kasachstan wird auf den Gestüten Zimownikow und Budjonny auch das Donpferd gezüchtet. Entstanden ist es aus den kleinen Kalmückenpferden, die von den Donkosaken übernommen wurden. Schon früh wurden diese harten Steppenpferde mit Karabach, Turkmenen und araberähnlichen Persern veredelt. Sie sind heute vielseitige, auch im Zug brauchbare, mittelgroße Warmblutpferde, die aber

Links: *Anilin*, wohl das erfolgreichste Rennpferd, das je aus Rußland kam. 1961 in Wosschod geboren, gewann er dank seinem ungeheuren Stehvermögen 22 von 28 seiner Rennen. Im Washington D. C. wurde er Zweiter, den Preis von Europa entschied er nicht weniger als dreimal für sich. Auf ihm ruht die Hoffnung der zwar aufwendig betriebenen, jedoch nicht besonders erfolgreichen russischen Vollblutzucht.
Das Bild wurde eigens für dieses Buch von dem international bekannten Pferdemaler Ingo Koblischek gemalt.

Links: *Bechban*, ein Achal-Tekkiner, Vertreter der edelsten in Rußland entstandenen Pferderasse.

sicher nicht mehr so zäh sind wie ihre Ahnen, auf denen die Donkosaken 1812 Napoleon eine seiner größten Niederlagen zufügten.

In den Militärgestüten bei Rostow entstand kurz nach dem Zweiten Weltkrieg das Budjonnypferd, so benannt nach dem Helden der Revolution, Marschall Budjonny. Diese Rasse gilt als einer der größten russischen Zuchterfolge. Entstanden ist sie aus der Kreuzung von Donpferden und englischem Vollblut. Die Unempfindlichkeit gegen jede Art von Witterung und die zähe Gesundheit der Donpferde wurden sehr glücklich mit den hervorragenden Gangeigenschaften und der Ausdauer des Vollblüters vereinigt. Ursprünglich als Kavalleriepferd gedacht, ist der Budjonny für Military und Jagdrennen, aber auch für den Springsport und sogar für die Landwirtschaft glänzend geeignet.

Neben diesen und noch einigen weiteren Warmblutrassen verfügt Rußland auch über verschiedene schöne Kaltblüter, die allerdings alle aus westlichen Kaltblütern hervorgegangen sind oder zumindest wesentlich von diesen beeinflußt wurden. Durch seine besondere Genügsamkeit zeichnet sich der Belorusse aus, dessen Ahnen Tarpane waren. Durch Belgier, schwedische Ardenner und Bretonen ist er größer und schwerer geworden, von Norfolktrottern, Arabern und noch einigen weiteren Rassen hat er seine Gängigkeit. Er wird nur wenig über 150 Zentimeter groß und ist etwa 500 Kilogramm schwer. Seit etwa 1920 gilt er als konsolidierte Rasse.

Östlich von Moskau ist nach der Revolution das Wladimirpferd entstanden, das seit 1946 als Rasse gilt und in den staatlichen Gestüten von Wladimir, Jaroslawl, Ivanovo und Tambow gezüchtet wird. Hervorgegangen ist es aus den Stuten der Gegend, die gleich mit einer ganzen Serie von Kaltblutrassen gekreuzt wurden: Percheron, Ardenner, Suffolk Punch, Clydesdale und Shire. Auch Cleveland Bays und Traber spielten eine Rolle. Es wird etwa 160 Zentimeter hoch und ist bedeutend schwerer als der Belorusse.

Die Geschichte des Woroneschpferdes, das früher als Bitjug bekannt war und seinen Namen vom Bitjuga, einem Nebenfluß des Don hatte, begann kurz nach 1700, als Peter der Große die bodenständigen Stuten mit niederländischen Hengsten decken ließ. Im Laufe der vergangenen 250 Jahre wurde dieser Pferdeschlag aber mehrmals verändert, mit Warmblutpferden machte man ihn leichter, mit Kaltblütern wieder schwerer. Nach 1920 entstand der heutige mittelschwere, in der Landwirtschaft sehr vielseitig verwendbare Typ.

In der Ukraine entstand das russische Kaltblut, das wie der Belorusse nur etwa 150 Zentimeter hoch, dabei aber außergewöhnlich kräftig ist. Auch hier wurden verschiedene Rassen eingekreuzt, neben Belgiern wirkten Ardenner und Orlowtraber bei der Verbesserung des Landschlages mit. Die Gestüte Nowo-Alexander und Kuedin bemühen sich besonders um diese wertvolle Arbeitsrasse.

Etwa 160 Zentimeter hoch und 800 Kilogramm schwer ist das sowjetische Kaltblut, das nach der Revolution im Norden Rußlands vor allem mit Hilfe von belgischen Hengsten produziert wurde. Es wird auf den Gestüten Pochinkow und Modowian und auf Kolchosen vorwiegend im Gebiet von Wladimir gezüchtet.

Daß der Achal-Tekkiner trotz seines nervösen und nicht selten schwierigen Temperamentes sogar ein Weltklasse-Dressurpferd sein kann, bewies *Absent* unter dem Reiter S. Filatow, hier in Aachen im Jahr 1960. Im gleichen Jahr gewann er die olympische Goldmedaille in Rom. Gewissen Quellen zufolge ist Absent allerdings kein reiner Achal-Tekkiner, sondern führt Trakehnerblut, was nach seinem Exterieur sehr glaubhaft erscheint.

Orient

Im Nedschd, dem wilden Hochland im Herzen der Arabischen Halbinsel, ist die Pferderasse entstanden, die auf die gesamte Pferdezucht der Welt einen unvergleichlichen Einfluß hatte. Es gibt kaum eine Rasse, die nicht früher oder später durch das arabische Pferd veredelt wurde. Das englische Vollblut, die Krönung der modernen Pferdezucht, ohne das die Warmblutpferdezucht überhaupt nicht denkbar wäre, basiert auf drei orientalischen Hengsten und etwa dreißig Stuten, die ebenfalls schon viel orientalisches Blut führten. Selbst die Kaltblutrassen erhielten vom Araber Feuer und Gängigkeit, und die meisten Ponys erbten von ihm bessere Reiteigenschaften.

Der Ursprung dieses wundervollen Pferdes liegt nach wie vor im dunkeln. Neuere Erkenntnisse in der Evolutionsforschung lassen jedoch die Vermutung zu, daß in dieser Gegend schon in vorgeschichtlicher Zeit eine geographische Unterart der Urwildpferde gelebt hat, die bereits die Wesensmerkmale des Arabers besaß. Fest steht, daß im Ägypten der Pharaonen hochedle Pferde gezüchtet und daß solche Pferde später von den Beduinen im arabischen Hochland geritten wurden. Fest steht außerdem, daß Mohammed die Reinzucht der Blutlinien ganz entscheidend beeinflußt hat.

Bereits mit außergewöhnlichen Erbanlagen ausgestattet, wurde dieses Pferd in den Händen der Beduinen zum edelsten aller Pferde. Die unerbittliche natürliche Auslese in der lebensfeindlichen Wüste, der erbarmungslose Kampf ums Dasein und die fanatische Reinzucht – der Beduine reitet wenn nötig tagelang, um für seine Stute den richtigen Hengst zu finden – haben ein Pferd hervorgebracht, das in seinen Eigenschaften unübertroffen ist – und an Schönheit und Ausstrahlung unerreicht.

Die Beduinen rühmen stolz an ihren Pferden «die Erbtreue und Durchschlagskraft; die unverwüstliche Gesundheit, Langlebigkeit und Fruchtbarkeit; Adel, Schönheit, Harmonie und körperliche

Oben: Türkischer Lanzenreiter, nach einem Holzschnitt von Niklas Stoer um 1530. Nur dank ihrer weit überlegenen orientalischen Pferde eroberten sich die Türken im 15. und 16. Jahrhundert eine Vormachtstellung in Osteuropa.
Links: Der türkische Großwesir Achmet Pascha, Stich von Paulus Fürst um 1665.

Rechts: Theodor Horschelt, Schüler des bekannten Pferdemalers Albrecht Adam, zeichnete 1854 seinen inzwischen berühmt gewordenen «Beduinen auf der Lauer».
Unten: Die Lithographie des Beduinen auf dem Djodar-Araber schuf Victor Adam um 1860.

Vollkommenheit; den dem Menschen zugeneigten Charakter, in dem Sanftmut, Feuer und Vitalität vereinigt sind; Lernbereitschaft und Anpassungsfähigkeit; Leistungsbereitschaft und Leistungsvermögen; Zähigkeit, Nerv und Stahl; Anspruchslosigkeit und Regenerationsfähigkeit nach Strapazen; Rittigkeit und Klugheit».

Wer das arabische Vollblutpferd kennt, wird den Beduinen recht geben. Der einstige Siegeszug des Islams basierte vor allem auf der Überlegenheit der orientalischen Pferde.

Karacabey (Türkei)

Unten: Die Inschrift auf dem Pferdedenkmal für *Baba* (Vater) *Kurus,* darunter eine Aufnahme des herrlichen Arabers. Dieser Hengst gilt als der bedeutendste Stammvater für die gesamte türkische Araberzucht der Neuzeit. Er wurde von Anese-Beduinen im Libanon gezogen und nach Syrien verkauft. Während seiner Deckzeit in Karacabey zeugte er 141 Fohlen.

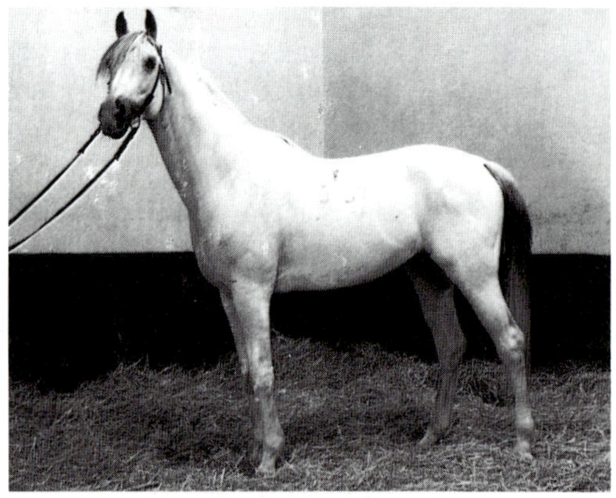

Dem Besucher von Istanbul offenbart sich an einer der berühmtesten Sehenswürdigkeiten die Bedeutung und Präsenz des Pferdes im türkischen Reich: Am Eingangstor zur Blauen Moschee hängen noch heute, 360 Jahre nach Vollendung des Bauwerkes, massive Eisenketten, die den Reiter hinderten, das letzte Wegstück zum Versammlungsort der Gläubigen hochmütig zu Pferd zurückzulegen. Vor dieser Moschee erstreckt sich das antike Hippodrom, über das Sultan Mehmet II. ritt, als er vor 500 Jahren auf einem prächtig geschmückten Schimmel als Eroberer in Konstantinopel seinen Einzug hielt.

Unweit der einstigen Hauptstadt Bursa, die durch ihre alttürkische Architektur besticht und wegen ihrer Thermalquellen schon während der hellenistischen Epoche als Kurort berühmt war, liegt Karacabey, das größte und wichtigste Staatsgestüt der Türkei.

Den Grundstein für diese Zuchtstätte hatte Köse Mihal, der «bartlose Michael», gelegt. Er überließ dieses Gut vor über 600

Oben rechts: Haflinger erfreuen sich in der Türkei wachsender Beliebtheit. Auch in Karacabey fehlen sie nicht. Sie werden hier neben der Reinzucht mit dem Karacabey-Warmblut gekreuzt und bringen ausgezeichnete Arbeitspferde mit sehr guten Gängen hervor.
Rechts: Das Karacabey-Pferd hat für die Türkei landesweite Bedeutung. Dieses sehr edle Warmblut ist auf der Basis türkischer, hoch im Blut stehender Stuten und Vollblut-Araberhengste entstanden.

Rechts: Araberstute mit Fohlen. In Karacabey werden außer der hier entstandenen Warmblutrasse, dem Karacabey-Nonius und dem Karacabey-Haflinger auch Vollblutaraber und englische Vollblüter gezüchtet.

Jahren seiner Tochter als Mitgift, als sie sich mit Orhan, dem zweiten Sultan des Osmanischen Reiches, vermählte. Nach dem Schwiegersohn erbten eine Reihe nachfolgender Regenten die «Michael-Farm», bis sie im Jahre 1924 auf Grund eines Ministerratsbeschlusses umgetauft wurde.

Karacabey beschäftigt über 500 Personen, die in der Landwirtschaft, in den Zuchtbetrieben für Pferde, Rinder, Schafe und Geflügel tätig sind. Neben arabischen und englischen Vollblütern wird hier vor allem das Karacabey-Pferd gezüchtet, eine sehr edle und kompakte Warmblutrasse. Aber auch der Karacabey-Nonius (ursprünglich wurden die aus Ungarn stammenden Noniusse für die Armee rein gezüchtet und später mit dem Karacabey gekreuzt und veredelt; heute sind sie nur noch in geringer Zahl vorhanden) und der Karacabey-Haflinger, zwei Kreuzungsprodukte also, sind dem türkischen Pferdehalter vertraute Begriffe.

Links: Junghengste messen spielerisch ihre Kräfte.
Oben: Das Brandzeichen des Staatsgestüts Karacabey.

Royal Stables (Jordanien)

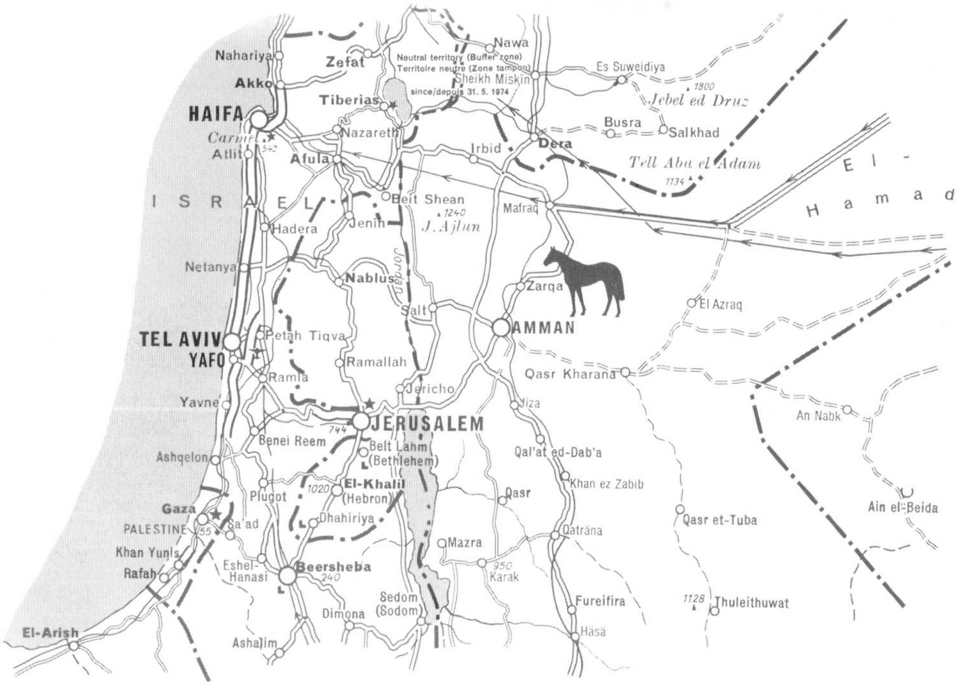

König Hussein stammt aus der Familie des Propheten Mohammed. Daß alle reinblütigen Araberpferde auf die fünf Stuten Mohammeds zurückgehen, ist Legende. Daß aber der Prophet durch strenge, im Koran festgelegte Gebote die Reinheit und unübertreffliche Qualität dieser Rasse wesentlich beeinflußte, ist gewiß. Und daß seine Nachfahren die Liebe zum Pferd und das Wissen um die Geheimnisse edler Blutströme mitvererbt bekommen, ist eigentlich nicht verwunderlich, auch wenn dazwischen einmal eine Generation nicht mit diesen Gaben begnadet war. Diese Eigenschaften scheinen allen Söhnen Allahs angeboren zu sein: Kein Wunder also, daß die Pferde in den königlichen Stallungen von auserlesener Schönheit und Qualität sind.

Außerhalb der Hauptstadt Amman liegen die Stallungen und Weiden des Herrschers über das Haschemitenreich. Das Gestüt wurde vom Großvater des jetzigen jordanischen Königs, Emir Abdallah, gegründet. Seine Liebe galt der arabischen Dichtkunst wie den asilen Pferden. Dank seines politischen Geschicks gelang es ihm, die lockeren Gruppen der Beduinenstämme in einem Staatsverband zusammenzuschließen. Abdallah wurde 1951 während eines Freitagsgottesdienstes in der Aqsa-Moschee in Jerusalem ermordert. Seine Pferdezucht wurde aufgelöst.

Der Wiederaufbau des königlichen Gestüts war mit jahrelangen Nachforschungen verbunden. Die Pferde waren in alle Windrichtungen verschwunden. Viele

Oben: Ein Wüstenaraber im Schnee – das ist in Jordanien durchaus möglich. Dieses herrliche Pferd aus den königlichen Stallungen ist *Samiha,* v. *Al Mozabor* a.d. *Farha.* Der Hengst *Al Mozabor* wurde Ende der vierziger Jahre im Arabergestüt des Herzogs von Veragua in Spanien gekauft und nach Jordanien gebracht.

Rechts: Die Stute *Reemer.* Das entzückende Fohlen, dessen Vater der Hauptbeschäler *Baharein* ist, kam einen Tag bevor diese Aufnahme entstand zur Welt.

Rechts: Prinzessin Bint al Hussein reitet mit ihrem irakischen Rennpferd eine Dressurübung.
Unten: Mittelpunkt des weißgetünchten Gestütshofes ist die Tränke, ein achteckiger, mit Fliesen verzierter Brunnen, überwölbt von einem Aufbau aus Gitterwerk, der die Krone trägt.

Unten: *Baheb* steht sehr charakteristisch im Renntyp des Mittleren Ostens.

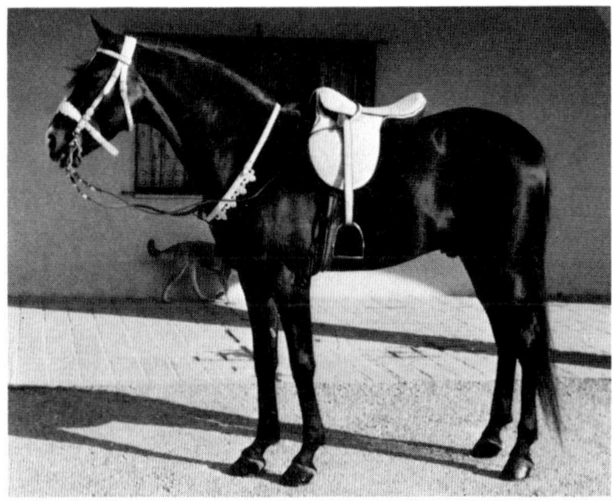

waren in die Hände von Beduinen und Bauern gekommen.

Eine Stute mit dem Namen *Gazella* wurde erst fünf Jahre nach Beginn der Suchaktion entdeckt. Sie verrichtete Feldarbeit und war in einem erbärmlichen Zustand. Die schneeweiß gewordene Stute wurde ins Gestüt zurückgeführt und konnte sich dort erholen. Sie ist von ihrer Mutter *Emira 1st* her eine Kuhailan Kurush, und ihr Vater war der aus Spanien eingeführte Hengst *Al Mozabor.*

El Zahraa (Ägypten)

Unten: Ein Kamel hat aus den fruchtbaren Ebenen im Niltal Mohrrüben für die Pferde im Gestüt El Zahraa mitgebracht. *Maysha* nimmt sich gleich eine Kostprobe.

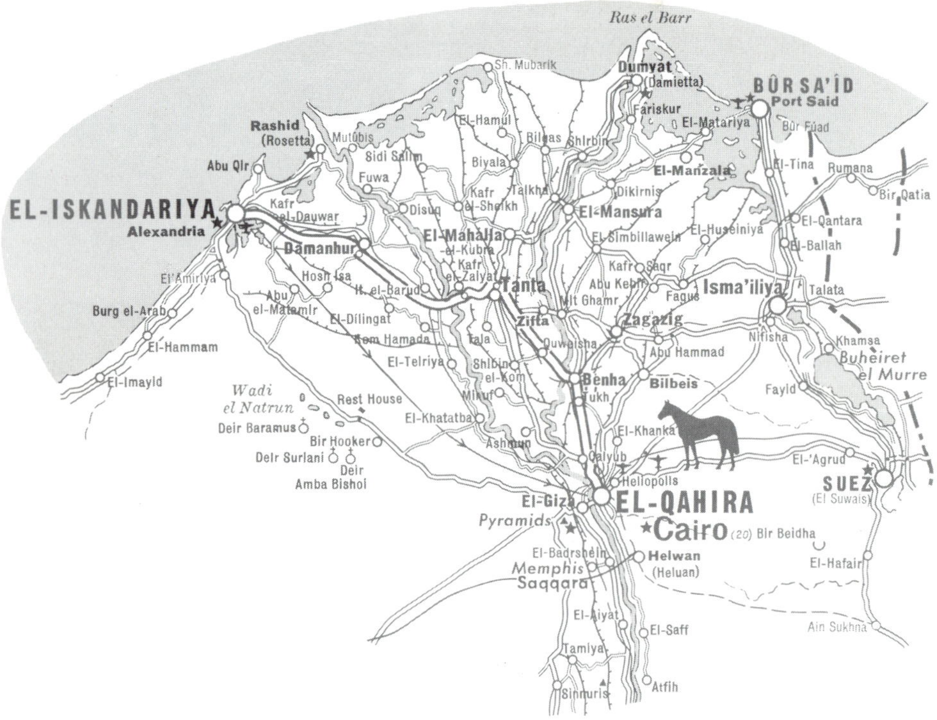

Die Zucht edler arabischer Pferde war in dem an Historie so reichen Kulturland am Nil von alters her den Reichen und Mächtigen vorbehalten. Nur sie konnten es sich leisten, auserlesene Pferde aus Arabien einzuführen.

Das heute weltberühmte Staatsgestüt El Zahraa wurde 1908 gegründet. Damals unterstand es der Royal Agricultural Society. Nach dem Zweiten Weltkrieg, als die königliche Pferdezucht völlig darniederlag, wurde der ehemalige ungarische Oberstallmeister Tibor von Pettkö-Szandtner mit der Neuordnung des Gestüts betraut. Wie er seinem Freund und Berufskollegen Dr. Georg Wenzler anläßlich eines Besuches erklärte, war diese Aufgabe mit den größten Schwierigkeiten verbunden. In jener Zeit hatten die Ägypter kaum eine Vorstellung vom Wert des arabischen Pferdes und verstanden nichts von der Zucht nach europäischen Prinzipien. Jahrelang mußte der Ungar nach geeigneten Zuchtpferden suchen. Gute Deckhengste waren über das Land verstreut und größtenteils in privater Hand. Ein Teil der Stuten konnte aus den Polizeigestüten Inshass und Batim geholt werden. Aber selbst die Sorge um die Beschaffung der Mittel für das tägliche Futter der Pferde blieb dem Gestütsleiter nicht erspart. Gute Einzeltiere, wie zum Beispiel *Nazeer,* habe er förmlich «mit den Fingern aus der Erde kratzen» müssen.

Die *Nazeer*-Söhne *Ghazal,* a.d. *Burka, Hadban Enzahi,* a.d. *Kamla,* und *Kaisoon,* a.d. *Bint Kateefa,* zählen zu den bedeutend-

1908 wurde El Zahraa als königliches Gestüt gegründet. Nach dem Zweiten Weltkrieg mußte es von Grund auf neu organisiert werden. Heute stehen im Hauptbeschälerstall (rechts) wieder auserlesene und kostbare Pferde. Die meisten stammen aus dem Nedschd, dem arabischen Hochland, wo die Beduinen seit Jahrtausenden mit viel Geschick und unter härtesten Bedingungen die besten Pferde der Welt züchten.

Links: Seit alters bringt man in Ägypten die Schönheit der Pferde durch buntes und reichverziertes Sattel- und Zaumzeug noch stärker zur Geltung. So war für die Mamelucken-Sultane des 13. und 14. Jahrhunderts Prunkentfaltung eine Selbstverständlichkeit, und für die nachfolgenden Könige, Prinzen und Paschas galt der Besitz eines vollkommenen Araberpferdes als Statussymbol. Unten: Zwei Elitehengste von El Zahraa. Das Blut der Hengste aus diesen Stallungen wirkt in den Araber- und in vielen Warmblutzuchten der ganzen Welt.

sten Vererbern in der deutschen Araberzucht. Bei den typvollen Nachkommen von *Ghazal* rühmt die Fachwelt die Reiteigenschaften. Die Tiere zeichnen sich durch hervorragende Haltung und hohes Dressurtalent aus. Auch die beiden anderen aus El Zahraa nach Deutschland importierten Hengste können eine erstklassige Typvererbung nachweisen. Bei den *Hadban-Enzahi*-Nachkommen fallen außerdem Härte und Energie auf, bei den *Kaisoon*-Nachkommen der besonders gute Charakter, das angenehme Temperament und die Geschmeidigkeit.

Der jetzige Gestütsdirektor, Dr. Mohammed Marsafi, ist bestrebt, die klassische Schönheit der alten, reinen Blutlinien zu erhalten. Daß dieses Ziel erreicht wird, zeigen vor allem die vielen sogenannten Gazellenköpfe mit ausgeprägt hoher Stirn und deutlich konkav eingebogenem Nasenrücken. Pedigree und Schönheit gelten als einzige Kriterien für die Auswahl der Zuchthengste, ein Leistungsnachweis ist nicht vorgeschrieben. Nur einzelne Tiere werden auf die Rennbahn geschickt. Das erklärt, weshalb ein in El Zahraa erfolgreicher Zuchthengst nach seinem Verkauf an einen europäischen Besitzer nicht unbedingt den in seiner neuen Heimat gestellten Anforderungen gerecht wird.

El Zahraa besitzt rund 250 Pferde. Etwa 65 Hengste dürfen auf verschiedenen landwirtschaftlichen Stationen von Stutenhaltern ohne Deckgebühr benützt werden.

Genau wie die Hengste zeichnen sich auch die Stuten von El Zahraa durch außergewöhnliche Schönheit aus, die vor allem in den wundervollen «Gazellenköpfen» mit der vorgewölbten Stirn, den weiten «Windtrinker»-Nüstern und den großen Augen ihre Höhepunkte findet.

Japan

Spiele zu Pferde, vor allem im Zusammenhang mit religiösen Zeremonien, sind in Japan schon seit weit über tausend Jahren bekannt. Pferde, genauer gesagt Ponys, wurden hier bereits in vorchristlicher Zeit gezüchtet. Noch heute leben uralte Ponyrassen in Japan, zum Beispiel das Dosanko, um nur das bekannteste zu nennen, das vor allem auf der großen Nordinsel Hokkaido gezüchtet wird. Der Ursprung dieser Ponys ist unklar. Es ist aber anzunehmen, daß mongolische Ponys, vor allem die Schläge, die schon seit Tausenden von Jahren in Korea und in der Mandschurei gehalten werden, die Stammeltern der japanischen Ponys waren.

Verschiedene der alten, religiösen Reiterspiele sind bis in unsere Tage lebendig geblieben und locken regelmäßig viel begeistertes Publikum an. Sie werden in den traditionellen Trachten, meist mit den alten Sätteln und Zäumungen geritten, und für manche Veranstaltungen dürfen nur die ursprünglichen japanischen Ponys benützt werden. Die Zucht dieser Ponys liegt durchweg in den Händen der Bauern und kleiner Züchter.

Zu den alten Spielen gehörten auch schon Rennen, bei denen die Reiter aufrecht in den kunstvoll gefertigten Yamatosätteln saßen und etwa zehn Meter lange, grün-weiß oder rot-weiß gestreifte, schlauchförmige Fahnen hinter sich durch die Luft zogen. Der Rennsport im europäischen Stil, wie er heute in der ganzen Welt betrieben wird, gelangte aber erst verhältnismäßig spät auf die japanischen Inseln.

Nach einer 280 Jahre dauernden Periode der Isolationspolitik wurden im Jahre 1858 endlich die Häfen von Nagasaki, Jokohoma, Kobe, Hakodate und einigen anderen Orten für die internationale Schiffahrt geöffnet. Jokohama war der wichtigste dieser Häfen und der größte Umschlagplatz für Rohseide und Tee. Hier siedelten sich zahlreiche Engländer an. Sie legten auch bald in Jokohama die erste ovale, improvisierte Rennbahn an. Das erste «englische» Rennen fand im Mai 1862 statt. Daß diese neue und völlig unreligiöse Art der Reiterei nicht sofort allgemeine Billigung fand, beweist die Tatsasche, daß im August desselben Jahres mehrere berittene Engländer von Samuraikriegern des Satsuma Clans überfallen und getötet wurden. Der Staat offerierte daraufhin den Engländern am Strand von Negishi bei Jokohama ein geeignetes Reitgelände, das nun ausschließlich von diesen benützt werden durfte. Und hier wurde 1867 die Negishi-Rennbahn gebaut. Auf dieser ersten richtigen Anlage im englischen Stil wurden im folgenden Jahr zwei Renntage durchgeführt. 1880 wurde hier der Nippon Race Club gegründet, dem auch japanische Mitglieder beitreten konnten.

Am 10. Mai 1881 besuchte Kaiser Meiji erstmals die Rennbahn. Er war so begeistert, daß er bis 1899 insgesamt 13mal nach Negishi reiste, um den Rennen beizuwohnen.

Links unten: Der rennsportbegeisterte Kaiser Meiji besucht um die Jahrhundertwende ein Rennen in Ueno in Tokio.
Rechts: Soma Nomaoi ist ein aus der Teicho-Zeit (923) stammendes Reiterspiel. Ursprünglich bestand es aus einem komplizierten Pferdetreiben der berittenen Soldaten des Prinzen Taira No Masakado. Heute wird es nach den alten Regeln und in alter Aufmachung jeweils im Juli in Haramachi gespielt und ist Teil religiöser Veranstaltungen.
Unten: Winterlicher Auslauf in Japans Hauptzuchtgebiet auf der Insel Hokkaido.

In jener Zeit sah man nur selten Vollblutpferde auf dieser Rennbahn. Am häufigsten liefen aus Schanghai importierte chinesische Pferde, die bedeutend schneller waren als die japanischen Ponys.

1895 wurden erstmals Pferde aus Australien eingeführt. Von 1902 an importierte der Nippon Race Club nur noch Fohlen, die zur Aufzucht an die Clubmitglieder verlost wurden. Erbrachten diese Pferde während ihrer Rennkarriere die gewünschte Leistung, wurden sie anschließend in die Zucht eingesetzt. *Hikaruimai,* der Sieger des Tokyo Yuushun 1971, des Japanischen Derbys, war übrigens ein Nachkomme von *Mira,* die 1899 aus Australien eingeführt worden war.

1906 entwickelte die Regierung einen Dreißigjahresplan zur Verbesserung der Zucht der japanischen Ponys, vor allem im Hinblick auf ihre Armeetauglichkeit. Zur selben Zeit billigte sie stillschweigend den

Antrag des Nippon Race Club, Wettickets verkaufen zu dürfen. Im November 1906 fand ein Rennen in Ikegami in Tokio statt, zu dem im Club Tickets verkauft wurden. Das Ergebnis war eine rasch wachsende Begeisterung für den Rennsport im ganzen Land. Drei Jahre später gab es bereits 15 Rennbahnen in Japan.

Heute hat Japan insgesamt 41 Rennbahnen – 10 nationale und 31 regionale. Von den rund 2800 Rennen jährlich werden 300 auf den nationalen Bahnen ausgetragen. Am häufigsten werden Flachrennen gelaufen, daneben aber auch Steeple Chases. Auf der Insel Hokkaido gibt es übrigens auch volkstümliche Rennen mit Kaltblutpferden. Die meisten Kaltblüter sind ursprünglich aus Frankreich stammende Percherons.

Unten: Ein historisches Rennen in voller alter Ausrüstung. Von den vielen Veranstaltungen im Equestrian Park in Tokio sind die traditionellen Reiterspiele, die in den ursprünglichen Trachten ausgetragen werden, die beliebtesten. Zu den verschiedenen Spielen gehören waghalsige Reiterakrobatik und verschiedene alte Formen von Polo und Bogenschießen vom Pferderücken. Zum Teil dürfen diese Spiele nur auf japanischen Ponys ausgetragen werden.
Rechts: Der Sieger der Triple Crown 1964: *Shinzan*.

Die Rennpferdezucht

Hokkaido ist das Hauptzuchtgebiet der Rennpferde. Etwa 68 Prozent kommen von dieser Insel. Neben dem Vollblut ist auch der Anglo-Araber für den Rennsport sehr beliebt. Von etwa 10 000 Rennpferden, die jährlich gezüchtet werden, sind rund 4000 Anglo-Araber. Damit es bei dieser Rasse nicht zu allzu großen Leistungsunterschieden kommt, dürfen die Pferde nicht weniger als 25 Prozent Araberblut führen.

Die Zucht auch der Rennpferde wird fast ausschließlich von Bauern betrieben. Eigentliche Gestüte gibt es nur sehr wenige. Nur etwa 1 Prozent der Züchter haben zwanzig oder mehr Stuten, 82 Prozent haben fünf oder weniger Tiere. Fast alle größeren Züchter produzieren Vollblutpferde, die kleineren widmen sich prinzipiell der Zucht des Anglo-Arabers.

Charakteristisch für Japan ist, daß nur sehr wenige Rennpferdebesitzer gleichzeitig auch Züchter sind. Sie kaufen die jungen Pferde, lassen sie trainieren und setzen sie in den Rennen ein. Nach der Rennkarriere verkaufen sie sie wieder. Die Züchter selbst haben meist wenig oder gar nichts mit den Rennen zu tun.

Die ganze Rennpferdezucht steht unter der Aufsicht der Japan Lightbreed Horse Association. Sie organisiert die Auktionen, und sie besitzt rund 70 Zuchthengste, die im ganzen Land auf Deckstationen verteilt stehen. Unter diesen Hengsten befinden sich stets etwa 15 importierte Spitzen-Vollblutpferde.

Insgesamt gibt es in Japan etwa 400 Vollbluthengste und 230 Anglo-Araber-Hengste. Der Mutterstutenbestand liegt bei etwa 18 000 Stück. Von den Vollbluthengsten sind über 200 Importe, und diese decken etwa 80 Prozent der Vollblutstuten.

Seit dem Zweiten Weltkrieg wurden etwa 350 Hengste importiert, und zwar aus England, Irland, Frankreich, Italien, Amerika, Australien, Neuseeland und Argentinien. Kürzlich wurde übrigens erstmals ein Spitzenhengst aus Irland gemietet. In der gleichen Zeitspanne wurden etwa 2000 Zuchtstuten eingeführt.

Die große Bevölkerungsdichte Japans ist ein ernstes Problem für die Pferdezucht. Normalerweise rechnet man für eine Zuchtstute zwei Hektar Weideland. Nur vereinzelte Züchter verfügen über soviel Land pro Stute, die meisten müssen mit sehr viel weniger auskommen. Vor allem die bäuerlichen Anglo-Araber-Züchter müssen ihre Pferde oft in extrem kleinen Ausläufen halten. Da die Fohlen dadurch meistens zu wenig natürliche Bewegung haben, werden sie normalerweise regelmäßig von berittenen Treibern auf ovalen Bahnen im Galopp bewegt, damit sich der Knochenbau, die Muskulatur, die Atmungsorgane und das Herz gesund entwickeln können.

Equestrian Park

1940 wurde in Setagaya in Tokio der Equestrian-Park gegründet. Wegen des Kriegsgeschehens wurde allerdings

zunächst nur ein Minimum der ursprünglich geplanten Anlage fertiggestellt. Anfänglich diente der Park der Ausbildung von Jockeys, Trainern, Rennfachleuten und Reitlehrern. Gegen Kriegsende wurde auch diese Tätigkeit praktisch völlig aufgegeben.

1946 wurde die Schule wieder aktiviert und begann mit dem Training von Jockeys und Anglo-Arabern.

Als 1959 feststand, daß in Japan die 18. Olympischen Spiele stattfinden würden, entschloß man sich, den Equestrian-Park für die olympischen Reitbewerbe auszubauen. Zu den zahlreichen Neuerungen gehörte die 1963/64 erbaute große Reithalle, Während der Olympiade im Oktober 1964 fand der herrlich angelegte und reich bepflanzte Park größte Bewunderung.

Heute ist die Anlage ein Schulungszentrum für die verschiedensten Bereiche der Reiterei und Pferdezucht. Sie bietet Möglichkeiten für reitsportliche Veranstaltungen und für Ausstellungen verschiedener Art im Zusammenhang mit dem Pferd.

Die großen Gestüte

Als bedeutendste japanische Gestüte gelten Meiwa Stud, Onward Stud und Yoshida Farm. Wie bereits erwähnt, werden nur Vollblutpferde auf eigentlichen Gestüten gezüchtet, und auch von diesen nur ein Bruchteil.

Diese drei Gestüte liegen alle im Hauptpferdezuchtgebiet Japans, auf der Insel Hokkaido.

Das Meiwa-Gestüt wurde erst 1971 von Ryusuke Morioka als Zweig seines Industrieunternehmens gegründet. Zum

Ganz oben: Lauftaufnahme des Tokyo Race Course, 27 Kilometer vom Stadtzentrum entfernt. Hauptbahn 2100 Meter, 2. Bahn 1900 Meter, Steeple-Chase-Bahnen 1696 und 638 Meter, Trainingsbahnen 1438 und 410 Meter. 1109 Boxen für Rennpferde. Hier wird seit 1932 jeweils am letzten Sonntag im Mai das Japanische Derby ausgetragen.

Rechts: Die Kokura-Rennbahn in Kita-Kyushu. Hauptbahn 1623 Meter, 540 Boxen. Das wichtigste Rennen auf dieser Bahn ist das Kokura-Kinen.

Ganz oben: Jährlingsauktion der Japan Lightbreed Horse Association auf Hokkaido.

Oben: Das 1969 fertiggestellte Trainingszentrum von Ritto. Auf 1 529 000 Quadratmetern gibt es Boxen für über 2000 Pferde und Wohnungen für 4700 Angestellte mit ihren Familien. Fünf Trainingsbahnen zwischen 1400 und 2200 Metern stehen zur Verfügung.

Ein zweites Trainingszentrum ist in Miko im Bau. Es wird 1 820 000 Quadratmeter Fläche und Platz für 2300 Pferde und 5000 Angestellte haben.

Gestüt gehören 150 Hektar Land, eine 1500-Meter-Trainingsbahn und eine überdachte 500-Meter-Bahn. Die drei Deckhengste sind zurzeit (Februar 1977) *Father's Image*, ein Sohn des berühmten *Swaps*, *Silver Shark* v. *Buisson Ardent* und *Haseiko* v. *China Rock*. In der vierzigköpfigen Stutenherde stehen *San San*, *North Broadway*, *Marching Matilda* und *Princess of Iran*.

Das 1960 gegründete Onward-Gestüt verfügt über 100 Hektar Land mit einer 1400- und zwei 500-Meter-Trainingsbahnen. Auch hier stehen Hengste mit klangvollen Namen in den Pedigrees: *Hard to Beat* v. *Hardicanute*, *Fuji Onward* v. *Ribot*, *Great Onward* v. *Sir Ivor*, *Onward Bary* v. *No Robbary* usw. Unter den vierzig Stuten findet man *Miss Onward*, *Renown*, *Himawari* und *Irena*.

Die Yoshida-Farm bedeckt 330 Hektar. Die drei Hengste sind *Contrite* v. *Never Say Die*, *Cover Up nisei* v. *Cover Up*, *Gold Rising* v. *Rising Flame*. Zu den 35 Stuten gehören *Gineora*, *Typecast*, *Northern*, *Princess* und *Wakakumo*. Die Geschichte dieses einflußreichen Gestütes begann 1908 mit dem Import einiger Stuten und eines Hengstes aus Australien durch den Farmer Gontaro Yoshida.

Australien und Neuseeland

Unten: Das auf dem alten Gut Lindsay Park erst 1965 gegründete Gestüt ist heute die bedeutendste Vollblutzuchtstätte Australiens.
Rechts: Der Besitzer und gleichzeitige Trainer von Lindsay Park mit seinem großartigen Deckhengst *Without Fear*, dessen erster Fohlenjahrgang schon einen sechzig Jahre bestehenden Weltrekord brach: Dreißig seiner Nachkommen gewannen 49 Rennen in einer Saison. Vater von *Without Fear* ist der 2000-Guineas-Sieger *Baldric II*, Mutter die Oaks-Siegerin *Never Too Lok*, v. *Never Say Die*.

In Australien und Neuseeland bestehen ideale Voraussetzungen für die Pferdezucht, die denn auch in entsprechend großem Stil betrieben wird. Allein in Australien gibt es beinahe 500 Rennbahnen, auf denen jährlich über 3000 Veranstaltungen stattfinden. 4000 Trainer haben 42 000 Pferde im Renngeschäft, 7464 Züchter besaßen Anfang 1977 16 308 Vollblut-Zuchtstuten. Das bedeutendste Rennen ist der Melbourne Cup. Der Tag, an dem es stattfindet, ist im Staat Victoria ein Feiertag, und während der Übertragung des Rennens hält ganz Australien den Atem an.

Die ersten Pferde kamen 1788 vom südafrikanischen Kap nach Australien, und wenig später erfolgten Importe aus Chile. Bereits mit diesen Pferden, die Capers oder Caper-Chileans genannt wurden, veranstalteten die Farmer Rennen, und das erste organisierte Treffen dieser Art fand 1810 in Parramatta bei Sidney statt. Zur selben Zeit kamen die ersten Vollbluthengste aus England. Sie wurden fleißig den Caper-Chilean-Stuten zugeführt, und ein neuer Pferdetyp entstand: der Waler. Durch das kontinuierliche Einkreuzen von Vollblut entsprach der Waler nach einigen Jahren in Exterieur und Leistung beinahe dem Vollblut.

Ähnlich wie im Westen Nordamerikas entliefen auch in Australien zahlreiche Pferde in die Wildnis, besonders zur Zeit des Goldrausches um 1850. Sie verwilderten mit der Zeit völlig und entwickelten sich zu einer zähen Buschrasse. Diese Brumbys sind kaum noch zu zähmen. Sie geben für Rodeos ideale Bucking Horses ab, auf denen nur die besten Sattelartisten zwanzig Sekunden durchstehen.

Die Rodeospiele, hier wie in Amerika hervorgegangen aus der Arbeit der berittenen Viehhirten, erfreuen sich außerordentlicher Beliebtheit. Aber auch alle anderen Arten von Pferdesport, wie Springreiten, Military, Dressur und Freizeitreiten, werden intensivst betrieben,

so daß die Pferdezucht hier floriert. Auch der Trabsport entwickelt sich. Die Qualität der australischen Pferde und Reiter haben verschiedene Vollblüter bei großen internationalen Prüfungen ebenso bewiesen wie die australische Militarymannschaft, die in Melbourne und Montreal in die Medaillenränge kam und 1960 in Rom olympisches Gold errang.

Um 1840 kamen die ersten größeren Pferdetransporte aus Australien nach Neuseeland. Das erste Rennen, von dem wir Kenntnis haben, wurde 1855 ausgetragen, das erste Vollblutrennen 1860. Jagdrennen wurden hier populärer als in Australien, und die besten Pferde für lange Steeple Chases entstammten Vollbluthengsten und gekreuzten Warmblutstuten. Ein solches Pferd namens *Moiffaa* reiste 1904 nach England und gewann dort die schwerste Steeple Chase der Welt, den Grand National. In jüngster Zeit machte das Neuseeländer Rennpferd *Grand Canyon* in Europa und in den USA von sich reden.

Lindsay Park ist außer Gestüt auch Trainingszentrum, und die Anlage kann sich mit jeder Zucht-Trainingsstätte der Welt messen. Neben Gras- und Sandtrainingsbahnen gibt es heizbare Boxen, einen Swimming-pool für Pferde, eine kleine Klinik mit einem festangestellten Tierarzt und weitere hochmoderne Einrichtungen. Der Züchter-Trainer Colin Hayes trainierte bis heute über 2500 siegreiche Pferde und gilt als bester Vollblutfachmann Australiens.

Vor beinahe fünfzig Jahren gründete der heute (1976) 83jährige Seton Otway das Trelawney-Gestüt. Sein mit 23 Jahren ebenfalls schon recht betagter *Alcimedes* war einer der großen Hengste in Neuseelands Renngeschichte. Dessen Sohn *Galilee* gewann mit dem Melbourne Cup das wichtigste australische Rennen, und seine Nachkommen *Divide and Rule, Prince Grant* und *Pegs Pride* zeichneten sich ebenfalls durch ihr ungeheures Stehvermögen aus.

Lindsay Park

Die Geschichte dieses Gestüts begann erst 1965. Das Gut mit seinem schönen, alten Kolonialstilhaus freilich ist traditionsreicher Boden. Das grüne Barrassatal im Süden Australiens wurde hauptsächlich von deutschen Lutheranern besiedelt, und Angas Fife, der Erbauer von Lindsay House, gab gewissermaßen den Vater für diese frühen Siedler ab.

Colin Hayes, der Gründer des Vollblutgestüts, baute seine Zucht mit großer Umsicht auf. Schon nach zehn Jahren wurde Lindsay Park zu einem Begriff in der Rennsportwelt. In der Rennsaison 1975/76 gewannen 30 Pferde des ersten Fohlenjahrganges von *Without Fear* 49 Rennen. Der Lindsay-Hengst hatte damit einen sechzig Jahre bestehenden Weltrekord weit überboten.

Aus den Pedigrees der Lindsay-Pferde geht hervor, daß sie ihre Qualitäten nicht allein den ausgezeichneten Zucht- und Trainingsbedingungen verdanken, tauchen doch hier Namen wie *Ribot, Bold Ruler, Buckpasser* und *Star Dust* auf.

Trelawney

Trelawney gilt als das bedeutendste Vollblutgestüt Neuseelands. Es wurde von Seton Otway vor fast fünfzig Jahren gegründet. Eine Stute namens *Persis,* die Mr. Otway für bescheidene 18 Pfund kaufte, sollte zu einer der bedeutendsten Linienbegründerinnen Neuseelands werden. Noch berühmter wurde der erste Hengst, der auf das Gestüt kam. Er hieß *Foxbridge,* und war zwölf Jahre der führende Deckhengst Neuseelands, dreimal Champion-Vaterpferd des Empire, schließlich zwölf Jahre führender Vater von Zuchtstuten und damit der beste Hengst, den Neuseeland je hatte.

Links: Das Lindsay-Park-Gestüt liegt in der grünen, klimatisch sehr milden Hügellandschaft des Barassa Valley in Südaustralien.
Oben: Jährlingslot im Trelawney-Gestüt, der wohl erfolgreichsten Vollblutzuchtstätte Neuseelands. Trelawney liegt in Waikato, etwa 140 Kilometer von Auckland entfernt, in einem Gebiet, das in ganz Neuseeland für seine hervorragenden Weiden bekannt ist. Seit kurzem wird das Gestüt vom Sohn des Gründers, Jim Otway, geführt. Dieser hat Anfang 1977 in Frankreich den jungen Hengst *Val du Fair* gekauft, im selben Stall, aus dem *Allez France* und *Pawneese* kamen. *Val du Fair* gewann 50 000 Dollar in Frankreich und war Vierter im Französischen Derby. Zusammen mit dem ausgezeichneten Stutenmaterial in Trelawney könnte dieser Hengst sehr wohl in die Fußstapfen der Vorgänger treten, wenn auch die phänomenalen Erfolge des ersten Gestütshengstes *Foxbridge* in Neuseeland vermutlich nie wieder erreicht werden.

Argentinien

Pedro de Mendoza gründete im Jahre 1535 Buenos Aires, die heutige Hauptstadt Argentiniens. Den Erfolg seines blutigen Feldzuges durch Chile und Argentinien verdankte der spanische Eroberer zu einem bedeutenden Teil seinen andalusischen Pferden.

In der Zeit der Machtkämpfe verwilderten viele dieser Pferde und formierten sich schon ein halbes Jahrhundert später in den weiten, grasbedeckten Pampas zu stattlichen Herden.

Die Gauchos der argentinischen Pampas bedienen sich eines außerordentlich wirkungsvollen Gerätes, das gleichzeitig als Lasso und Schlagwaffe benützt werden kann. Diese sogenannte Bola besteht aus langen, geflochtenen Lederriemen, an deren Enden meist zwei oder drei Kugeln aus Metall, Stein oder – selten – auch aus Knochen angebracht sind. Auf der Jagd, vor allem auf die straußenähnlichen Nandus, wird die Bola wie ein Lasso geschleudert, und ihre beschwerten Enden schlingen sich um den Hals oder die Beine der Tiere und bringen sie zu Fall.

Diese argentinischen Mustangs bildeten später die Grundlage für die Pferde der Gauchos, der berittenen Rinderhirten. Mit diesen bis heute unersetzlichen Criollos sind die Argentinier im Lauf der Jahrhunderte zu einer der größten Pferdezüchternationen geworden. Vom armen Gaucho bis zum reichsten Estanciero war jeder auf das Pferd angewiesen. Daraus resultierte eine enge Verbundenheit mit diesem Tier und ein tiefes, gründliches Wissen um alles, was mit dem Pferd als Lebewesen zusammenhängt.

International und pferdesportlich gesehen haben die Criollos keine nennenswerte Bedeutung, aber sie haben aus den Argentiniern exzellente Pferdezüchter gemacht. Daß diese Leute außer eisenharten Hirtenpferden auch ausgezeichnete Polopferde und Rennpferde von internationaler Bedeutung zu züchten imstande sind, haben sie zur Genüge bewiesen.

Die Tatsache, daß argentinische Vertreter der Rasse «sangre pura de Carrera» bereits seit mehreren Jahren wichtige Rennen in Brasilien und Nordamerika gewinnen, ließ auch Trainer, Züchter und Besitzer in anderen Staaten aufhorchen. So wurden in den Jahren 1961 bis 1975 9702 argentinische Vollblüter in die verschiedensten Länder exportiert, vor allem in die USA, nach Venezuela, Brasilien und Panama, aber auch nach Europa. Seit 1974 sind die Exportzahlen allerdings massiv gesunken. Daran ist jedoch nicht die Zucht schuld, in der nach wie vor mit gleicher Intensität und Sorgfalt gearbeitet wird, sondern es sind politische Motive. Die wichtigsten Vollblutgestüte des Landes sind Comalal, Argentino, El Pelado, El Turf, Don Yayo und Malal Hue.

Das traditionsreiche Haras Comalal war in den sechziger Jahren das führende Gestüt Argentiniens. In den Statistiken der gewinnreichsten Gestüte von 1975 liegt es zwar auf dem fünften Platz, doch wegen des guten Zuchtmaterials, das sich seit der Gründung 1957 herauskristallisiert hat, gilt es nach wie vor als ausgezeichnet. Gründer war übrigens eine der markantesten Persönlichkeiten im argentinischen Rennsport, Don Miguel Martinez de Hoz.

Allein die Liste der Sieger in klassischen Rennen aus Comalal ist beachtenswert: *Pontia*, v. *Sideral* (1959), *Melodie*, v. *Seductor* (1960), *Pasion*, v. *Sideral* (1961), *Tacha*, v. *Tantan* (1962), und *Rafale*, v. *Court Harwell* (1967), gewannen die Polla de Potrancas (1000 Guineas). *Napoles*, v. *Prince Canaria*, gewann 1961 die Polla di Potrillos. Der Gran Premio Seleccion wurde 1961 von *Pasion*, 1965 von *Sweet Sue*, v. *Sideral*, und 1967 wiederum von der Wunderstute *Rafale* gewonnen. Den Gran Premio Internacional Carlos Pellegrini gewannen 1963 *El Centauro*, v. *Sideral*, und 1967 *Rafale*. Den Gran Premio Honor entschied 1963 *El Centauro* für sich, 1967 war es *Elegio*, ebenfalls ein *Sideral*-Sohn.

Aus dieser Aufstellung ist zu erkennen, daß der 1948 geborene *Sideral*, v. *Seductor* a.d. *Starling II*, v. *Noble Star*, einen der Hauptpfeiler der argentinischen Vollblutzucht darstellt. 1976 erreichte der Hengst eine auch für ein Klassepferd seltene Leistung: Er befand sich an der Spitze der Deckhengste und der Erzeuger von Mutterstuten.

Haras Argentino ist zwar flächenmäßig nicht besonders groß, züchterisch aber sicher von Bedeutung, vor allem wegen

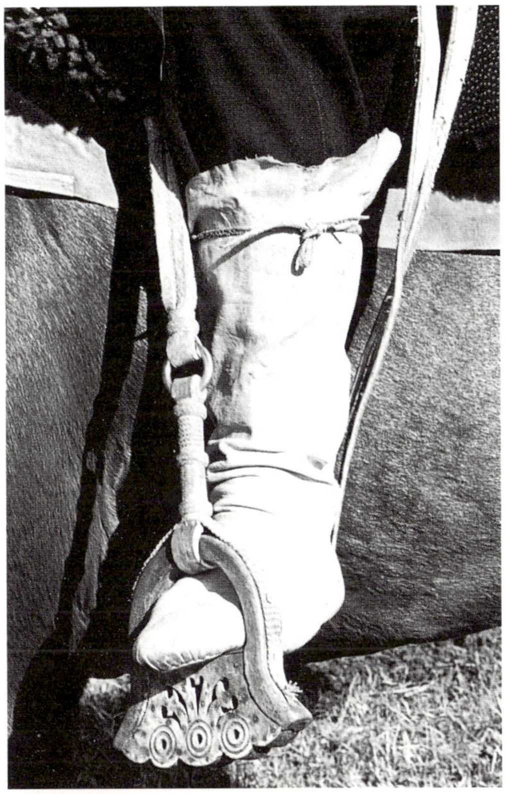

Im Laufe ihrer jahrhundertelangen Geschichte haben die argentinischen Gauchos ihre eigene Tradition entwickelt, die auch in der Sattelung, Zäumung und Kleidung zum Ausdruck kommt. Nicht selten ist das Lederzeug reich beschlagen. Die großen, scheibenförmigen Steigbügel verraten zwar viel ästhetischen Sinn, sind dabei aber, genau wie die schweren Holzbügel der nordamerikanischen Cowboys, durchaus funktionell.

seiner Erfolge in der jüngsten Vergangenheit. Im Jahre 1975 rangierte das in der Nähe von Lugan liegende Gestüt auf dem zweiten Platz der Jahresstatistik der gewinnreichsten Gestüte. Einst war es eine Zuchtstätte mit allerbesten Namen, wie etwa *Gulf Stream*, v. *Hyperion*, Champion der argentinischen Beschälerliste 1955, 1958 und 1959. Billige Importhengste, die mit den an sich guten Gulf-Stream-Stuten gepaart wurden, waren wohl die Ursache für die Baisse in den frühen sechziger Jahren.

Seinen erneuten Aufschwung zu den gewinnreichsten Gestüten verdankt es, etwas überraschend, *In The Gloaming*, v. *Crepello* a.d. Oaks-Siegerin *Sun Cap*. Dieser Hengst knüpft an eine große Vergangenheit an, als *Macon*, v. *Sandal*, das Derby und den Gran Premio Internacional Carlos Pellegrini und *Tiny* das Derby gewannen.

Haras El Pelado, um das es heute eher ruhig geworden ist, wurde vor allem durch den weltberühmten Vererber

Die gefährlich aussehenden Rädersporen setzt der Gaucho sicher beim Zureiten eines Pferdes ein paarmal kräftig ein – nachher kann er auf solche Gewaltakte verzichten: das Gauchopferd weiß, was es zu tun hat. Es reagiert auf die leisesten Hilfen und erledigt seine vielseitige Arbeit mit bewundernswertem Geschick.
Die Stiefel der Gauchos bestehen gewöhnlich aus weichgegerbtem Pferdeleder und haben keine feste Sohle. Verwendet wird ein bestimmtes Stück Leder vom Bein des Tieres, und das Knie- oder Fersengelenk entspricht am fertigen Stiefel der Ferse des Reiters.

Pedro de Mendoza sollen bei seiner blutigen Eroberung Argentiniens 76 Pferde davongelaufen sein. Die Tiere, wieviel es auch immer waren, vermehrten sich in den Weiten der Pampas ungehindert, so daß fünfzig Jahre später der Gouverneur Valdez sagte: «So viele Pferde gibt es hier, daß sie von weitem wie ein Wald aussehen.»
Diese Pferde und die ebenfalls massenhaft verwilderten Rinder bildeten die Lebensgrundlage für die Argentinier – und machten aus ihnen erstklassige Pferdeleute.

Congreve, v. *Copy Right* a.d. *Per Noir,* v. *Perrier,* bekannt. Der Betrieb als Ganzes ist einer der größten in Argentinien, doch steht für die Pferdezucht nur etwa ein Achtel der insgesamt 5000 Hektar zur Verfügung. Mitte der sechziger Jahre war *Vitelio* der führende Hengst des Gestütes, dessen Vater *Claro* die irischen 2000 Guineas gewonnen hatte und der 1954 argentinischer Beschälerchampion war. Elf Jahre später stand *Vitelio* selbst an der Spitze der Deckhengste. Zu dieser Ehre hat ihm vor allem seine Tochter *Vit Reina* verholfen, die Siegerin des Gran Premio Carlos Pellegrini von 1965. In späteren Jahren war dann vor allem ihr Vollbruder *Vin Vin* erfolgreich.

Das nicht sehr große Haras El Turf ist die von jeher bedeutende Zuchtstätte der beiden Polospieler Julio und Carlos Menditeguy. *Pronto,* v. *Timor,* gab diesem Gestüt ein besonderes Gepräge. Er war mehrfacher klassischer Sieger und ein herausragender Vererber. Sein Sohn *Practicante,* a.d. *Estrañeza,* war Pferd des Jahres 1969 – er gewann den Gran Premio des Jockey Club, den Gran Premio Nacional und den Gran Premio Carlos Pellegrini.

Haras Don Yayo hatte in den späteren sechziger Jahren mit dem Schimmel *Good Time,* einem *Court-Martial*-Enkel, einen Spitzenhengst: Er gewann zwölf Rennen. Bereits zu seinem ersten Fohlenjahrgang gehören Pferde wie *El Califa.*

1976 hat *Con Brio,* v. *Ribot* a.d. *Patronella,* v. *Petition,* von sich reden gemacht. Dieser 1961 geborene Fuchs gewann die Ripon Champion Two-Years-Old Trophy und die Brighton Derby Trial Stakes. 1977 hat sich *Con Brio* nun als neuer Stern am argentinischen Beschälerhimmel profiliert, denn sowohl der 800- wie auch der 900-Meter-Bahnrekord wurden von einem seiner Nachkommen sensationell unterboten.

Malal Hue

Das Gestüt Malal Hue, dessen dicht bewachsenes Schloß die alte Tradition widerspiegelt, gehört noch heute zu den bedeutendsten Vollblutzuchtstätten Argentiniens. Wie sein Schwestergestüt Comalal ist es in der Statistik der gewinnreichsten Gestüte von 1975 in den ersten sieben Rängen zu finden. Ursache dieses Erfolges ist die große Klasse des Hengstes *D. Board*.

Dieses Gestüt mit rund 2000 Hektar Fläche liegt etwa 20 Kilometer von Mar del Plata entfernt, etwa 500 Kilometer südlich von Buenos Aires. Es besitzt eine reiche Tradition und galt um die Jahrhundertwende als eines der besten Gestüte für die damals sehr beliebten Hackneypferde. Von 1913 an spezialisierte es sich auf die Vollblutzucht.

Der Name des Gründers, José de Martinez de Hoz, ist untrennbar mit der argentinischen Pferdezucht verbunden. Nach seinem Tod 1935 führten die beiden Brüder José Alfredo und Miguel das Gestüt in Chapadmalal weiter. Sie importierten hervorragende Stuten, vor allem aber kauften sie den Hengst *Rustam Pasha,* v. *Son-In-Law*. Die große Klasse dieses im Jahre 1937 von Aga Khan erworbenen Hengstes schlug sich in den Erfolgen seiner Nachkommen nieder, die bedeutende Rennsiege in England errangen. Dank ihm und dem argentinischen Triple-Crown-Sieger *Embrujo,* v. *Congreve,* verfügte Chapadmalal über ein Hengstpotential, das kaum seinesgleichen hatte. 1945 gewann das Gestüt durch einen weiteren Zukauf erneut an Bedeutung, und zwar mit dem ungeschlagenen englischen Triple-Crown-Sieger *Bahram*.

1958 erfolgte die Aufteilung des Gestütes in Haras Malal Hue und in das weiter oben besprochene Haras Comalal.

Amerika

Die Kulturgeschichte der Menschheit hätte ohne das Pferd zweifellos einen gänzlich anderen Verlauf genommen. Die Geschichte Amerikas ist ohne das Pferd schlechthin undenkbar.

Die weitverbreitete Ansicht, die Spanier hätten die ersten Pferde nach Amerika gebracht, beruht auf einem Irrtum. Die Pferde sind in Amerika entstanden. Sie entwickelten sich hier im Laufe von etwa fünfzig Millionen Jahren von einem kleinen Buschschlüpfer zur Gattung Equus, die, wie bereits andere Gattungen zuvor, über eine damals bestehende Landbrücke nach Asien und weiter nach Europa und Afrika wanderte. Während sich Equus in der Alten Welt in Form von Pferden, Zebras und Eseln bis heute behaupten konnte, starb er in Amerika aus unerklärlichen Gründen vor rund achttausend Jahren aus.

Nach einer pferdelosen Epoche brachten, nach neuesten Funden zu schließen, anscheinend die Wikinger vor rund tausend Jahren auf ihren Drachenschiffen kleine Pferde nach Amerika, doch scheinen diese hier keine Verbreitung gefunden zu haben.

Von sehr nachhaltiger Wirkung hingegen war das Eintreffen der spanischen Pferde. Übrigens begann schon Kolumbus mit der Einfuhr von Reittieren in die Neue Welt. Er brachte bei seiner Landung auf der karibischen Insel Haiti dreißig Pferde mit. In der Folge landete kaum ein spanisches Schiff in Amerika ohne Pferde an Bord.

Im Laufe der blutigen Eroberungszüge und während der nachfolgenden Kolonialherrschaft der Spanier im Südwesten Amerikas entliefen Tausende von Pferden und verwilderten in den Weiten der Prärien. Dasselbe geschah mit eingeführten Rindern. Die Zahl der Mustangs ging in der Mitte des vergangenen Jahrhunderts in die Millionen. Die Zahl der Rinder wurde

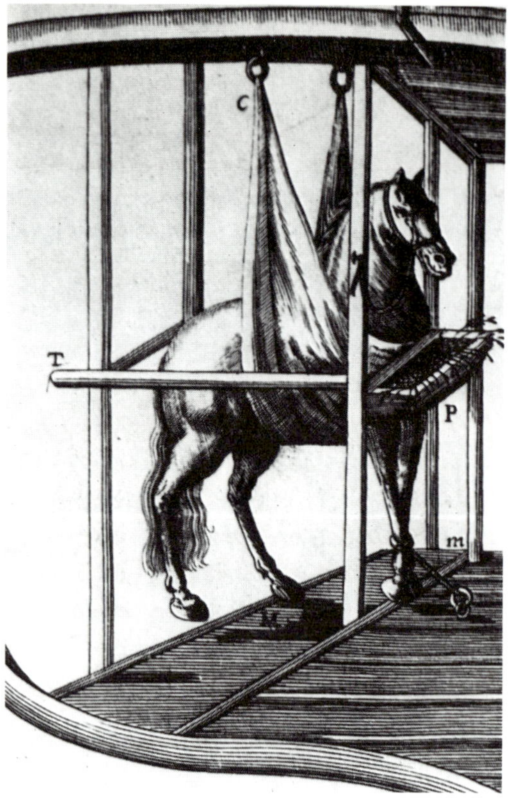

allein in Texas auf drei Millionen geschätzt. Die Mustangs wurden zu Hunderttausenden eingefangen, die meisten endeten im Burenkrieg und im Ersten Weltkrieg auf dem Schlachtfeld.

Links: In der Zeit der Eroberung und Besiedlung Amerikas landete kaum ein spanisches Schiff ohne Pferde an Bord. Sie dienten einerseits als unentbehrliches Transportmittel auf dem neuen, unerschlossenen Kontinent, andererseits als Deckslast auf den noch leeren Schiffen. Die Reise, die damals immerhin etwa drei Monate dauerte, hatten sie in Traggurten hochgezogen zu überstehen.
Unten: Heute noch führen die meisten Cowboypferde spanisches Blut, wie auch die Sättel, Zäume und Sporen der Cowboys die Ausrüstung der lateinamerikanischen Vaqueros zum Vorbild hatten.

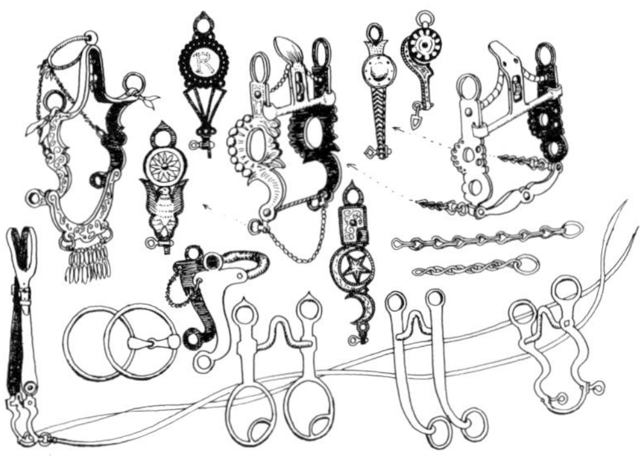

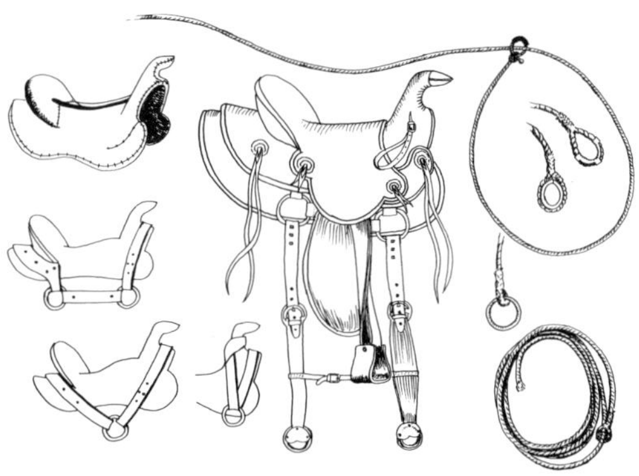

Man kann sich lebhaft vorstellen, was für einen Schock die Indianer erlitten, als sie sich erstmals diesen großen Tieren gegenübersahen, auf denen die Weißen ritten. Sehr bald aber erkannten sie, daß man kein Weißer sein müsse, um solch ein Tier zu reiten, und beschafften sich ebenfalls «große Hunde», indem sie verwilderte Pferde einfingen, auf dem Tauschwege welche erwarben oder sie ganz einfach auf den spanischen Haziendas stahlen. Nicht lange, da ritten sie sie wie die Teufel, und das Blatt wendete sich: Die Eroberer wurden in die Flucht geschlagen und in das Land jenseits des Rio Grande abgedrängt. Dank ihrer Pferde konnten sich die Indianer im Westen Amerikas noch zweihundert Jahre behaupten.
Die Indianer waren hochtalentierte «horsemen». Zum Teil erwiesen sie sich später auch als geschickte Züchter. Sie liebten vor allem die auffallenden, gescheckten oder gefleckten Pferde, und manche Stämme bemühten sich um eine mehr oder weniger gezielte Zucht. Zäune zu bauen lag jedoch den Nomaden der Plains nicht. Unzählige Pferde entkamen ihnen und verwilderten, und nur wenige wurden wieder eingefangen. Viel einfacher war es, südwärts nach Mexiko zu reiten, die Güter der Spanier zu überfallen und sich die Pferde von dort zu holen.
Das Bild des berühmten Schweizer Indianermalers Bodmer (links) ist dem Hallwag-Buch «Indianer waren meine Freunde» entnommen.

Aus Hunderttausenden machte man Düngemittel und Hühnerfutter, Hunderttausende wurden von den Viehzüchtern als Futterkonkurrenten getötet. Der heutige Bestand wird auf etwa 10 000 Stück geschätzt. Vom Gesetz zwar geschützt, werden sie dennoch weiter gejagt.

In der Mitte des vergangenen Jahrhunderts begann in Texas die Blütezeit der Rinderzucht. 1848 kamen auf jeden Einwohner von Texas sechs Rinder! Doch nützte dieser Reichtum den Texanern wenig, denn sie erhielten hier für ein fettes Rind nur drei Dollar, während man im Osten oder in Kalifornien achtzig Dollar dafür zahlte. Die Idee des Viehzüchters Eduard Piper, die Rinder in großen Herden dorthin zu treiben, wo man sie brauchte, war verwegen, aber nicht undurchführbar – und eröffnete eine neue Ära in der Geschichte Amerikas. Bald zogen Herden nach Norden, Osten und Westen, tausend, zweitausend, dreitausend Kilometer weit, nicht selten zu je zweitausend Tieren, getrieben von ebenso geschickten wie harten und unerschrockenen Gesellen, die monatelang unter freiem Himmel lebten, bis zu zwanzig Stunden im Tag im Sattel saßen, sich der Indianer und Viehräuber und Naturgewalten erwehren mußten – für vierzig Dollar im Monat.

Die Zeit dieser großen Trecks ist vorbei. Aber auch wenn heute Lastwagen und Eisenbahnen das Vieh über die großen Strecken transportieren, damit es dann auf den oft riesigen Ranchgebieten zusammengetrieben, sortiert und eingefangen wird, Cowboys gibt es immer noch und wird es wohl noch lange geben – ebenso wie Pferde.

Das Motto der «American Mustang Association» lautet: «The Horse That Made America» – Das Pferd hat Amerika gemacht. Und das ist gar nicht so übertrieben, dienten doch die Pferde keineswegs nur den legendären Viehtreibern. Sie wurden Kavalleriepferde, zogen vier- und sechsspännig die Stage Coaches, die Trail Waggons oder wurden vor den Pflug gespannt.

Aus den ursprünglich orientalischen Pferden sind, nicht zuletzt durch gezielte Zucht gewisser Indianerstämme, verschiedene Rassen und Schläge entstanden, wie etwa die gescheckten Pintos, die aparten Appaloosas, die goldfarbenen Palominos.

Die spanischen Pferde machten in Amerika Geschichte. Aber natürlich kamen mit den Einwanderern aus anderen europäischen Ländern auch deren Pferde, und auch sie waren durchaus nicht bedeutungslos. Neben ganzen Schiffsladungen irischer Pferde, die nach Virginia kamen, brachten Schweden, Finnen, Holländer, Deutsche, Franzosen und natürlich vor allem Engländer ihre Pferde mit.

In der Mitte des 18. Jahrhunderts setzte der regelmäßige Import von Vollblutpferden ein. Und auch diese Pferde waren in Amerika epochemachend. *Count Fleet, Citation, Tom Fool, Native Dancer, Swaps, Nashua, Kelso, Buckpasser,* der legendäre *Man O War* und schließlich *Secretariat* sind nur einige der klingenden Namen. Heute ist die Vollblutindustrie mit ihrem Hauptzentrum in Kentucky die größte der Welt.

Zu großer Bedeutung gelangten in Amerika die Hackneys, Cleveland Bays und Araber, von den Kaltblütern die Belgier, Percherons, Suffolk Punch, das Shire Horse und das Clidesdale, ebenso eine ganze Reihe von Ponyrassen. Aber Amerika brachte auch seine eigenen Rassen hervor: den vielseitigen Morgan, von dem seit 1850 ein Zuchtregister geführt wird; das Saddle Horse, das früher vor allem ein ausgezeichnetes Kavalleriepferd war, heute allerdings zu einem fast reinen Schaupferd degradiert ist; das Tennessee Walking Horse, ebenfalls ein Schaupferd, dessen vielgerühmte «hohe Knieaktion» mit Hilfe übler Praktiken entsteht; das Quarter Horse, dessen Qualitäten so vielseitig und phänomenal sind, daß sein Bestand seit der Zuchtbucheröffnung 1940 auf weit über eine Million angestiegen ist; und schließlich Amerikas international berühmteste Rasse, der Standardtraber, das schnellste Pferd vor dem Sulky, der sich in Popularität und Größe der Zuchtindustrie mit dem Vollblut messen kann.

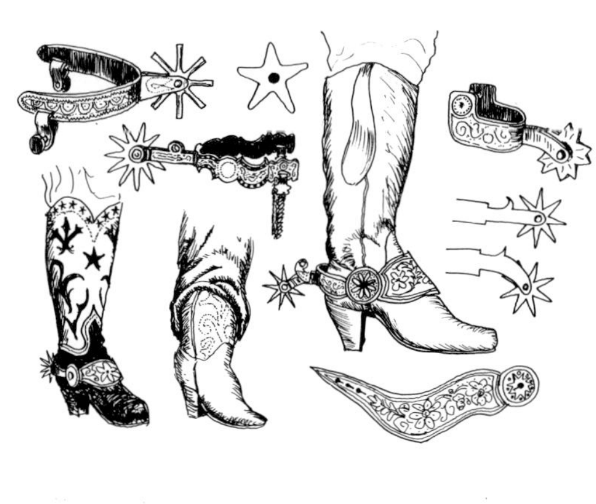

Calumet

Der Traber *Calumet Butler* gewann das Hambletonian im Jahre 1931. Das war der ruhmvolle Abschluß der verhältnismäßig kurzen Zeitspanne, in der auf dem Calumet-Gestüt Traber gezüchtet wurden. Im selben Jahr überließ William Monroe Wright das Gestüt Warren Wright, und dieser begann unverzüglich auf Vollblutzucht umzustellen.

Calumet ist die indianische Bezeichnung für Friedenspfeife. Es ist zugleich der Name eines bekannten amerikanischen Backpulvers, und als die Wrights sich aus dieser Industrie zurückzogen und 1928 ihr Gestüt in Lexington im Bundesstaat Kentucky bauten, tauften sie es gleichfalls Calumet.

Bei der Saratoga-Auktion 1931 ersteigerte Warren Wright drei Jährlinge, die *Flirting*, *Lucille Wright* und *Warren Jr.* getauft wurden. Sie bildeten die Basis eines der größten Vollblutgestüte Amerikas.

Im folgenden Jahr verzeichneten die neuen Stallfarben einen Sieg, einen zweiten und zwei dritte Plätze und eine Gewinnsumme von 1150 Dollar. 1933 betrug die Gewinnsumme bereits 22 055 Dollar, 1934 88 060 Dollar, und der Höhepunkt des Erfolges wurde 1947 erreicht, als mit 100 Siegen, 44 zweiten und 26 dritten Plätzen 1 402 436 Dollar gewonnen wurden. Das war übrigens das erste Mal in der Renngeschichte Amerikas, daß ein Stall über eine Million Dollar gewann.

Von 1932 bis 1975 brachte der Rennstall von Calumet insgesamt 21 863 076 Dollar an Prämiengeldern zusammen.

Am berühmtesten wurde das Gestüt durch das Kentucky Derby. Calumet schickte insgesamt achtzehn Pferde zu dieser großen Leistungsprüfung. Acht davon wurden Sieger, und sechs weitere konnten sich plazieren. Acht Siege – das sind vier mehr, als bis jetzt irgendein anderer Züchter für sich buchen konnte.

Calumetpferde holten sich die stattliche Zahl von 32 Titeln: fünfmal «Pferd des Jahres», fünfmal «Handicap-Pferd», fünfmal «Handicap-Stute», einmal «Sprinter», viermal «Dreijähriger», dreimal «Dreijähriges Hengstfohlen», dreimal «Dreijähriges

Stutfohlen», zweimal «Zweijähriger», zweimal «Zweijähriges Hengstfohlen» und zweimal «Zweijähriges Stutfohlen».

1936 kaufte Mr. Wright auf der Saratoga-Auktion *Bull Lea* für 14 000 Dollar. Der Kauf sollte sich als die lohnendste Investition erweisen, die je im Vollblutgeschäft gemacht wurde. In Rennen gewann dieses Pferd die zwar nicht überwältigende, aber doch beachtliche Summe von knapp 100 000 Dollar. Als Deckhengst aber brach es nicht weniger als zehn Rekorde. Bis

1969, dem letzten Jahr, in dem seine Söhne und Töchter Rennen liefen, hatten seine direkten Nachkommen 13 589 181 Dollar an Gewinngeldern zusammengaloppiert.

Er war Vater von 28 Pferden, die je 100 000 Dollar oder mehr gewannen. Siebzehn davon holten je über 200 000 Dollar. Er produzierte 58 Stakes-Sieger, unter denen so klingende Namen wie *Citation, Armed* und *Bewitch* waren.

Bull Lea war fünfmal bester Deckhengst: 1947, 1948, 1949, 1952 und 1953. Sein 24. und letzter Fohlenjahrgang kam 1964 zur Welt. Sein letztes Fohlen, *Mon Zigue,* wurde am 5. April 1964 geboren – und wurde ein Sieger. *Bull Lea* starb am 16. Juni desselben Jahres im Alter von 29 Jahren.

Ein weiterer Hengst, der in der Zucht von Calumet tiefe Spuren hinterließ, war *Blenheim II.* Er wurde von einigen amerikanischen Züchtern gemeinsam im Jahre 1936 importiert, und Calumet war mit einem Viertel an diesem Syndikat beteiligt. *Blenheim II* stand bis zu seinem Tod 1958 auf der Claiborne-Farm in Paris, Kentucky. Die besten Pferde, die er mit Calumet-Stuten produzierte, waren *Mar-Kell, Nellie L. Proud One, A Gleam, Fervent, Blenweed* und *Whirlaway,* der als erstes Calumet-Pferd 1941 das Kentucky Derby gewann.

Der beste Sohn des großen *Bull Lea* war *Citation.* Mit einer Gewinnsumme von 1 085 760 Dollar wurde er der erste Vollblut-Millionär. Er gewann 1948 mühelos die 8. Triple Crown. Es dauerte ein volles Vierteljahrhundert, bis wieder ein Pferd

Wer auf der Straße von Westen her nach Lexington fährt, wird die Calumet Farm kurz vor der Stadt kaum übersehen: Die schmucken, rot-weißen Holzgebäude, die inmitten weiter, saftiggrüner Weiden stehen.

Das Calumet-Gestüt wurde 1928 von dem Backpulverfabrikanten William Monroe Wright gebaut und war für die ersten drei Jahre ein Trabergestüt, das immerhin einen Hambletonian-Sieger hervorbrachte. Im Jahre 1931 wurde das Gestüt von Warren Wright übernommen, und dieser stellte die Zucht auf Vollblut um.

Rechts: Der erste der insgesamt acht Kentucky-Derby-Sieger mit den Stallfarben von Calumet: *Whirlaway*, geb. 1938, v. *Blenheim II* a.d. *Dustwhirl*. Jockey war Eddie Arcaro, der Trainer (am Pferd) B. A. Jones.
Darunter: Der Marmorgedenkstein für die acht Kentucky-Derby-Sieger von Calumet. Der letzte, *Forward Pass*, der 1968 dieses Rennen gewann, ist hier noch nicht eingetragen.

Unten: *Pensive*, Derby-Sieger 1944, geb. 1941, v. *Hyperion* a.d. *Penicuik II*. Conn McCreary war der Jockey, B. A. Jones der Trainer.
Darunter: *Citation*, Derby-Sieger 1948, geb. 1945, v. *Bull Lea* a.d. *Hydroplane II*. Der erfolgreiche Jockey war, wie 1941, Eddie Arcaro, und Trainer war wieder B. A. Jones.

diese Dreifache Krone zu erobern vermochte: *Secretariat* im Jahre 1973.

Der Kentucky-Derby-Sieger von 1944, *Pensive*, erwies sich als durchschlagender Vererber. *Ponder* aus seinem ersten Fohlenjahrgang gewann das Derby 1949. Aus *Ponders* erstem Fohlenjahrgang kam *Needles*, der Derby-Sieger von 1956.

«Rennklasse in den Stuten produziert Rennklasse.» Calumet hat sich immer in erster Linie von dieser Theorie leiten lassen, daneben aber auch den Mut zu Versuchen bewiesen. Die Bull-Lea- und Blenheim-II-Blutlinien, in verschiedener Weise gekreuzt, brachten einige Pferde, die wesentlich an den Erfolgen der vierziger Jahre beteiligt waren. Einige Sieger von diesem Gestüt kamen aus Müttern, die nie ein Rennen gelaufen waren.

Heute, 1976, stehen auf dem Calumet-Gestüt sechs Deckhengste: *Best Turn, Forward Pass, Gleaming, Raise A Cup, Reverse* und *Tim Tam*.

Die Herde der Zuchtstuten wurde von ursprünglich rund 60 allmählich auf 33

reduziert. Die 15 bis 22 Fohlen jährlich werden alle behalten, um in Rennen unter den eigenen Stallfarben eingesetzt zu werden.

Von den vielen großen, prächtigen Gestüten in der Bluegrass Section, Kentucky, ist Calumet Farm sicher eines der schönsten. Die rot-weißen Holzhäuser der Gestütsanlage stehen malerisch inmitten der weiten, grünen Weiden, die von weißgestrichenen Eichenholzzäunen umgeben sind und über denen in der Dämmerung ein

Oben: *Ponder*, Derby-Sieger 1949, geb. 1946, v. *Pensive* a.d. *Miss Rushin*. Trainer B. A. Jones hat diesmal Steve Brooks auf das erfolgreiche Pferd gesetzt. *Ponder* gewann im selben Jahr das Peter Pan Handicap, das Arlington Classic, das American Derby, das Lawrence Realisation und den Jockey Club Gold Cup.
Oben rechts: *Hill Gail*, Derby-Sieger 1952, geb. 1949, v. *Bull Lea* a.d. *Jane Gail*. Zum dritten Mal hieß der erfolgreiche Jockey Eddie Arcaro, zum fünften Mal der Trainer B. A. Jones.

Links: *Iron Liege*, Derby-Sieger 1957, geb. 1954, v. *Bull Lea* a.d. *Iron Maiden*. Jockey war Bill Hartack, der Trainer nach wie vor B. A. Jones, der ein Jahr später zum siebten und letzten Mal diesen Triumph feiern konnte. Im selben Jahr belegte *Iron Liege* drei weitere erste, fünf zweite und drei dritte Plätze.

Rechts: *Tim Tam*, geb. 1955, v. *Tom Fool* a.d. *Two Lea*. Der Derby-Sieger von 1958 steht heute noch (1976) als Beschäler auf dem Calumet-Gestüt.
Unten: *Forward Pass*, geb. 1965, v. *On-and-On* a.d. *Pricess Turia*. Als achtes und letztes Calumet-Pferd wurde er 1968 Kentucky-Derby-Sieger und steht seit 1970 als Deckhengst auf dem Gestüt.

Unten: Das Grabmonument für *Bull Lea*. Er wurde 1936 für 14 000 Dollar als Jährling gekauft, und dieser Kauf erwies sich als die beste Investition im Vollblutgeschäft. Er selbst galoppierte knapp 100 000 Dollar zusammen, seine Fohlen gewannen insgesamt weit über 13 Millionen Dollar. Er war fünfmal «Deckhengst des Jahres».

blauer Schimmer liegt. Die Zäune haben eine Gesamtlänge von 37 Kilometern, und über 10 Kilometer Straßen verbinden die einzelnen Gestütsteile.

Als *Whirlaway* im Jahre 1941 das Kentucky Derby gewonnen hatte, wurde Calumet weithin auch in Kreisen bekannt, die nicht direkt mit dem Vollblutgeschäft zu tun hatten. Immer zahlreicher wurden die Besucher, die diese Farm sehen wollten, und am Anfang waren die Besitzer erfreut über das Interesse des Publikums. Leider nahm aber dieser Zustrom mit der Zeit untragbare Formen an. Es gab Tage, an denen mehrere hundert, ja bis zu tausend Besucher kamen, wodurch natürlich große Unruhe und beträchtlicher Schaden entstanden. In den sechziger Jahren aber verschuldeten Besucher mehrfach Brände auf Gestüten, und unter dem Druck der Versicherungsgesellschaften wurden die meisten Gestüte in der Umgebung von Lexington für das Publikum geschlossen, so auch Calumet.

Kentucky Derby 1975. Das Feld im ersten Bogen. Im Hintergrund die Haupttribüne mit dem charakteristischen Doppelturm. Hundert Jahre zuvor, am 17. Mai 1875, wurde hier in den Churchill Downs in Louisville das erste Kentucky Derby gelaufen.

Darby Dan

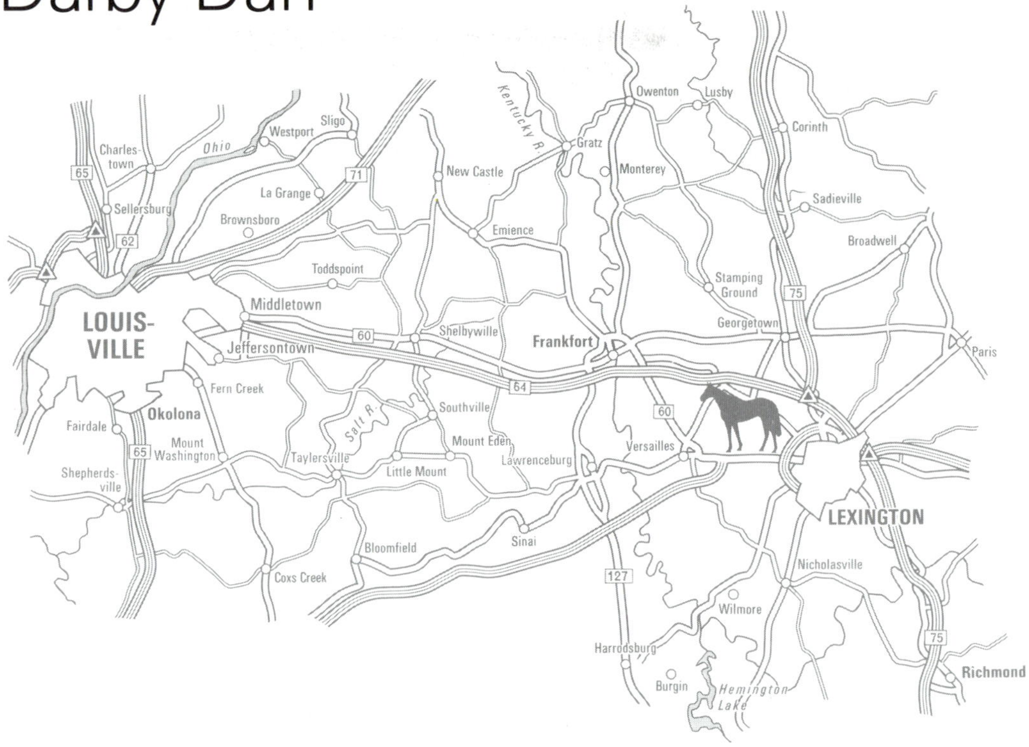

Unten: Die riesigen, weiß umzäunten Hengstkoppeln auf dem Darby-Dan-Gestüt. In der vordersten Koppel tummelt sich kein Geringerer als *Graustark*.

Das Darby-Dan-Gestüt ist heute das Kernstück einer der erfolgreichsten Zuchtstätten für Vollblutpferde: der alten Idle-Hour-Stock-Farm des Colonel E.R. Bradley.

Bradley, der 1946 starb, kaufte erstmals 1910 Land in Kentucky und gründete sein Vollblutgestüt. Hier zog er vier Kentucky-Derby-Sieger: *Behave Yourself* (1921), *Bubbling Over* (1926), *Burgoo King* (1932) und *Brokers Tip* (1933).

Nach Bradleys Tod wechselte die Farm mehrmals den Besitzer, und das Land

Rechts: *Graustark*, geb. 1963, v. *Ribot* a.d. *Flower Bowl*, deren Großvater *Hyperion* war. *Graustark* galt in seiner kurzen Rennzeit bei Kennern als das schnellste Pferd Amerikas. Er blieb unbesiegt, bis er in seinem achten Rennen einen Fußknochen brach, wodurch er zurückfiel und nur Zweiter wurde. Er kam für 2 400 000 Dollar in Syndikatsbesitz und war damit der bis zu jener Zeit teuerste Hengst. Heute ist er über acht Millionen Dollar wert.

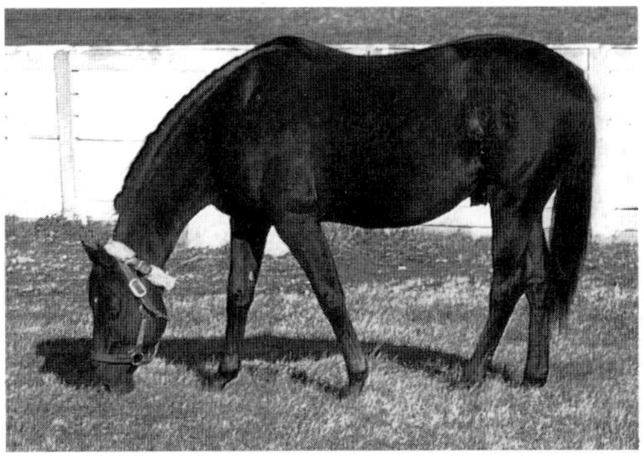

Unten: *Chateaugay*, geb. 1960, v. *Swaps* a.d. *Banquet Bell*, hier nach seinem Kentucky-Derby-Sieg 1963 unter Jockey Braulio Baeza. Im Führungsfeld war auch der Top-Favorit *Never Bend*. Im selben Jahr gewann *Chateaugay* die Blue Grass Stakes, die Belmont Stakes und das Jerome Handicap.

wurde zweigeteilt. 1957 wurde der Landteil mit der Gestütsanlage von John W. Galbreath aus Ohio gekauft. Dieser Züchter besitzt außerdem bei Columbus in Ohio ein weiteres großes Vollblutgestüt mit dem Namen Darby Dan und gab der Idle-Hour-Farm denselben Namen. In den letzten vier Jahrzehnten hat Mr. Galbreath über 75 Stakes-Sieger gezüchtet. Die bemerkenswertesten sind *Chateaugay*, der 1963 die Belmont Stakes und das Kentucky Derby gewann, der Kentucky-Derby-Sieger von 1967, *Proud Clarion*, dann *Roberto*, der 1972 das Englische Derby gewann, und *Little Current*, Sieger der Preakness und der Belmont Stakes 1974.

Bis heute ist Mr. Galbreath der einzige Züchter, dessen Pferde beiderseits des Atlantiks Derby-Sieger wurden.

Im Darby-Dan-Gestüt in Kentucky stehen heute sechs ausgezeichnete Deckhengste. Der bekannteste ist *Graustark*. Er war während seiner Rennkarriere eines der meistgenannten Pferde und galt als größter Favorit für das Kentucky-Derby 1967. In den Bluegrass Stakes, zehn Tage vor dem Derby, brach er sich einen Fußknochen, lief aber trotzdem das Rennen und wurde Zweiter. Von seinen acht Rennen war dies das einzige, das er nicht gewann.

Roberto lief in England, Irland und Frankreich. Er gewann unter anderem die Derby Stakes von Epsom 1972.

His Majesty, ein Vollbruder von *Graustark*, gewann in Stakes 99 430 Dollar. Wegen einer Infektion mußte seine Rennlaufbahn frühzeitig abgebrochen werden.

Good Counsel gewann in 16 Starts 246 554 Dollar.

Little Current holte in Stakes 354 704 Dollar und kam für vier Millionen Dollar in Syndikatsbesitz.

True Knight wurde in 22 Rennen Sieger oder plaziert und gewann nicht weniger als 739 673 Dollar. Sein Vater war der große *Chateaugay*.

Oben: Das im Kolonialstil erbaute Herrschaftshaus von Darby Dan.

Links: Die Statue von *Black Tony*, einem der zahlreichen großen Pferde, die hier das Licht der Welt erblickten, unter den Farben Darby Dans Siege errangen und auf dem Gestüt ihre Qualitäten weitervererbten.

Spendthrift

Rechts: *Cure the Blues*, geb. 1978, v. *Stop the Music* a.d. *Quick Cure*. Bis 1989 siegten seine Fohlen in 263 Rennen und gewannen zusammen über fünfeinhalb Millionen Dollar.

Im Jahre 1937 kam Leslie Combs II aus den Bergen von Westvirginia hinunter nach Kentucky, in die Bluegrass Section von Lexington. Er hatte Geld von seiner Großmutter geerbt, und damit wollte er Pferde zu züchten beginnen. Er fand das dazu erforderliche Land, und er erwarb auch gute Stuten, doch der Erfolg blieb zunächst aus. Es war außerordentlich schwierig, an wirkliche Spitzenhengste heranzukommen.

Es dauerte ganze zehn Jahre, bis Combs drüben in Kalifornien mit dem Filmmann und Pferdezüchter Louis B. Mayer zusammentraf und dadurch die Möglichkeit hatte, den hervorragenden Hengst *Bean Pere* zu erwerben. Mayer wollte 100 000 Dollar für ihn. Das war zwar nicht übertrieben, wenn man bedachte, was dieser Hengst schon für Pferde gezeugt hatte, aber Bean Pere hatte damals bereits 20 Jahre auf dem Buckel. Außerdem besaß Combs bei weitem keine 100 000 Dollar Bargeld. Er fuhr daher zurück nach Lexington und machte dort sein erstes Syndikatsgeschäft. An neunzehn Bekannte verkaufte er Anteilscheine zu je 5000 Dollar und hatte damit die Summe zusammen, um den Hengst in seinen Stall holen zu können.

Das Geschäft hätte schlechter nicht sein können. Bean Pere starb kurz nach seiner Ankunft in Lexington, bevor er auch nur eine einzige Stute hatte decken können – und war noch nicht einmal versichert.

Combs fuhr sechs Monate später wieder nach Kalifornien, um sich Mayers *Alibhai* anzusehen. Dieser Hengst war nie selbst Rennen gelaufen, aber er war erstens ein

Oben: Die Einfahrt zur Spendthrift-Farm, einem der erfolgreichsten Vollblutgestüte der Welt. Sie liegt bei Lexington in Kentucky, im Herzen der Bluegrass Section.
Links: Das Herrschaftshaus. Es ist für seine Gastfreundschaft bekannt.

Links: *Danzatore*, geb. 1980, v. *Northern Dancer* a.d. *Shake a Leg*. Er lief fünf Rennen in Irland und gewann vier davon. Danach stand er als Deckhengst in Australien, wo seine Fohlen bis 1989 in 62 Rennen 1 685 439 Dollar gewannen. 1989 kam er nach Spendthrift.

Sohn *Hyperions*, und zweitens hatte er einige vielversprechende Nachkommen auf der Rennbahn. Mayer wollte 500 000 Dollar für das Pferd. Nach Kentucky zurückgekehrt, versuchte Combs mit dreißig Anteilscheinen die Summe zusammenzubringen, wurde aber nur zwanzig los. Mayer behielt dann selber zehn Anteile. Diesmal sollte sich das Geschäft lohnen.

Alibhai produzierte Cracks wie *Bardstown, Determine, Traffic Judge, Flower Bowl, Hasseyampa, Chevation* und viele weitere.

Als Combs 1937 nach Lexington gekommen war, hatte er die Spendthrift-Farm gekauft. Die Gegend war ihm wohlbekannt, denn gleich nebenan lag die Farm seines Urgroßvaters Daniel Swigert – der übrigens die Derbysieger von 1881, 1882 und 1886 gezüchtet hatte.

Combs entwickelte die Methode der *Syndication* und war damit außerordentlich erfolgreich. Auf dieser Basis kaufte er neun Hengste für je über eine Million Dollar, darunter *Majestic Prince* für 1 800 000 Dollar und *Raise a Native* für 2 625 000 Dollar. Heute stehen hier rund 200 Mutterstuten. 1972 gewannen Spendthrift-Rennpferde die größte Gesamtsumme für einen Züchter. In den vergangenen zehn Jahren gewannen hier gezüchtete Pferde über 15 Millionen Dollar. 1967 verkaufte Combs als erster für mehr als eine Million Dollar Pferde bei einer Auktion, 1972 erstmals für mehr als zwei Millionen.

Trotz dieser erstaunlichen Zahlen kam das Gestüt in den achtziger Jahren in finanzielle Schwierigkeiten. Viele der besten Hengste mußten verkauft werden, und schließlich kam es zum Bankrott. 1989 wurde die Anlage von einer Gruppe von vier Geschäftsleuten gekauft und renoviert. Eine Anzahl Hengste allererster Klasse hielten Einzug. Heute stehen nicht weniger als 35 Deckhengste auf dem Gestüt. Unter ihnen findet man so klingende Namen wie *Cure the Blues, Danzatore, Foolish Pleasure, Simply Majestic* und *Time for a Change*.

Oben: Einer der Ställe. Spendthrift beherbergt rund zweihundert Mutterstuten.

Oben: *Simply Majestic*, geb. 1984, v. *Majestic Light* a.d. *Beaming Bride*. In vier Jahren lief er nicht weniger als 43 Rennen und gewann 1 661 463 Dollar. 1990 deckt er seine ersten Stuten.
Links: *Majestic Prince*, geb. 1979, v. *His Majesty* (v. *Ribot*) a.d. *Pied Princess*. Auch er lief 43 Rennen und gewann über zwei Millionen Dollar.
Nächste Doppelseite: In Amerika werden Flachrennen gewöhnlich auf kürzeren Strecken gelaufen, als in Europa, dafür in entsprechend größerem Speed.

7

Hanover Shoes

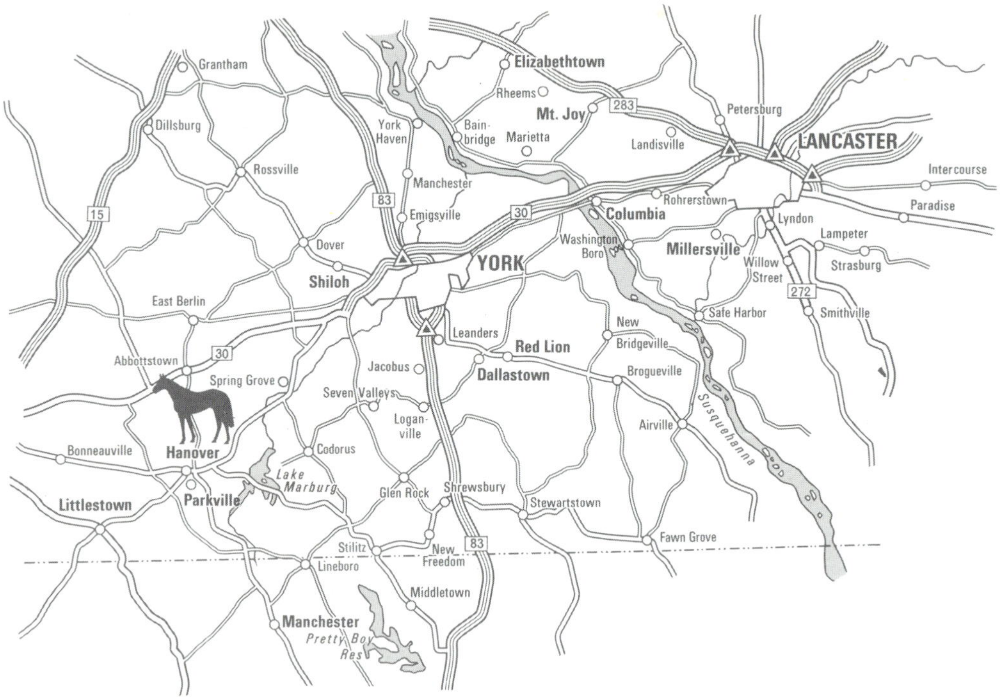

Im Mai 1926 kaufte der damals noch nicht dreißigjährige Lawrence B. Sheppard für 150 000 Dollar den gesamten Pferdebestand des verstorbenen Züchters A.B. Coxe, nämlich 69 Standardtraber, und gründete damit das inzwischen größte und berühmteste Trabergestüt, die Hanover Shoe Farms im Süden von Pennsylvanien.

Unter diesen Pferden waren zwei erstklassige Tiere: der Deckhengst *Dillon Axworthy,* der bereits sehr schnelle Nachkommen hatte, und dessen Tochter *Miss Bertha Dillon,* die bald als Mutter von drei Fohlen, welche die Meile in zwei Minuten liefen, bekannt werden sollte. Sie gilt heute als die Stammutter der «Königlichen Familie» von Hanover, der führenden Linie von Zwei-Minuten-Trabern und -Paßgängern.

Der unternehmungslustige Sheppard machte sich zusammen mit seinem Vater, Harper D. Sheppard, und dessen Partner, Clinton N. Myers, die 1899 die Hanover Shoe Company gegründet hatten, an den Auf- und Ausbau des Gestüts.

Heute stehen in den luftigen, gelben Ställen und auf den Weiden der 1600 Hektar großen Farm 7 Deckhengste und rund 300 Mutterstuten. Im Frühling sind regelmäßig über 1000 Pferde auf dem Gestüt. Fast alle Jährlinge werden jeweils im November auf der Traber-Auktion in Harrisburg verkauft.

Als die zwei bedeutendsten «Klassischen» des Trabrennsportes gelten das seit 1926 durchgeführte Hambletonian und das 1946 gegründete Little Brown Jug. Von den er-

Unten: Einige der typischen gelben Stallungen der Hanover Shoe Farms, des mit zeitweise über 1700 Pferden weitaus größten Trabergestüts, das 1926 von dem Schuhfabrikanten Sheppard im Süden Pennsylvaniens gegründet wurde.

Rechts: *Super Bowl,* geb. 1969, v. *Stars Pride* a.d. *Pillow Talk,* erwies sich auf dem Gestüt als ebenso erfolgreich wie auf der Rennbahn. Unter seinen Fohlen haben 18 über eine halbe Million, sechs sogar über eine Million Dollar gewonnen.
Unten: *Tyler B,* geb. 1977, v. *Most Happy Fella* a.d. *Tarport Cheer.* Er gewann in 48 Rennen 687 000 Dollar und hat heute (1990) schon Gewinner von über 28 Millionen Dollar produziert.
Darunter: *Big Towner,* geb. 1974, v. *Gene Abbe* a.d. *Tiny Wave.* 1989 gewannen seine Fohlen mehr Geld als der Nachwuchs jedes anderen Hengstes der Welt.

Unten: *Prakas,* geb. 1982, v. *Speedy Crown* a.d. *Prudy Hanover.* Als Dreijähriger siegte er bei 18 Starts in elf Rennen, gewann dabei 1 610 608 Dollar und verließ als «schnellstes Pferd in der Geschichte des Trabrennsports» die Rennbahn.
Unten links, am Sulky: *Albatross,* geb. 1968, v. *Meadow Skipper* a.d. *Voodoo Hanover. Tar Heel* ist einer seiner Urgroßväter. Der schnellste Paßgänger und damit das schnellste Pferd aller Zeiten vor dem Sulky. Als Zwei-, Drei- und Vierjähriger Weltmeister in jeweils drei Kategorien.

sten 48 Siegern des Hambletonian waren 27 in Hanover aufgezogen, gezeugt oder später als Beschäler geholt worden. Und von den ersten 25 Jug-Siegern waren 20 in derselben Weise mit Hanover verbunden.

Die «United States Trotting Association» führt erst seit 1964 eine umfassende Statistik über die Züchter. Hanover Shoe Farm lag seither jedes Jahr an der Spitze. 1972 gewannen in Hanover gezüchtete Pferde insgesamt fast vier Millionen Dollar. 1989 waren es 12 631 255 Dollar.

Unter den zehn besten Beschälern von 1972 waren vier Hanover-Hengste. Und unter den besten Zuchtstutenvätern im selben Jahr waren fünf von Hanover. In der Zwei- und Dreijährigenkategorie standen fünf Hanover-Pferde unter den ersten zehn. Die ersten Ränge wurden von *Tar Heel* (Gewinnsumme 1 684 119 Dollar) und *Adios* (1 278 552 Dollar) belegt.

Den Titel «Paßrennpferd des Jahres» holen sich immer wieder Hanover-Pferde. 1972 wurde dieser Titel fast einstimmig dem Hengst *Albatross* zuerkannt: Er hatte zahlreiche Welt- und Bahnrekorde aufgestellt, von denen einige vielleicht nie mehr gebrochen werden. Er schloß seine Karriere als erfolgreichster Paßgänger seiner Zeit ab und steht jetzt als Deckhengst im Gestüt. Seine ersten Fohlen wurden 1974 geboren. Heute (1990), mit 22 Jahren, ist Albatross immer noch der Star des Gestütes, und als Deckhengst ist er nach wie vor voll ausgebucht. Seine Fohlen haben auf der Rennbahn mehr Geld gewonnen als der Nachwuchs jedes anderen Hengstes der Welt, nämlich über 92 Millionen Dollar.

Mit *Albatross* holte sein Stallgefährte *Super Bowl* den Titel «Traber des Jahres». Mit dem Hambletonian, dem Kentucky Futurity und dem Yonkers Futurity gewann er die dreifache Traber-Krone und mehr Geld als irgendein anderer Traber in einer Saison.

John Simpson (links im Bild), der Präsident der Hanover Shoe Farms Inc., und der 1968 verstorbene Gründer Lawrence B. Sheppard (rechts) halten eine Trophäe der Europameisterin *Elma,* v. *Hickory Smoke* a.d. *Cassin Hanover. Elma* hatte am 4. April 1965 den 64 000-Dollar-Grand-Lottery-Preis gewonnen. Sie war die erste in Amerika gezogene und in amerikanischem Besitz stehende Traberin, die diesen international offenen Titel eroberte. Sie wurde von Mrs. Charlotte Sheppard gezüchtet und zuerst in den USA von John Simpson trainiert und gefahren. In Europa kam sie in den Stall des Trainers Jonel Chiriacos (Mitte). Gefahren wurde sie von Johannes Frömming, dem erfolgreichsten Fahrer seiner Zeit. Er führte *Elma* 1965 und 1966 in Italien, Frankreich, Deutschland und Schweden zu Siegen. *Elma* steht heute als Zuchtstute im Hanover-Shoe-Gestüt.

Walnut Hall

Rechts: Der Baustil der Scheunen in Walnut Hall ist sehr typisch für Kentucky. Zu ebener Erde liegen die Stallungen für die Pferde oder das Vieh, im ersten Stockwerk werden Heu und Stroh gelagert, und darüber «schläft» der Tabak, wenn er zum Fermentieren aufgehängt worden ist.

Im Jahre 1777 wurde Oberst William Christian aus Virginia für seine Verdienste im französisch-indianischen Krieg von 1765 mit einem Stück Land in Kentucky belohnt. Damit war der Grundstein für Walnut Hall gelegt.

Pferde wurden hier allerdings erst gut hundert Jahre später gezüchtet. Nach mehrfachem Besitzwechsel wurde die Farm 1879 von John S. Clark gekauft. Er nützte das für die Pferdezucht hervorragend geeignete Bluegrass-Gebiet von Kentucky aus, züchtete Vollblüter und ließ sie Rennen laufen. Traber waren damals erst in sehr geringer Zahl aus den Oststaaten über die Berge nach Süden gekommen. Später begann sich Clark aber auch mit Standardbred zu befassen. Sein bester Traber trug den Namen des Besitzers und lief die Meile in der sehr beachtlichen Zeit von 2 Minuten, 19 Sekunden.

1891 kam Lamon Vanderberg Harkness nach Kentucky, um Kutschpferde zu kaufen. Aber als er hier Einblick in die Traberzucht bekam, begeisterte er sich so sehr dafür, daß er Walnut Hall erwarb. Er vergrößerte den Besitz auf über 2000 Hektar, baute neue Stallungen, Scheunen und Häuser für die Angestellten und modernisierte das Herrschaftshaus.

1882 kaufte er die beste Stute, die er finden konnte: die vierjährige *Mother Carey*.

Nach zwei Jahrzehnten besaß Walnut Hall eine der hervorragendsten Traberstutenherden, einige der besten Deckhengste und erfreute sich in der ganzen Welt der Traberfreunde eines ausgezeichneten Rufes.

Nach einigen ruhigeren Jahren machte Walnut Hall 1930 wieder von sich reden. Die junge Enkelin von Lamon Vanderberg, Katherine, wurde Trabfahrerin und mit der Stute *Margaret Castleton* Rekordhalterin in zwei Kontinenten. In dieser Zeit standen auch so berühmte Pferde wie *Protector*, *Guy Axworthy* und *Scotland* in Walnut Hall.

1960 kam *Impish* zur Welt. Als Zweijährige brach sie auf der Red Mile von Lexing-

Oben: In der Nähe der Hengststallungen sind die letzten Ruhestätten der großen Pferde von Walnut Hall, unter anderem die von *Peter Volo, Volomite, Guy Abby, Guy Day, Danley, Demon Hanover, Scotland* und *Guy Axworthy*.
Rechts: 1842 brannte das erste Herrschaftshaus von Walnut Hall nieder. Der damalige Besitzer, Victor Flournoy, ließ wenig später dieses neue Wohnhaus bauen. Er machte von dem großen Angebot an Nußbäumen Gebrauch und ließ aus diesem Holz ein prachtvolles Interieur schaffen.

ton neun Weltrekorde. Sie trat ungeschlagen ab und wirkt seither als Mutterstute.

1975 kam *Abercombie* zur Welt. Der Hengst gewann eine eindrucksvolle Reihe von Paßrennen und war 1978 «Paßrennpferd des Jahres». Er gilt als einer der bedeutendsten Pacing-Deckhengste der Welt.

1990 standen auf dem Gestüt vier Deckhengste, davon drei Pacers, *Dragons Lair, Samadhi* und *Silent Majority,* und ein Traber, *Mystic Park.* Von den 180 Zuchtstuten gehören 85 den Besitzern von Walnut Hall.

In den Hengststallungen von Walnut Hall begegnen wir in gemütlich-ländlicher Atmosphäre vornehmen Namen wie *Duane Hanover, Sampson Direct, Silet Majority, Uncle Sam.* Zu den hervorragendsten Vererbern gehören der 1966 geborene *Dayan* (oben) und der 1960 geborene *Florlis* (links). Ganz links die Windfahne auf dem Abfohlstall, der auf dem oberen Bild zu sehen ist.

Castleton

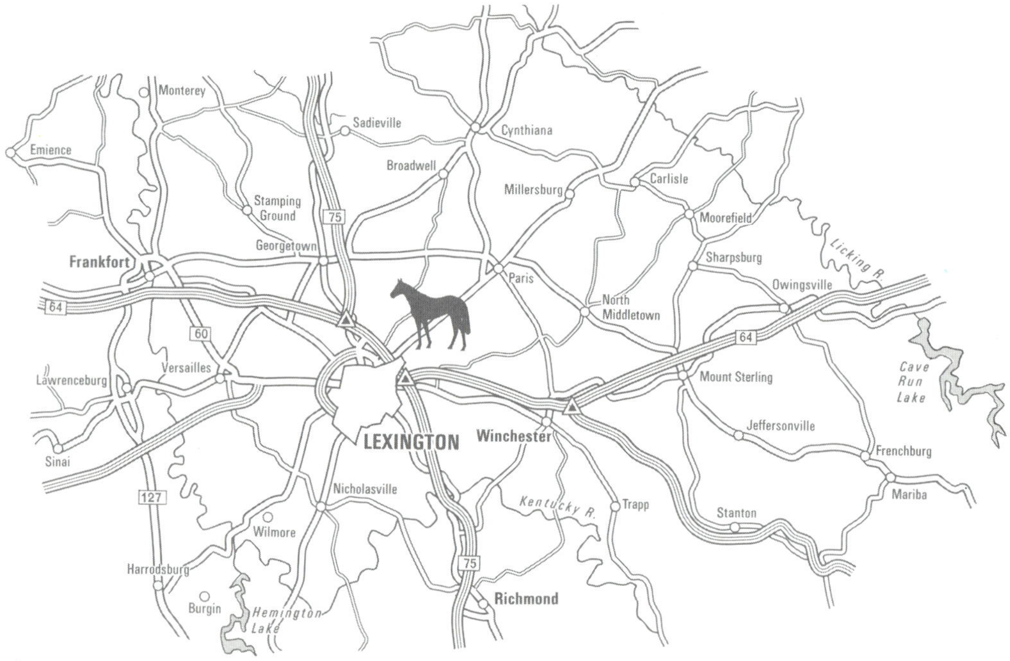

Rechts: Eine der weitverstreuten Stall- und Weideanlagen von Castleton, vom Wasserturm des Gestütes aus gesehen.

Unten: Die drei Kilometer lange Mauer, die das Gestüt von der Straße trennt, wurde in den dreißiger Jahren vom damaligen Besitzer Sam Look gebaut. Die vom Zerfall bedrohte, über 150 Jahre alte Eingangspforte wurde Stein um Stein exakt wieder aufgebaut.

Bei den Umbauarbeiten wurde eine ebenso alte Wasserleitung aus Holz gefunden, die einen Kilometer weit zu einer Quelle führte und noch in gutem Zustand war.

Die Geschichte von Castleton reicht zurück bis in die letzten Jahrzehnte des 18. Jahrhunderts. Damals kam John Breckinridge aus Virginia nach Kentucky und kaufte das Grundstück bei Lexington.

Als seine Tochter Mary Ann 1806 David Castleman heiratete, vermachte er ihr einen Teil des Landes und baute ihr eine herrliche Villa. Das junge Paar nannte seinen Besitz Castleton.

Der Sohn von David Castleman, während des Bürgerkrieges General, war ein großer Pferdekenner. Dieser John B. Castleman war wesentlich beteiligt an der Entstehung des amerikanischen Saddle Horse, einer der beliebtesten amerikanischen Pferderassen, das in der Folgezeit als Kavalleriepferd erstklassige Dienste leistete und heute als Showpferd ein großes Publikum findet. Damit hatte Castletons Ruhm als Pferdezuchtstätte begonnen.

In den achtziger Jahren des letzten Jahrhunderts kaufte Steward M. Ford die Castleton-Farm. Er war der Besitzer des Ford's Theater in Washington, in welchem Präsi-

Oben: David M. Look aus New York ließ 1911 das damals gut hundert Jahre alte Herrschaftshaus für über drei Millionen Dollar völlig neu ausbauen. Als seine Frau bei ihrer Ankunft in Kentucky schon in der Hotelhalle eine Schießerei erlebte, fuhr sie unverzüglich nach New York zurück und wollte nie in der Villa leben.

Ganz links: *Bret Hanover*. Dieser Paßgänger lief 1966 die Meile in 1:53,3 Minuten und ist damit bis heute ungeschlagener Weltmeister. Noch zu Lebzeiten wurde ihm eine Statue errichtet.

Links: Erinnerung an die Kolonialzeit: eine Sklavenhütte.

dent Lincoln erschossen wurde. Ford züchtete Wagen- und Showpferde in Castleton.

1903 wurde die Farm von James R. Keene gekauft, einer profilierten Persönlichkeit im damaligen amerikanischen Rennsport. Er hatte schon viele Jahre zuvor vom Großvater von Leslie Combs II, dem Gründer des Spendthrift-Gestüts, zwei Spitzenjährlingshengste gekauft, *Miser* und *Spendthrift*, die in Amerika wie in Frankreich und England gleichermaßen erfolgreich waren. Er züchtete in Castleton eine Reihe von Klassepferden.

Als Keene 1911 erkrankte, verkaufte er Castleton dem New Yorker David M. Look. Dieser begründete hier eines der bedeutendsten Trabergestüte. Er ließ das große Wohnhaus mit einem Aufwand von über drei Millionen Dollar vollständig umgestalten, konnte aber seine Frau dennoch nicht dazu überreden, hier zu wohnen – sie hielt Kentucky für eine Wildnis.

Das Haus stand leer bis 1930, als Looks Sohn Sam heiratete und mit seiner Frau hierherzog.

1945 kauften Mr. und Mrs. Van Lennep das Gestüt. Mrs. Van Lennep hatte damals schon 18 Jahre Saddle Horses gezüchtet und begann nun auf Castleton daneben auch mit der Zucht von Standardtrabern. Die Traberzucht drängte die Showpferdzucht bald in den Hintergrund, und 1975 wurden die Saddle Horses ganz aufgegeben.

Heute hat Castleton rund 250 eigene Traberstuten und beherbergt außerdem 450 fremde Traberstuten während der Zuchtsaison.

Oben links: Junghengste.
Oben: Alte Darstellung aus den Anfängen des Trabrennsportes.
Ganz links: *Strike Out* lief die Meile in 1:56,3 Minuten und gewann 29 von 44 Rennen, war neunmal Zweiter und einmal Dritter. Er war der schnellste Dreijährige aller Zeiten über die halbe Meile.
Links: *Speedy Scott* lief die Meile in 1:56,4 Minuten, gewann die Triple Crown und trabte in seiner Rennkarriere 650 909 Dollar zusammen. Unter seinen Nachkommen sind zahlreiche Sieger von schweren Rennen.

Pferderassen

Heute unterscheidet man über 300 Pferderassen, Pferdetypen und Pferdeschläge. Sie alle stammen von einer Wildpferdeart ab, dem Urwildpferd, von den Wissenschaftlern «Equus przewalskii» genannt, das sich vor ungefähr einer Million Jahre über weite Teile Europas, Asiens und das nördliche Afrika ausbreitete. Die wissenschaftliche Bezeichnung führt oft zu der irrigen Annahme, daß jenes Tier, das wir in der deutschen Sprache Przewalskipferd nennen, der Stammvater aller Hauspferde sei. In Wirklichkeit handelt es sich beim Przewalskipferd nur um eine der verschiedenen geographischen Rassen oder Unterarten des Equus przewalskii, nämlich um Equus przewalskii przewalskii. Auch der Steppentarpan gehörte derselben Art an und heißt Equus przewalskii gmelini, und den Waldtarpan nennt man Equus przewalskii silvaticus.

Zweifellos wurden alle diese drei Wildpferdformen domestiziert, nicht nur das Przewalskipferd. Und es gilt heute als sicher und ist auch nur logisch, daß weitere Wildpferderassen, nämlich die südasiatischen und nordafrikanischen, ebenfalls zu Hauspferden gemacht wurden. Aus ihnen entstanden zum Beispiel die Araber und die Berber, zwei Hauspferderassen, die bestimmt nicht erst durch ihre Zuchtwahl zu ihren grundlegenden Unterscheidungsmerkmalen kamen (die allerdings heute nicht mehr so leicht zu erkennen sind, weil den Berbern schon seit über tausend Jahren Araberblut zugeführt wird), sondern diese bereits im Laufe ihrer millionenjährigen Entwicklungsgeschichte erwarben.

Näher soll hier nicht auf prähistorische Pferde eingegangen werden. Es sei nur, bei aller Achtung vor den großartigen züchterischen Leistungen, klargestellt, daß die wesentlichen Unterschiede im Bau und Verhalten der verschiedenen Pferdegrundrassen bereits vor der Domestizierung bestanden. Die Kunst der Pferdezucht – und sie kann sehr wohl als Kunst im Sinne einer schöpferischen Tätigkeit bezeichnet werden – bestand und besteht darin, durch sorgfältige Selektionierung und gezielte Vermischung aus den bestehenden Rassen Pferde für jeden Verwendungszweck, für jedes Klima, für die verschiedensten Bodentypen und – für jeden Geschmack hervorzubringen. Heute besteht allerdings eine starke Tendenz der Rassenverschmelzung. Abgesehen von speziellen Züchtungen wie Vollblut und Traber für den Rennsport und Ponys für die Freizeitreiterei ist man im Allgemeinen bestrebt, ein vielseitiges Sportreitpferd zu züchten. Man kann daher schon von der Entstehung eines europäischen Warmblutpferdes sprechen.

Auf den folgenden Seiten werden 48 der wichtigsten Pferderassen und Pferdeschläge vorgestellt. Dem Buchthema entsprechend wurden dabei vor allem Rassen ausgewählt, die gestütsmäßig gezüchtet werden. Auf Ponys wurde fast völlig verzichtet, was aber keineswegs als Werturteil zu betrachten ist (die Verfasser züchten selbst Ponys).

Links: Das *Przewalskipferd* oder östliche Steppenwildpferd war früher vom Ural über ganz Mittelasien bis in die Mongolei verbreitet.
Typisch für die Przewalskipferde ist die rötlichgelbe bis braungelbe Färbung, die kurze Stehmähne ohne Stirnschopf und der große grobe Kopf.
Die letzten wildlebenden Tiere dieser Rasse fand man in den fünfziger Jahren in ödesten, weit abgelegenen Gebieten der Wüste Gobi. Heute gibt es wahrscheinlich keine echten freilebenden Przewalskipferde mehr. Die letzten dürften sich mit Mongolenponys vermischt haben. Aber wenn auch diese letzten echten Wildpferde in ihrer Heimat ausgerottet wurden, gehören sie dennoch nicht zu den ausgestorbenen Tieren. Vor rund siebzig Jahren wurden einige Dutzend Przewalskipferde für zoologische Gärten nach Europa eingeführt. Als man die Gefahr der Ausrottung erkannte, stellte man in verschiedenen Zoos Zuchtgruppen aus den Nachkommen der eingeführten Tiere zusammen. Im Prager Zoo wird seit 1960 ein internationales Zuchtbuch geführt. Durch systematische Zucht – hauptsächlich im Prager Zoo, in Catskill bei New York, im englischn Whipsnade und im Tierpark München-Hellabrunn – ist der Gesamtbestand von etwa 50 dieser Tiere auf über 200 angestiegen. Unser Bild ist im Warschauer Zoo entstanden.
Rechts: In den Steppen Südrußlands lebte der *Steppentarpan,* ein mausgraues Wildpferd mit schwarzer Mähne, schwarzem Schwanz, einem markanten Aalstrich und einem kurzen, in der Nasenlinie leicht eingebogenen, sehr hübschen Kopf. Seine gesamte Erscheinung war feiner als die des Przewalskipferdes. Die letzten Steppentarpane wurden in der zweiten Hälfte des vergangenen Jahrhunderts ausgerottet.
Aus Hauspferden mit viel Tarpanblut und unter vorsichtiger Zuchtauswahl machte man eine sogenannte Rückzucht. Das Ergebnis, das man in verschiedenen Zoos und in zwei polnischen Wildreservaten betrachten kann, sind Pferde, die zwar wie Tarpane aussehen, aber natürlich trotzdem keine echten Tarpane sind.
Etwas kleiner als der Steppentarpan war der *Waldtarpan,* der in Mittel- und Osteuropa lebte. Er war leichter gebaut und im Winter heller gefärbt als der Steppentarpan. Er wurde schon im 18. Jahrhundert ausgerottet.
Der abgebildete Hengst, ein Rückzucht-Steppentarpan, lebt wild im Reservat von Popielno in Nordpolen.

Achal-Tekkiner

Bild: Achal-Tekkiner-Hengst aus den Stallungen des schweizerischen Zirkus Knie. Steckbrief: Schnelles, ausdauerndes, edles, dem englischen Vollblut ähnliches Reitpferd. Feiner Kopf, lange, schräge Schulter, hoher Widerrist, hochbeinig, sehr trockene Glieder.

Schon der große Weltreisende Marco Polo wußte am Ende des 13. Jahrhunderts von diesen Pferden zu berichten. Seinen Aufzeichnungen zufolge soll der Hengst Alexanders des Großen, der unbändige *Bukephalos*, der Stammvater dieser Rasse gewesen sein.

Die Heimat der Achal-Tekkiner sind die Steppen Turkmenistans. An Ausdauer und Härte sind diese Tiere wohl nur mit den Arabern zu vergleichen, denen sie auch nahe verwandt sind. Im Jahr 1935 wurden Achal-Tekkiner auf einem Distanzritt von Aschchabad nach Moskau über eine Distanz von 4300 Kilometer geprüft. Sie erreichten nach 84 Tagen das Ziel!

Heute werden sie in verschiedenen Gestüten Rußlands gezüchtet und im Hochleistungssport eingesetzt.

Amerikanisches Saddle Horse

Bild: Saddle-Horse-Hengst in Kalifornien. Die meisten Saddlers werden in Kentucky und Virginia gezüchtet.
Steckbrief: Sehr schön modellierter Kopf, gebogener «Schwanenhals», kompakter, muskulöser Rumpf, hoher Widerrist, Rücken und Kruppe kurz und flach, gesunde Gliedmaßen. Schweif wird infolge Durchschneidens zweier Muskelstränge und Hochbindens hoch getragen.

Das Saddle Horse wurde ursprünglich als ausdauerndes Pferd zum Abreiten der großen Plantagen in Kentucky und Virginia gezüchtet. Es entstand als Kreuzungsprodukt von englischem Vollblut, Hackneys, Morgan Horses, kanadischen und amerikanischen Paßgängern, von denen es seine Anlage zu ungewöhnlichen Gangarten erbte.

Es ist heute ein reines Showhorse, über dessen Sinn und Zweck man sich streiten kann, das jedoch auf den Shows Tausende von Amerikanern begeistert. Es gibt den dreigängigen Typ, bei dem Schweif und Mähne geschoren werden, und den fünfgängigen mit Langhaar, der außer Schritt, Trab und leichtem Galopp den sogenannten «Slowgait» und den «Rack» geht.

Anglo-Araber

Bild: Anglo-Araber-Mutterstuten im Gestüt Pompadour in Frankreich.
Steckbrief: Kreuzungsprodukte englischen Vollbluts mit orientalischen Rassevertretern auf eingegrenzter Basis. Vornehmlich in Frankreich anzutreffen. Interessante Züchtung mit vielfach wertvollen Ergebnissen, wenn sich innere Werte und Exterieurmerkmale beider Rassen harmonisch verbinden oder wirksam ergänzen. Als «Kombi»-Veredelungsrasse anerkannt.

Schon im letzten Jahrhundert hat man in verschiedenen Ländern Europas Araber und englische Vollblüter gekreuzt, um die guten Eigenschaften beider Rassen zu vereinen. Im Laufe der Zeit ist der konsolidierte Anglo-Araber entstanden, von dem es, je nach Zuchtgebiet, verschiedene Typen gibt. Die wichtigsten sind der polnische Malopolska, der oft sehr stark im Arabertyp steht, der ungarische Gidran, und schließlich der französische Anglo-Araber, der als der ideale Typ bezeichnet wird. Letzterer wird vor allem im berühmten südfranzösischen Gestüt Pompadour gezüchtet und hat besonders gute Anlagen zum Springen. Ähnliche Pferde gab es dort schon im 18. Jahrhundert. Um die Mitte des 19. Jahrhunderts entstand der heutige Typ aus zwei orientalischen Hengsten und drei englischen Vollblutstuten.

Anglo-Normannen

Bild: Der 1971 geborene Zuchthengst *Fend-l'Air* aus dem französischen Staatshengstedepot St-Lô in der Normandie.
Steckbrief: Ursprünglich ausschließlich Kreuzungszucht eines schwereren Wirtschaftspferdes auf gemischt warm- und kaltblütiger Basis mit englischem Vollblut. Seit etwa 1955 sammelt ein «Stutbuch Selle» die überwiegend kaltblutfreien Typen und selektiert sie zu einer konsolidierten Reitrasse.

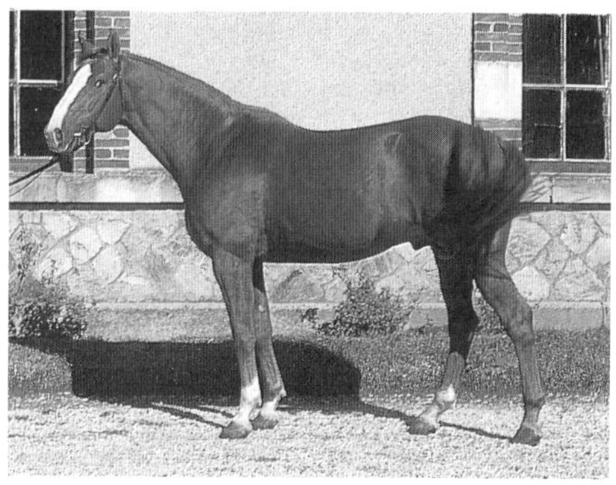

Die Pferde, die schon zu Beginn unseres Jahrtausends in der Normandie gezüchtet wurden, stammten nach der Überlieferung von den alten Armirikanern ab, die zur Maurenzeit in Frankreich verbreitet waren. Diese «normandischen Pferde» starben fast völlig aus, bis um die Mitte des 19. Jahrhunderts eine Zucht auf den Restbeständen aufgebaut wurde. Es wurden viele englische Vollblut- und Halbblutpferde eingekreuzt.

Stammvater der systematischen Anglo-Normannen-Zucht wurde ein Norfolk-Traber namens *Young Rattler*. Gegen Ende des 19. Jahrhunderts war der kräftige und temperamentvolle Anglo-Normanne ein begehrter Karossier. Um die dreißiger Jahre ging die Zucht stark zurück, doch die gelungene Entwicklung zum Reitpferdtyp verhalf der Rasse wieder zu großer Beliebtheit.

Amerikanischer Standardtraber

Bild: Standardtraber im Augenblick der Schwebe.
Steckbrief: Im Vollbluttyp, jedoch weniger hochbeinig. Steile, lange Schulter, überbaute Kruppe. Im Schritt hastig und unregelmäßig, im Galopp wenig bestechend, entfaltet er seine ganzen Fähigkeiten im raumgreifenden Trab. Zwei Typen: Trotter (Traber) und Pacer (Paßgänger), die gesonderte Rennen laufen.

Schon gegen Ende des 18. Jahrhunderts wurden im amerikanischen Osten improvisierte Trabrennen am Sulky und unter dem Sattel gelaufen. Im Laufe der Jahrzehnte wurden Pferde der verschiedensten Rassen zur Zucht selektioniert und untereinander gekreuzt: Morgan Horses, Cleveland Bays, kanadische und Narragansett Pacer usw. Der Sohn des Vollblüters *Messenger, Hambletonian,* 1849 geboren, griff entscheidend in die Zucht ein.

Ehrgeiziges Ziel der Züchter war ein Pferd, das eine Meile in weniger als zwei Minuten im Trab laufen konnte. Der Paßtraber *Star Pointer* brachte es 1897 auf diese Leistung, die Stute *Lou Dillon* schaffte es 1903 als erster Normaltraber. Der schnellste Standardbred, der Pacer *Bret Hanover,* lief 1966 die Meile in einer Minute 53,6 Sekunden.

Andalusier

Bild: Andalusier-Zuchthengst im Gestüt Cortijo de Quarto bei Sevilla.
Steckbrief: Sehr edle und elegante Erscheinung mit schön abgerundeten Formen. Kopf beim alten Typ ziemlich groß und ramsnasig, heute durch Arabereinfluß feiner und edler. Gelehrig und gutartig, dabei aber feuriges Temperament. Meist Schimmel, aber auch Rappen und Braune.

Auf ihren damals unschlagbar schnellen und ausdauernden Berber- und Araberpferden eroberten die Mauren im Jahre 711 im Sturm die Iberische Halbinsel. Als ihre lang währende Herrschaft zu Ende ging, hinterließen sie nicht nur Paläste und Moscheen, sondern auch wundervolle Pferde, dank denen die Spanier – Ironie des Schicksals – selbst ein Weltreich erobern konnten.

Während in den königlichen Gestüten nordische Pferde eingekreuzt wurden, um die Wüstenpferde größer und schwerer zu machen, züchtete man in drei Kartäuserklöstern die Pferde rein. Diese «spanischen Pferde» oder Andalusier wurden vom 16. Jahrhundert an zur begehrtesten Rasse Europas und bildeten die Grundlage aller barocken Prunk- und Paradepferde.

Appaloosa

Bild: Prämiierter Appaloosa im Tigerscheckentyp auf der Landwirtschaftsmesse in Tulsa, Oklahoma, 1975.
Steckbrief: Auffallendes Fleckenkleid mit vier verschiedenen Haarmustern. Gerader, manchmal leicht ramsnasiger, aber leichter Kopf, schön gewölbter Hals, gutgelagerte Schulter. Mähne und Schweif kurz und dünn. Maul meistens stellenweise nicht pigmentiert (Krötenmaul), außergewöhnlich freundlicher, sanfter Charakter.

Eine Rasse, die zwar nicht auf «großen» Gestüten gezüchtet wird, die aber wegen ihrer aparten Schönheit und ihrer großen Beliebtheit in Amerika nicht unerwähnt bleiben soll.

Spanische Pferde, unter denen es früher viele gefleckte Tiere gab, waren die Stammväter der Appaloosas wie aller Pferde des amerikanischen Westens. Die Nez Percé Indianer im heutigen Idaho betrieben eine recht systematische Zucht dieser Pferde.

1877 besiegten amerikanische Truppen die Nez Percé und beschlagnahmten rund 200 der auffallenden Pferde. Ein Teil davon wurde dann von Ranchern rein weitergezüchtet, und 1938 wurde das Appaloosa-Stammbuch eingerichtet. Zur Zeit gibt es etwa 150 000 eingetragene Appaloosas.

Araber

Bild: Der 1962 in Polen geborene Araber *Aramus* ist heute Spitzenhengst im Gestüt des Sängers Wayne Newton bei Las Vegas in Nevada.
Steckbrief: Schönste, edelste Pferderasse, unübertroffen an Härte, Ausdauer und Intelligenz. Hoch angesetzter Hals, feiner, wunderschöner Kopf mit großen, ausdrucksvollen Augen und weiten Nüstern. Leichter Rumpf, trockene Glieder, hochgetragener Schweif, feurige Erscheinung. Meist Schimmel, auch Füchse und andere Farben.

Der Ursprung des Arabers ist noch immer geheimnisumwittert, doch ist es wahrscheinlich, daß die Rasse von einer Wildpferdeform abstammt, die schon zur Eiszeit die Arabische Halbinsel bewohnte und bereits die wesentlichsten Merkmale des schnellen Wüstenpferdes besaß. Sicher ist, daß Mohammed die Zucht zu großer Blüte brachte, denn er erkannte die Gesetzte der Zuchtwahl und erließ unter anderem Vorschriften zur Erhaltung reiner Blutlinien. Die weitaus besten Pferde wurden von den Beduinen im Hochland gezüchtet. Hier haben Klima, erbarmungslose Leistungsauslese und fanatische Reinzucht Pferde von unvergleichlichen Qualitäten hervorgebracht. Alle arabischen Vollblutstämme werden in drei Biotypen gegliedert: den männlichen *Kuhaylan,* den femininen *Saqlawi* und den besonders schnellen *Muniqi.*

Ardenner

Bild: Ardennerhengst im südfranzösischen Gestüt Pompadour.
Steckbrief: Mittelschweres, kraftvolles Arbeitspferd. Schön proportionierter Kopf, mächtiger Hals, Rücken und Kruppe kurz, muskulöse Beine, große Hufe, Fesselbehang. Energische, erstaunlich raumgreifende Bewegung. Äußerst gefügig und sehr robust. Schimmel, Füchse, Braune und Isabellen. Rappen sind unerwünscht.

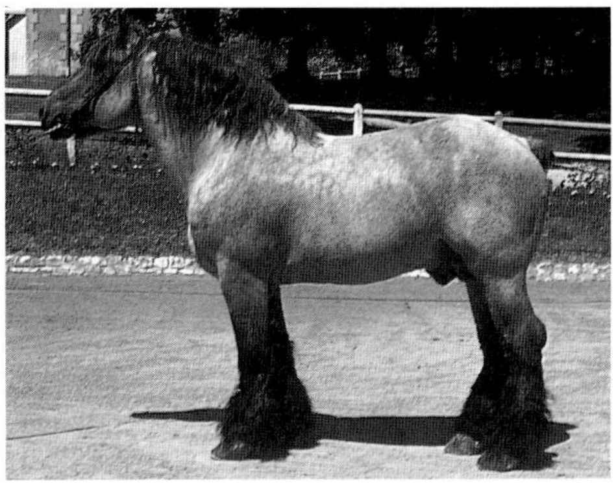

Eines der wichtigsten Kaltblutpferde überhaupt, das an der Entstehung und Verbesserung mancher anderer Rassen maßgeblich beteiligt war. Seine Ursprünge dürften im uralten Solutrépferd zu suchen sein. Von den Bauern in den Ardennen gezüchtet, blieb es durchaus nicht nur ein Landwirtschaftspferd, sondern war schon bei den Römern und Kreuzfahrern hochgeschätzt, bildete die Grundlage mittelalterlicher Turnierpferde, schleppte Napoleons Kanonen bis nach Rußland und zog noch im Zweiten Weltkrieg unverdrossen die schweren Fahrzeuge.

Der Ardenner wird in verschiedenen Ländern nachgezüchtet und ist vor allem in Schweden noch sehr häufig und beliebt. Der Schweden-Ardenner hat keinen oder nur spärlichen Fesselbehang.

Berber

Bild: *Fantasia* im marokkanischen Moussem de Moulay.
Steckbrief: Elegantes, leichtes, sehr temperamentvolles, aber zuverlässiges Reitpferd. Viel weniger ramsköpfig als ursprünglich, zuweilen sogar gerades Profil. Etwas grobknochiger als Araber. Kurzer Schritt, lockerer Trab, Galopp mehr oder weniger raumgreifend.

Robustheit, Wendigkeit und Ausdauer des Berbers waren schon den Griechen und Römern bekannt. Unter der Herrschaft der Wandalen in Nordafrika wurden Kaltblüter eingekreuzt, deren Einfluß aber nicht nachhaltig war. Viel wesentlicher war die Eroberung der nordafrikanischen Küstenländer im 7. Jahrhundert durch die Mohammedaner, die auf 75000 Araberpferden kamen. Die Veredlung durch den Araber machte den Berber zu einem Pferd, dessen Eigenschaften das ganze barocke Europa begeisterten. Seine Abkömmlinge, die Andalusier, begründeten so berühmte Rassen wie Neapolitaner, Lipizzaner, Kladruber und Frederiksborger. Einer der drei Begründer der englischen Vollblutzucht war *Godolphin Barb,* ein marokkanischer Berberhengst.

Clidesdale

Bild: Die amerikanischen Busch-Brauereien haben in St. Louis ein eigenes Clidesdale-Gestüt. Die Zuchtprodukte werden oft bei Volksfesten achtspännig gezeigt und sind in ganz Amerika eine sehr populäre Bierreklame.
Steckbrief: Eines der prächtigsten Zugpferde. Gutproportionierter Kopf, schön gebogener Hals, sehr kraftvolle, aber nicht plumpe Gesamterscheinung. Braune, selten Rappen, mit viel Weiß an Kopf, Beinen und oft auch am Bauch. Üppiger Fesselbehang.

Die Rasse entstand im Tal des River Clide in Schottland im 18. Jahrhundert, als man bodenständige Stuten mit schweren belgischen Hengsten kreuzte, um ein kraftvolles Packpferd und Zugtier zu produzieren. Die Clidesdales sind etwa 165 bis 170 cm hoch und bis 1000 kg schwer. Sie zeichnen sich durch ihr lebhaftes, aber grundanständiges Temperament und durch fleißigen, raumgreifenden Schritt und Trab aus. Nach starkem Zuchtrückgang sind diese Pferde in den letzten Jahren wieder sehr beliebt geworden und werden oft exportiert, vor allem nach Amerika, Neuseeland, Australien und Südafrika. In den USA wurde inzwischen ein eigener Zuchtverband gegründet.

Connemarapony

Bild: Junge Connemarastute des hervorragenden Züchters John Daly am Lough Mask im irischen Connemara.
Steckbrief: Edles Reitpony, das kaum typische Ponymerkmale zeigt. Leichter, ausdrucksvoller Kopf, schön getragener Hals, starker Rücken mit guter Sattellage, kerngesunde Gelenke, ausgezeichnet in allen drei Gangarten, enormes Springvermögen. 130 bis 145 cm Stockmaß. Weiterzüchtung dieser Art gibt es heute in aller Welt.

Die Kelten, die vor 2300 bis 4000 Jahren auf ihren zähen Ponys weite Teile Europas eroberten, kamen im 4. Jahrhundert v. Chr. auf die Britischen Inseln. Sie wurden in Wales im Südwesten Englands und in Irland ansässig. Ihre Nachfahren sind noch heute hervorragende «Horsemen».

Die Keltenponys verschwanden allmählich aus Irland und machten größeren Pferden Platz. Nur im äußersten Nordwesten, in der kargen, felsigen, windgepeitschten Landschaft von Connemara, konnten sie sich behaupten. Schon vor etwa 2000 Jahren wurde orientalisches Blut eingekreuzt, später englisches Vollblut. Aus Connemaraponystuten, die mit Vollbluthengsten gedeckt werden, entstehen bisweilen fabelhafte Sportpferde, von denen schon einige zur Weltspitze zählte.

Bretone

Bild: Bretonenhengst im südfranzösischen Gestüt Pompadour.
Steckbrief: Schwerer Kaltblüter mit geradem Kopf, massigem Hals, untersetztem Rumpf, kurzen, kraftvollen Beinen mit großen Hufen und keinem oder geringem Behang. Energisch und anspruchslos. Meist Füchse, nicht selten Hellbraune und Fuchsschimmel.

Auch im Bretonen bewiesen die Franzosen ihre Meisterschaft in der Kaltblutzucht, und auch mit diesem Pferd wurden verschiedene ausländische Rassen verbessert. Das in der Bretagne entstandene Pferd basiert auf den gleichen Grundlagen wie die anderen französischen Kaltblüter. Es wird in drei Typen gezüchtet. Der bekannteste ist der Große Bretone, im Durchschnitt über 160 cm hoch und mindestens 550 kg schwer. Im Ausland weniger bekannt ist der Gebirgsbretone, der leichter, beweglicher und nur etwa 150 cm hoch ist. Der Postier schließlich ist durch Einkreuzung von Norfolktrabern entstanden und hat von diesen die schwungvollen Gänge geerbt.

Cleveland Bay

Bild: *Knares Borough Justice*, 1967, Zuchthengst in Wymondham in Norfolk.
Steckbrief: Mittelschweres Warmblutpferd. Etwas langer Kopf und Schwanenhals. Rücken und Kruppe lang, gutgelagerte Schulter, solides Fundament. Braun, mit schwarzen Beinen und schwarzem Langhaar (Bay ist die englische Bezeichnung für Braune). Weiße Abzeichen sind unerwünscht.

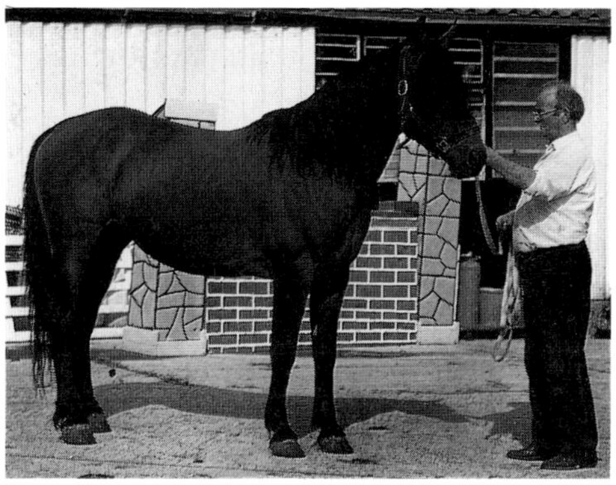

In den Cleveland Hills im Nordosten Englands dienten diese Pferde als Tragtiere der Hausierer, und mit ihnen verschwanden sie im 18. Jahrhundert fast völlig aus der Landschaft. Ihre hervorragenden, vielseitigen Qualitäten wurden jedoch wiederentdeckt, die Rasse wurde veredelt und zum Kutschpferd umgezüchtet, das bald am englischen Königshof die Hauptrolle des Karossiers übernahm. So haben auch mehrere Clevelandhengste im Aufbau der hannoverschen Zucht eine Rolle gespielt. Königin Elisabeth unterhält noch heute in Norfolk ein Cleveland-Bay-Gestüt. Durch Kreuzung mit Vollblut enstehen ganz ausgezeichnete Jagd-, Spring- und Militarypferde.

Criollo

Bild: Criollo in der typischen Falbfarbe mit Aalstrich und Zebrastreifen an den Beinen.
Steckbrief: Ziemlich uneinheitlich. Mittlerer, gerader, manchmal auch recht großer ramsnasiger Kopf, meist guter Widerrist, kräftiger, kurzer Rücken und abschüssige Kruppe. Kerngesunde Gelenke und Hufe. Allen gemeinsam sind unverwüstliche Gesundheit und zähe Ausdauer. Etwa 135 bis 150 cm Stockmaß.

Criollos oder Kreolen nennt man alle Pferde Mittel- und Südamerikas, die von iberischen Pferden abstammen. Wie im nordamerikanischen Westen, verwilderten auch hier massenhaft Reittiere der spanischen und portugiesischen Eroberer. Heute werden sie fast überall auf Wildgestüten gezüchtet und hauptsächlich als Hirtenponys ausgebildet. Man schätzt, daß auf sieben Einwohner in Lateinamerika ein Pferd kommt.

Häufig und begehrt sind Falben, Mausfalben und Fuchsfalben mit Aalstrich und Zebrierung an den Beinen, daneben gibt es alle erdenklichen Farben und oft Fleckenmuster. Am zahlreichsten ist der argentinische Criollo, dessen Leistungsprüfung aus einem mehrtägigen Rennen besteht. Daneben gibt es brasilianische, chilenische, peruanische, kolumbianische und venezolanische Criollos in verschiedenen Typen.

Englisches Vollblut

Bild: In Amerika gezogener englischer Vollblüter auf einer Trainingsbahn in Virginia.
Steckbrief: Nach inneren Werten für harten Wettkampf gezüchtet. Nervenstark, ehrgeizig, ausdauernd.
Im Gebäude und in der Mechanik auf Schnelligkeit «konstruiert». Große Schulter, viel Platz für innere Edelorgane, «motorische» Hinterhand. Hauptveredelungsblut für alle warmblütigen Rassen gemäß Härte und Reit-, wie Leistungspoints.

Die große Stärke des Pferdes ist seine Schnelligkeit. Die Schnellsten waren immer die Besten, und auf dieser Erkenntnis basiert die ganze englische Vollblutzucht.

Schon im mittelalterlichen England wurden mit Galloway-Ponys, die zum Teil bereits orientalisches Blut führten, Rennen ausgetragen. Solche durch Generationen auf Schnelligkeit geprüfte Ponystuten bildeten den weiblichen Grundstock zur Vollblutzucht. Die männliche Basis bestand aus nur drei Hengsten: *Byerley Turk, Godolphin Barb* und *Darley Arabian*.

Der Vollblüter beherrscht heute nicht nur die Rennbahnen der Welt, sondern ist auch zur Produktion leistungsfähiger Warmblüter unentbehrlich.

Die Geschichte dieser Rasse wird in der Einführung zum Kapitel England geschildert.

Französischer Traber

Bild: *Rigel*, geb. 1961, ist Deckhengst im Gestüt Rosières-aux-Salines.
Steckbrief: Harmonischere Gesamterscheinung als der amerikanische Standardtraber. Gerader, vornehmer Kopf, langer Hals, deutlicher Widerrist, sehr starker Rükken, feine, sehnige Beine, steile Schulter. Gut im Schritt und Galopp, im Trab noch größeres Stehvermögen als der Amerikaner.

Die Basis zur Zucht dieser Rasse bildeten Norfolk-Traber, und unter diesen wurde *Young Rattler* zum eigentlichen Stammvater, derselbe Hengst also, der auch bei der Begründung der Anglo-Normannen entscheidend mitwirkte. Später wurden Anglo-Normannen in die Traberzucht eingesetzt, was aber nicht zum erhofften Erfolg führte. Die erneute Zufuhr von Norfolk-Trabern, amerikanischen und russischen Trabern ließ schließlich den heutigen hervorragenden «Trotteur Français» entstehen.

In Frankreich wird noch heute etwa ein Drittel aller Trabrennen unter dem Sattel gelaufen.

Frederiksborger

Bild: Frederiksborgerstute im heutigen Sportpferdtyp aus einer Zucht in der Nähe des ehemaligen Frederiksborger-Gestüts.
Steckbrief: Im alten Typ abgerundetes, ramsnasiges Paradepferd, heute durch Umzüchtung den europäischen Sportpferderassen ähnlich geworden. Meistens Füchse.

Hervorgegangen aus andalusischen und neapolitanischen Pferden, die im königlichen Gestüt von Frederiksborg im dänischen Nordseeland gezüchtet wurden, verbesserte der «Däne» an vielen europäischen Höfen die Pferde – sogar in Cordoba. Der Frederiksborgerhengst *Pluto* begründete die gleichnamige Lipizzaner-Stammlinie, und eine dänische Stute soll bei der Entstehung des Orlow-Trabers entscheidend mitgewirkt haben. In der ersten Hälfte unseres Jahrhunderts wurden die Frederiksborger von Luxus- und Schulpferden zu Wirtschaftspferden umgezüchtet. Durch Zufuhr von Vollblut und anderen Rassen versucht man heute der Nachfrage nach vielseitigen Reitpferden zu entsprechen.

Gidran

Bild: Der 1959 geborene *Gidran II* im Gestüt Sütveny in Ungarn.
Steckbrief: Sehr eleganter Anglo-Araber. Kopf oft mit starkem Arabereinschlag, ebenso die kurze Kruppe und der hohe Schweifansatz. Kompakt und trocken. Gut in allen Gangarten, hervorragend natürlich im Galopp. Fast immer Füchse.

Wie die ungarischen Rassen Nonius und Furioso-North Star, entstand auch der Gidran im Gestüt Mezöhegyes in der südungarischen Tiefebene. Aus der Paarung des Original-Siglavy-Arabers *Gidran Senior* mit der spanischen Stute *Arrogante* ging 1820 das Hengstfohlen *Gidran II* hervor, der eigentliche Rassenbegründer, der mit den verschiedensten Stuten Pferde im Arabertyp zeugte. Ab 1830 wurde oft englisches Vollblut zugeführt, später wurde wieder mit Arabern korrigiert. Als typische Anglo-Araber sind Gidrans vor allem ausgezeichnete Reitpferde, werden aber auch als Kutsch- und Wirtschaftspferde gehalten.

Außerhalb Ungarns wird der Gidran hauptsächlich in Rumänien und Bulgarien gezüchtet.

Hackney

Bild: Hackneyhengst auf einem Gestüt in Kalifornien.
Steckbrief: Elegante, stark an das Vollblut erinnernde, im Auftreten arrogant wirkende Erscheinung. Steile (Traber.) Schulter, fast gerade Kruppe, feines, aber sehr starkes Fundament. Auffallende Knieaktion.

Die Traber aus Norfolk und Yorkshire waren schon im 17. Jahrhundert weitum bekannt. Sie führten spanisches Blut, und später wurden Araber eingekreuzt. Der Halbbluthengst *Old Shales*, ein Enkel des berühmten *Flying Childers*, griff um 1760 maßgeblich in die Zucht ein und prägte die Hackneyrasse. Ursprünglich als Reitpferde gezüchtet, wurden sie später fast nur noch als Kutschpferde benützt. Daneben verbesserten Hackneys aber zahlreiche Pferderassen und brachten in der Paarung mit anderen Rassen einige weltberühmte Sportpferde hervor.

Nachdem die Zucht Anfang unseres Jahrhunderts fast erlosch, sind Hackneys heute in England, Holland und vor allem in Amerika sehr begehrte Showpferde, deren vielbewunderte Knieaktion allerdings oft durch zweifelhafte Methoden gefördert wird.

Freiberger

Bild: *James*, geb. 1969, einer der Freibergerhengste im Eidgenössischen Gestüt in Avenches.
Steckbrief: Eher leichtes als mittelschweres Arbeitspferd von sehr harmonischem Bau, mit kleinem, leichtem Kopf, schön getragenem Hals, kräftigem Rücken und kurzen, gesunden Beinen. Lebhaft, denkbar gutartig, robust, ausdauernd und anspruchslos. Meistens Braune ohne Abzeichen.

Das Schweizer Bauernpferd entstand im Jura. Kreuzungsprodukte von Norikern und orientalischen Pferden dürften die erste Grundlage geliefert haben. Später wurden Ardenner, Anglo-Normannen, englische Warmblutpferde und Vollblut eingekreuzt. Als der Typ den Bauern dann zu leicht wurde, importierten sie Bretonen, Percherons und Shire-Horses und erreichten damit wieder den kraftvollen, aber doch eher leichten Gebrauchspferdeschlag, der auch als Packpferd in der Armee und in der Produktion von Maultieren vortreffliche Dienste leistet.

Durch jüngere Einkreuzungsversuche mit Arabern entstanden hübsche, kompakte Pferde, nach denen aber wenig Nachfrage besteht.

Furioso-North Star

Bild: Furioso-North Star im ungarischen Gestüt Mezöhegyes.
Steckbrief: Mittelgroßes Pferd, etwa im englischen Halbbluttyp. Vornehmer Kopf, starker Rücken, schräge, lange Schultern, sehr gesunde und korrekte Beine und Gelenke. Gelehriges, fügsames Allroundpferd, für Dressur, Springen, Military und am Wagen geeignet.

Der englische Vollbluthengst *Furioso* kam 1841 aus dem Gestüt des Grafen Karolyi ins ungarische Staatsgestüt Mezöhegyes, (nicht zu verwechseln mit dem späteren berühmten französischen Hengst gleichen Namens.) Zwölf Jahre später folgte als Import aus England *The North Star,* ebenfalls ein Vollbluthengst. Beide waren hervorragende Pferde und durchschlagende Vererber, die mit den zähen ungarischen Stuten zwei gleichermaßen gute neue Blutlinien begründeten. Ab 1885 wurden die beiden Linien vermischt, daher der Doppelname.

Heute wird diese Rasse hauptsächlich auf dem Gestüt Apajpuszta zwischen der Donau und der Theiß gezüchtet. Nachzuchten gibt es aber auch in der Tschechoslowakei, in Polen, Rumänien und Österreich.

Haflinger

Bild: Haflingergespann in der Schweiz, wo sich diese Rasse großer Beliebtheit erfreut.
Steckbrief: Kraftvolles, schön gebautes kleines Gebirgspferd mit Stockmaß von 134 bis 144 cm. Kompakte, runde Formen, breiter Lastenträgerrücken. Klare und gesunde Beine und Gelenke. Mittlerer bis kleiner Kopf mit mehr oder weniger Arabereinschlag. Fleißig in allen Gangarten. Temperamentvoll, freundlich und willig.

In den Tiroler Alpen gab es schon zur Römerzeit kleine Saumpferde, und sie bildeten sicherlich die Grundlage für den Haflinger. Es wurden verschiedene Rassen eingekreuzt, von denen der schwere Noriker Masse brachte, während orientalische Pferde das trockene Gelenke und das lebhafte Temperament vererbten.

Stammvater des heutigen Haflingers, der in Hafling bei Meran entstanden ist, ist der 1874 geborene Hengst *Folie.* Sein Vater war der Araber *El Bedavi XXII* aus dem Gestüt Radautz.

Als anspruchsloses, unverwüstliches Gebrauchspferd verbreitete sich der Haflinger in ganz Österreich und in Bayern. Mit dem Aufkommen des Freizeitreitens in den letzten Jahren fand er rasch weithin viele Liebhaber. Er wird heute in über zwanzig Ländern nachgezüchtet.

Hannoveraner

Bild: *Grande*, geb. 1958, Beschäler im Landgestüt Celle.
Steckbrief: Eines der besten Turnierpferde überhaupt. Die großrahmige, kraftvoll-elegante Erscheinung entspricht etwa der Idealvorstellung vom modernen Sportpferd. Mittelgroßer recht edler Kopf, gut angesetzter Hals auf langer, schräger Schulter, guter Widerrist, Starker Rücken, leicht abfallende, muskulöse Kruppe. Gute Gänge, enormes Springvermögen. Einwandfreier Charakter. 165 bis 175 cm Stockmaß.

Die Zuchtgeschichte beginnt 1735 mit der Gründung des Landgestüts Celle. Zwölf holsteinische Rapphengste standen am Anfang. Coachhorses und englische Halblüter kamen hinzu. Orientalische Hengste hielten Einzug. Auch aus der Normandie wurden Beschäler nach Celle geholt. Dann dominierten Jahrzehnte hindurch Mecklenburger. Eine englische Vollblutperiode zog schließlich breite Bahnen auf längere Sicht, bis ab etwa 1880 gezielt der schwere, bodenständige Hannoveraner herausselektiert wurde, um bald danach wieder mit Maßen veredelt zu werden. Unter der Marke «Adel mit Masse» eroberte sich dieser neue Hannoveraner zahlreiche Nachzuchtgebiete und olympische Medaillen im Sport.

Holsteiner

Bild: *Granat* unter Christine Stückelberger, das Paar, das sich 1976 die olympische Goldmedaille für Dressur holte.
Steckbrief: Im Gegensatz zu den alten gewaltigen Oldenburgern und Ostfriesen früher ein nur mittelschwerer bodenständiger Karossier mit viel Aufsatz und hoher Trabaktion. Spezialität: Springen. Heute durch starken Vollbluteinfluß auf ein modernes vielseitiges Reit- und Sportpferd standardisiert. In letzter Zeit Olympiaerfolge in allen Disziplinen.

Europäische Streitmächte und Postanstalten bedienten sich des Holsteiners mit Vorliebe schon um 1700. Aus seinem Lande kamen auch die ersten Beschäler für das Landgestüt Celle und das Zuchtgebiet Hannover. Dann ging dieser starke Einfluß allmählich zurück. Engländer, Mecklenburger und Hannoveraner eroberten das Feld.
Der Holsteiner blieb im Geschirr der bewunderte Karossier und in der Landwirtschaft der treue Arbeiter. Dazu entwickelte er aber auch hohe Springbegabung. Nach 1955 war auch diese Züchtung dem Zwang zur Modernisierung, zur Anpassung an den Markt für vielseitige Reit- und Sportpferde, unterworfen.

Irish Draught

Bild: Irish-Draught-Stute eines Hunterzüchters bei Cork im Süden Irlands.
Steckbrief: Mittelschweres, kräftiges Pferd mit 155 bis 165 cm Stockmaß. Das Exterieur zeichnet sich weniger durch Einzelheiten aus als dadurch, daß im großen und ganzen alles «stimmt»: harmonische Linien, gute Proportionen, starkes Fundament mit guten Gelenken. Meist Schimmel und Braune, Fesselbehang unerwünscht.

Irlands Bauern waren nie mit materiellen Gütern gesegnet und daher nicht in der Lage, für verschiedene Verwendungszwecke spezielle Pferde – Arbeits-, Wagen-, Jagd- oder Reitpferde – zu halten. Ein einziges Pferd mußte allen Anforderungen genügen. So entstand das Draught, das zwar seinem Namen nach ein Zugpferd, aber durchaus kein Kaltblüter ist. Die Rasse lebt schon sehr lange auf der Insel. Ihr Ursprung ist ungewiß, und ebensowenig weiß man, was alles eingekreuzt wurde. Spanische und orientalische Pferde, Connemaraponys, englische Kaltblüter, Warmblüter und Vollblüter waren sicher dabei. Berühmt sind sie, weil aus der Paarung von Draughts mit Vollbluthengsten die weltbekannten irischen Hunter entstehen.

Kladruber

Bild: Der Hauptbeschäler *Solo Iv*, geb. 1957, spielte eine wesentliche Rolle in der Kladruberzucht von Slatinany, Tschechoslowakei.
Steckbrief: Wie Frederiksborger und Lipizzaner ein mit spanischen und italienischen Hengsten gezüchtetes Paradepferd der Barockzeit. Großer, auffallender Ramskopf, steilgetragener Hals, wenig Widerist, steile Schulter, langer *Rücken*, runde Linien, Schritt und Trab kurz mit hoher Aktion.

Unter Kaiser Maximilian entstand 1572 bei Pardubitz das Hofgestüt Kladrub, wo in der Folge die Kutschpferde für den Marstall gezüchtet wurden. Nach dem Siebenjährigen Krieg, in dem die Gestütsgebäude zerstört wurden, die Pferde aber noch rechtzeitig nach Ungarn evakuiert werden konnten, begründete 1764 der italienische Schimmelhengst *Pepoli* die heute noch bestehende Schimmellinie *Generale*. 1799 begann man mit dem Hengst *Sacramoso* die gleichnamige Rapplinie aufzubauen. Die Kladruberhengste *Maestoso* und *Favory* begründeten ihrerseits zwei Stammlinien in der Lipizzanerzucht.

Heute noch werden in der Tschechoslowakei die Kladruberpferde gezüchtet, in Kladrub die Schimmel und in Slatinany die Rappen.

Knabstruper

Bild: Einer der sehr selten gewordenen Knabstruperhengste in einer bäuerlichen Zucht im dänischen Nordseeland.
Steckbrief: Auffallendes Tigerscheckenkleid. Entspricht dem älteren Typ des Frederiksborgers, von dem er auch direkt abstammt.

Unter den alten spanischen Pferden gab es viele gefleckte Tiere. Die amerikanischen Pintos und Appaloosas stammen ebenso von ihnen ab wie der dänische Knabstruper. Ein spanischer Offizier, der 1812 im Napoleonischen Krieg in Gefangenschaft geriet, soll sein Pferd einem Metzgermeister namens Flaebe verkauft haben. Dieser indessen schlachtete die auffallende Stute nicht, sondern verkaufte sie dem Assessor Lunn, der auf seinem Gut Knabstrup Pferde züchtete. Der Enkel dieser Stute, *Mikkel*, wurde Stammvater der Knapstruper-Rasse.

Irish Hunter

Bild: *Inis Cara* unter dem irischen Spitzenreiter Capt. Larry Kiely.
Steckbrief: Keine Rasse, sondern eine sogenannte Gebrauchskreuzung mit mindestens 50 Prozent Vollblutanteil. Kraftvoll, harmonisch, gut proportioniert. Kopf ziemlich lang bis ausgesprochen edel. Fördernd in allen Gangarten, sehr ausdauernder Galopp, gewaltiges Sprungvermögen.

Der Hunter wurde ursprünglich als Jagdpferd gezüchtet. Wer sich in der irischen Landschaft die zahllosen Wälle und Gräben ansieht, kann sich einen Begriff davon machen, welche Leistungen hier ein Pferd erbringen muß. Kein Wunder, daß mehr irische Hunter als Pferde jeder anderen Rasse ihre Reiter zu höchstem Ruhm getragen haben, so etwa *Gone Away, The Rock, Bellvue, Fulmer Feather Duster, Ambassador.*

Man unterscheidet vier Typen: Der schwere Hunter entsteht aus einem Vollbluthengst und einer Draughtstute. Mittlere und leichte Hunter gehen meist aus einem Vollbluthengst und einer schweren Hunterstute hervor, und der kleine Hunter schließlich aus einer Connemarapony-Stute und einem Vollbluthengst.

Jütländer

Bild: Dieser prämierte Hengst verkörpert sehr typisch das Jütländer-Modell mit der charakteristischen Farbe: Dunkelfuchs mit hellem Langhaar und hellem Fesselbehang.
Steckbrief: Sehr kräftiger, mittelgroßer Kaltblüter. Mittellanger, massiver Hals, breite Brust, besonders Schultern und Kruppen sehr muskulös, stämmiges Fundament. Stockmaß 155 bis 165 cm, bis 900 kg schwer.

Diese alte dänische Kaltblutrasse, die schon seit weit über tausend Jahren existiert, war im Mittelalter ein begehrtes Turnierpferd der Ritter. Vor allem aber diente es viele Jahrhunderte hindurch den Bauern der Halbinsel Jütland als unermüdliches und williges Arbeitstier. Zeitweise war der Ruf dieser Rasse so gut, daß sogar England und Frankreich, die ja selbst ausgezeichnete Kaltblutrassen züchten, Jütländer einführten.

Dem Jütländer selbst wurde andererseits ebenfalls verschiedenes Blut zugeführt, hauptsächlich Kaltblut und Warmblut aus England. *Oppenheim LXII,* ein Hengst, von dem man nicht mehr weiß, ob er Shire Horse oder Suffolk Punch war, soll um 1865 den heutigen Jütländertyp geprägt haben.

Lipizzaner

Bild: Vierergespann auf dem Lipizzanergestüt Szilvasvarad in Ungarn.
Steckbrief: Mittelschweres, sehr elegantes Warmblutpferd. Kopf meist lang, mehr oder weniger ramsnasig, schön gewölbter Hals, wenig Widerrist, Rücken lang, muskulöse Kruppen und Schultern. Außergewöhnlich gelehrig. Hochveranlagt für Schulgänge.
Meist Schimmel, aber auch Rappen und Braune.

Schon die alten Griechen schätzten die ausgezeichneten Pferde aus dem rauhen Karstgebirge, und viele ihrer Skulpturen haben eine verblüffende Ähnlichkeit mit den heutigen Lipizzanern. Karstpferde haben denn auch die weibliche Basis zu dieser Rasse gebildet. Den stärkeren Einfluß auf den Rahmen der Lipizzaner hatten aber zweifellos die zugeführten Neapolitaner- und Spanierhengste sowie norditalienische Pferde.

Das Gestüt Lipizza, nahe bei Triest, wurde von Erzherzog Karl von Österreich im Jahre 1580 gegründet, und hier wurden nun die Prunk- und Paradepferde für den Hof gezüchtet.

Auf die Geschichte der Lipizzaner wird in den Gestütsbeschreibungen Lipizza, Piber und Szilvasvarad näher eingegangen.

Morgan Horse

Bild: Der 1967 geborene Morganhengst *South Ridge* steht in Roswell in New Mexico.
Steckbrief: Sehr ansprechende Erscheinung, kurzer Kopf mit breiter Stirn und starken Ganaschen, muskulöser, schön getragener Hals, kurzer, starker Rücken, Kruppe und Schultern lang und muskelbepackt. Mutig und intelligent, bei sanftem Wesen. Meist Füchse und Braune. Kaum über 150 cm Stockmaß.

Der Stammvater dieser Rasse gilt als eines der erstaunlichsten Pferde Amerikas. Es war ein nur etwa 135 cm hoher Hengst namens *Figure,* dessen Vater der Vollblüter *Beautyful Bay* war. Seine Mutter soll viel Araberblut, aber auch Hackney- und Fjordenblut geführt haben. *Figure* kam in den Besitz eines Gesanglehrers namens Justin Morgan in Vermont, der sein geringes Einkommen dadurch aufbesserte, daß er seinen Hengst Stuten von Farmern in der Umgebung dekken ließ. *Morgan,* wie der Hengst und später die ganze Rasse nach dem Gesanglehrer benannt wurden, vererbte durchschlagend sein schönes Exterieur, seine Schnelligkeit, Ausdauer und den guten Charakter.

Heute gibt es über 50 000 eingetragene Morgans. Viele ihrer guten Qualitäten haben sie an andere Rassen weitergegeben, vor allem an den Standardtraber.

Nonius

Bild: Ein Csikos, ein ungarischer Hirte, besteigt seinen Nonius. Der Csikossattel liegt ohne Gurte lose auf dem Pferderücken. Daher wird den Pferden oft die Kniebeuge beigebracht, um das Aufsteigen zu erleichtern.
Steckbrief: Etwas derbes Gesicht. Zäh, gesund und gutartig. Hier und da wenig Rippenwölbung. Meist Braune ohne Abzeichen.

Im Jahre 1814 besetzten österreichische Kürassiere das französische Gestüt Rosières-aux-Salines. Dabei fiel ihnen ein herrlicher Hengst in die Hände, der *Nonius* benannt war. Er kam 1816 ins ungarische Gestüt Mezöhegyes. Dem Hengst wurden neben ungarischen auch türkische, arabische, spanische und Lipizzanerstuten zugeführt. Töchter und Enkelinnen wurden wieder von *Nonius* gedeckt, der Exterieur und Eigenschaften durchschlagend vererbte.

Später begann man die Rasse in zwei Typen zu züchten. Der große Nonius mit 160 bis 168 cm Stockmaß ist ein eleganter Karossier, dessen Exterieur an Lipizzaner erinnert, der kleine Nonius, 150 bis 160 cm hoch, ist ein temperamentvolles, recht schnelles und wendiges Reitpferd.

Noriker

Bild: *Wirt's Diamant*, ein herrlicher Norikerhengst auf dem Hauptgestüt Marbach.
Steckbrief: Mittelschwerer Kaltblüter (600 bis 700 kg). Gutproportionierter Kopf auf schön gewölbtem, muskulösem, eher kurzem Hals. Rükken und Kruppe lang und breit, Schulter steil, viel Gurtentiefe, kraftvolles Fundament mit klaren Gelenken, Fesselbehang. Meist Füchse und Braune, selten Tigerschimmel.

Der Noriker wird auch, je nach Zuchtgebiet, süddeutsches Kaltblut, Pinzgauer oder Oberländer genannt.

Der Ursprung dieser Rasse geht wahrscheinlich auf das römische Noricum zurück, das heute österreichische Gebiet südlich der Donau. Diese ausgezeichneten Arbeitspferde wurden vor allem in den Klöstern fleißig gezüchtet. Auch diese Rasse blieb von der vom 17. bis 19. Jahrhundert in Europa verbreiteten Experimentierwut nicht verschont. Es wurden spanische, italienische und belgische Pferde, Kladruber, Clidesdales, Normannen, Oldenburger usw. eingekreuzt. Ab 1885 etwa wurde die Rasse rein gezüchtet und konsolidiert. Diese Pferde sind noch heute im österreichischen und bayrischen Bergland unentbehrlich.

Palomino

Bild: Palominos, hier als Zirkuspferde bei einer Rodeo-Schau in Nashville, Tennessee.
Steckbrief: Recht kleines, 140 bis 160 cm hohes, sehr edles Reitpferd aus der Gruppe der Western Horses. Hervorstechendes Merkmal ist das goldfarben glänzende Fell mit flachsblondem bis silberweißem Langhaar. Sehr feiner Kopf, schöner Hals, wenig Widerrist, edle Proportionen, sehr trockenes Fundament.

Im Typ und in seinem Wesen steht dieses Pferd dem Araber am nächsten. Neben seiner außergewöhnlichen Schönheit ist der Palomino ein wundervolles Familienpferd, dessen Gutartigkeit und Anhänglichkeit wohl kaum von einem anderen Pferd übertroffen werden. Der Palomino ist noch keine konsolidierte Rasse, doch hoffen die Zuchtverbände, dieses Ziel in den nächsten Jahren zu erreichen. Der Name leitet sich von Don Juan de Palomino her, der Cortez auf einem goldfarbenen Pferd begleitete. Über die Abstammung dieser Pferde weiß man kaum etwas, sicher aber fließt viel Araberblut in ihren Adern. Hauptzuchtgebiet ist der Südwesten der USA. Weitere Palominogestüte gibt es vor allem in England.

Paso

Bild: *Laurel*, im Gestüt von A.M. Pardue im Hidden Valley bei Los Angeles, gilt als der schönste und beste Pasohengst in den USA.
Steckbrief: Eher kleines (140 bis 155 cm), sehr edles, kompaktes Pferd. Schön geformter, gerader Kopf, sehr muskulöser, prächtig getragener Hals, etwas steile, stark bemuskelte Schulter, starker Rücken, runde Kruppe, hervorragendes Gangwerk. Paßgang angeboren.

Man unterscheidet verschiedene Typen von Pasopferden, vor allem den hauptsächlich in Kolumbien gezogenen Paso Fino und den peruanischen Caballo de Paso. Beide werden heute in verschiedenen Ländern, vor allem in den USA, nachgezüchtet. Systematisch gezüchtet wurden aber die Pasopferde lange Zeit nur in Peru, und zwar offenbar schon seit der frühen Kolonialzeit. Abstammungsmäßig sind sie spanischen Ursprungs. Der Eroberer Pizarro brachte 1532 die ersten Reittiere nach Peru. Das typische Rassenmerkmal ist der gebrochene Paßgang, eine sehr fördernde und für den Reiter äußerst angenehme Gangart. Die Pasos verfügen über eine ungewöhnliche Ausdauer und eine hervorragende Trittsicherheit.

Oldenburger

Bild: Mit dem Ia-Preis ausgezeichnete Oldenburger-Stuten des älteren Typs, wie er bis 1960 gezüchtet wurde.
Steckbrief: Bis nach der Jahrhundertwende ein sehr stattlicher Karossier, dessen Ramsnase und Knieaktion spanisches und neapolitanisches Blut verrieten. Dann, bis 1960, starkes, vielseitiges Wirtschaftspferd, heute im Sportpferdtyp.

Zwischen Weser und der holländischen Grenze wurden schon vor über 500 Jahren Pferde friesischer Abkunft gezüchtet, die später zur Grundlage der Oldenburgerrasse wurden. Graf Anton Günther von Oldenburg hatte den Ehrgeiz, aus diesem Landschlag vornehme Kutschpferde zu machen, und verschaffte sich zu diesem Zweck, wie es überall in Europa üblich war, Hengste aus Spanien und Italien. So entstand um 1650 der Karossier, der in seinen wesentlichen Merkmalen den Frederiksborgern und Kladrubern glich. Es wurden verschiedene Fremdrassen eingekreuzt, zumeist aber erst um die Jahrhundertwende. Vor etwa zwanzig Jahren begann man mit der Umzüchtung auf den modernen Turniertyp.

Ostfriese

Bild: Ostfriesen-Gespann im alten Karossiertyp.
Steckbrief: Ursprünglich optimal schweres Wirtschaftspferd von warmblütiger Rasse. In Kutschanspannung von monumentaler Wirkung. Um etwa 1930 umgezüchtet zu vielseitigerer Verwendung vermittels orientalischer Hengste (Wind ox, Jason ox). Seit etwa 1960 nach hannoverschen Rezepten ausgerichtet, und jetzt mit Hannover vereinigt.

Schon Tacitus berichtete 200 n. Ch. von diesem Land, wo «die Welt zu Ende war» und unzählige Schlachten zu Pferd entschieden wurden. Die ostfriesischen Pferde galten im Mittelalter als bewährte Streitrosse. 1618 gründete Graf Enno in Emden Pferdemärkte. 1754 kam die erste Körordnung für Hengste heraus. Eine systematische Zucht wurde eingeleitet. Schwere, dem Kaltblut nahestehende Stuten fanden Partner aus dem Orient, aus der Normandie, aus England und aus Hannover. Ab 1816 entsandte das Landgestüt Celle Beschäler auf ostfriesische Deckstationen. Seit 1904 stand dann die Zucht des Nordseelandes auf eigenen Füßen.

Percheron

Bild: Percheronhengst im Haras du Pin in der Normandie.
Steckbrief: Mächtiges, bis 177 cm hohes und 1000 kg schweres Kaltblutpferd. Verhältnismäßig edler Kopf mit breiter Stirn, starker, mittellanger Rücken, muskelbepackte Schultern und breite Kruppe, starke Beine mit trockenen Gelenken, eher kleine Hufe. Energisch in Charakter und Bewegung, gutmütig und willig.

Die ausgezeichneten Eigenschaften des Percherons haben dieses Pferd weit über das Gebiet der Perche hinaus bekannt und begehrt gemacht. Schon vor bald 150 Jahren wurden die ersten Percherons nach Amerika gebracht, und schon vor 100 Jahren wurde dort ein eigener Zuchtverband gegründet. Auch England mit seinen sehr guten Kaltblutrassen importierte Percherons, in Rußland wurden damit die eigenen Rassen verbessert, und auch nach Kanada, Argentinien, Paraguay und Südafrika kamen sehr viele dieser mächtigen Eisenschimmel.

Wiederholte Einkreuzung von spanischen und später vor allem von Araberpferden wirkte sich besonders in der Gängigkeit aus, ohne dem alten, schweren Landschlag viel von seiner Masse zu nehmen.

Pinto

Bild: Ausgezeichnetes Pintofohlen auf der Landwirtschaftsmesse 1975 von Tulsa, Oklahoma.
Steckbrief: Wie der Palomino keine echte Rasse, sondern ein Farbschlag. Kleines (145 bis 155 cm), gescheckte Pferd der Western Horses. Das harmonische Exterieur entspricht etwa dem des Palominos. Sehr gute Gänge, schneller und ausdauernder Galopp, oft überraschendes Springvermögen.

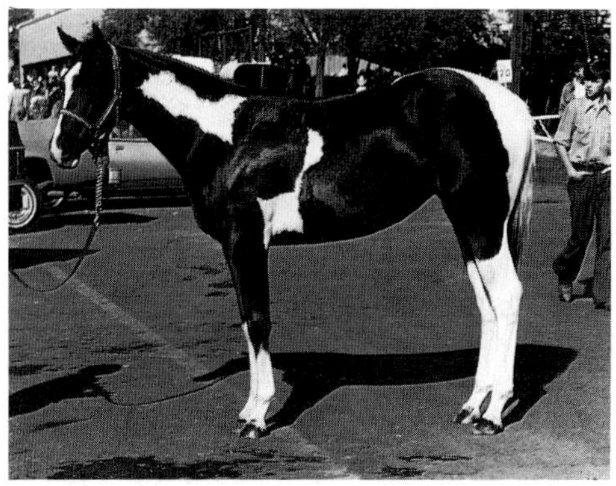

Unter den spanischen Pferden gab es viele gescheckte Tiere. In den wildlebenden Mustangherden findet man fast immer Schekken, und diese aparten Farben waren bei den Indianern besonders beliebt. Von diesen Pferden mit ihrer bewegten Vergangenheit stammen die Pintos ab, und sie haben sich nicht nur ihr Fleckenkleid, sondern auch ihre große Leistungsfähigkeit bewahrt. Obschon seit Jahrzehnten selektiv gezüchtet und seit 1963 offiziell als Rasse anerkannt, sind sie noch nicht konsolidiert. Doch auch so sind sie nicht nur überaus beliebte Showtiere in Amerika, sondern ebenso ausgezeichnete Cowboy- und Familienpferde.

Die amerikanischen Paint Horses haben mit den Pintos nur das Fleckenkleid gemeinsam. Sie sind stets Vollblüter oder Quarter Horses.

Quarter Horse

Bild: Quarter Horse bei einem Faßrennen in Nashville, Tennessee. Für diese Art von Pferdesport und noch für viele andere mehr gibt es kein besseres Pferd. Steckbrief: Sehr kompakte, kraftvolle, dabei aber edle Gesamterscheinung. Kurzer Kopf mit breiter Stirn und kräftigen Ganaschen, starker Hals, kurzer, geschlossener Rumpf, Schultern, Kruppe und Beine muskelbepackt, tadelloses Fundament mit trockenen Gelenken.

Ein Phänomen. Wahrscheinlich das vielseitigste aller Reitpferde. Das einzige Pferd, das auf kurze Distanz das Vollblut zu schlagen vermag, ist gleichzeitig das beste Cowboypferd, ein ausgezeichnetes Jagd-, Spring- und Polopferd und dank seines problemlosen Charakters und seiner Anspruchslosigkeit ein ideales Familienpferd. Erst 1940 wurde der Quarter-Horse-Zuchtverband gegründet – heute gibt es weit über eine Million eingetragener Exemplare, mehr als von jeder anderen Pferderasse.

Seine Geschichte begann vor rund 350 Jahren in den Südoststaaten, als mit Kreuzungsprodukten aus arabischen, türkischen, englischen und wohl auch anderen Rassen Rennen über eine Viertelmeile (daher der Name Quarter Horse) gelaufen wurden.

Rheinisch-deutsches Kaltblut

Bild: Kaltblut-Hengstkoppel bei der Warendorfer Hengstparade. Steckbrief: Dem Ardenner ähnliche Kaltblutrasse. Schwerer, aber ausdrucksvoller Kopf, gewölbter Kaltblüterhals, kurzer Rücken, gewölbte, gespaltene Kruppe, mächtige Brust, allgemein ausgezeichnete Bemuskelung. Kurze Beine, wenig Fesselbehang. 160 bis 170 cm Stockmaß, bis 1000 kg schwer.

Das mächtigste und verbreitetste der deutschen Kaltblutpferde stellte vor dem Zweiten Weltkrieg über 80 Prozent des gesamten deutschen Kaltblutbestandes und war häufiger vertreten als jede andere Rasse. Heute ist es schon fast eine Seltenheit.

Die deutschen Kaltblutpferde kamen in den vergangenen Jahrhunderten nie an die Qualitäten der französischen, englischen und belgischen heran. Vor allem gegen Ende des letzten Jahrhunderts versuchte man hauptsächlich mit Percherons, Clidesdales und Jütländern die Schläge zu verbessern. Im Rheinland benützte man dazu Belgier, mit dem Erfolg, dass mittels dieser Blutzufuhr sich ein bodenständiges deutsches Kaltblutpferd entwickeln konnte.

Suffolk Punch

Bild: Preisgekrönter Hengst in einer bäuerlichen Zucht in Suffolk, England. Steckbrief: Ein wie gedrechselt wirkendes, rundes, massiges, kurzbeiniges Pferd mit schönem Kopf, kurzem, breitem Hals, gutgelagerter Schulter, kurzem Rücken und mächtiger Kruppe. 160 bis 170 cm Stockmaß, bis über 1000 kg schwer. Füchse ohne Abzeichen.

Das dritte britische Kaltblutpferd hat mit dem Shire und dem Clidesdale außer seiner Mächtigkeit kaum irgendeine Ähnlichkeit. Es wirkt viel massiger und kompakter, Abzeichen und Hufbehang fehlen, außerdem gilt es als sehr viel besserer Futterverwerter. Man sagt, daß Shires und Clidesdales bei seinen Rationen sehr bald verhungern würden.

Kriegsrosse der Normannen waren wohl ihre Vorfahren, und als das «schwere Pferd von Suffolk» ist es seit dem 16. Jahrhundert bekannt. Gegen Ende des 18. Jahrhunderts festigte sich die Rasse, und seit 1877 besteht der Zuchtverband.

Exporte gingen und gehen vor allem nach Nord- und Südamerika. Nach Pakistan wurden zahlreiche Stuten zur Erzeugung von Maultieren für die Gebirgstruppen gebracht.

Tennessee Walking Horse

Bild: Training vor der großen Walking Horse Show 1975 in Shelbyville, Tennessee. Steckbrief: Etwas großer, meist leicht ramsnasiger Kopf, aufrecht getragener, starker Hals, kurzer, kräftiger Rücken, gute Rippenwölbung. Alle Grundfarben, Rappen sehr häufig. Sehr sanfter Charakter.

Der Tennessee Walker ist aus so ziemlich allen Rassen entstanden, die jemals in die Südstaaten kamen, und war ursprünglich ein ausdauerndes Reittier für die Plantagen. Heute ist es zum Showtier degradiert. Auf den viel besuchten Veranstaltungen zeigt es neben dem langen Schritt vor allem den «running walk», einen Rennschritt im Viertakt, bei dem die Hinterbeine weit über die Spur der Vorderbeine greifen. Die abnormale Knieaktion in allen Gangarten entsteht durch Beschwerden der Hufe mit bis zu 12 cm hohen Klötzen, durch lockere Ketten um die Fesseln, die bei jedem Schritt schmerzhaft auf den Kronenrand schlagen und offene Scheuerstellen verursachen, sowie durch intensives «Training», das man treffender als Tierquälerei bezeichnen könnte. Das Ganze ist wohl die schlimmste Modetorheit, die man mit Pferden praktizieren kann.

Schwarzwälder

Bild: Der Schwarzwälderhengst *Militär* auf dem Hauptgestüt Marbach.
Steckbrief: Sehr schöner, verhältnismäßig kleiner Kopf, kräftiger Hals, kurzer Rükken, abschüssige, breite, muskulöse Kruppe, meist gutes, trockenes Fundament. Nur 145 bis 155 cm Stockmaß. Füchse mit hellem Langhaar.

Würde man einen Noriker mit einem Haflinger paaren, müßte eigentlich ein Pferd wie der Schwarzwälder herauskommen. Zweifellos ist der Schwarzwälder mit dem Noriker eng verwandt und auf den gleichen Grundlagen entstanden. Wahrscheinlich haben Klima, Nahrung und Bodenbeschaffenheit im Hochschwarzwald das Pferd kleiner und leichter gemacht, so daß es heute eher wie ein Cob als wie ein Kaltblut aussieht. Es ist ein ausgezeichnetes, fleißiges und genügsames Arbeitspferd, das sicher noch lange in Forst- und Landwirtschaft gute Dienste leisten wird.

Shire Horse

Bild: Shires auf einem kleinen Privatgestüt in Norfolk, England.
Steckbrief: Das größte Pferd, normalerweise zwischen 170 und 180 cm, manche Hengste bis über 2 m hoch und bis 1300 kg schwer. Der Größe angemessener, trockener Kopf, mächtige, bis 1 m breite Brust, mittellanger, wenig gebogener Hals, schräge Schultern, starker Rücken, Kruppe schmaler als Brust. Üppiger Fesselbehang. Rappen, Braune, Schimmel, selten Füchse.

Die Vorfahren des gewaltigen Shire sind nicht näher bekannt, aber es waren jedenfalls schwere Ritterpferde, vermutlich flandrischen Ursprungs. Damals nannte man es «The Great Horse of England». Nach der Ritterzeit konzentrierte sich die Zucht dieser Pferde auf das Gebiet der Shires im Herzen Englands. Aus dem Schlachtroß wurde ein Zugpferd für schwerste Lasten, das auch den Pflug durch die tiefen Marschböden schleppen konnte. Durch das Einkreuzen schottischer Clidesdales erhielten die Shires die üppige Fesselbehaarung und die markanten Abzeichen an Kopf und Beinen.

Shires werden heute außer in England auch in Irland, Kanada, Nord- und Südamerika gezüchtet, aber natürlich nur noch in verhältnismäßig kleiner Zahl.

Trakehner

Bild: Hauptbeschäler *Pythagoras*, Sohn des *Dampfroß*, auf dem ehemaligen ostpreußischen Hauptgestüt Trakehnen.
Steckbrief: Viel Adel. Viel Charm. Kurzer Kopf, breite Stirn, großes Auge. Elegante Halsung, feines Genick. Formschön mit effektvollen Bewegungen. Viele Olympiasieger. – Seit 1945 im westlichen Europa reinrassig nachgezüchtet als Veredelungsrasse neben dem Vollblut.

Die Geschichte des ostpreußischen Pferdes reicht bis ins 13. Jahrhundert zurück, in die Gründungszeit des Ritterordens, in der man teils schwere Ritterpferde, teils leichte Wirtschaftspferde züchtete. Vom 16. Jahrhundert an kamen viele orientalische Pferde nach Ostpreußen. Unter dem Preußenkönig Friedrich Wilhelm I. entstand das Hauptgestüt Trakehnen, in das 1732 nicht weniger als 1101 Pferde einzogen. 1786 begann Graf Lindenau mit dem Aufbau der systematischen Zucht mit orientalischen Hengsten. Ab 1817 wurde die Zucht durch englisches Vollblut wesentlich beeinflußt.

Im Winter 1944/45, beim Einmarsch der Russen, konnte ein kleiner Teil der ostpreußischen Pferde unter unvorstellbaren Strapazen in den Westen gebracht werden, wo nach dem Krieg die Zucht neu aufgebaut wurde.

Württemberger

Bild: Württembergerhengst im Hauptgestüt Marbach.
Steckbrief: Bis etwa 1955 praktisches und betont wirtschaftliches Warmblutpferd des schwereren Schlages. Danach vornehmlich durch Trakehner Blut veredelt und zunehmend in dessen Erscheinungsmerkmalen Anschluß findend an das moderne Reit- und Sportpferd der 70er Jahre.

Das Land Württemberg war schon im 16. Jahrhundert bekannt für seine guten, warmblütigen Pferde, und vor allem durch das damals gegründete Hofgestüt Marbach erwarb es sich weithin hohes Ansehen. Auch in Marbach wurden, der damaligen Zeit entsprechend, alle möglichen Pferderassen untereinander gekreuzt. Spanischen, italienischen und arabischen Pferden folgten Brandenburger, Mecklenburger und Trakehner, Anglo-Araber, Vollblüter, Noniusse und sogar Clidesdales und Shires. Erst vor etwa hundert Jahren begann man systematisch ein Warmblutpferd, hauptsächlich auf der Basis von Anglo-Normannen, zu züchten. Zum heutigen, edleren Typ des Württembergers führte vor allem der Einsatz des hervorragenden Trakehnerhengstes *Julmond*.

Pferdezucht heute

Um die Mitte des 20. Jahrhunderts verlagerte sich der Bedarf weltweit von Wirtschaftspferden auf Reitpferde. In den USA war diese Entwicklung schon früher zu bemerken, während in den Ländern Osteuropas die Umstellung des Zuchtzieles noch voll im Gange ist. Noch heute ist in den Oststaaten der Bedarf an Pferden für die Landwirtschaft verhältnismäßig groß.

Nach wie vor bemüht sich vielfach der Staat um die Erhaltung der Pferdezucht. Er erfüllt oder unterstützt damit eine bedeutsame kulturelle Aufgabe und trägt dazu bei, den Reitsport zu fördern und volkstümlicher zu machen. Staatliche Haupt- und Landgestüte, Hengstprüfungsanstalten und Hengstaufzuchtbetriebe bestehen fort. Nötigenfalls hilft der Staat der privaten Hengsthaltung mit Prämien und bewahrt über organisierte Züchterverbände Hengstfohlen und dreijährige Stuten durch Prämiengelder vor dem Verkauf, damit das Beste gezielt der Zucht erhalten bleibt und deren ständiger Weiterverbesserung zugute kommt.

In den USA, in den Ländern des Commonwealth und einigen weiteren Staaten existieren staatliche Hengsthaltung und Prämienwesen nicht oder nur kaum, und die Pferdezucht gründet sich dort von jeher auf private Initiative.

So wetteifern heute Gestüte und bäuerliche Zuchten im Hervorbringen des «idealen Reitpferdes», das dem Reiter mit seinen charakterlichen Eigenschaften und den äußeren Qualitäten soweit als möglich entgegenkommt. Zugleich aber sind sie bestrebt, Spitzenpferde für den Hochleistungssport zu produzieren.

Die Vollblutzucht und der Rennsport, die als Ausgangspunkt des Pferdesportes überhaupt angesehen werden müssen, haben ihre Bedeutung auf allen Kontinenten vergrößert. Dasselbe gilt für den jüngeren, in manchen Ländern stürmisch aufstrebenden Trabrennsport.

Reiterspiele wie Polo, Skijöring und Pushball werden weiterhin als Spiele zu Pferde gepflegt, sind aber in den meisten Ländern auf wenige Interessenten beschränkt geblieben. Dagegen wächst das Interesse an Rodeospielen im Westen der USA genauso wie in Australien und Neuseeland und ist längst nicht mehr nur noch das Sonntagsvergnügen der Cowboys, sondern hat alle Bevölkerungsschichten erfaßt. Genauso sind die aus Indien stammenden Geschicklichkeitsspiele zu Pferde, die Gymkhanas, die von den Engländern nach Europa gebracht wurden, nach wie vor auf den Britischen Inseln sehr beliebt und erfassen heute vor allem in den Weststaaten Amerikas rasch immer weitere Bevölkerungskreise.

Auch das Jagdreiten in seinen verschiedenen Formen breitet sich weiter aus und ist schon seit längerer Zeit nicht mehr auf die privilegierten Kreise beschränkt.

Als Folge der Mechanisierung in der Landwirtschaft und im Transportwesen und wegen der Reduzierung oder Auflösung der berittenen Truppen in der Armee sind die Pferdebestände seit Kriegsende überall stark zurückgegangen. Seit etwa zehn Jahren aber ist erneut eine deutliche Aufwärtsbewegung in der Pferdezucht festzustellen. Man kann heute durchaus wieder von einer blühenden Zucht sprechen, auch wenn sie sich in Intensität, Ausdehnung und Zuchtziel unterscheidet.

Die Kaltblutpferde, die noch vor wenigen Jahrzehnten in manchen Ländern 80 Prozent der Bestände ausmachten, sind beinahe verschwunden. Außer in den osteuropäischen Staaten gibt es nur noch Restbestände, die in schwer zugänglichen Berg- und Waldgebieten eingesetzt werden, armen Kleinbauern helfen oder aus Liebe zu einer vergangenen Tradition noch gehalten werden.

Den größten Aufschwung erlebt heute die Pony- und Kleinpferdezucht. Diese kleinen, von vielen Reitern noch belächelten Pferdchen sind dank ihrer Genügsamkeit, Robustheit und ihrem liebenswürdigen Wesen für das ambitionslose Freizeit- und Wanderreiten von unschätzbarem Wert und setzen ihren Siegeszug verdientermaßen fort.

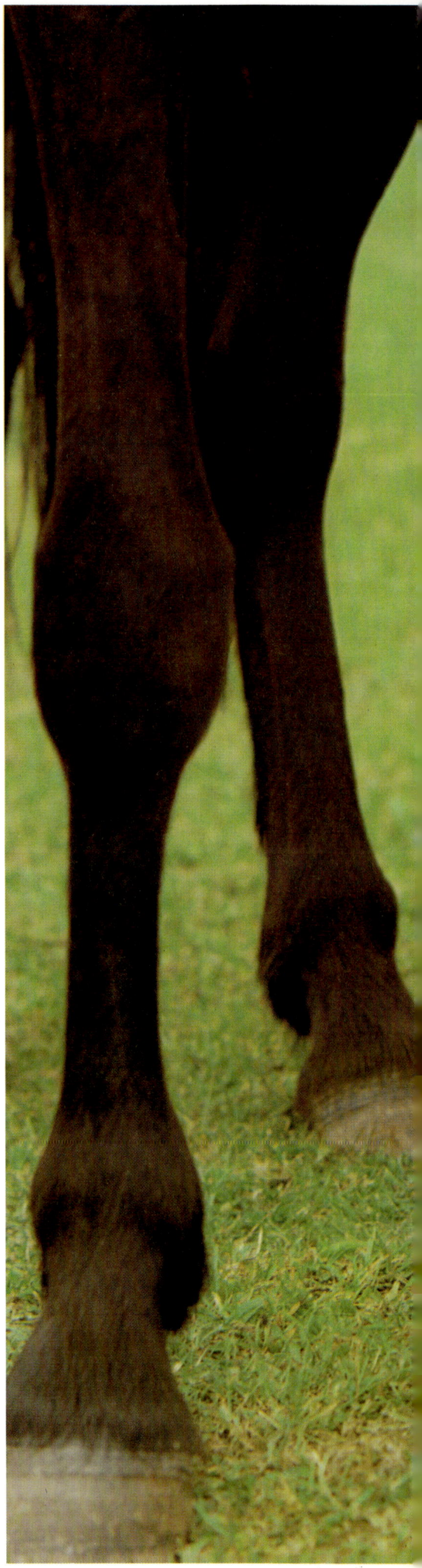

Connemaraponyfohlen. Mehr als jede andere Sparte der Pferdezucht ist die Zucht von Ponys und Kleinpferden im Zunehmen begriffen. Gestüte im alten und herkömmlichen Sinne braucht man dazu nicht mehr – gründliche Kenntnisse sind freilich nach wie vor erforderlich.

Orts- und Sachregister

Pferdenamenregister

Literaturhinweise

Alcock, A., Pferde, Südwest, München, 1975
Alcock, A., Ponys, Südwest, München, 1975
Ahnert, Rainer L., Thoroughbred Breeding of the World, Podzun Verlag, Dorheim, 1970
Baranski, A., Geschichte der Thierzucht und Thiermedicin im Althertum, Georg Olms Verlag, Hildesheim und New York, 1971
Blendinger, W., Psychologie und Verhaltensweise der Pferde, Hoffmann, Heidenheim, 1971
Browne, Noel Phillips, The Horse in Ireland, Pelham Books Ltd., London, 1967
Dent, Anthony, Das Pferd, Ullstein GmbH, Berlin – Frankfurt/Main – Wien, 1975
Dossenbach, Monique und Hans D., Rüeger, M., und Meier, H.P., Irlands Pferde, Hallwag Verlag, Bern und Stuttgart, 1975
Froehner, Reinhard, Kulturgeschichte der Tierheilkunde,
1. Band, Terra-Verlag, Konstanz, 1952
2. Band, Terra-Verlag, Konstanz, 1954
Gianoli, Luigi, Horses and Horsemanship through the Ages, Crown Publishers, Inc., New York, 1969
Goodall, D.M., Pferde der Welt, Hoffmann, Heidenheim, 1974
Gorbracht, W., Kennst Du Pferde, Limpert, Frankfurt, 1975
Graham, Clive, Hyperion, J.A. Allen & Co., Ltd., London, 1967
Hancar, F., Das Pferd in prähistorischer und früher historischer Zeit, Herold, Wien/München, 1955
Irish Sweeps Derby, 3rd Edition, Committee of the Irish Sweeps Derby, Dublin, 1963
Kapitzke, G., Wildlebende Pferde, Parey, Hamburg, 1973
Krüger, W., Unser Pferd und seine Vorfahren, Springer, Berlin, 1939
Krumbiegel, J., Einhufer, 1958
Löwe/Meyer, Pferdezucht und Pferdefütterung, Ulmer, Stuttgart, 1974
Longrigg, Roger, The History of Horse Racing, Macmillan London Ltd., London and Basingstoke, Second impression, 1973
Mittler, R., Eroberung eines Kontinentes, Atlantis, Zürich, 1968
Monaghan, J., The Book of the American West, Bonanza, New York, 1963
Moody, T.W./Martin, F.X., The Course of Irish History, The Mercier Press, Cork, 1967
pacemaker & THE HORSEMAN, London
Persson, C., Pferde und Ponys, Keyser, München, 1972
Petry, E., Die Flegeljahre Amerikas, Nannen, Hamburg, 1963
Pferderassen, Südwest, München, 1975
Ryden, H., Mustangs, Viking, New York, 1972
Seth-Smith, Michael, International Stallions and Studs, W. Foulsham & Co. Ltd., Slough, 1974
Stable Management Oct/Nov 1976, Riding School and Stable Management Ltd., Chislehurst, Vol. 13 No 4
Török/Alapfy, Das ungarische Pferd, Corvina, Budapest, 1972
Traut, F., Gestüte Europas, Liebhaber, Verden, 1971
Trench, Ch.Ch., A History of Horsemanship, 1970
Winter von Adlersflügel, Georg Simon, Neuer Tractat von der Stuterey oder Fohlenzucht, Olms Presse, Hildesheim und New York, 1975
Wrangel, Carl Gustav, Das Buch vom Pferde II, Olms Presse, Hildesheim und New York, 1975

Vorsatzblatt hinten

Die Brände in den ersten zehn Reihen sind Gestüts- und Rassenkennzeichen aus der zweiten Hälfte des vergangenen Jahrhunderts. Die 11. und 12. Reihe zeigen Brände aus der Zeit der Jahrhundertwende. In der untersten Reihe sind heute gültige Brände zu sehen.

1. Reihe
1. bis 18. Zeichen: Ägyptische Brände
19. bis 22. Zeichen: Palestinensische Brände

2. Reihe
1. bis 22. Zeichen: Moldauer Brände

3. Reihe
1. bis 22. Zeichen: Moldauer Brände

4. Reihe
1. bis 22. Zeichen: Moldauer Brände

5. Reihe
1. bis 22. Zeichen: Moldauer Brände

6. Reihe
1. bis 9. Zeichen: Rassen- und Farbschlagbrände des Grafen Gudowith am Schwarzen Meer
10. bis 22. Zeichen: Syrische Brände

7. Reihe
1. bis 8. Zeichen: Syrische Brände
9. bis 20. Zeichen: Brände europäischer Zuchten im Orient
21. bis 22. Zeichen: Polnische Privatgestüte

8. Reihe
1. bis 22. Zeichen: Polnische Privatgestüte

9. Reihe
1. bis 22. Zeichen: Polnische Privatgestüte

10. Reihe
1. bis 22. Zeichen: Polnische Privatgestüte

11. Reihe
1. bis 22. Zeichen: Österreich-ungarische Gestüts- und Stutbuchbrände: Tampaspuszta, Tordas, Valaszut, Bonczhida, Babolna, Tiszakürt, Arpadhalom, Hortobagy, Füzes Gyarmat, Tarsolya-Tanya, Berez-Surany, Vacs, Bobda, Darda, Felsöleperd, Baranya, Szirak, Debreczen, Dormand, Devecser, Kemenes, Fogaras

12. Reihe
1. bis 22. Zeichen: Österreich-ungarische und deutsche Gestüts- und Stutbuchbrände: Sziel-Szanacs, Hathalom, Kisber, Emilia Major, Paolgary, Sloboda, Radautz, Nagy Komlos, Biharillye, Feltorony, Hochwald, Torskie, Banlak, Dylegowka, Baranya, posensches Stutbuch für edles Halbblut, schlesisches Stutbuch für Kaltblut, holsteinisches Stutbuch für edles Halbblut, Kanzlerhof, Stepperg, Sachsen, Lopshorn

13. Reihe
1. bis 22. Zeichen: Heutige polnische Brände: Kalblut Gdansk, Kaltblut Bialystok, Kaltblut Koszalin, Olsztyn und Szczecin, Kaltblut Bydgonci, Kielce, Lodz und Warschau, kleines Kaltblut Fohlenbrand, kleines Kaltblut Eintragungsbrand, Wielkopolska Fohlenbrand, Wielkopolska Eintragungsbrand, Malopolska von Kielce Eintragungsbrand, Malopolska von Krakow Fohlenbrand, Malopolska von Krakow Eintragungsbrand, Malopolska von Lublin Eintragungsbrand, Malopolska von Rzeszow Fohlenbrand, Malopolska von Rzeszow Eintragungsbrand, Malopolska von Sadec Fohlenbrand, Malopolska von Sadec Eintragungsbrand, schweres Warmblut Fohlenbrand, schweres Warmblut Eintragungsbrand, Konik Fohlenbrand, Konik Eintragungsbrand, Huzulen Fohlenbrand, Huzulen Eintragungsbrand

B.Gy.
HT
SM
SG
20 F 05
K